高等学校行政管理专业系列教材

总主编　王骚

公共关系学

吴光芸　主编

南开大学出版社

天　津

图书在版编目(CIP)数据

公共关系学 / 吴光芸主编. —天津：南开大学出版社，2008.11(2011.1重印)

(高等学校行政管理专业系列教材)

ISBN 978-7-310-03043-9

Ⅰ.公… Ⅱ.吴… Ⅲ.公共关系学－高等学校－教材 Ⅳ.C912.3

中国版本图书馆CIP数据核字(2008)第163421号

南开大学出版社出版发行

出版人:肖占鹏

地址:天津市南开区卫津路94号　　邮政编码:300071

营销部电话:(022)23508339　23500755

营销部传真:(022)23508542　　邮购部电话:(022)23502200

*

河北昌黎太阳红彩色印刷有限责任公司印刷

全国各地新华书店经销

*

2008年11月第1版　　2011年1月第2次印刷

787×960毫米　16开本　23印张　2插页　408千字

定价:38.00元

如遇图书印装质量问题,请与本社营销部联系调换,电话:(022)23507125

编委会成员名单

总 序

在现代社会中，行政管理学，或称公共行政（Public Administration），既是一个新兴的社会管理领域，也是一门发展速度非常快的学科。为什么？一个最主要的原因就是现代人类社会需要民主、高效的行政管理。一般说来，人类社会可以分成私人与公共两大领域。就公共领域而言，多元价值的集合使得其行政管理行为更为复杂。行政管理学，或称公共行政（Public Administration）正是探索这一领域客观规律的实践性学科。其目的就是保障社会公共领域的公平、秩序、效率和发展。不论是教师、学生或各级行政管理人员，在步入行政管理领域时首先应该明确地认识这一基本概念的含义。

一

从历史发展来看，公共行政学的产生可以追溯到19世纪末期。1887年伍德罗·威尔逊发表《行政学研究》一文，由此揭开了西方国家行政管理研究的序幕。根据伍德罗·威尔逊的观点，在现代人类社会发展过程中，政治的职能是如何保障在多元价值条件下公平地制定公共政策，而如何有效地执行公共政策和保障政策目标的实现则是行政的职能。因此，政治学应该以公共政策为研究中心，分析各种法律、政令的产生、发展和变化。但是，社会政治关系包含着复杂的价值认识，无法进行科学性的研究，而作为研究政策执行的公共行政学则可以不受价值判断的影响，根据科学的方法客观地决定如何高效率地执行公共政策。随着现代社会的发展，公共行政不断地得到新学者们的释义更新和补充，公共行政领域中所包含行政决策因素的这一特征越来越明显，这也就使得伍德罗·威尔逊所阐释的公共行政概念的内涵和外延不断产生一些变化。

从19世纪末至现在，行政管理学的发展大体可以划分为三个阶段。19世纪末至20世纪60年代是行政管理学发展的早期阶段，即传统的行政管理学。这个阶段主要强调充分体现在自然科学中的理性和技术对于行政管理的作用。20世纪70年代至80年代是行政管理学的发展时期。在这一时期，行政管理学获得了突破性发展。这个阶段的行政管理学研究被称为新公共行政学。乔治·弗雷德里克森1971年发表的《论新公共行政学》一文是新公共行政学的重要文献。这短短的20年之所以能够作为行政管理学的一个发展阶段，是因为学者们开始强调公平、正义等价值对于行政管理的作用，改变了过去只注重强调理性和技术而忽视社会价值的研究取向。20世纪80年代末以来，在“小政府，大社会”，“有限政府”等观念的主导下，社会非政府组织越来越多地担负起公共事务管理的职责，由此也就兴起了所谓的新公共管理运动。随着西方国家新公共管理运动的兴起，行政管理学又从新公共行政学逐步发展到公共管理学（Public Management）。公共管理学既保留了新公共行政学强调理性和价值的特征，同时又在方法和内容上进行了大量扩展，采用经济学的理论和方法对行政管理问题进行研究，并且将研究对象由原来的政府部门（Governmental Sector）扩大到非政府组织或第三部门甚至是具有公共性的私人部门(Public Sector)。

传统行政管理学、新公共行政学、公共管理学分别体现出西方国家行政管理学的不同研究途径和范式。不同的研究范式是根据政治、经济、社会环境的变迁而产生的，它们体现了行政管理学研究的进步，同时也推动着西方国家行政管理实践的发展。

从中国历史发展的角度来看，在古代中国封建社会的皇权专制体制下，行政仍是政府管理的重要内容和手段，其中也不乏当今我们可以借鉴的政治文化精华。在中国古代社会的政府管理过程中，郡县行政区划分、税赋、兵役、刑罚、科举、教育、商贸、外交等诸多领域都体现着当时社会背景下的政府管理思想和管理体系，也为当今行政管理学的研究提供了广阔的天地。在19世纪末西方行政管理学诞生之初，我国学者也给予了密切关注。1896年梁启超在《论译书》中就提出“我国公卿要学习行政学”的倡议，并开始翻译有关西方行政管理学的著作。1935年张金鉴撰写出版了《行政学之理论与实际》一书，被认为是我国的第一部行政管理学专著。同时，各高等院校开设行政管理专业和课程，政府成立行政管理学会，并出版和发行一批行政管理学著作和刊物。然而，由于历史原因，20世纪40年代至70年代我国的行政管理学研究基本上处于停滞阶段。

中共十一届三中全会的召开，改革开放和中心任务的转变，既为中国行政管理学的恢复和发展提供了良好的政治条件和社会条件，同时也迫切需要加强行政管理学研究来适应新的社会条件，推动我国政府体制改革和公共管理领域的发展。自改革开放以来，现代中国在经济获得世人瞩目高速发展的同时，也显现出诸多社会公共领域管理的落后与不适应。解决这一问题的首要一点就是规范、系统地研究探索，教育培养新型行政管理人才服务于现代社会。由此，20 世纪 80 年代以来，行政管理学在我国高校得以快速恢复。可以这样说，行政管理学在我国既是一门具有一定历史传统的学科，又是一门正处于蓬勃发展的新兴学科。但是，在现代中国的社会条件下，综合考虑中国古代行政管理传统和现代西方行政管理理念，一个重要问题摆在我们面前，就是如何构建适应中国实践情况的行政管理学体系才能适应社会需求。这也是编写这一套教材丛书的基本出发点。

二

从社会现实需求出发，行政管理学的突出特征是实践性和应用性，即行政管理学研究必须来源于行政管理实践，并为推动行政管理的实践发展服务。自改革开放以来，我国行政管理学的发展明显体现出实践性和应用性特征，这一特征体现为政府体制改革和职能转变与行政管理学发展是一个相互促进、相辅相成的过程。20 世纪 80 年代以来，针对计划经济体制下政府管理存在的问题，我国政府相继进行政府职能转变、行政管理体制、人事制度、公共政策决策、财政制度、行政管理民主化和法制化等诸多方面的改革。行政管理学者对这些问题进行了深入研究，并提出了一系列对策建议，为推动政府体制改革、职能转变和提高政府行政管理水平发挥了重要的作用。相应地，行政管理学本身也得到了快速的发展，行政管理学建制已日趋完善。从现实情况看来，行政管理学日益受到各级政府的支持与社会的普遍关注。国家和各省市都基本上建立了各个级别的行政管理学会；行政管理的有关著作和刊物日渐增多，行政管理学术活动也日趋活跃；设置行政管理专业的高等院校数目日益增多，本科生、研究生的招生规模快速扩大。同时，行政管理专业人才也日益得到社会认可，党政部门、事业单位、大型国有企业甚至是私人企业对行政管理专业人才有着相当大的需求，各级行政管理人员的专业进修教育与实践活动也正在蓬勃开展。2004 年国家人事部人才信息中心发布的人才需求信息显示，在第二季度北京市招聘数量排前十位的专业中行政管理列为第二位；在其他省市，行政管理的人才需求也基本在前十名之列。

行政管理实践在推动行政管理学发展的同时，也对行政管理学发展提出了更高的要求。社会主义市场经济体制的建立和完善要求进一步转变政府职能，加快行政管理体制改革的步伐。21 世纪以来，我国行政管理领域存在着以下亟待解决的重大问题：如何界定和转变政府职能、理顺政府与社会的关系；如何优化政府的内部结构、提高效能，形成权责一致、分工合理、决策科学、执行顺畅、监督有力的行政管理体制；如何健全政府职责，完善公共服务体系，广泛推行电子政务，强化社会管理和公共服务；如何推进政企分开、政资分开、政事分开、政府与市场中介组织分开，规范行政行为，加强行政执法部门建设，减少和规范行政审批，减少政府对微观经济运行的干预；如何加大机构整合力度，探索实行职能有机统一的大部门行政管理体制，健全政府部门间协调配合机制；如何推进事业单位的改革；如何科学准确地衡量政府及非政府公共部门的工作绩效等等。这些问题既需要行政管理研究者进行深入分析和探索，又对行政管理专业的人才培养提出了新要求。尽快地解决这些复杂的问题，是中国行政管理走上有序、高效，达到社会各界满意的关键环节。未来一段时间内行政管理专业人才培养目标应该重点考虑以下几点：培养能够从事多种实际行政管理工作的应用型人才，他们能胜任一般层次的行政管理实际工作，同时又具备胜任高层级行政管理工作的潜能潜力；他们不仅应能适应政府机关的行政管理工作需要，同时还能对党务机关、国家权力机关以及各种人民团体、社区、企业事业单位的行政管理性工作具有适应能力；他们既要具备良好的政治、道德素养和心理素质，又掌握行政管理的基本理论和专业技能，能够适应我国行政管理改革的变化和发展的需要。

随着行政管理专业的快速发展，行政管理专业教学也遇到诸多问题和困难，其中最突出的是专业教材建设问题。专业教材是专业发展中专业基本课程体系的反映和载体，专业教材的健全与否和质量高低对专业发展和专业人才培养具有非常重要的意义。现代中国高等教育体系中，自行政管理学恢复以来，行政管理教材建设已经取得了较大进展。1987 年深圳大学编写了全国第一套行政管理系列教材，1998 年、2002 年和 2003 年厦门大学、东北财经大学、南开大学等高校也都相继编写了行政管理专业教材。然而，行政管理教材建设中仍然存在着一定问题。首先，现有教材的系统性不够强，一些教材丛书多则 10 余本，少则 4 本，没有将行政管理及其相关内容广泛囊括进来，多数教材丛书主要涉及公共行政和公共政策等主题，对其他相关主题缺少关注。其次，目前的教材多数供研究生、MPA 学员使用，缺乏专门针对行政管理本科教学的基础性教材。再次，目前的教材丛书的内容和体例较为混乱，缺乏统一体例，难以适应高校本科基础性教育的需要。在现实中，行政管理专业基本教材建设欠完善，对行政管理专业的进一步发展和人才培养在一定程度上起到了制约的负面作用。现实中有一些行政管理本科生不断在提出这样一个问题：在大学行政管理专业我究竟学到了什么？我学成以后究竟去干什么？当然解答这一问题，对教师说来也是一个非常复杂的工作。这一问题中包含着对行政管理专业教育目的、社会实践领域和教育内容体系的询问。通过教材与教师的指导向学生阐释这一问题是一个重要的教育环节。这就要求教材一定要明确体现出本专业的教育目的、社会实践对象和教育内容体系。因此，组织专家、学者编写高水平的适用教材具有重要的实践意义和理论意义。

三

本套“高等学校行政管理专业系列教材”正是为了推动高校行政管理专业教材建设，为培养应用型的适应新时期行政管理改革与发展的行政管理人才而编写出版，是我们为中国高校行政管理专业教材建设贡献的一份微薄力量。

经过诸多专家学者的努力工作，本系列教材推出23本，可分为以下4类：

1. 基础核心课程教材，包括：《行政管理学》、《公共政策》、《组织学》、《行政法学》、《政府经济学》、《行政伦理学》、《领导科学》、《当代中国地方政府》、《当代中国政府与过程》。这一类教材是行政管理专业知识的基础与核心。

2. 方法论与实践方法课程教材，包括：《公共政策分析的理论与方法》、《社会调查与研究方法》、《公共组织绩效评估——模型与方法》、《统计学》、《应用文写作》。这一类教材是行政管理专业的学生掌握基础核心课程内容，将理论知识运用到实践领域的手段和桥梁。

3. 思想与制度课程教材，包括：《中国行政管理思想史》、《西方行政管理思想史》、《中国古代行政制度》、《西方行政制度》。这一类教材从社会历史发展的角度，展示管理思想与行政制度方面的知识，启发学生智慧，使学生的知识结构更加完善，历史经验与他国经验更加丰富，为实践活动打下雄厚的基础。

4. 实践性管理课程教材，包括：《工商行政管理》、《市政管理》、《中国公务员制度》、《公共部门人力资源管理》、《公共关系学》。这一类教材展示一部分不同的行政管理社会实践对象，为学生步入社会实践领域打好基础。当然这一部分内容只是冰山一角，远远没有展示出行政管理实践对象的全部。例如，公共财政、教育管理、公共消防、公共交通、公共卫生与医院管理、突发事件与危机管理、电子政务等等，诸多领域公共管理知识与技能的教育，为教师和研究人员留下了广阔的教学空间和研究命题。

概括说来，本系列教材体现出以下特点：

第一，教材的系统性进一步增强。现实中政府行政管理事务具有复杂性，涉及多个领域和多种学科，需要行政管理人员尽可能地掌握更多的行政管理知识和技能。因此，与其他专业的教材相比，行政管理教材的种类更多。同时，行政管理的理论知识和技能必须符合行政管理实践的发展才能具有实用性，这就要求教材建设必须与时俱进。因此，本系列教材除了包括《行政管理学》、《公共政策》、《组织学》等核心课程教材外，还根据行政管理实践发展的新要求编写了相应的教材。根据公共部门绩效评估的日益重要性，编写了《公共部门绩效评估》；根据当前行政管理人员公文写作能力不够强的现状，编写了《应用文写作》；根据政府公共关系的处理日趋受到重视，编写了《公共关系学》。

第二，教材形式比较丰富。因为学生对专业知识的理解处于启蒙阶段，因此，本科教学是一件十分艰难且不易取得明显效果的事情，要获得良好的教学效果，就必须要吸引学生的注意力，引起学生的兴趣。本系列教材不仅介绍行政管理的理论知识和技能，还引入了一定量的背景资料、案例。这不仅有助于扩充学生的知识面，而且还能够引起学生的兴趣，提高教学效果。

第三，教材创新性较强。行政管理的理论创新主要体现于学者发表的专著和文章中，但专著和文章不能等同于教材，因为专著和文章主要论述作者自己的观点，逻辑推理较强，且通常是一家之见，而教材则强调对基本和通用理论知识的介绍。然而，教材也不能够与专著和文章的观点脱节，它必须吸收专著和文章中的观点以体现行政管理的最新研究成果。本系列教材就是在广泛吸收国内外最新相关文献和观点的基础上写成的，体现出较强的前沿性和创新性。

第四，教材适合本科教学要求。为了满足本科教学的特点和要求，每本教材都有本章重点和课后练习题。本章重点引导学生从整体上把握本章的内容，课后练习题供学生思考之用，有助于加强对章节内容的理解和把握。

本系列教材主要适用于行政管理专业本科教学，也可适用于公共管理硕士（MPA）专业学位教育的教学，还可以作为相关专业社会办学和培训的教材与参考书，同时也可作为公务员扩充行政管理知识与技能的阅读书目。

本系列教材的编写以南开大学周恩来政府管理学院牵头，邀请了天津师范大学、广东外语外贸大学、山东大学威海分校、西北师范大学、南昌大学、中共天津市委党校等兄弟院校参加。南开大学周恩来政府管理学院参与编写的人员与书目有：王骚、蒋建荣，《应用文写作》；金东日，《组织学》；郭大水，《社会调查与研究方法》；李瑛，《公共组织绩效评估——模型与方法》与《统计学》；蔡声霞，《政府经济学》。天津师范大学政治与行政学院参与编写的人员与书目有：吴春华，《行政管理学》与《中国公务员制度》；赵冬，《公共政策》；仲崇盛，《公共部门人力资源管理》。广东外语外贸大学政治与公共管理学院参与编写的人员与书目有：王达梅，《公共政策分析的理论与方法》。山东大学威海分校法学院参与编写的人员与书目有：葛荃，《中国行政管理思想史》；张铭，《西方行政管理思想史》；赵沛，《中国古代行政制度》；古莉亚，《西方行政制度》；

马春霞，《工商行政管理》；范广垠，《市政管理》。西北师范大学政法学院参与编写的人员与书目有：张文礼，《当代中国地方政府》；周红，《行政伦理学》；孙健，《领导科学》；杜睿哲、齐建辉、张芸，《行政法学》。南昌大学公共管理学院参与编写的人员与书目有：吴光芸，《公共关系学》。中共天津市委党校参与编写的人员与书目有：沈荸，《当代中国政府与过程》。

编写教材是一件很累人的事情，对于各兄弟院校参编教师所付出的辛勤汗水以及给予真诚合作，我们表示诚挚的敬意和感谢。任何事物都不可能至善至美，教材编写也一样。对于不完善乃至错误之处，敬请专家学者和广大读者给予批评指正。

高等学校行政管理专业系列教材编委会

执笔：王骚

2008 年 3 月

前 言

公共关系是社会组织与其他相关联的组织或群体(公众)之间的各种关系的综合表现，是一种通过塑造和宣传组织的形象来增强组织内部的凝聚力和组织对外部公众的吸引力的经营管理艺术。为了实现组织与公众之间良好、持久关系的目标，组织必须实施一系列的公共关系努力，包括：运用传播技能，保持组织与公众之间的交流与理解、认可与合作；参与处理各种问题事件；帮助管理层了解民情民意，并对之做出反应；强调组织为公众利益服务的责任等。

公共关系学是一门既古老又年轻的学科。说它古老，是因为自人类形成社会、有管理组织开始，公共关系就客观存在；说它年轻，是因为作为一种现代管理职能，被科学地定义并形成为一门系统的、完整的独立学科，它才有近百年的历史。公共关系学是一门运用传播学、经济学、社会学、管理学、心理学、市场学、广告学等现代科学知识，总结现代经营管理和行政管理的经验和技巧而形成的高度综合的现代管理科学。随着信息化、网络化社会的到来，全球经济一体化的实施，现代社会市场竞争已经使企业从传统的产品竞争、质量竞争、价格竞争，扩展为全方位的理念竞争、形象竞争、信誉竞争、品牌竞争，从而使社会组织越来越重视整体的自身形象建设，重视与公众的传播沟通。因此，公共关系越来越显示了它的优势与作用，成为政府与企业不可缺少的高级管理技术。

在高等院校中，公共关系课程越来越成为大学生们最喜爱的专业课之一。在学习专业知识的同时，学公关、搞调查、做策划、开展活动、参加社会实践、树立良好形象……在公关活动中，培养独立生存能力、适应能力、交际能力、应变能力、创新能力；面对纷繁复杂的市场经济社会，学会参与、学会合作、学会竞争。作为公关实践的主体，他们应当了解并参与公关学术研究；作为即待进入社会的大学生，他们应当了解校门外纷繁复杂的公关现象，需要知晓公关科学，应该初步具备进入社会实践所应具备的起码的公关素质和能力，也应该学会思考公关问题。

基于此，本书系统介绍了公共关系的基本理论，对公共关系的基本概念、起源与发展、公共关系的构成要素、公共关系传播、公共关系工作程序、企业公共关系、政府公共关系、公共关系专题活动、日常公共关系礼仪、公共关系人员素质等方面作了重点介绍，理论上通俗易懂，实践上富于启迪。同时，该书注重思想性、科学性、实用性，组织框架完整，知识新颖，特色鲜明，内容实用，理论联系实际。每章前面有“本章重点”，对所学内容重点进行指引。每章后面有经典案例，帮助理解、消化本章理论及原理，并附有思考题，帮助熟悉掌握本章的重点与难点。

目 录

前 言

第一章 公共关系概述 …… 1

第一节 “公共关系”的基本概念 …… 1

一、公共关系的定义 …… 2

二、公共关系的构成要素 …… 6

三、公共关系的基本特征 …… 7

四、公共关系的职能 …… 8

五、公共关系的三大目标 …… 10

第二节 公共关系与相关概念辨析 …… 11

一、公共关系与人际关系 …… 11

二、公共关系与广告 …… 11

三、公共关系与商业推销 …… 12

四、公共关系与“拉关系” …… 13

五、公共关系与新闻传播 …… 14

第三节 公共关系学的研究对象和研究范围 …… 15

一、公共关系学的研究对象 …… 15

二、公共关系学的研究范围 …… 16

三、公共关系学的研究方法 …… 17

四、公共关系学的学科特点 …… 19

五、公共关系学与相关学科 …… 19

阅读材料 …… 21

思考题 …… 22

第二章 公共关系的起源与发展 …… 26

第一节 公共关系的起源……26
一、公共关系的源流……26
二、公共关系产生的原因……29
第二节 现代公共关系的产生与发展……31
一、现代公共关系发展的四个阶段……31
二、现代公共关系特征……36
第三节 公共关系在中国……39
一、从积极引进到迅速发展……39
二、公共关系在中国发展的条件……41
第四节 公共关系的发展趋势……43
一、公共关系活动范围全球化……43
二、公共关系实施主体职业化、品牌化……44
三、公共关系传播渠道网络化……45
四、公共关系实务运作整合化……46
五、公共关系文化思想立体化……47
阅读材料……48
思考题……50

第三章 公共关系的主体、机构和人员……52

第一节 公共关系主体……52
一、社会组织及其特征……52
二、社会组织环境……54
三、社会组织的划分及其关系的协调……55
第二节 公共关系机构……57
一、公共关系部……58
二、公共关系公司……61
三、公共关系社团……64
第三节 公共关系人员……66
一、公共关系人员的基本素质……66
二、公共关系人员的意识……70
三、公共关系人员的职业准则……71
阅读材料……74
思考题……76

第四章 公共关系的客体 79
第一节 公众的涵义、特征和分类 79
一、公众的涵义 79
二、公众的特征 80
三、公众的分类 82
第二节 公众心理分析 87
一、模仿与流行 87
二、舆论与流言 89
三、暗示与好胜 93
四、从众与服从 95
五、首因效应、近因效应、光环效应与移情效应 96
第三节 一般组织所面临的基本公众 97
一、员工关系 98
二、顾客关系 98
三、媒介关系 98
四、政府关系 99
五、社区关系 99
六、名流关系 99
七、国际公众 100
八、其他公众 100
阅读材料 101
思考题 103
第五章 公共关系传播 105
第一节 公共关系传播的基本理论 105
一、公共关系传播的界定 106
二、公共关系传播的基本要素 108
三、公共关系传播的主要种类 111
第二节 公共关系传播的原则与媒介 115
一、公共关系传播的原则 115
二、公共关系传播的主要媒介 119
第三节 公共关系传播的应用 127

一、如何进行有效的公关传播……127
二、准确地选用传播媒介……129
三、努力完善传播沟通的技巧和方法……130
阅读材料……132
思考题……134

第六章 公共关系调查……138

第一节 公共关系调查概述……138
一、公共关系调查的涵义和意义……139
二、公共关系调查的原则……140
第二节 公共关系调查的内容范围……141
一、组织自身状况调查……142
二、相关公众状况调查……143
三、传播媒介状况调查……144
四、社会环境状况调查……145
五、社会组织与公众关系现状调查……146
第三节 公共关系调查的一般程序……149
一、调查准备阶段……149
二、资料搜集阶段……150
三、整理分析阶段……151
四、报告写作阶段……153
五、总结评估阶段……153
第四节 公共关系调查的基本方法……154
一、基于调查对象范围变量的分类……155
二、基于资料搜集方式变量的分类……157
阅读材料……159
思考题……161

第七章 公共关系策划……163

第一节 公共关系策划概述……164
一、公共关系策划的涵义……164
二、公共关系策划的特征……164
三、公共关系策划的作用……165

四、公共关系策划应遵守的原则……166
第二节　公共关系策划的程序与方法……169
一、公共关系策划的程序……169
二、公共关系策划的主要方法……175
第三节　公共关系策划的创意技法……179
一、运势……179
二、用奇……181
三、求变……183
四、谋合……184
阅读材料……185
思考题……185

第八章　公共关系的实施与评估……191

第一节　公共关系实施……191
一、公共关系实施的意义、特点与原则……192
二、影响公共关系计划实施的因素分析……195
三、公共关系实施的运作模式……200
第二节　公共关系评估……203
一、公共关系评估的内涵和意义……203
二、公共关系评估的分类和内容……204
三、公共关系评估的程序……208
四、公共关系评估的方法……210
阅读材料……211
思考题……214

第九章　企业公共关系……219

第一节　企业内部公共关系……219
一、企业内部公共关系的内容……220
二、企业文化建设……223
第二节　企业外部公共关系……229
一、社区关系……229
二、政府关系……230
三、媒介关系……231

四、顾客关系……233
五、竞争对手关系……235
第三节 企业形象战略策划……236
一、CIS 内涵、功能与特征……237
二、CIS 的设计原则……241
三、CIS 的策划程序……245
阅读材料……254
思考题……258
第十章 政府公共关系……262
第一节 政府公共关系概述……262
一、政府公共关系的涵义……262
二、政府公共关系的研究对象……263
三、政府公共关系的特征……264
四、开展政府公共关系活动的意义……266
第二节 政府公共关系的职能、内容与原则……267
一、政府公共关系的职能……267
二、政府公共关系的内容……273
三、政府公共关系的原则……277
第三节 政府内部公共关系……279
一、政府内部公共关系的界定……279
二、政府内部公共关系的构成……280
三、政府内部公共关系的特征……280
四、开展政府内部公共关系的必要性……281
第四节 政府外部公共关系……282
一、政府与执政党的关系……282
二、政府与人民政协的关系……283
三、政府与权力机关、审判机关、检察机关的关系……285
四、政府与企事业单位的关系……287
五、政府与社会团体的关系……289
第五节 政府国际公共关系……290
一、政府国际公共关系的涵义……290
二、政府国际公共关系的特点……291

三、政府国际公共关系的途径和渠道……295
阅读材料……298
思考题……300

第十一章 公共关系专题活动……303

第一节 公共关系专题活动概述……303
一、公共关系专题活动的涵义与特性……303
二、公共关系专题活动的作用……304
三、公共关系专题活动的目标与计划……305
四、公共关系专题活动的形式……308
第二节 庆典活动……309
一、庆典活动的公关意义……309
二、庆典活动的一般形式……310
三、庆典活动的一般程序……311
四、庆典活动的组织工作要求……312
五、庆典活动需注意的细节……312
第三节 赞助活动……314
一、赞助的主要作用……314
二、开展赞助的基本原则……315
三、公益赞助的类型……316
四、赞助活动的步骤……317
五、赞助技巧的运用……318
第四节 展览会……319
一、展览会的特点……319
二、展览会的类型……320
三、展览会的策划和组织……321
四、展览会的效果检测……323
五、组织展览会应注意的问题……323
六、举办展览会的其他技巧……324
第五节 新闻发布会……325
一、新闻发布会的特点……325
二、新闻发布会的策划……326
三、新闻发布会的举办……327

第六节 危机公关……330
一、危机事件的特点与类型……330
二、危机事件的预防……331
三、危机处理的一般程序……332
阅读材料……334
思考题……337

参考文献……342

后　记……345

第一章 公共关系概述

本章重点

1. 公共关系概念的内涵
2. 公共关系的职能与特征
3. 公共关系学科研究对象、研究内容及研究方法

公共关系作为一门现代管理科学和艺术，在风靡世界近百年之后，于 20 世纪 80 年代随着改革开放的浪潮涌入中国大陆，迅即从沿海向内陆广泛地传播，在华夏大地掀起前所未有的“公共关系热”。20 多年来，公共关系作为一种管理职能、经营策略、传播行为及现代交往方式，以其独特的魅力在各类社会组织及组织各部门，在经营管理、市场营销、大众传播及社会交往等领域发挥着独特的作用，受到人们的高度重视。有人曾把公共关系同技术、管理一起比作现代企业的三大支柱。还有的学者把以电脑为代表的科学技术水平、以旅游业为代表的富裕生活程度、以公共关系为代表的经营管理效能，并列为衡量一个国家发达程度的三大标志。知识经济时代的到来，为公共关系的应用与发展提供了更高、更广的平台，每一个当代大学生、每一个未来的经营管理者、社会活动者应当学习和掌握公共关系的基本理论和应用技巧。

第一节 “公共关系”的基本概念

公共关系学经过几十年的发展，已经成为一门相对独立的学科。和其他学科一样，构成这个学科的基础也是一些基本概念。因此，要学习公共关系，就要从了解这些概念的定义内涵、特征开始。

一、公共关系的定义

公共关系一词源自英文的 Public Relations。Public 意为“公共的”、“公开的”、“公众的”，Relations 即“关系”之谓，两词合起来用中文表述便是“公共关系”，有时候又称“公众关系”。自从公共关系诞生以来，人们给其下一个准确定义的努力就没有停止过。由于每个人的认识角度不同，对公共关系内涵的理解也各异，于是就形成了许许多多的公共关系定义。20 世纪 70 年代中期，美国著名的公共关系学者莱克斯·哈洛（RexHarlow）博士就搜集到 47 个公共关系的定义；还有人说，公共关系的定义已有上千条之多。于是有人不无幽默地说有多少公共关系学者，便有多少种公共关系的定义。

如何从这些纷繁多样的公共关系定义中把握公共关系的真正内涵呢?我们把众多的公共关系定义归纳成如下几种类型。

（一）管理职能说

“管理职能说”这类定义把公共关系看作和计划、财务一样的管理职能，其中美国人莱克斯·哈洛博士的定义便是典型代表。他认为：公共关系是一种特殊的管理职能，它帮助一个组织建立并保持与公众之间的交流、理解、认可与合作；它参与处理各种问题与事件；它帮助管理部门了解民意，并对其做出反应；它确定并强调企业为公众利益服务的责任；它成为社会趋势的监视者，帮助企业保持与社会同步；它使用有效的传播技能和研究方法作为基本工具。

国际公共关系协会同样认为公共关系是一种管理职能，其定义是：公共关系是一种管理功能，它具有连续性和计划性。通过公共关系，公立的和私人的组织机构试图赢得与它们有关的人们的理解、同情和支持——借助对舆论的估价，以尽可能协调它们自己的政策和做法，依靠有计划的、广泛的信息传播，赢得更有效的合作，更好地实现它们的共同利益。

美国著名公共关系学者卡特李普（ScottM. Cutlip）和森特（AllenH. Centre）认为：公共关系是这样一种管理功能，它能建立和维护组织与公众之间的互利互惠关系，而一个组织的成功或失败取决于公众。

美国公共关系学会的“官方公共关系陈述”

公共关系通过在团体和机构中提供相互理解，帮助我们这个复杂、多元的社会去更有效地做出决定和发挥作用。它的服务使得私营的和公共的政策臻于和谐。

公共关系服务于社会中类型广泛的各类机构，诸如商业、工会、政府机关、志愿者协会、基金会、医院、学校和宗教机构等。为了实现他们的目标，这些机构必须同很多不同的受众或者公众发展有效的相互关系，诸如雇员、会员、顾客、地方社区、股东和其他机构，以及整个社会。

为了实现机构的目标，机构的管理层需要理解他们的各类公众的态度和价值观，目标自身是受外部环境的影响形成的。公共关系从业人员是作为管理层的顾问和协调者而开展工作的，帮助将私营的目标转换成为合理的、可以公开接受的政策和行动。

作为一种管理功能，公共关系包含以下内容：

——预测、分析和解释舆论、态度和事件，不论是好是坏，它们很可能影响到这个组织和计划的运作。

——凡属涉及到政策决定、行动过程和传播等问题，都要在这个组织里的各个层次向管理层提供咨询，要充分考虑到它们可能产生的公共派生影响和这个组织的社会或公民责任。

——在持之以恒的基础上，调查、实施和评估行动与传播的方案，以赢得拥有充分信息的公众的理解，这是一个组织目标取得成功的需要。这里面可以包括市场营销、金融、资金筹集、雇员、社区与政府关系以及其他方案。

——计划和实施组织的各种努力，以影响或者改变公共政策。

——确定目标、制订计划、编制预算、招聘和培训职员、发展设施，简而言之，管理实行上述内容所必需的所有资源。

——在公共关系的职业实践中，必不可少的知识也许包括传播艺术、心理学、社会心理学、社会学、政治学、经济学和管理原则以及职业道德规范等，必不可少的技术性知识和技能包括舆论研究、公众问题的分析、媒介关系、直接邮寄、企业信誉广告、出版物、电影录像制作、专项活动、讲演和报告等。

在帮助界定和实施政策的过程中，公共关系从业人员运用各种专业传播技能，不是在这个组织的内部，而是在这个组织和外部环境之间扮演着一个一体化的角色。

（二）传播说

这一类定义强调公共关系是组织一种特定的传播管理行为和职能，认为公共关系离不开传播沟通，我国公共关系学者廖为建就持此种观点。其定义是：公共关系是一个组织与其相关公众之间的传播管理。

在国外，持这种观点的学者不在少数。在美国的大学中，公共关系专业往往设在新闻传播学院内。英国人弗兰克·杰夫金斯（FrankJefkins）也认为：公共关系是由为达到相互理解有关特定目标而进行的各种有计划的沟通联络所组成的，这种沟通联络处于组织与公众之间，既是内向的，也是外向的。

国外一些大型的百科全书或综合词典也从传播或沟通的角度来定义公共关系。

《美利坚百科全书》中的定义是：公共关系是关于建立一个组织同其既定公众之间相互了解的活动。

《大英百科全书》中是这样定义的：公共关系是旨在传递有关个人、公司、政府机构或其他组织的信息，并改善公众对其态度的种种政策或行动。

《韦伯斯特新国际词典》认为：公共关系是通过传播大量有说服力的材料，发展邻里的相互交往和估价公众的反应，从而促进个人、公司或机构同他人、各种公众以及社区之间的亲善友好关系。

（三）特定关系说

持这种观点的人认为，“关系”体现公共关系的本质属性，公共关系是一种特定的社会关系，正确认识公众关系、处理公众关系是开展公共关系的出发点和归宿。

美国普林斯顿大学的资深公共关系教授希尔兹（H. L. Chils）认为：公共关系就是我们所从事的各种活动所发生的各种关系的通称，这些活动与关系是公众性的，并且都有社会意义。

英国公共关系学会的定义是：公共关系是在组织和它的公众之间建立和维持相互了解的、有目的、有计划的持续过程。

（四）特征综合说

有的公关学者认为，前面几类定义都只反映了公共关系某一方面的含义或特征，未免失之偏颇，因此他们试图通过一个定义把公共关系的所有内涵或特征都包括进去。

美国《公共关系季刊》曾详细罗列了公共关系的十四个特征。1982 年 11 月，美国公共关系学会（PRSA）在其一流成员组成的专家小组的努力下，正式采用了一个“关于公共关系的官方陈述”。这一定义除了概念方面的内容外，还将各种活动、结果和对公共关系实践的知识要求包括在内。

（五）经营艺术说

持这种观点的人认为，公共关系还只是一门不精确的学科，许多公共关系问题不存在唯一正确的答案，公共关系在实际运作中要讲究创造性，讲求形象思维，需要从整体上来把握公共关系及其工作。因此，公共关系是一种艺术。

如 1978 年 8 月，在墨西哥城召开的世界公共关系协会大会上，代表们经过商讨，提出了这样一个公共关系的定义：公共关系是一门艺术和社会科学，公共关系的实施是分析趋势，预测后果，向机构领导人提供意见，履行一连串有计划的行动，以服务于本机构和公众利益。

我国学者余阳明认为：公共关系是社会组织为了塑造组织形象，通过传播、沟通来影响公众的科学和艺术。

上述这五类对公共关系的定义都代表了公共关系学者对公共关系定义所做的种种努力，他们都在试图给出公共关系严谨的、统一的、权威的学术定义，然而却从来没有成功过。尽管各方面对公共关系定义的表述不尽相同，侧重点也不尽一致，但有一些基本的见解是相同的，那就是：

1. 公共关系的基本性质是一种现代管理职能；
2. 公共关系的基本内容是社会组织协调与其内外公众之间的关系；
3. 公共关系的基本原则是以社会利益为重，平等互惠；
4. 公共关系的基本手段是双向传播与沟通；
5. 公共关系的基本目标是在社会公众心目中建立起良好的组织形象。

综上所述，公共关系的定义可以作如下表述：公共关系是社会组织与其他相关联的组织或群体（公众）之间的各种关系的综合表现，是一种通过塑造和宣传组织的形象来增强组织内部的凝聚力和组织对外部公众的吸引力的经营管理艺术。

美国著名公共关系学者詹姆斯·格鲁尼格对“塑造形象”说提出了批评：

塑造形象这一概念包含着这样一种简单的观念，即良好的宣传可使人们对一个组织有好的看法。这一观念的本质我把它称之为公共关系的新闻代理宣传模式……塑造形象(新闻代理)是一种简单化且易令人产生误解的观念。它使我们的客户或组织的领导人有一种错误的期望，以为公关人员可为组织说好话，人们也会相信这些话，以致组织无需关注对公众的责任，结果它因自身不负责任的行为而非记者或他人的说法产生一系列的公共关系问题。塑造形象也意味着公共关系的本质是向公众发送讯息，这同样也是简单化和错误的观念，因为大多数公众是自己选择和接受讯息，他们很少被没有良好行为支持的虚假讯息所迷惑。为此，我倾向于用“信誉”一词取代“形象”，从本质上讲，一种信誉包含了人们所记住的一个组织的行为或行动。如果我们要想为一个组织树立良好的信誉，我们就必须建议组织其行为要对公众负责。如果我们对外讲组织的好话，而组织的行为很糟糕，公众就会产生怀疑且不信任这个组织。

参见格鲁尼格、廖为建、郭惠民：《关于公共关系学若干基本问题的国际对话》，载于《2000中国国际公共关系大会发言及论文选登》，第36-37页。

二、公共关系的构成要素

公共关系不论是指“状态”，还是指“活动”或是指“管理职能”，都必须有三个构成要素：主体、客体和中介。

（一）社会组织——公共关系的主体

社会组织是指按一定的目的、任务和形式建立起来的社会群体或社会集团。任何一个社会组织都存在于一定的物质环境和文化环境之中，社会组织与环境的相互作用是一种客观存在，从公共关系的角度看，社会组织是行为的主体，应该而且必须按照自己的既定目标来策划各种旨在影响环境和适应环境的公共关系活动。这种主体性的发挥在很大程度上依赖于组织的公共关系部门和公共关系人员。同时，这种主体性还表现在其公共关系目标与组织总目标的完全一致上。

（二）公众——公共关系的客体

公众是指因面临某个共同问题而形成的与组织发生相互影响、相互作用的各种社会群体或个人。

公共关系所指的公众，与日常生活中的“群众”、“大众”等不同，有着特定的含义。它是指“面临相同问题”的群体或个人，是与组织有某种直接或间接关系的，是具体而非一般广义的社会大众（如顾客、职工、竞争对手、新闻媒介、社区等等）。它是社会组织实施公共关系工作的对象，是公共关系活动的承受者。没有公众，公共关系工作就是无的放矢，毫无意义。

（三）传播和沟通——公共关系的中介

传播是指人与人之间、人与社会组织群体之间、社会组织之间借助于语言文字和其他各种载体，直接或间接地进行思想、感情、信息的传递行为和活动。社会组织要想吸引公众、影响公众，改变公众的态度，通常所采用的手段和方法，就是传播沟通。公共关系的传播沟通是双向的，即主体为了达到某种目的，将信息传播给客体，同时客体又将信息反馈给主体。传播是联结公共关系主、客体不可缺少的构成要素；传播是公共关系的活动方式和工作过程。为协调关系而开展传播活动，是公共关系特殊性的表现，离开了传播活动就没有公共关系。超出了用传播手段来协调各种关系，也不同于公共关系。由于公共关系所面对的公众具有一定的深度和广度，因此公共关系的传播活动也表现为多层次性。

改变他人观点的四种途径

一个人想要别人同意自己的观点，只有为数不多的几种方法可供选择。

第一种选择是采取某种强制手段，诸如诉诸法律或进行恐吓，施加压力；第二种选择是采取补偿、奖励、提拔、默许、当众褒扬或其他类似方法；第三种选择是劝说，说服别人相信自己所提出的观点与他们的利益是相一致的，或者让他们相信，他们应该让个人的利益服从更多人的利益；第四种选择是无为，然而却可以很有效，如一个正直廉洁的公关人员本身比什么都灵验，他扬名在外，随之带来了无形的影响。

可以想见，在通常的公共关系实践中，人们偏重于采用劝说的方式，不去使用强制或补偿的手段；而成功的公关人员则十分注重维护自己的名声，以便在其他因素不起作用时，倚仗这一优势去获得成功。

参见[美]艾伦·森特等：《公共关系案例》，熊源伟等编译，湖南文艺出版社，1989年，第89页。

三、公共关系的基本特征

公共关系的特征是由它的自身性质、主体目标和客体特征及工作方式决定的，可以概括为以下几个方面：

（一）以公众为对象

公共关系是社会组织同构成其生存环境的内外公众的关系，公众构成公共关系客体一方，它与公共关系的主体构成公共关系的基本矛盾。公众是公共关系的主要研究对象，一切工作均围绕公众展开。

（二）以美誉为目标

公共关系不是一种政治关系，也不是一种经济关系，其评价尺度不是政治立场，不是经济指标，面是美誉度。俗话说就是关系好不好，客体愿不愿意与之交往。而形象中的知名度、定位度都是以美誉度为基础的，因此，公共关系是以追求高美誉度为工作目标的。

（三）以互惠为原则

公共关系不是以血缘、地缘为基础，而是以一定的利益关系、业缘关系为基础的。社会组织要生存发展必须要得到公众的支持，而要想得到支持就必须让公众得到利益，因此，要想持久地赢得公众支持，必须做到与公众互利互惠，最终达到双赢的目的。

（四）以长远为方针

组织凭借公共关系在公众中塑造好的形象绝非一日之功。它有树立过程的长期性，同时一旦树立起来它又同形象的滞后性相关，而不会轻易改变，因此，公共关系的长远性是与组织生存的长远性同根同生、同命相连的。

（五）以真诚为信条

公共关系要追求长久的美誉度，就一定要以真诚为信条。互利互惠也只有依靠真诚才能做到。特别是市场经济条件下，公众对真诚的期望越来越迫切。唯有真诚才能长久赢得公众的合作与社会美誉。

（六）以沟通为手段

公共关系依靠信息产业，信息只有传播沟通才能实现价值。形象在沟通中塑造，美誉在沟通中提高，合作在沟通中促成，目标在沟通中实现，无形资产在沟通中建立与积累，因此，公共关系目标与价值的实现离不开沟通。

以上六个方面综合地、系统地、多角度地构成了公共关系的基本特征。公关意识以此为基础，公关工作由此而展开，公关职能缘此而设定，所以有人说，公共关系内涵小、外延大，即是此理。

四、公共关系的职能

公共关系的职责主要有收集信息、辅助决策、咨询引导、沟通协调、推广传播、提供服务等六个方面。

（一）收集信息

公共关系活动的基本目的，就是通过双向的信息沟通，有效地达成组织与公众之间的信息交流，以监测环境、反馈舆论，维持组织与整个社会环境的动态平衡。从这个意义上可以说，公共关系部门在信息管理中具有独特的作用，即它既是组织的信息情报中心，又是组织的监测预警系统。作为组织的信息情报中心，公共关系应该优先收集与组织形象有关的信息，同时关注组织环境中的各种社会信息，以预测组织运行的发展趋势。

（二）辅助决策

决策是领导的基本职责，公共关系不能代替领导实施决策，但它能辅助领导实施决策。公共关系在决策中起着“参谋”或“智囊团”的作用，它不仅为确立决策目标提供咨询建议，为决策提供信息服务，而且协助拟定和选择决策方案，从公众的角度评价决策效果。使公众利益进入决策的视野，这是公共关系参与或辅助决策的主要意义。组织在决策时往往有重视自身利益而忽视公众利益的片面倾向，这是组织短视的表现。公共关系可以约束组织决策，保障决策的正确性。在现代社会，决策的科学化与民主化都离不开公共关系。

（三）咨询引导

公关咨询必须通过长期的观察和积累，掌握关于影响公众行为的知觉、需要、态度等心理因素，了解流行、流言、舆论等大众心理现象的表现形式，及其产生的原因、作用，以及它们对公众行为的影响，关注与公众行为相关的价值观变化、从众心理、逆反心理等重要要素。根据公众心理，结合组织的中长期规划，向决策层作出通报，使组织目标更可靠和富有成效。引导的基本点是树立组织的良好形象；引导的前提是教育、宣传、解释、说服。在组织的初创时期，要加强宣传，引导提供组织的知名度和美誉度；在组织上升发展之际，要引导扩大影响，赢得社会各方更多的关心、支持，借力发展；在组织形象受损之时，要做好解释、说服工作，引导及时沟通，争取谅解，重塑形象；在组织变化发展受阻遇难面前，要重在教育，引导冷静乐观对付逆境，寻找机遇，主动出击，摆脱困境。

（四）沟通协调

公共关系本身就是组织与社会环境之间的一种沟通协调的机制，公共关系的协调是为了达到组织与公众的相互理解，树立良好的组织形象，实现良好的公共关系状态。沟通协调有助于组织赢得公众，并能避免或缓解组织与公众的矛盾和误解。即使发生矛盾，也能在沟通的基础上迅速予以解决。

（五）推广传播

公共关系工作从一定意义上说，就是一种传播活动。传播有多种方式，其中具有传播范围广、速度快、影响大等特点的大众传播，是公共关系最常用、最有效、最重要的传播方式。

公共关系工作在组织经营管理中要履行传播推广的职责，即要通过传播争取公众，扩大影响，宣传组织形象。具体地说，公关实行推广传播的职责主要表现为：制造舆论，告知公众；深化舆论，扩大影响；引导舆论，控制形象。

（六）提供服务

公共关系工作本身是一项服务工作，这种服务性质既渗透在 组织日常事务中，又显现在专题活动策划中。公共关系工作的成效是以服务水平和质量来衡量的，这种服务具有信息性、传播性、协调性、支持性和辅助性等特点。

在组织内部，公共关系工作要为各个业务部门和职能部门服务。公共关系主要运用传播沟通手段，协助处理那些需要各方介入和配合的纷繁事务，提供信息性、事务性的辅助和支持，旨在使各职能部门关系融洽，配合默契。

在组织外部，公共关系工作要为社会提供服务。公共关系要以良好的服务行为树立信誉，争取人心。公共关系服务具有宽泛性的涵义，包括协助组织为消费者提供良好的售前、售中和售后服务；为社区提供各种公益性、环保性服务；为发展社会的各项事业提供必要的赞助和服务等。公共关系通过服务行为使公众感受到社会组织的爱心与责任，并产生对其的好感与尊重，使组织形象深入人心。

五、公共关系的三大目标

公共关系目标是“认知度”、“美誉度”和“和谐度”。具体而言：

（一）认知度

认知度，表述的是一个社会组织被社会公众所认识、知晓的程度，其包含被认识的深度、被知晓的广度两个方面。比如，一个企业的企业名称、产品商标、行业归属、历史沿革、主要产品、产品特征、经营状况、法人代表等诸多具体信息在多大范围内被公众所知晓，在多深的程度上被公众所认识，合起来则为这个企业的“认知度”。

（二）美誉度

美誉度，即一个社会组织获得公众赞美、称誉的程度，是组织形象受公众给予美丑、好坏评价的舆论倾向性指标。美誉度与认知度不同的是：认知度是中性的，不存在道德价值的判断；而美誉度则是有褒贬倾向性的统计指标，是对组织道德价值的判断。不同的社会组织，其美誉度的体现有不同的内容。如企业的美誉度与政府的美誉度其衡量的角度就不尽相同，而生产性企业与服务性企业的美誉度也有不同的要求。

（三）和谐度

与美誉度一样，和谐度也属于对组织道德价值判断的范畴，但却是美誉度在目标公众中的延伸，即一个社会组织在发展运行过程中，获得目标公众态度认可、情感亲和、言语宣传、行为合作的程度，是组织从目标公众出发、开展公共关系工作获得回报的指标。

第二节 公共关系与相关概念辨析

一、公共关系与人际关系

公共关系与人际关系的主要区别在于：第一，主体不同。公共关系的主体是组织，处理的是组织与公众的关系；而人际关系的主体是个人，处理的是个人与个人之间的关系。第二，服务对象不同。公共关系服务于组织，关系的融洽与冲突、受益与受损的都是组织；而人际关系服务于个人，关系的好坏、受益或受损属于个人。第三，交往范围不同。公共关系要经常组织专门的活动，借助于新闻传播界扩大影响，沟通范围广；而人际交往的范围要小得多，也简单得多。

但是，公共关系与人际关系又有着十分紧密的联系。首先体现在公共关系通常表现为人际关系。因为组织整体之间的联系，往往表现为一个组织中的若干人同另一个组织中的若干人之间的联系，即表现为人际关系，所以，公共关系经常要借助人际沟通的方法来进行。如商店与消费者的关系，一般具体表现为售货员与消费者的关系。其次，公共关系目标的实现，离不开人际关系的协调。由于组织与公众的关系一般体现为人际关系，因此只有协调好组织内外的人际关系，才能产生良好的公共关系效果。

二、公共关系与广告

公关活动经常要使用广告来扩大影响，但公关广告并非一般的广告，二者有着若干不同，具体说有如下区别：

第一，目标不同。广告的目标是以最小花费在最短的时间里推销出更多的产品和劳务。公关的目标是要树立整个组织的形象，增进组织内外部公众的了解，从而使整个事业获得成功。

第二，传播方式不同。广告的信息传播是以创造性的技巧将产品或劳务的信息撰写成文稿，设计成图案，采用夸张的手法拍成广告影视片，“引人注目”是其基本原则。而公共关系的信息传播同新闻传播方式一样，即靠事实说话，绝不能有任何虚假，“真实可信”是其基本原则。公关人员成功的诀窍，不在于运用什么文学的及艺术的传播方式与哗众取宠、耸人听闻的表现手法，而在于善于选择适当的时机，采用适当的形式，通过适当的媒介，把有新闻价值的信息及时地、准确地传递给特定的公众。

第三，传播周期不同。一般来说，广告的传播周期是短暂的，通常一个时期集中宣传某个产品或劳务，它有比较明显的季节性和阶段性。相比之下，公关的传播周期则是长期的，因为公关的目标是树立组织形象和信誉的，这绝非一时努力所能奏效，它需要长期的、有计划有步骤的公关工作。

第四，工作性质不同。广告在企业管理中属于局部性工作，某一广告成败一般并不会对企业经营全局产生决定性影响，但公关工作却在经营管理中处于全局地位，属战略性工作。公关工作的好坏，决定组织的形象和信誉，并因此而决定组织的生死存亡。

第五，效果不同。广告的效果是直接的、可测量的，一项广告的效益可用产品销售量的增加、利润额的上升等指标来衡量。公关的效果与广告大不相同，成功的公关使组织具有良好声誉，组织因此而受益无穷，但所得益处却难以用简单的硬指标来衡量，它既是社会效益也具有整体效益。

公关与广告存在着上述区别，但二者亦有密切联系，其主要表现在：公关需要借助广告形式作为一种工具，而广告业务也需要公关思想作指导。出于全局性的考虑，开展公关工作也经常需要做广告，即所谓“公关广告”。但这种广告不是推销企业的具体产品或劳务，而是重点介绍企业的管理、人员素质、服务宗旨以及为社会承担的义务和责任、所做的好人好事等，其目的是塑造企业的良好形象。一般商业广告需要接受公关指导，并纳入公关工作的整体战略中。一个企业的公关工作效果和成绩，可能因一则言过其实的广告而功亏一篑。

三、公共关系与商业推销

公关作为一种推销手段越来越受到工商界的重视而被运用，但公关与一般的商业推销也有着重要的区别：公关追求的是组织的社会效益和长远利益，而推销追求的是组织的经济效益和近期利益。提高组织的社会效益，考虑组织长远利益的行动，无疑有利于提高组织的经济效益和近期利益（虽然有时有矛盾）。

一般的推销术都带有明显的推销产品的味道，使消费者会感到背后藏有工商企业的自私目的。所以，无论是有奖销售，还是分期付款，使用的次数一多，消费者会本能地产生抵抗心理，大大降低了这些推销术的效力，时间一长，消费者甚至会对这些推销手段有厌恶情绪，认为是在推销积压商品，拒绝购买。因此，将公关实务与推销活动有机地结合起来则可以在一定程度上解决这一问题。公关实务着重的是同消费者沟通感情，让消费者对企业和企业的商品有一个正确、全面的了解，在此基础上树立起企业或商标的形象。公共关系取得进展后，推销人员在友善、信任的环境中再推销商品，就可以收到良好的效果了。

四、公共关系与“拉关系”

“拉关系”就是指人们常说的“套私情”、“找门路”、“走后门”等不正当的人际交往活动。从表面看来，公关与“拉关系”的直接目的似乎是一样的，都是希望通过人际沟通，使得本组织或企业得到有关方面的支持，以顺利解决问题。所以有人认为，只要这一目的能达到，采取什么手段都可以，什么公关或“拉关系”，只是称呼不同。但是在本质上，公关的出现，正是对抗“拉关系”这种不良现象的。因此，两者有着本质上的区别。

第一，两者产生的社会基础不同。公关是商品经济高度发展、信息传播量急剧膨胀、现代经济生活空前复杂的产物。“拉关系”则是封闭、落后的封建经济的产物。它是在社会生产力水平低下、商品和服务不充分的条件下产生的。

在商品经济高度发达的条件下，企业出现了竞争对手，传统的卖方市场逐步转化为买方市场，消费者有个选择的余地。树名牌、求信誉，就成为企业赖以生存和发展的重要社会条件。如何扩大企业在社会公众中的影响，开始成为现代企业家考虑的重要问题。由于信息传播量的膨胀，企业需要在信息的汪洋大海中把自己的信息及时、有效地传递到社会公众中去，也要把外界的信息及时、充分地反馈回来。由于现代经济生活的空前复杂，企业面临着一系列前所未有的新问题。所有这些问题，都要深入研究和认真对待，需要一批熟知社会民意、信息传播的专业人员来解决。公共关系学就是对这类实践经验的总结。

第二，公共关系与“拉关系”的目的不同。公共关系追求的是企业的经济效益与社会公众利益的基本一致。通过长期的、有计划的、有效的公共关系工作，企业将在社会上树立起良好的形象，企业将在与社会公众利益一致的前提下不断发展。而“拉关系”的基本出发点是损人利己，损公肥私，谋取个人或小集团的私利，将社会交往作为谋取个人利益的特权，把种种社会关系本身看作是个人或小集团的私有财产，看作是个人或小集团的既得利益。结果往往是，个别人中饱私囊，而社会利益和公众利益受到严重损害。

第三，公共关系与“拉关系”运用的手段不同。公共关系主要是依据信息传播的原理，向社会各界及时、有效地传递各种必要的信息，同时向企业决策者提供社会公众的反应、社会环境及其变动的预报，建立双向的信息流通网络，提高经济管理的科学性和效率。公共关系的主要手段是各种传播工具：报纸、广播、电视、网络、杂志、内部刊物、新闻记录片、电视片等等。而“拉关系”

则偷偷摸摸地通过不正当的方式和途径，甚至用违法乱纪的手段，为满足个人或小集团的私利服务。其手段，也无非是吃吃喝喝、拉拉扯扯、吹吹拍拍等一套俗不可耐的做法。“拉关系”的这些行为即使在资本主义社会也是只能偷偷摸摸进行的。它在公共关系职业道德准则上，更是受到明文禁止。至于在我们社会主义社会公共关系工作中，就更不能允许它们有任何市场了。

五、公共关系与新闻传播

公共关系与新闻传播的主要区别，在于两者的任务和必须为之负责的对象间的差异。公共关系是一个组织为了争取社会了解和支持所采用的活动方式，所以公共关系必须为本组织的利益服务。而新闻传播则必须对整个社会负责。

一个组织为了能够长久地在社会中生存下去，就不能只考虑眼前利益，而必须通过创造社会效益来获得社会的了解和支持，这就是为什么组织需要公共关系实务的原因。所以，公共关系工作的出发点是维护本组织的长远利益。但是，为了实现这一目的，公共关系工作又不得不对社会负责，向社会公众公开事实真相，让社会公众了解本组织。因此，尽管出发点不同，但是在具体行动上，公共关系和新闻还是有着十分相似的地方的，即必须以事实为基础说话。

通过大众传播媒介，新闻可以迅速地在社会中传播出去，产生广泛的影响力。公共关系经常借助新闻所具有的这种特点进行工作，因此，拟写新闻稿，同新闻界人士建立良好的关系等，成了公共关系工作人员的日常工作之一。

公共关系新闻也一样要遵守新闻报道的原则，不能自吹自擂。所以公共关系新闻也必须具有真实性、及时性以及新闻性。

另一个十分引人注意的问题是公共关系活动中常常采用的“制造新闻”的做法。这种公关活动在企业和工商部门采用的较普遍。对于一个企业来说，要想得到更多的消费者的支持，就必须提高本企业的知名度和美誉度，而如果本企业经常可以在新闻报导中扮演主角，无疑对达到这个目的是十分有利的。因此，公关人员就需要在不弄虚作假的条件下，争取使本企业成为新闻报导的重点。这时，公关人员常要针对社会公众和新闻界的兴趣，有计划、主动地“制造”出一些新闻，以吸引新闻界和社会公众注意。

相对于一般的新闻报导而言，这种“制造新闻”的特点在于：

第一，它是由公关人员主动策划和安排的，不是偶然发生的，因而更符合本组织的需要。

第二，由于经过加工，这种新闻往往更富有戏剧性，更能迎合公众的兴趣，吸引公众的注意力。

第三，在前两点的基础上，“制造新闻”的效果往往较突出。作为新闻报道重点的组织常常成为人们一时交谈的中心，从而提高了组织的知名度。

第三节 公共关系学的研究对象和研究范围

公共关系学是20世纪初在社会科学中形成的一门新兴学科。它研究现代社会中个人、企业、团体、政府各部门各方面之间如何建立良好的关系。其目的在于通过加强各有关方面之间的了解、联系和合作，最大限度地提高本机构的经济效益和社会效益，从而为社会经济和文化的发展做出贡献。公共关系学的定义是：它是研究公共关系活动现象及其规律的一门新兴的边缘学科。

一、公共关系学的研究对象

公共关系学是公共关系实践活动的反映。所以，公共关系学的研究对象就是公共关系活动的现象及其规律。公共关系活动的现象及其规律具体说表现在：信息沟通的现象和规律；组织与公众的各种具体关系的现象和规律；公共关系各要素的构成现象和规律；以及各种关系活动及其策划、实施的方法和艺术等几个方面。因此，公共关系学的具体研究对象应是：

（一）研究信息沟通的现象和规律

在这方面，主要是研究信息传播的功能、原理、规律、形式、机制以及信息传播的谋略与艺术；研究如何建立多层次、多渠道、多功能的信息传播体系等等。其目的是准确及时有效地传递自己的信息，反映外界环境的变化，消除不必要的误解，获得公众的理解与支持，提高组织的声誉。

（二）研究组织与公众的各种具体关系的现象和规律

组织面临的关系很多，诸如员工关系、股东关系、政府关系、媒介关系、顾客关系、社区关系、国际关系等等。公共关系学就是要研究组织如何同各种具体关系友好相处，以有利于组织事业的发展。如：如何搞好与新闻媒介的关系，以寻求尽可能多的有益于本组织的报道，以提高组织的声誉；如何处理好员工关系，调动广大职工创名牌、争信誉的积极性，提高组织的凝聚力和向心力；如何协调好上下左右的关系，赢得各方的支持与合作。研究的目的是使组织科学地分析、处理各种关系，为组织的事业发展创造最佳的社会环境。

（三）研究公共关系各要素的构成现象和规律

主要是研究组织、公众、传播三大要素是如何组合的，它们相互之间是怎样起作用、制约和联系的，以及如何协调才能实现公共关系目标等等，其目的是探索它们的发展规律，从而实现科学组合。

（四）研究各种公共关系活动及其策划、实施的方法与艺术

公共关系要开展得有声有色，必须有赖于高超的公共关系活动的策划艺术与实施技巧。总之，公共关系学的研究对象是研究社会组织如何强化传播、协调关系、广结良缘、树立和维护良好形象的活动现象及其规律。

二、公共关系学的研究范围

公共关系学的研究对象决定了公共关系的研究范围，主要包括三个方面：

（一）公共关系的理论研究

公共关系学的理论研究包括基础理论与核心理论研究两大部分。

1. 基础理论研究。公共关系学的基础理论是公共关系学创立的理论基础。公共关系学的基础理论研究是研究公共关系学基础建设的许多邻近而又交叉的学科内容，如心理学、社会学、人际关系学、传播学、广告学、新闻学、市场学等等。因为公共关系是在这些学科的交叉的学科边缘上产生的。公共关系学是横跨许多学科的研究领域，借鉴很多学科的有关理论和方法，综合许多学科的研究成果而建立起来的边缘科学，为此，必须要把这些学科作为公共关系学的基础理论来研究。

2. 核心理论研究。公共关系的核心理论反映了公共关系学性质的规定性。也就是说，公共关系学与心理学、社会学、人际关系学、传播学、广告学、新闻学、市场学等，既有联系，又有区别，其区别点就是公共关系学有其独特的核心理论，即要有一套有关其自身的理论体系及其结构的理论。公共关系学的核心理论研究内容是：研究公共关系的地位、功能；研究公共关系的构成要素及其工作过程、方法，分析公共关系的类型及公共关系中人际交往的规律与技巧等等。

（二）公共关系的应用研究

公共关系的应用研究是，研究公共关系在公共关系学原理的指导下如何去实践与操作。应用研究的内容十分广泛，囊括所有公共关系活动的目标、过程、内容及其组织方法与技巧。

（三）公共关系的发展研究

公共关系的发展研究，主要是研究公共关系产生、发展的历史，目的是为了了解公共关系的产生、发展与现代社会的政治、经济、科学技术等因素的关系，把握公共关系这门新学科的内涵与外延，以便探索、掌握公共关系发展的规律。

三、公共关系学的研究方法

一种成熟的科学理论是建立在成熟的科学研究方法论的基础之上，成熟的方法是确保科学走向成熟的根本指导力量和标志。完善公共关系理论和使公共关系学走入成熟的境界，需要建立成熟的公共关系学研究的方法论体系。我们认为，公共关系学的研究方法主要有三个层次，即哲学方法、系统方法和民意测验。

（一）哲学方法

哲学方法主要为研究者提供科学的世界观、思维规律和方法以及辩证理论等。公共关系学研究之所以要借助哲学方法，并将其置于整个方法论的最高层次，是由于公共关系学研究的客体是一种复杂的社会现象，只有站在哲学的高度上才能把握其本质和规律。

1. 揭示公共关系的本质。公共关系是一种极为复杂的社会现象，它是客观存在的状态，还表现为复杂多样的活动。要认识和把握公共关系的机制和规律，不能仅从公共关系现象出发，而是必须透过公共关系的现象抓住公共关系的本质，否则就会迷失方向。哲学的世界观、辩证法以及基本范畴分析，为揭示公共关系学本质提供了科学指导。只有当哲学方法被用于公共关系学的研究之中，公共关系的本质才能真正被认识和把握。

2. 提升观念理性。公共关系学要从根本上解决公共关系主客体之间的利益关系问题，就必须借助哲学的伦理价值分析，以便提升观念理性。只有从哲学的高度来研究公共关系观念，才能揭示正确的公共关系观念及其理性内涵。哲学方法能深刻说明利益与观念、观念与主体行为以及行为的伦理价值取向，从而真正解决了利益关系协调的根本机制。

3. 关于公共关系的联系和发展的观点。哲学方法在说明公共关系的联系和发展的意义上，深刻揭示了公共关系的规律性。主客体之间如何相互依存、相互联系和相互作用，通过何种方法才能改善彼此关系，公共关系发展的内外因素关系是如何相互作用，以及其发展规律是何种过程等等。这些都有待哲学理性的深刻解析。

4. 使公共关系学成熟至科学化、理论化和体系化的科学理论。公共关系学问世时间不长，因而在理论上还很不成熟，为此，就要对之进行科学化、理论化和体系化的建构，使之完善至成熟的、独具理论魅力的科学。要做到这一点，就要借助哲学方法对公共关系学的一系列理论观点进行验证、高度抽象和概括，用哲学的思维去建构新的理论观点，用哲学的逻辑去健全严谨的理论体系。

除此之外，我们的每一公共关系学问题的研究都离不开哲学世界观和方法论的指导。因为，公共关系学不是某种简单实用的工具，它是一种社会哲学，需要哲学帮助作价值分析，需要深刻的思维辨析。

（二）系统方法

公共关系研究的客体及其内容同系统科学所分析的内容具有一致性，系统科学方法作为公共关系学研究的重要分析方法是非常适用的。将公共关系作为一个系统来对待，依照系统科学方法，可以从整体的有机联系的角度全面揭示其内在结构、机制。系统方法对公共关系学研究，同哲学方法一样，属理论研究手段，所不同的是，哲学方法是公共关系学研究的一般方法，它重视的是理论的抽象和概括；而系统方法则是公共关系学研究的具体方法，它重视的是公共关系系统具体问题的描述，因而着重于具体公共关系的结构形态的理论分析。

1. 系统方法能形象描述组织系统与环境关系。组织系统的生存和运行，与环境有密切的依赖关系。那么，组织系统是怎样依赖环境的？通过系统方法的揭示，我们能够形象了解组织系统的环境对组织生存的制约性，并且能够从中深刻认识到公众对于组织的重要性。

2. 系统科学的结构功能分析方法能直接揭示公共关系这一复杂系统的内在机理。公共关系系统的构成要素是什么？其结构形式是怎样的？它们是如何相互联系、相互作用？其运作机制是什么？这种结构分析是深入理解公共关系内在的机理的重要方法。除此以外，系统的功能分析将帮助我们认识公共关系与外部环境相联系、作用和交换的能力。

3. 系统科学的自组织原理能够科学说明公共关系系统的秩序。系统科学认为任何系统都有自适应性、自组织性。公共关系本是一个自组织系统，系统科学的自组织性原理将透彻分析公共关系系统的自组织性过程，指出其秩序建构模式。

系统方法由于从有机整体的角度来透视公共关系，因而不仅能全面描述公共关系的本来面貌，而且会帮助形成特定的概念体系和确定具有内在逻辑的理论框架。所以，系统方法作为公共关系学的研究方法，会实现其理论的突破。

（三）民意测验

民意测验是公共关系学领域所创立的一种特殊研究方法，旨在准确、科学地了解、评价和预测公众舆论。作为公共关系学研究的一种具体方法，民意测验的学术价值就在于它在社会监测、评估、决策、咨询以及实践资料上已成为可靠的学术工具。

四、公共关系学的学科特点

（一）应用性

公共关系学是一门实用性很强的学科。因此，作为一门新兴学科，它的发展速度很快，传播面极广。它具有管理功能、传播沟通功能、社会交往功能，这些都是其社会活动的表现。从另一角度看，公共关系又是社会组织参加社会竞争的一门艺术、一种手段。所以无论从哪个方面看，公共关系学都是一门应用性很强的学科。

（二）边缘性

公共关系学作为一门新兴学科，虽然其学科体系内涵并不十分丰富，但其外延很广，与之相关的交叉学科众多，例如：管理学、经济学、市场营销学、心理学、信息学、传播学、广告学、美学等等。

（三）多维性

公共关系学的多维性首先表现在研究方向和方法上，不同的研究者，根据自身的经验和见解，有着不同的着眼点，他们往往用自己认为正确、完善的体系来建构公共关系学。其次，表现在公共关系功能上的多维性，例如：沟通功能、管理功能、搜集信息、决策咨询服务功能、社交功能等等。这种功能的多维性，要求学科体系本身在多方面都有涉猎。再次，由于公共关系活动的层次不同，具体从事公关工作的人员所在的组织的类别、性质不同，对公关人员的要求也就不同，表现在学科上也具有多维性。

（四）综合性

公共关系学是在经营管理学、市场营销学、大众传播学、社会心理学等有关学科的基础上，综合广告、交际、传播等技术手段所形成的一门综合性较强的学科。

五、公共关系学与相关学科

由于公共关系学的学科特点，因而与之相关的学科比较复杂，大致可以分为以下几类：

（一）背景学科

为公共关系学提供整个文化理论背景的学科主要有：哲学、经济学、政治学、文化学、文学、历史学、法学、社会学、心理学等学科。在所有这些背景学科中，哲学对公共关系学的影响最为深刻。因为，哲学是关于世界观的学说，它为人们提供观察问题和解决问题的基本方法，对公共关系的研究和实践也是如此。比如，用什么样的观点去剖析关系、认识关系，公共关系的正确的人生观、价值观的确立等等，这些问题单纯依靠公共关系学本身去探讨是不够的，必须借助于哲学去思考。“公众必须被告知”的公关原则就包含有深层的哲学原理。其他背景学科同样对公共关系学有着较多的影响，像经济学中的关于生产关系、商品经济、价值规律、卖方市场、买方市场、股份制等理论都为公共关系学提供了理论背景，而社会学中的社区、群体等理论，心理学中关于认知、模仿、从众、共识等理论，也为公共关系学广泛应用。

总之，背景学科为公共关系学提供了理论的起点、方法的指导和科学的假设，对公共关系学所起的作用以及相互之间的联系是显而易见的，对公共关系理论的形成起着重要的铺垫作用。没有这些背景学科，公共关系理论就无从产生。

（二）基础学科

公共关系学的基础学科包括管理学、传播学以及与管理学相关的市场学、企业文化学等，与传播学相关的人际传播学、大众传播学、组织传播学、舆论学等等。公共关系学就是在管理学和传播学基础上，综合了这两方面的有关理论而形成的一门学科。

我们说公共关系是一种管理手段，具有管理功能，但它并不能代替管理科学与管理艺术的全部，它只能是管理的一个方面，在管理目标系统中，公共关系主要是实现塑造组织形象这一具体目标。

（三）交叉学科

与公共关系学在理论上和内容上有相重叠部分的一些学科，可称之为与公共关系学相关的交叉学科。它们主要有：广告学、创造学、营销学、竞争学、人际关系学。

广告学是研究广告艺术的，它通过广告的宣传、鼓动、劝说、诱导等来达到商品的促销目的，所以，公共关系在一定意义上，也可以说是一种促销手段。但是公共关系是更深层次上的促销，它推销的是组织，是通过公共关系塑造出的良好的组织形象。因此，公共关系必须借助广告这一手段。公共关系学与创造学的交叉，主要体现在公共关系的创造策划上，公共关系活动要求“新”、“奇”、“特”，通过对具有这些特点的活动的策划，对公众产生较强的吸引力。如果公关活动没有创造、没有新意，就不能取得良好的效果，达不到塑造组织形象的目的。

公共关系学虽然研究的是组织与环境的关系，但是组织是人的集合体，而且公共关系的具体实施者也是具体的个人，所以，公共关系必然涉及人际关系的某些内容，因此，公共关系学与人际关系学出现交叉也是很自然的事情。

（四）技术学科

公共关系学是一门应用性、操作性很强的学科。对从事公共关系工作的人员来说，要求他（她）们能说、能写、能干。与说、写、干有关的知识和学科，例如：演讲学、口才学、写作学等都应成为公关人员必备的知识，而打字、电脑操作、美术设计、微机应用等技术学科，更是一名合格的公关人员必须掌握的基本操作技能。

阅读材料

什么是公共关系

日本，名古屋褚木电力公司，1972年6月的一天。

一大群愤怒的渔民闯入了日本名古屋褚木电力公司的大楼。他们的呼叫声、斥骂声使经理们惊呆了。

渔民是来抗议的，这个公司下属的一座发电厂没有处理好废水问题，使许多海洋生物遭了殃，严重影响了渔民的谋生资源。

当时，这家电力公司正处于进退两难的境地。为了减少环境的污染，他们被迫采用了低硫烯料，可这一来，电的成本提高了，用户们又怨声载道。公司计划建几座大的核电厂来改变这个局面，但每次选定地点，由于核电的危险性，又遭到当地居民的强烈反对。

渔民的抗议，使他们意识到问题已到了非解决不可的时候了。在着力建设新电厂的同时，他们立即实行了公司政策的一大转变——成立公共关系部，决心努力改变公司与公众的关系。

公共关系部成立以后，制订了一个相当庞大的长远计划，展开了持续几年的“消费者亲善运动”。每半年为一阶段，都有着不同的主题，目的全在于提供各种能源、电力知识背景，让公众了解当前日本公用事业面临的困难，说明公司正在采取的某些积极措施的意义。

运动采取的方式多种多样，例如：邀请消费者参观、座谈，组织公开演讲，上门访问等等。

最能显示公司决心和魄力的是它所确定的上门访问的工作计划。这家公司共有400万顾客，计划访问其中的40万。公司把这个任务落实到1.8万职工头上，不惜抽出时间，让每位职工各走访30多位顾客。为了让职工访问作到心中有数，公司还编写了访问指南，给员工提供必需的资料。

当公司职工对这项访问活动发生兴趣以后，他们不仅登门访问，甚至在路上也会沿途与市民聊天，与市民关系渐趋密切。后来，公司员工还积极参与当地的慈善活动，到养老院演戏，清洁马路上的交通标志。在干每一件事情的时候，他们都爱穿上公司的工作服，市民们一看就说：公司又在做好事了！

几十万条渠道打通了，市民意见、建议源源不断地流到公司里。这些意见都给一个由推销部、公关部、人事部高级管理人员组成的委员会处理，并作一一答复。褚木电力公司在消费者心中的形象随着这些亲善活动而变化。消费者知道这是一家具有社会责任感的公司，理解他们的方针，也谅解了他们暂时的缺点和不足。

[材料分析]

名古屋褚木电力公司的一座发电厂未处理好废水问题造成海洋生物遭殃，严重影响了渔民的谋生资源，引起了渔民抗议，给公司带来了危机。公司面对危机，成立了公共关系部，开展了持续几年的“消费者亲善运动”，建立了几万条与消费者沟通信息的渠道，重新塑造了公司在消费者心目中的形象，使消费者理解了公司的方针，谅解了公司的暂时缺点和不足。名古屋褚木电力公司开展“消费者亲善运动”这一公共关系活动说明，公共关系不是“走后门”，“拉关系”的被扭曲了的庸俗社会人际关系，而是社会组织为了争取社会公众，通过传播媒介实现与公众之间的双向沟通和彼此间的和谐协调，以塑造良好的组织形象，增强组织内部的凝聚力和对外部公众的吸引力。公共关系的基本活动方式是以诚实的态度、实事求是的作风，借助于诚实无欺的宣传及完善的计会服务来提高社会组织在社会公众中的知名度和荣誉度，目的在于塑造良好的组织形象，追求社会组织在与公众利益一致前提下的发展。

思考题

一、简答题

1. 简述公共关系的构成要素。
2. 简述公共关系的三大目标。
3. 简述公共关系的职能。
4. 简述公共关系的基本特征。
5. 简述公共关系与广告的区别。

二、论述题

1. 公共关系学有哪些主要的相关学科？

2. 论述公共关系学的研究对象。

3. 论述公共关系学的研究方法。

4. 论述公共关系学的学科特点。

三、案例分析

雀巢公司应用公关手段渡难关

近年来，社会舆论对一个企业的运转造成越来越大的影响，有时，社会舆论得到企业的认可，但在许多情况下，社会舆论往往遭到企业的拒绝，最终使得企业与公众沟通受阻，对企业的发展不利，甚至造成企业的危机。当然，企业面对这种危机如果能及时解决，还是能重新获得信誉的。雀巢公司是一家大型跨国公司，曾因拒绝考虑舆论，经历了一场严重的危机，公司面临倒闭的危险。导致公司失去公众信任的原因，是该公司管理层没能就存在的问题与公众进行有效的沟通和交流。后来，经过一位著名的公共关系专家的调查研究，重整了企业实力和恢复了公司信誉。本案例证明了沟通在企业公共关系活动中的重要性。

一、背景

一百多年前，古利·雀巢先生在瑞士创立了雀巢公司，并以同名的“雀巢”(nest)作为商品商标。1929年，雀巢收购了3家瑞士巧克力公司，致力于奶粉与巧克力的生产。20世纪50年代前，雀巢成功地开发了世界首创的即溶咖啡。二战爆发后，雀巢咖啡经由美军的饮用和推广，成为世人喜爱的饮品之一。1947年，雀巢合并了美极食品厂。1982年销售额达136亿美元，产品行销五大洲。作为一家饮誉全球的国际性公司，它的三大类产品是乳制品、速溶咖啡和多种厨房用品。

然而，饮誉国际的“雀巢”咖啡，在20世纪70年代却险些信誉扫地，“一命呜呼”。20世纪70年代—80年代初，世界上出现了一种舆论，说雀巢食品的竞销，导致了发展中国家母乳哺育率下降，从而导致了婴儿死亡率上升。由于当时“雀巢”决策者拒绝考虑舆论，继续我行我素，加上竞争对手的“煽风点火”，如出版一些直接针对雀巢的小册子，冠以骇人听闻的标题《杀害婴儿的杀手》等，以至到了80年代，终于形成了一场世界性的抵制雀巢奶粉、巧克力及其他食品的运动，雀巢产品几乎在欧洲市场无立足之地，雀巢公司面临着严重的危机。在严酷的事实面前，“雀巢”的决策者不得不重金礼聘世界著名公共关系专家帕根来商量对策，让帕根帮助公司渡过这一危机。帕根接此重任后，立即开始调查研究。结果发现，形成这场抵制雀巢产品运动的根源，在于该公司以大企业、老牌子自居，拒绝听取公众的意见。同时，雀巢公司的推销行为，对公众是保密的。这使得公司与公众之间的信息传播严重受阻。这一切，都犯了公共关系的大忌，难怪误解、谣传遍起。

二、公共关系目标和战略

帕根根据调查所得材料，制定了周密详细的公共关系计划。他把重点放在抵制最强烈的美国，虚心听取社会各界的舆论批评，开展大规模的游说活动，组织有权威的听证委员会，审查雀巢公司的销售行为等，使舆论逐步改变态度；建议接任雀巢公司总经理之职的毛奇，开辟发展中国家的市场，把它作为雀巢产品的最佳市场。在开拓市场的过程中，他吸取了以往的教训，不是把第三世界国家单纯看作雀巢的市场，而是从建立互利的伙伴关系着手。他们制定以下目标：一是与知名公共关系专家建立联系；二是确立危机处理小组在舆论制造者心中的地位；三是使雀巢公司有机会发表自己的言论；四是确保与公众不间断的信息交流。

三、公共关系活动

雀巢公司每年用 60 亿瑞士法郎，从发展中国家购买原料，每年拨出 8000 万瑞士法郎，来帮这些国家提高农业产量。

此外，还聘请了 1000 多名专家，在第三世界国家举办各种职业培训班。

同时，雀巢公司针对雇员开展交流活动，与员工的沟通交流必须在公司内部进行，雀巢公司明确向员工解释引起危机的原因，以及公司正采取的措施和公司的前景，迅速建立信息传播网络，以使信息能传送至每一位员工。

雀巢公司这次危机是由于社会舆论引起，他们对此更为重视，开展了一系列与公众交流沟通的活动。例如：进行了大型宣传活动，对雀巢公司的产品作进一步详细介绍，让更多的人更清楚地了解；把 30 多万袋资料邮寄给美国传教士；对新闻界实行“门户开放，坦诚相待”政策；成立了有医学家、传教士、市民领袖及国际政策专家等 10 人组成的专门小组，对世界工业组织的规定情况进行公开监督。还进行了大规模的市场调查，收集了各方面的意见资料，从不同公众的不同反映中，制定相应的决策。

这一系列活动，使雀巢公司在发展中国家里树立起了良好的形象，因而销路大增。

四、结果

雀巢公司面临这次危机，很大程度上是因为它没有与有关公众进行沟通交流，缺乏应付危机的计划又使公司在面临危机时更加手足无措，同时也给公司管理层在处理危机和寻求支持方面增加了额外的压力。

世界著名公共关系专家帕根的到来，使雀巢公司认识到出现危机的根源，并商量出对策，采取有效的公共关系活动，使雀巢公司最终摆脱了这场危机。

到 1984 年，雀巢公司的年营业额高达 311 亿瑞士法郎，并且收购了三花食品公司，从而一跃成为世界第一位的食品企业。

目前，雀巢公司有员工约 15 万人。在全世界共有约 280 个工厂。而其营业额中本土瑞士的营业额还不到总额的 3%，也就是说雀巢绝大部分的营业利润来自世界各地的子公司。食品是一种文化，而各国食文化的差异，便会造成各国食品产业结构与内容的差异。雀巢公司在经历了危机之后，以果寻因，增强了公关意识，终能使自己的产品——雀巢即溶咖啡再度为世界各地民众所乐意饮用而畅销全世界。

任何企业即使雀巢这样的大型老牌企业都不能没有一个强有力的公共关系部门。如果雀巢公司一开始就重视公共关系，是不至于闹出这场大风波的。

雀巢公司现任董事长兼最高行政主管双穆·茂赫认为，雀巢公司的经营理念最基本的就是“人”和“产品”比“系统”与“制度”更重要，即“人本主义”和“产品第一主义”原则。他提出了四条企业经营管理经验：一是用真诚树立企业形象；二是重视与供应商的沟通；三是“外来”企业“本土化”策略；四是对于企业公共关系工作的准确认识。

雀巢公司的成功就在于它认识到并运用了一般企业所忽略或不认为重要的工作。在雀巢，公共关系已不是一个独立的工作项目，而是融入了企业的经营理念之中，成为企业的一项基本的经营方针。

雀巢公司从摆脱危机到再次获得成功，强有力地证明了公共关系工作在处理危机中的重要作用。

（参见方世南:《公共关系案例分析》，中国商业出版社，1999 年，第 137-141 页。）

案例思考

1. 通过雀巢公司的案例说明公共关系工作在企业经营管理中的重要作用。
2. 通过对此案例的分析，谈一谈你对公共关系涵义的理解。

第二章 公共关系的起源与发展

本章重点

1. 现代公共关系发展的四个阶段
2. 公共关系学在中国的发展条件
3. 公共关系的发展趋势

公共关系是人类社会发展的产物，随着民主政治、市场经济和传播技术的发展，公共关系已成为现代社会的一种普遍现象。与世界上的任何事物一样，公共关系也有一个从萌芽到成熟，从低级到高级的发展过程。

第一节 公共关系的起源

一、公共关系的源流

公共关系的源流可追溯到古代社会。古代的埃及、巴比伦和波斯的统治者虽然更多地是用武力、恫吓等手段来控制社会，但舆论手段的运用在处理与民众的关系上占有相当重要的地位。这些古代的国家、政府、帝王都曾用大量的金钱和人力去营造雕像、寺院、金字塔以及赞誉诗等，用精湛的艺术描述他们东征西讨的英雄勋绩，树立统治者的声誉，宣扬自己的伟大和神圣的身份。当年君主们制造舆论、控制舆论的意图属于原始公共关系思想的萌动。

古希腊的民主政治导致公众代表会议和陪审团制度的形成，它为公众提供了对话的讲坛，演讲逐步引起人们的重视。公元前 4 世纪，一批从事法律、道德、宗教、哲学研究与宣传的教师和演说家在社会上十分活跃，他们被史学家们称为诡辩论者。其代表人物苏格拉底、柏拉图和亚里士多德，其中，亚里士多德利用严谨的思维逻辑和科学的研究方法写出《修辞学》，强调语言修辞在人际交往和宣讲中的重要性。他认为，修辞是沟通政治家、艺术家和社会公众的相互关系的重要手段与工具，是寻求相互了解与信任的艺术。他还提出在交往沟通中，要从感情入手去增强宣讲和劝服艺术的感召力和真切可靠性。为此，西方的一些公共关系学者视亚里士多德的《修辞学》为人类历史上最古老的公共关系经典之作。

古罗马时代，人们对民意有更深的认识，并提出“公众的声音就是上帝的声音”。古罗马人注重发展各种影响人的传播技术，改进诗歌形式，使它更加精练，并巧妙地使宣传意图渗透进艺术的表现中。例如，由于城市的发展，当时大量向往城市生活的农民拥进城市，罗马城市一时变得拥挤不堪，人满为患。为了减轻城市人口的压力，同时也为了稳定农业人口，政府曾委托诗人写诗来协助宣传，维吉尔所写的《田园诗》就是其中之一。诗歌通过赞美乡村生活、新鲜的空气、纯净的流水，以及处身于大自然之中的乐趣，来吸引人们对乡村生活的向往，潜移默化，使人们受到艺术美的熏陶，最终达到宣传的目的。在恺撒时代，由于手抄小册子的流行，促使恺撒发行了世界上最早的日报——《每日记闻》，来作为自己与臣民沟通的工具。而由恺撒写作的《高卢战记》，记载了他的业绩和功德，成为一部纪实性的经典之作而广为流传。国外的公共关系学者称这部书是出色的公共关系实务宣传的佳作。

中国古代公共关系的萌芽是从春秋战国时出现的。在当时，中国的思想与言论是较为自由活跃的，出现了百家争鸣、百花齐放的文化盛世。当时产生的士阶层（古代帝王称为天子，诸侯是古代帝王统辖下的列国君主的统称，诸侯之下是卿，卿之下是大夫，大夫之下是士，士之下是庶民），在社会上举足轻重，深受诸侯君王们的器重与信赖，形成了策士游说成风，舌战、宣讲发达的历史局面。《文心雕龙》描述道：“战国争雄，辩士云涌，纵横参谋，长短角势……一人之辩，重于九鼎之宝；三寸之舌，强于百万之师。”战国的游说者，足智多谋，口才雄辩。除了辩术之外，中国古代十分强调争取“民心”在事业成功上的重要性。《老子》中有言：“江海所以能为百谷王者，以其善下之也，故能为百谷王。是以圣人之欲上民也，必以其言之下；欲先民也，必以其身后之。是以圣人处上而民不重，处前而民不害。是以天下乐推而民不厌。”此乃“得民心者得天下，失民心者失天下”。取信于民是中国古代争取民心的一种主要方法。孔子曾多次讲，与朋友交要“言而有信”，“人而无信，不知其可也”。这些历史实例对于现代公共关系来说都很有借鉴意义。

不难看出，在古代无论是中国还是西方，公共关系的某些观念和某些活动是很丰富的，但也仅仅是一些零星的观念和技巧而已，还远没有人专门去研究这些观念和行为，形成系统的公共关系理论，实际上，在古代，具有一定目标、系统的、经常性的公共关系活动尚未形成。真正的公共关系活动和公共关系理论出现在现代。现代意义的公共关系活动的发生有两种类型，一种是政治形态的，一种是经济形态的。

政治形态的公共关系活动可以追溯到北美殖民地人民为反对君主专制、争取独立解放的斗争中。当时的领袖们都是很好的公共关系宣传家，他们利用报纸、小册子、传单，通过制造事件、集会、辩论，传播强烈要求独立的主张。比如，萨缪尔·亚当斯为了攻击英国，塑造美国形象，于1750年至1783年间出版了1500多种小册子，进行散发，利用这些“现代传播媒介”反对英国的殖民统治，为美国革命制造舆论。

具有现代意义的公共关系活动的另一个源头即经济形态的公共关系，是企业界利用报纸进行的富有戏剧性的新闻广告宣传。19世纪30年代，由美国《纽约太阳报》领头，掀起了一场“便士报运动”。便士报的诞生，使报纸的影响力迅速扩大。随着报纸发行量猛增，广告费随之上涨，这使得一些急于宣传自己的公司不得不考虑如何使广告费的支出不至于上升得太快。于是他们便雇用专门人员制造新闻，制造公司神话来引起公众的兴趣，扩大公司及其产品和服务的影响。从而使公共关系从以前的模糊状态中走出来，进入一个新的天地，并形成了部门公共关系，即新闻机构的公共关系、广告宣传部门的公共关系和企业界的批评与改革的公共关系三个主要分支。

19世纪50年代，美国的一些铁路和土地开发者利用公共关系和其他手段吸引人们到西部去。1888年，互助人寿保险公司聘用查尔斯·史密斯为其撰写新闻稿或文章，以塑造公司的形象，在公司第一个设立了新闻宣传部。1889年，交流电的发明人乔治·威斯汀豪斯为他新创立的电器公司成立公共关系部门，雇用记者海因希斯来协助宣传交流电的知识，让公众了解他的公司。

这些具有现代意义的公共关系活动比古代社会的那种零星的公共关系观念和活动有了很大的进步。其进步的主要标志在于这些活动的目的更明确、计划更周密、规模更庞大，现代的传播媒介和传播方式均被广泛运用。这就为现代公共关系事业的产生和发展奠定了基础。

上述的公共关系活动比古代社会的那种零星的公共关系观念和活动有较大的进步。其进步的主要标志在于这些活动目的更明确、计划更严密、活动规模更大。现代的媒体、大众转播方式也已被公共关系活动广泛采用。19世纪最后20年里，企业界公共关系活动的发展和公共关系部、新闻宣传部的设立，带来了现代公共关系的新开端，这些具有现代意义的公共关系活动的出现，为现代公共关系事业的诞生奠定了深厚的理论与实践基础。

二、公共关系产生的原因

英文“public relations”一词语最早出现于1882年美国律师多尔蔓·伊顿（D. Eaton）在耶鲁大学法学院对毕业班所作的《公共关系与法律职业的责任》演讲中，但当时该词所表示的并不是现代意义上的“公共关系”，而是“大众利益”的意思，现代意义上的公共关系正式使用是在1897年，出现在美国铁路协会的《铁路文献年鉴》上。这个概念真正作为科学用语而流传和普及则要归功于美国著名的公共关系专家爱德华·伯内斯（Edward L. Bernays），1923年他完成了世界上第一部公共关系学专著《公共关系舆论之凝结》，并在纽约大学开设公共关系课程，使公共关系逐渐发展成为一门学科。所以，从严格意义上讲，现代公共关系产生于19世纪末20世纪初的美国。这是与当时美国的社会政治、经济、文化、科技等情况分不开的。[①]

（一）民主政治：公共关系发展的制度安排

从人类社会制度发展看，公共关系的产生是社会民主化发展的必然产物。从15世纪下半叶开始，资产阶级逐渐登上历史舞台，用资产阶级的民主制代替了封建社会的君主专制制度，尽管资产阶级的民主制还存在某些虚伪的方面。任何政党要想执政获得权力，就必须得到社会舆论和选民的支持，靠竞选取胜，即便执政，仍需努力与选民保持良好关系。在推进民主的进程中，公民的参与意识和法权意识日益加强，对政府的各种政策以及行政管理活动，特别是关系到自己切身利益的社会问题，都要通过各种渠道来表达自己的意见，从而形成公共意志，也就是公意。逐渐地公意成了竞选者和执政者必须高度重视的问题，“水能载舟，亦能覆舟”的道理得到了充分体现。如何才能有效地与公众进行沟通，建立良好的公众关系，成为各级政府和政党所面临的重要问题，公共关系工作日益受到重视。

（二）市场经济：公共关系发展的现实土壤

在农业社会里，其经济模式是一种自给自足的封闭的小生产方式，其生产组织方式是一家一户为单位。人与人之间关系的维持主要靠血缘、地缘、人缘关系，靠传统的宗教、风俗习惯和家庭伦理来进行调节和维护。交往极为有限，鸡犬之声相闻，人至老死不相往来。在这种情况下，人们用不着进行公共关系

① 李道平：《公共关系学》，经济科学出版社，2000年，第39页。

活动。随着时代的发展，特别是工业革命之后，经济突飞猛进地发展，工业社会代替了农业社会。大工业的市场经济突破了时空和血亲局限，形成以市场为轴心的极为广泛的社会分工与协作。任何组织都须得到社会广泛的承认，获得社会整体的支持，才能生存和发展。所以市场经济势必需要公共关系。在市场经济的发展过程中，市场形式经历了一个由“卖方市场”向“买方市场”的转变过程。在买方市场条件下，买方即消费者处于优势地位，他可以根据自己的需要主动地自愿地选择所喜欢的商品。在这种条件下，企业能否适应市场、争取顾客、占领市场，争取广大公众的支持与合作，就成了企业能否生存和发展下去的关键，而要解决好这一问题，就必须进行公共关系活动，促进企业与公众之间的沟通与理解。

（三）人性文化：公共关系发展的精神源泉

美国是世界上少有的移民国家之一，没有历史传统的包袱。美国文化体系中有三个突出的特点：个人主义、英雄主义、理性主义。个人主义使美国人富于自由浪漫色彩；英雄主义使他们崇拜巨头伟业，富于竞争精神；理性主义使他们注重严密的法规，崇尚教条、数据和实效。管理科学的始祖泰罗的思想及其制度，便是理性主义的代表。它将人视为机器的一部分，强调严格的操作程序，作业计量定额，颠倒了人与机器的关系。这种机器唯理主义的管理模式，虽然在短时间内取得了高效率，但却孕育着阶级矛盾和劳资矛盾。正是在这种情况下，人们逐渐认识到，纯理性主义的文化是有缺陷的，于是人文主义重新抬头，在管理中注重人性、注重个人和群体的文化精神理念迅速地获得人们的认同。20 世纪初哈佛大学教授梅约在著名的“霍桑实验”中提出“人群关系理论”、“行为科学”，便是人性文化逐渐形成的有力体现。此外，大众传播的发展，社会化大生产的发展，也对过于狭隘的美国传统文化形成冲击，使社会生活、社会交往更趋开明化、开放化。这种尊重人性的、尊重个人情感和尊严的、人文的、开放的、人性化的文化，正是公共关系得以产生的精神源泉。

（四）传播技术：公共关系发展的技术支持

随着经济的发展和政治的变革，人们交往的空间不断扩大，人们需要了解的信息量也越来越大。为适应这种需要，信息传播技术特别是大众传播技术迅速发展起来。传播技术和与传播有关的信息通讯技术、控制技术的出现和发展为现代公共关系的形成与发展提供了重要的物质技术支持。

第二节 现代公共关系的产生与发展

公共关系作为一种全新的思想，一种科学而系统的理论，一种全新的职业，发端于19世纪末20世纪初的美国。公共关系的发展呈现出不同的历史时期，具有不同的特点。

一、现代公共关系发展的四个阶段

（一）“公众受愚弄”时期（巴纳姆时期）

有组织的公共关系活动发端于 19 世纪中叶在美国风行一时的报刊宣传代理活动。19 世纪 30 年代左右，新闻报刊业在美国得到了社会各界的关注，有了长足的发展，形成了一场较大规模的“报刊宣传运动”。当时的一些政治组织和公司企业发现，利用报刊宣传自己的主张、美化自己的形象有意想不到的效果，于是纷纷雇用一些能在报刊上发表文章的记者和与新闻界有关系的人员为本组织开展宣传，挖空心思“制造新闻”，根本没有职业道德的顾忌与约束。而报刊为了扩大发行量，也推波助澜，以人为“制造的新闻”来吸引读者，以离奇的故事引起公众的好奇心和对自己的注意。在这方面最为出色的人物是费尼斯·巴纳姆（Phineas T. Barnum）。巴纳姆是一个新闻传播方面的行家里手，具有卓越的吸引公众的才能，但却走了极端。由于当时的公共关系尚处于孕育期，巴纳姆非但没有给公共关系增进正面影响反而败坏报刊宣传人员的声誉，滥用公众信任的大众传播媒介。为了能赚到更多的钱，巴纳姆可以无中生有，制造神话。他的工作信条是：“凡宣传皆好事”，置公众利益于不顾。其致命弱点有二：一是根本不考虑公众的利益；二是几乎所有的报刊宣传员都以获得免费的报刊版面为满足，并为此而不择手段地为自己制造神话，欺骗公众。这种做法与公共关系职业的基本要求和道德准则相去甚远。有人把公共关系在这一阶段的发展称为“公众受愚弄”时期。

愚弄公众的巴纳姆

费尼斯·泰勒·巴纳姆（Phineas Taylor Barnum，1810-1891）是一家马戏团的老板，以制造和杜撰“神话”而闻名于世。他所处的时代是公共关系的重要演变时期，其影响至今依然存在。巴纳姆最典型的宣传是制造了这样一个神话：马戏团有一名叫海斯的黑人女奴，在 100 年前曾经抚养过美国第一任总统乔治·华盛顿。这一消息发表后引起了轰动。巴纳姆乘机以各种笔名向报社寄去表明不同看法的“读者来信”，引起一场争论。于是很多人抱着好奇心纷纷到马戏团要看个究竟，使马戏团票房收入猛增。海斯死后，尸体解剖表明，她才活了 80 多岁，根本不像巴纳姆宣传的那样活了 160 多岁，也根本不可能抚养过华盛顿总统。可巴纳姆却宣称，他本人也是受骗者。实际上巴纳姆早已从这场他策划的争论中得到了好处。

巴纳姆恪守的信条是“公众要被愚弄”，“凡是宣传皆是好事”。他这种不择手段地为自己或自己代表的组织进行吹嘘、欺骗、制造“神话”，全然不顾公众利益、不顾职业道德的行为，是完全违背现代公共关系宗旨的，是公共关系史上不光彩的一页，这一时期被称为“公众被愚弄的时期”和“公共关系的黑暗时期”。

参见黄昌年：《公共关系学教程》，浙江大学出版社，2004 年，第 34 页。

（二）“说真话”时期（艾维·李时期）

1903 年，美国著名记者艾维·李在美国开办了一家正式的公共关系事务所，标志着现代公共关系的问世。从此，公共关系事业进入了一个前所未有的发展时期。19 世纪末，美国已进入垄断资本主义时代，垄断财团占有着社会的绝大部分财富。这一时期成为资本主义巨商和垄断资本家横行的时代。垄断财团及其巨头形象、声誉每况愈下，与社会公众之间的矛盾、冲突与日俱增。于是，一些大财团和大公司公开雇用记者创办自己的报刊，仿效巴纳姆时期报刊宣传活动的手法，杜撰有利于工商巨子们的耸人听闻的“神话”和“新闻”，遮掩自己公司和企业中出现的种种问题。结果适得其反，公众对垄断财团的敌意倍增。于是，以“说真话”、“讲实情”来获得公众信任的主张被提了出来，并越来越得到工商界一些开明人士的赞同。艾维·李就是“说真话”的公共关系社会思潮的主要代表人物。艾维·李曾是《纽约日报》等报纸的记者。他审时度势，针对巴纳姆——“公众受愚弄”、“凡宣传皆好事”的宣传活动的局限性，提出了“说真话”的公共关系理论思想。在艾维·李看来，一个企业、一个组织要获得良好的形象和声誉，不是依靠向公众封锁消息或以欺骗来愚弄公众，而是必须把真实情况披露于世，把与公众利益相关的所有情况都告诉公众，以此来争取公众对组织的理解和信任。一旦披露真实情况确实对组织不利的话，那就应该调整组织的行为，而不是去极力遮盖实情。通常情况下，一个企业与员工或其他社会组织处于紧张的摩擦状态，这往往是由于这个组织的管理者不注重与公众的沟通所造成的。因此，要想建立良好的公共关系，创造最佳的生存发展环境，其最根本的公共关系理念是：说真话。1903年，艾维·李辞去新闻记者的工作，成立了一家正式的公共关系事务所，承接企业和其他组织所委托的业务，协调各方面的关系。1906年，艾维·李向新闻界发表了阐述其公共关系活动的《原则宣言》，这一宣言成为反映他的公共关系基本思想的重要文献。艾维·李开创公共关系事业之后，曾经成功地运用公共关系学原理处理一些重大事件，在社会上产生了热烈的反响，为他本人和公共关系学赢得巨大声誉。1904年，艾维·李被美国著名的实业家小约翰·洛克菲勒聘为私人顾问。洛克菲勒因科拉多州燃料公司和钢铁公司工人罢工而处于焦头烂额境地。洛克菲勒在处理罢工事件时，态度强硬、不容妥协、进行镇压，在当时公众中声誉极坏，被称为“强盗大王”。艾维·李接受此事件的协调使命后，采取了几条不同凡响的措施：调查事发原因并公布于众，聘请有声望的劳资关系专家来主持调查，以示公正；邀请工人代表参与商讨解决劳资纠纷的办法；建议增加工人福利和向慈善事业捐款，以改变形象。洛克菲勒无奈只得接受艾维·李的建议，公众逐渐改变了对洛克菲勒本人的看法，平息了事端，挽回了声誉，从此艾维·李声望鹊起。美国许多大公司如美国电话电报公司、公平人寿公司、铁路公司等纷纷聘请艾维·李为公司的公共关系顾问或公共关系代理人。正因为艾维·李在公共关系理论和实践方面的卓越建树，公共关系学界的多数人把他看成是现代公共关系的鼻祖。

艾维·李的《原则宣言》(Declaration of principles)

这不是一个秘密的新闻处，我们的全部工作都是开诚布公的，我们的目标是提供新闻。这不是一个广告公司，如果你认为我们送到你们企业办公室的文件资料有任何不准确的话，请不要用它。我们文件资料务求准确。我们将尽快地提供有关任何受到处理的主题的进一步细节，而且，任何主编在直接核对任何事实的陈述方面都将愉快地得到我们的帮助……简而言之，我们的计划是代表企业公司和公共机构坦率地并且公开地向美利坚合众国的新闻界和公众提供迅速和准确的信息，这些信息涉及到公众感到值得和有兴趣知晓的有关主题。

参见[美]卡特李普等著，明安香译：《公共关系教程》，华夏出版社，2001年，第95页。

（三）"投公众所好"时期（爱德华·伯内斯时期）

艾维·李作为公共关系的创始人，虽然提出了一系列独创的公共关系思想观点或观念，但是，由于当时历史条件的限制和个人精力的局限，还没有形成比较系统严密的公共关系理论。完成公共关系理论体系奠基任务的是美国著名的公共关系顾问爱德华·伯内斯（Edward Bernays）。艾维·李之后，美国的公共关系事业得到长足发展。1913 年，爱德华·伯内斯受聘于美国福特汽车公司，担任该公司公共关系部经理，为塑造福特公司在公众心目中的良好企业形象，促进福特公司迅速发展立下了汗马功劳。第一次世界大战期间，他曾在威尔逊总统成立的官方公共关系机构"克里尔委员会"担任委员，负责向国外新闻机构提供美国参战的有关情况和背景资料。第一次世界大战结束后，他和夫人在纽约开办了一家公共关系公司，并开始致力于公共关系的理论研究。1923 年，出版了他的第一部公共关系学专著《公众舆论之凝结》。同年，他在纽约大学首次讲授公共关系课程。1925 年，他出版了教科书《公共关系学》，1928 年出版《舆论》，从而使公共关系的基本理论和方法形成为一个较为完整的体系。爱德华·伯内斯在《公众舆论之凝结》一书中首次提出"公共关系咨询"的概念，并对它的作用作了详细的解释。在他看来，"公共关系咨询有两种作用：其一是向工商业组织推荐它们应采纳的政策，这种政策的实施可以保证工商业组织的行为符合社会利益；其二是把工商业组织执行的合理政策、采取的有益社会行为向社会广为宣传，帮助工商企业组织赢得公众的好感、信任和支持"。爱德华·伯内斯公共关系思想的核心是"投公众所好"。他认为，以公众为中心，了解公众的喜好，掌握公众对组织的期待与要求的态度，确定公众的价值观念应该是公共关系的基础工作，然后按照公众的意愿进行宣传工作，才能做好公共关系工作。爱德华·伯内斯对现代公共关系的重要贡献主要表现在：公共关系活动职业化；公共关系摆脱了对新闻界的从属地位；公共关系运作程序、方法、技巧现代化，提出公共关系的整个运作过程应当包括从计划到反馈最后到重新评估等 8 个基本程序；初步建立了现代公共关系的理论体系；强调了舆论以及通过投公众所好的方法和通过宣传引导公众舆论的重要；"投公众所好"是公共关系思想的核心和立足点；使公共关系观念有了科学的涵义；主张获得公众的谅解与合作应当成为公共关系的基本信条。爱德华·伯内斯的理论探讨和实践活动为公共关系的职业化、科学化，为公共关系教育的发展做出了重要贡献，使他享有公共关系先驱者之一的美誉。1924 年，美国《芝加哥论坛报》发表社论，强调提出："公共关系已经成为一种专门职业、一种艺术和一门科学。"爱德华·伯内斯终身以公共关系为业，1962 年，从岗位上退休之后，仍然关注着公共关系事业的发展，他把一生贡献给了这个崭新的事业。

（四）“双向对称”时期（斯科特·卡特李普新时期）

二次大战以后，国际间的经济、技术和劳务合作日趋频繁和紧密。但由于不同民族和国家之间在交往过程中存在语言文字、思想文化、社会制度和风俗习惯等方面的障碍，客观上要求必须有一批公共关系的专业人员从中斡旋，进行有效的沟通与协调。正如美国《公共关系手册》指出的：“打算进入外国市场的美国商人发现，他们当务之急是公共关系问题。”因为“对外关系的紧张状态，十有八九不是出于利益的冲突，而是语言、文化、传统等方面的隔阂”。一个社会组织要想能够在世界范围内有所发展，必须要和发生利益关系的一方相互了解，相互信任，相互支持，最终才能共同发展。传统的公共关系理论认为，公共关系无论其科学发展的理论深度如何，在公共关系实践中，它都是作为“一项具体工作”而表现出来的。“公共关系工作就是试图去保持和推进社会对组织的良好印象，这是建立在拥护组织的公众将会不断吸收组织的产出这样一个假设基础上的”这类工作只注重将有关组织的信息扩散到组织环境之中，而忽略将有关环境的信息传递给组织。这种理论实质上是把公共关系的组织系统看成是“封闭系统”，把公共关系活动被动化了，这是典型的公共关系具体工作论。现代公共关系理论认为，公共关系首先是作为一种职能出现的，它要求以“开放系统”的思想方法去分析公共关系，以“双向对称”的理论模式去规划公共关系，即组织与其公众关系的维持与改变是建立在产出—反馈—调整各环节相互作用的基础上的。在这种模式中，公共关系具有潜在的、能够发挥参谋或顾问作用的能力，可以对决策过程施加影响。这种潜在能力能够在危急时期产生控制局势的作用，而且作为对外环境的感应系统，公共关系还可以阻止潜在危机的发生。斯科特·卡特李普（Scott M. Cutlip）、阿伦·森特（Allen H. Center）、格伦·布鲁姆（Glen M. Broom）在《有效公共关系》中指出：“公共关系的一个开放模型，从根本上改变了普遍存在的认为公共关系是一项具体工作的看法。这一模式就是被格伦尼格和亨特称为‘双向对称’的模型，它表明沟通是双向的，而且信息交流改变着组织—公众关系的双方。”开放系统的“双向对称”公共关系模式的基本思想：一方面要把组织想法和信息向公众进行传播和解释；另一方面又要把公众的想法和信息向组织进行传播和解释，目的是使组织与公众结成一种双向沟通和对称和谐的关系。运用“双向对称”公共关系模式，首要和最重要的要求是对环境进行有目的性的感应，以便发现和预测对组织与公众关系有影响的环境变化。根据“双向对称”模式，公共关系必须有选择地注意那些对组织有影响的公众或者组织政策所涉及的公众。这不仅需要确定目标公众，而且还要运用研究技术，在协调组织本身的同时协调公众。开放系统的“双向对称”公共关系模式还有在组织内部促进正确行为产生的能力和指导进行影响公众知识结构、观点与行为的工作能力。在这种模式中，对于公众的知识结构、观点与行为所施加的影响，是为了实现和维持组织目标，这一目标却是组织与公众双方的共同利益。当今世界，科技革命、知识革命和产业革命不仅使每一个国家的政治、经济乃至整个社会发生了划时代的变化，而且也使整个世界的经济格局、政治格局和人们的思想观念都发生了重大变化，其社会发展的总体趋势表现为：一方面社会日益走向多元化与多极化，另一方面各种社会矛盾和对立又日趋融通和缓和。这就使得任何一个社会组织只有增强与其他社会组织和公众的相互沟通、协调与合作，才能得以生存和发展。因此，社会组织与其相关团体和公众的自觉地、积极地、有目的地、有计划地相互沟通与联系就变得更加迫切和必要。开放系统的“双向对称”公共关系模式正是这一社会客观环境的必然产物。

二、现代公共关系特征

20 世纪 30 年代，尤其是第二次世界大战期间及战后，公共关系学受到人们普遍的关注，公共关系学的发展达到了一个新的高度。具体特征有以下四个方面：

（一）公共关系学科规范化

公共关系学作为一门学科，其学术积累时间不长，规范性相对较弱。特别是有些人对公共关系学的滥用，把什么都归属于公共关系范畴，使人们在某些时期对公共关系学评价不高。因此，20 世纪以来，凡致力于公共关系理论建设和体系构造的有识之士都尤为强调该门学科的规范性，防止把公共关系学搞成一种无所不包、无所不能的“万金油”式的学科。其主要标志就是，基本理论逐步得到确立。经过公共关系学研究者和实践者几代人的努力，这门学科的基本规范已经形成，基本理论逐步建立。从艾维·李的“说真话”到爱德华·伯内斯的“投公众所好”，再到斯科特·卡特李普等人所倡导的“双向对称”公共关系理论模式，大致构成了一套公共关系学基础理论。尤其是“双向对称”理论，强调公共关系是在组织和公众之间进行互动、解释、传播与沟通，以促成一种和谐的关系。作为公共关系的基础理论，它已广为社会所接纳。

（二）公共关系教育专门化

自从爱德华·伯内斯在 1923 年于纽约大学首次开设公共关系学课程以来，公共关系教育发展之迅猛超出人们的想像。美国大学教育的特点是与社会需求联系紧密。当社会急需大批有专业背景的公共关系从业人员时，大学教育便会相应地迅速发展。1937 年，美国公共关系协会的创始人之一雷克斯·哈罗在斯坦福大学开设公共关系专业课程，首次比较系统地讲授公共关系学。据《有效公共关系》介绍，1946 年，被调查的 59 个主要高等院校中有 30 个开设了公共关系课程。10 年后，美国公共关系协会调查结果表明，开设公共关系课程的学院增加了 3 倍，653 个学院与公共关系协会保持联系。1947 年，美国波士顿大学创办了第一所公共关系学院，这标志着公共关系学教育已经达到一个新的高度。1978 年，美国已有 292 所大学开设公共关系专业。其中 10 所设博士学位，23 所设硕士学位，93 所设学士学位。到 1985 年，美国讲授公共关系课程的学校至少在 400 所以上。公共关系教育一方面强调自身的公共关系特点，另一方面也主张多学科兼容。因此，学习公共关系专业的学生就业面广、适应能力强，能符合社会的需求。在最新一次“最受欢迎的职业”调查中，公共关系仍然是 20 种热门职业中的一种。

（三）公共关系工作职业化

现代公共关系大发展的一个重要标志是：自 20 世纪 30 年代起，欧美国家纷纷成立专业化、职业化的公共关系咨询顾问公司，一些大公司设立公共关系部门，随后这种做法逐渐扩展到发展中国家，在政府部门和大公司中颇为流行。公共关系工作职业化有其自身的基础：其一是社会的现代化发展使得组织所处的环境日益复杂化，企业和政府都面临着繁复的公共关系事务和社会问题，必须要有专门部门和人员来协调关系。公共关系活动介入了一些重大社会问题，例如民族问题、和平问题、生态环境问题；其二是产业结构发生了变化。据悉，20 世纪 50 年代在信息部门工作的人员只占就业人数的 17%左右，到了 80 年代，在同类部门工作的人员占 60%左右。许多投资、咨询、销售、调查公司所雇用的职员大都来自公共关系专业和其他相关专业。据悉，美国 85%的企业公司设有公共关系部门；在美国，公共关系咨询公司在 1937 年约有 250 家，1960 年约有 1350 家，1980 年有 1600 余家，目前公共关系从业人员近 20 万人。公共关系工作的职业化催发了公共关系职业道德建设。公共关系的主要特点是一门处理公众关系的科学，一不谨慎，就会在形象真实、利益维护等方面出现偏差，引起公众的反感和不信任。因此，公共关系专家把公共关系职业道德建设放到了十分重要的地位，失去了职业道德就失去了公共关系及其职业的生命。世界各地的公共关系协会、组织都先后制定了公共关系职业道德守则强化公共关系人员的道德观念、规范公共关系从业人员的行为。1954 年，美国公共关系协会制定出第一部公共关系道德准则；1962 年，这个协会专门设立一个检查机构监督公共关系准则的实施。

（四）公共关系行业国际化

1955 年国际公共关系协会在伦敦成立，标志和预示着公共关系事业在全世界的发展和成功。经过几十年的努力，公共关系学在许多国家里被广为传播，已被明智的政治家、实业家视为一种资源来开发。可以说公共关系的原理和方法已经成为国际通用的“语言”，为具有不同文化背景和语言习惯的各国人民所接受。公共关系行业的国际化已成为一种不可逆转的趋势。首先，国际贸易的增长需要国与国之间加强了解彼此的经济体制和法律规范。由于历史和文化因素，各国建立的经济运行体制很不相同，强制其他国家实行与自己相同的经济体制必然会导致误解与冲突。现代公共关系是消除误解、化解冲突最为有效的工具。其次，跨国公司的增长使得经济活动完全与公共关系活动融合在一起。全球性经济合作发展已突破了国家和地区的界限。一国人员到他国工作的情况已司空见惯，重视两国或多国人员在同一工作环境里交往的特殊性和采取特别的对策，如公共关系对策、文化融合对策是跨国公司得以顺利发展的根本保证。第三，国际旅游事业的增长尤其需要沟通各国人民之间的情感，防止种族偏见观念的滋长。公共关系教育和训练在旅游业中十分受欢迎。现今许多国家的旅游部门和公司都设有从事公共关系活动的专门机构。第四，国际政治文化合作的增长迫切需要公共关系人员更多地参与调解冲突、维持和平等。冷战结束后，世界向多极化的方向发展，但天下仍很不太平。地区冲突、民族冲突时有发生，各国政府和联合国成员一直在寻找合作的机会。共同解决局部冲突带来的诸多问题，许多公共关系人员进入了联合国机构，开赴世界各地，缓和冲突双方的矛盾，增进冲突双方的了解和沟通。

国际公共关系协会（IPRA）于 1955 年在英国伦敦成立。当时只有来自 16 个国家的数百名公关专家参加了协会。现在这一组织已拥有 60 个国家的会员。协会的宗旨是交换国际消息、经验和思想，改进技巧和道德标准，并确切地增进公众的了解。1961 年在维也纳召开的第二届世界大会制定并通过了《国际公共关系行为规则》。1965 年在希腊雅典召开的第三届世界大会，又通过了《国际公共关系协会世界大会行为规则》。1978 年在墨西哥世界大会上通过的《墨西哥宣言》，对公共关系职业规范化和交流都起了积极的推动作用。该会出版了不定期的《国际公共关系协会通讯》和季刊《国际公共关系协会评论》。该协会在世界各地积极开展工作，为世界公共关系事业的发展做出了巨大的贡献。

第三节　公共关系在中国

现代公共关系思想和公共关系实践进入中国，应以20世纪60年代香港、台湾地区对公共关系的引进为发端，但全方位地落户中国，则只能以中国大陆为参照系。20世纪80年代初，中国大陆实行对外开放政策，公共关系作为一种新的经营管理思想和技术传入中国，并呈现出由南向北、由东向西、由服务行业向工业企业、由外资企业向国有企业、由企业组织向政府组织逐步发展的格局。

一、从积极引进到迅速发展

当代中国公共关系的发展，大致经历了三个发展阶段：

第一阶段：导入时期

时间为20世纪80年代初及中期。随着改革开放的发展，在深圳、广州等地的一些中外合资企业和外商独资企业按照海外的管理模式，出现了公共关系活动，最早设立了公共关系部。在这些公共关系部中，多数是在海外受过公共关系训练的人担任经理。1980年中港合资的深圳蛇口华森建筑设计顾问公司率先成立，这是我国第一家公共关系性质的专业公司，它主要是适应特区建设的需要，提供经验与技术。1982年深圳竹园宾馆成立公共关系部，开展以招徕顾客为目标的扩大影响的服务性公共关系活动。1983年中外合资的北京长城饭店成立公共关系部。1984年广州中国大酒店等宾馆、酒家和服务部门设立公共关系部。后来，广东电视台以这批宾馆酒楼的公共关系活动为背景拍摄了第一部反映公共关系理论与实践的电视连续剧《公关小姐》。该剧在全国放映后，影响千家万户，使公共关系为亿万中国人所知晓。1984年9月，我国国有企业第一家公共关系部——广州白云山制药厂公共关系部正式成立。1984年11月《经济日报》发表长篇通讯《如虎添翼——记广州白云山制药厂的公共关系工作》，并配发重要社论《认真研究社会主义公共关系》，对公共关系的引进和发展阐述了原则性的看法和指导性的意见。这标志着现代公共关系在中国已得到确立。导入阶段的公共关系主要是把国外的公共关系运作模式、运作程序、管理经验及具体做法引入中国。由于当初人们对公共关系缺乏认识和了解，公共关系的运用多采取简单搬用或模仿外国公共关系的做法。即便如此，对改革开放的中国人来说，能以新的思想观念接受外国的经验技术，已经是一个了不起的进步。

第二阶段：迅速发展时期

时间为20世纪80年代中后期。这期间，中国呈现第一个“公关潮”。其标志是专业公共关系公司、公共关系协会、公共关系教育培训以及公共关系理论研究迅速发展起来。1985年，两家世界上最有影响的公共关系公司——伟达公司和博雅公司先后进入我国。其中，博雅公司与中国新闻发展公司达成协议，成立中国第一家公共关系公司——中国环球公共关系公司。1986年12月，上海成立全国第一家省级公共关系协会。1987年5月，全国权威性的公共关系社团组织——中国公共关系协会在北京正式成立。此后，全国各省、直辖市、自治区以及若干大中城市相继成立地方性公共关系协会或学会。许多企业内部的公共关系部开始运作，并取得了较大的实践成果。“健力宝”等企业的公共关系活动在全国范围内产生轰动效应。1985年1月，深圳市总工会举办全国第一个公共关系培训班。在此前后，深圳大学、中山大学、北京大学研究生院、首都师范大学、复旦大学、清华大学、中国人民大学等相继讲授公共关系课或开办公共关系专业。1986年11月，中国社科院编著的《塑造形象的艺术——公共关系学概论》正式出版。同年12月，王乐夫、廖为建等人的公共关系专著问世。从1988年起，全国公共关系组织联席会议相继在杭州、西安、广州等地召开。1989年，全国高校第一届公共关系教学研讨会召开。弗兰克·杰弗金斯著《公共关系学》，斯科特·卡特李普等著的《有效公共关系》等国外公共关系著作在中国大陆翻译出版。1988年1月，中国第一家公共关系专业报纸——《公共关系报》在杭州创刊，向全国发行。1989年1月，中国第一份国内外公开发行的公共关系杂志——《公共关系》在西安创刊。公共关系的理论研究十分活跃，理论成果十分丰富。据不完全统计，在发展时期公共关系专著、译著、教材公开出版发行近100部。在第一次“公共关系潮”时期，虽然仍有机械模仿、层次较低，良莠不齐、鱼龙混杂等情况，但理论上和实践上的“百家争鸣，百花齐放”的局面却为下一时期的公共关系发展打下了较好的基础。

第三阶段：成熟稳定发展时期

时间从20世纪90年代初至今。其标志为：第一，中国的公共关系得到党和国家领导人的关注。1991年5月，中国公共关系协会在北京召开全国公共关系工作会议，对公共关系事业的发展进行总结，交流经验。党和国家领导人李瑞环、薄一波等同志在给会议的贺词中充分肯定了中国公共关系事业取得的成绩，明确指出了公共关系事业的发展方向和根本任务。这在全国产生了重要影响。第二，公共关系的教育和理论研究日趋成熟。1994年4月，中国国际公共关系协会成立，促进了中国公共关系理论研究与社会实践的国际化，推动了公共关系事业的进一步发展。1994年中山大学被教育部批准开办部属院校第一个公共关系本科专业，随后在一些名牌学府开始尝试招收公共关系方向的硕士生、博士生。至今，所有的本科院校全部开设了公共关系学课程，约有20多所各类学校开设了公共关系大专专业。全国公开出版的公共关系专著、教材、译著、工具书等已超过1000种。其中具有代表性的有：全国通用教材《公共关系学》（获全国优秀畅销书奖）、《中国公共关系教程》、《中国公共关系大辞典》等等。1990年，中国公共关系协会学术委员会在河北高碑店召开全国第一届公共关系理论研讨会。之后在上海、福州、杭州、石家庄、大连等地召开第二届至第六届全国公共关系理论研讨会，极大地推进了中国公共关系的理论研究进程。在这一时期，学术研究较为活跃。一些学术流派开始产生，比如，形象学派、协调学派、传播学派、管理学派等，细化和深化了对公共关系的研究。第三，公共关系的实践活动从自发走向自为、从盲目走向自觉、从照搬走向自主创造，全国有一大批公共关系专家、学者分别主持策划操作企业公共关系、企业CIS、政府公共关系或城市CIS和城市形象建设。第四，1998年，经国家劳动和社会保障部批准，公共关系职业载入"国家职业分类大典"，公共关系职业纳入国家正式职业行列。1999年国家职业资格工作委员会专门设立公共关系专业委员会，这标志着我国公共关系职业化迈出关键一步。

二、公共关系在中国发展的条件

公共关系在中国的传播和迅速发展，具有不以人们意志为转移的客观必然性。党的十一届三中全会后，中国进入社会主义现代化建设新的历史时期，经济建设成为一切工作的中心，改革开放的时代潮流，市场经济发展的大趋势，为公共关系的兴起和发展提供了必要的条件。

（一）经济体制改革，呼唤与市场经济相统一的公共关系

中国经济体制改革要解决的是经济组织的活力问题，为此，就必须扩大经济组织的经营自主权，使之成为独立的经济实体。1988年11月1日，我国《企业法》正式生效。《企业法》规定，企业的所有权和经营权分离，厂长、经理是企业的法定代表人。《企业法》生效后，企业作为一个独立的经济实体，一个开放系统，立即面临着一系列前所未有的新问题：企业再也不能仅仅为完成国家计划而生产，而要为满足消费者的需要而生产；企业再也不能单纯地根据上级的指示进行决策，而要根据瞬息万变的市场信息，根据消费者的需求、愿望来进行决策；企业再也不能只是坐等国家计划调拨的原材料，也再不能依赖于国家的所谓统购统销来推销自己的产品，而要靠自己去开拓原材料和产品的供销

渠道和市场营销网络；企业再也不能继续摆官商的架子，而要通过营销、广告、宣传以及各种社会活动来与公众保持广泛的联系。所有这一切都需要公共关系。值得特别提出的是随着社会主义市场经济的建立，“卖方市场”朝着“买方市场”转变，给公共关系带来无限生机与活力。

（二）政治体制改革，呼唤重视沟通协调的公共关系

经济体制的改革要求政治体制作相应的改革。政治体制改革的目标是建立高度的社会主义民主政治制度，而建立高度的社会主义民主政治制度的一条重要途径，就是要在政府和人民群众之间建立起一座信息沟通与交流的桥梁，以增加政治的透明度、公开性以及增强人民群的参政议政意识。政府与民众的信息交流，实际上是公共关系的一种表现。在公共关系学看来，政府亦是社会组织，政府的公众就是人民群众，政府如何通过传播活动来达到与人民群众相互了解和相互合作的目标，就是政府公共关系的活动内容。为此，各种社会组织必须学会利用公共关系的原理、法则，运用沟通技术，履行民主责任，在尊重他人民主的同时，维护自身的民主权利。从政府的角度讲，新的经济、政治体制仍然要求“从群众中来，到群众中去”，要求把基层的群众当作公众（“公众是上帝”、“领导者是人民的公仆”），而不是当作一群只能服从、只能听命的生物个体。公众是有自身独特利益的。他们的利益与政府的利益休戚相关，不尊重公众的利益，就是不尊重政府自身。目前，中国政府公共关系正稳步发展，政府形象工程、城市形象建设、勤政廉政建设、精神文明工程等，逐渐深入人心。可以推测，随着政治体制改革的深入和民主化进程的加快，公共关系将会发挥越来越重要的作用。

（三）文化变革，呼唤体现开放趋势的公共关系

当今世界，任何一个国家都已不能孤立地存在，处于封闭状态。中国实行改革开放以来，国际间的交往、交流、合作日渐增多，市场经济的进一步发展，与国际市场接轨，将更增加这种交往、交流与合作。邓小平说：“社会主义要赢得与资本主义相比较的优势，就必须大胆地吸收和借鉴人类社会创造的一切文明成果，吸收和借鉴当今世界各国包括资本主义发达国家的一切反映现代社会生产规律的先进经营方式、管理方法。”改革开放之前，虽然我国已经开始进入工业文明时代，但中国的社会关系大多仍停留在乡土关系的水平。由于没有法人的存在和公众观念，因而改革开放前的社会关系还没有真正意义上的市场关系。改革开放使我国与国外的文化、思想、科技、学术交流与日俱增，国人大开眼界。人们真正看到，在这个“地球村”生存的不同文化的人越来越分不开了。因此，只有在相互尊重、相互接触中才能求生存、求发展。于是，人们不仅研究国家内部的组织与公众应怎样和谐相处，而且开始研究不同的文化之间如何实现跨文化沟通。同时，需要研究如何从乡土关系推进到市场关系，推进到跨文化关系；由以礼维持的人际关系推进到以法维持的公共关系。文化变革与文化融合对公共关系发展提出了更高的要求，同时把“内求团结，外求发展”的公共关系理论推向了新的境界。

第四节　公共关系的发展趋势

纵观公共关系的发展历程以及全球的经济、政治、文化、环境、技术的发展，21 世纪公共关系发展将是激动人心的，其趋势主要表现为：

一、公共关系活动范围全球化

“全球化”一词，是 20 世纪 80 年代在西方报刊上出现的。进入 20 世纪 90 年代之后，联合国秘书长宣布“世界进入了全球化时代”。所谓全球化，主要表现在资本、熟练劳动力和信息的自由流动，尤其是信息的自由流动。全球化是世界经济发展的必然趋势。20 世纪 90 年代以后，信息革命和信息经济的大潮是加速全球化进程最重要的因素。近 20 年来，随着数字通信技术的发展，已使通信、计算机与媒体渐渐融为一体，人们称此为数字融合。数字融合主要表现在各国通信市场开放，为互联互通提供了便利。市场经济的全球化和信息传播的全球化，应该是全球化时代的重要标志。继美国和英国之后，欧盟国家从 1998 年 1 月 1 日起也开放了通信市场，预期全球化的信息市场形成，信息的自由流动，使社会生活进入一个新的时代。跨国公司的发展是经济活动全球化的主要推动力量和活动条件。目前，世界上的大公司都相继成了跨国公司，它们在某一个国家名义上的基地所占的资产和利润率已越来越少。像德国西门子公司，它的近 6 万种产品已经在近 140 个国家和地区生产和销售，它构建的公共关系已成为跨国并实施全球化的公共关系了。全球化的含义，不单指经济生活的全球化，而且也包括政治、文化和社会生活的全球化。形成于 20 世纪 90 年代初的全球政治经济格局，使得以经济实力为主的经济安全理论成为各个国家的行为准则。纵观当今世界，经济利益在各国对外关系中的地位日益突出；政治一经济一体化趋势更加明显；改革政府的管理体制已经成为潮流，各国政府正试图从原来的统治者、控制者向协调者、服务者的角色转换。正是基于这样的态势，从而掀起全球化政府公共关系的大潮，各国政府首脑及主要官员的外交活动都开始以扩大对外贸易、推销本国产品、寻求合作伙伴、拓展投资领域、签订经贸合同作为重点内容。据有关统计，美国政府公共关系的支出，每年达十几亿美元。而日本，单是为了在华盛顿寻找盟友，每年的公共关系投入就得数亿美元。据美国《国会》周报的消息说，连巴哈马和开曼群岛这样的小国，在1997年上半年用于在美国进行游说和公共关系活动的费用竟高达数百万美元。显而易见，不论是贫穷的小国还是富裕的大国，都在不惜人力、物力、财力努力开发"院外"和"院内"的公共关系活动。目前，大家几乎达成某种程度上的共识：如果在别国首都有个朋友，就等于雇了一家自己的公共关系公司。就整体而言，这是公共关系在政府行为领域中的新突破、新开拓。原来人们对公共关系的认识、理解和实施的公共关系活动是局部的、单项的，即所谓"小公关"。随着全球化的信息交流，跨国公司的持续发展，公共关系范围在扩大，公共关系领域在拓展，开展全球化的公共关系的趋势也已在逐渐形成气候。

院外游说

院外游说（Lobbing）原义指的是在走廊或休息室对国会议员进行劝说。20 世纪 50 年代前，权力集中在少数有力的议员手中，游说主要针对这些议员。20 世纪 80 年代后，权力分散，游说逐渐转向对议员有决定影响力的个人或公众，转向靠有计划发动各种力量影响议员的传播运动。

现代游说指的是某一组织（国家、企业、政治集团、行业协会等）直接或间接通过代表自己利益的游说代理机构或说客（说客也可以是议员的选民），与直接影响本组织的特定对象公众进行接触、劝说，使其建立起有利于本组织的态度、立场，并据此而采取行动，进而达到促使某项有利于本组织的政策、法令的确定或通过的传播沟通活动。

在公关活动中，游说一般被大量用来针对数量不太大的，对某问题的影响有决定意义的特定对象公众的沟通上。如政界要人、立法人员、某事件的关键人物、决策者及其智囊等。

参见纪华强:《公共关系的基本原理与实务》，高等教育出版社，2006 年，第 292 页。

二、公共关系实施主体职业化、品牌化

据一项调查报道，美国的公共关系从业人员认为自己的职业地位不低于物

理学家、律师、工程师和大学教授，甚至还高于飞机驾驶员、新闻记者、广告设计师和商品推销员。另据一项资料显示，21 世纪公共关系职业仍然是 20 种热门职业之一。职业化导致竞争，竞争则必然促使公共关系策划主体的品牌化。复杂竞争态势，势必对公共关系从业者提出了更高的要求。分散的、个人的智慧与技能已不能满足大社会、大市场的需要。公共关系人员素质要提高，操作手段与技术要现代化，思想观念要符合新潮流，具体工作要富有创造性。所以，公共关系以职业化为基础，而在竞争中形成品牌化服务，则成为历史的必然。未来的公共关系要立足国内面向世界，它要借助高科技和高智能在重大社会关系的处理与均衡、组织的形象设计、连锁活动的策划与规划、市场流向的把握与公众行为心态的捕捉等方面，进行广泛的调查研究，并利用现代人的智慧、谋略、胆识，创造性地开展工作。因此，公共关系实施主体便走向规模化，继而走向品牌化。20 世纪 80 年代以来，全球咨询业蓬勃发展，仅美国一地就有上万家品牌咨询公司。大型的品牌咨询公司荟萃各种高级专家。从退休的白宫官员和军事首脑，直至大学教授，应有尽有。目前，品牌咨询公司已遍布全美各地，而且趋向于跨学科、跨部门、跨领域、跨国际组织。诸如，兰德公司、安德森咨询公司、普赖斯·沃特豪斯会计事务所、麦肯锡咨询公司等品牌公司，近几年成了哈佛大学商学院毕业生竞相加盟就职的热门单位。

三、公共关系传播渠道网络化

随着信息时代的到来，作为数字信息化的必然结果，世界正以极快的速度，以极短的时间实现全球的网络化。世界网络化的结果将是社会组织的分子化，组织成员的分子化。分子化的信息社会，组织及其个体显示出前所未有的主动进取精神。在网络化时代，学习与合作是生存的先决条件，人们所固有的时空概念将被彻底打破，距离和时间都缩小到最低限度，人们的相对时空却获得了空前的延伸与拓展。创新、创造、作出成就，必须善于捕捉每一瞬间的机会，这往往是在组织与组织、个体与个体之间高度合作的前提下实现的。所以，网络化时代的这种互为补充、互为依托，建立在主动进取之上的合作，它的公共关系事务活动将成为推动整个世界加速运转的不可或缺的技术力量。互联网络的迅速发展，必然地为公共关系提供了新的传播渠道，公共关系网络化随之出现。据有关资料显示，英国、法国、西班牙、意大利的公共关系公司建立跨国界网络的比例分别是 20.5%、23.3%、43.8%和 50%。网上公共关系业务的出现和发展已成为大势所趋。网络化公共关系与传统的公共关系（这里指通过报纸、杂志、广播、电视等大众媒体进行的公共关系传播）相比有较多优势。首先，由于网络互动的特点，传者与受众的界限变得模糊不清了。只要进入网络，传者与受众是互动的，既可以是传者，也可以是受众。与大众传播相比，受众不仅能给传者以及时反馈，还可以同时充当传者，双方都能积极地参与传播。这样，使整个社会的信息来源大大丰富了，信息量也大大增加，公众有可能了解更多的信息，有更多的机会发表自己的意见，参与社会互动或传播。其次，由于互动传播，使组织能把握公共关系的主动权，能够在对其公众（客体）产生直接影响的同时与新闻记者建立良好关系。第三，在传统的公共关系传播中，编辑、记者、导演等人充当“守门员”的角色。他们决定组织的新闻消息是否发布和以什么风格发布，而网络化使组织直接面向公众发布新闻而不需要媒体的中介成为可能，这是一个极为重要的革命。网上组织通常是通过网络论坛、BBS 新闻组、E-mail 及其他方法直接发布组织新闻，完全符合网络礼仪。运用适当的网络公共关系对组织和公众来说是一笔巨大的财富。第四，不像报纸或杂志每天或每月发布一次新闻消息，在网上可以全天 24 小时随时发布新闻，这有点类似于广播新闻，消息一有更新即可播出，而不限制每天只播一次。这种改变对公共关系人员来说既是机会也是挑战。记者们需要更多的信息，组织新闻发布的机会也增多了，但同时那种慢节奏的公共关系工作方式也不复存在。第五，由于 E-mail 即时互动的特性，使网络化公共关系还具有创建组织与公众“一对一”亲和关系的优势。当然，值得注意的是，网上组织的信誉难建立，易丢失，应好好珍惜。记者在网上很容易检查组织提供的新闻的真实性，有时他们甚至会因为虽然是准确但不完整的数据而惩罚提供新闻的组织或个人。从操作层次看，互联网络给公共关系业带来的技术问题还包括域名注册、网页设计、网络行为规范、网络法规、信息信任危机、信息垃圾污染等，这一系列技术问题直接关系到网络化公共关系的发展。

四、公共关系实务运作整合化

20 世纪 90 年代初以来，中国公共关系进入了开拓创新时期。创新的标志是公共关系向策划业进军。公共关系策划的运作，开辟了公共关系理论建设的新视角，既深化了公共关系理论内涵，又扩展了公共关系学科的外延，开拓了公共关系发展空间。在策划理论指导下，公共关系策划从单一的活动策划到全方位的整体策划，从公共关系策划到 CIS 策划、CS 策划及企业整体运作策划。随着公共关系策划实践的深入，人们越来越发现原来人们理解和实施的公共关系是一些局部的、零星的、散乱的、单个的活动。如开幕典礼、迎来送往、记者招待会、产品展销会等，这些从战术角度认识和运用的公共关系很难适应策划实践的需要，于是，公共关系的社会实践向人们提出了整合化公共关系的课题。公共关系实践显示：公共关系在组织中能够发挥它的各种主要职能，而不能偏向哪一个方面。它的主要职能应包括收集信息、分析环境、决策咨询、研究计划、传播设计、形象工程、协调沟通、宣传推广、策划活动、教育引导、辅助服务、危机管理等等。各种职能不应“各自为政”、“各自为战”，而应该相互协调与整合。公共关系实务运作整合化，必然对公共关系理论的整合化提出要求。公共关系理论是一门系统科学，时代的发展将不断赋予公共关系理论系统更加丰富的内涵。作为一门不断获得新生和发展的科学，公共关系吸纳了诸多社会科学、人文科学乃至自然科学的最新成果，具有多学科交叉整合的特征。同时，策略公共关系与战略公共关系应有机整合。在战略公共关系方面，公共关系要支持本组织总部的整体经营管理战略。其要点是：高层协调、配合默契和有效沟通。策略公共关系要远离本组织总部，到基层去，要更接近公众，进入到具体技术操作层面，这样，战略公共关系才有生存发展的根基，其战略决策才会正确无误。另外，公共关系是一门科学，也是一门艺术，也是一种社会文化。卓越的公共关系既能够吸收西方的经验，又能够融合中国文化的精髓，能够将这两个方面很好地结合起来；使其经验和成果既有浓厚的中国特色，又有强烈的国际化的时代色彩。可以说，公共关系之根本，实务运作整合化，将有力地推进有中国特色公共关系的理论形成。

五、公共关系文化思想立体化

公共关系自诞生以来，就不断吸纳、融汇诸多社会科学和人文科学的最新成果，具有多学科交叉综合的特征，而且本身还具有一种开放的张力，使得公共关系理论在趋于丰富中而形成一种立体化的文化思想。在未来的岁月中，这种公共关系文化思想的立体化，将在三个层面影响、推动着人类社会生活。

在高层面上，公共关系的理论思想将成为国际组织、各国政府协调国际关系、实施民主政治、优化人间生存环境、推进社会文明的最重要的思想武器。联合国的宗旨及其行动就是一种公共关系；而国际合作中的一些基本准则及其事务的进行，同样也是一种公共关系。

在中间层面上，公共关系优化组织行为、塑造组织形象、协调组织的内外部环境等功能，也促使各组织的管理者把原来视为临时抱佛脚的“小玩具”、“小技巧”、“小点子”，看作经营管理必不可少的管理哲学，赋予其组织运作战略思想的色彩。美国公共关系协会从 1995 年起，把《公共关系》杂志改变成两种报刊——实务性报纸《策略公关》和学术性期刊《公关战略家》，其名称紧扣“战略”，无疑标志着公共关系地位的提升。最近，欧美的一些企业已实现了“公关进入董事会”的重大转变，公共关系的作用从参与决策提高到成为决策的一部分。这标志着21世纪的组织管理，一定意义上就是公共关系思想文化的管理。

在基础层面上，公共关系作为一种现代人的基本意识与能力而在全民中得到普及。公共关系的一些基本常识已成为现代社会常识化的文化知识，“公共关系”已不是新鲜的词汇，由于公共关系运用的普通性，它将无所不在，甚至将淡化自身的学科性，而成为浑然无迹的社会文化。任何一个现代人，倘无公共关系的文化知识与相应的素质能力，他将无法与他人相处合作，也就无法生存发展。因此，公共关系真正成了一种普及性的文化思想。公共关系文化思想的立体化，则必然带来公共关系教育的两极延伸：一方面是高层次的公共关系教育加大力度，公关硕士、公关博士的培养，将为社会造就中高级的公共关系专家；另一方面是公共关系知识的普及化与素质培养的全民化，甚至在中小学的素质教育中，也将更多地注入公共关系的内容，以形成一种与现代化建设相适应的民众公关文化。

阅读材料

我们的一切新闻都不保密

作为一个移民国家，作为资本主义国家的后起之秀，美国平民的平等意识比起其他国家更为明显和强烈。

1900—1912年，美国掀起了世界史上最著名的“扒粪运动”，以著名作家塔贝尔和辛克莱为中心的一批作家、新闻记者，拿起手中的笔愤怒声讨大资本家对工人的无情压榨和剥削。在他们的笔下，大企业主如石油界的洛克菲勒，钢铁业的卡耐基，金融界的皮尔·摩根，铁路业的享廷顿等被描写为大肆掠夺自然资源和劳动力的“强盗大王”。在新闻界的揭露之下，各地劳资矛盾进一步激化，政府也开始颁布一些法令，限制大企业的行为。

面对大众的批评，工人的罢工与抗议，这些大企业一时手足无措，采取了极为笨拙的对抗行为：拒绝与工人谈判，拒绝与新闻记者打交道，请来警察弹压工人运动等等。结果当然可想而知，对抗的态度招致了更强烈的抗议与反对，大企业主声名狼藉。

一个名叫艾维·莱德贝特·李的新闻从业者在这场运动中逐渐引起了人们的注意。

艾维·李出生于一个牧师之家，毕业于普林斯顿大学和哈佛大学，曾任《纽约日报》、《纽约时报》、《纽约世界报》记者。他极力倡导“说真话”。他认为，一家企业只有将自身的真实情况告知公众，才能得到大家的信任与好感。如果真相对公司不利，就改变自身的行为。1906 年，艾维·李在一家无烟煤矿采访罢工情况时发现，矿工领袖正在向记者们透露他们所感兴趣的新闻。而与此相反，煤矿主的首脑人物乔治·贝尔却拒绝同新闻记者见面，甚至固执己见到了如此程度：拒绝同罗斯福总统就解决罢工问题而进行交谈。因为他以为煤矿是自己的，解决与工人的争执是自己的事，别人用不着插手。艾维·李在了解双方要求之后，力劝乔治·贝尔及其伙伴改变政策。不久，贝尔和其他矿主发布了一项公告，开头说：“已认识到公众对矿区颇感兴趣的矿主们，现在准备向新闻界提供尽可能多的信息……”在艾维·李的启发下，他们终于明白，拒绝新闻界，意味着放弃自己发言与申辩的权利，而拱手将发言权交给别人，这对企业而言无疑是不利的。

艾维·李向报界公布了一个“原则宣言”，其中写道：

“我们的一切新闻都不保密。我们所有的工作都是公开进行的。我们的目的是向人们提供消息。我们不是某种广告机构……总之，我们的计划是向新闻界和美国大众提供一些既迅速又准确的、有价值的、公众感兴趣的情报。”

艾维·李的宣言，宣告了商业机构那种“大众该死”态度的终结和“让公众知晓”时代的开始，也宣告了公共关系时代的来临。

1914 年，被“扒粪运动”搞得焦头烂额、臭名昭著的洛克菲勒集团邀情艾维·李作公关顾问，处理科罗拉多分公司的罢工事件。艾维·李来到工厂，同工人们进行座谈，倾听工人的要求，并劝说洛克菲勒同工人及家属会面交谈，增加工人的福利。同时他还散发一些报道事实的传单，向人们宣传管理部门的看法；他还说服科罗拉多州长写出文章支持公司的做法。罢工事件很快得到解决。

由于公众的批评、罢工事件等，洛克菲勒家族的名声遭到严重损害。罢工事件中，艾维·李表现出的才能，促使洛克菲勒继续雇用艾维·李，以帮助家族全面恢复名声。

在艾维·李的建议下，洛克菲勒家族向社会慈善机构捐献出几十万美元的捐款，这一举措经过新闻界特殊的宣传，受到了人们的好评。

洛克菲勒与罢工工人的会谈及以后提高工人福利，建造医院、学校、公园的公司政策得到了不断的宣传。

洛克菲勒愉快地接受艾维·李的采访。洛克菲勒打高尔夫球，与家人的亲近，与朋友的郊游都成为报道的题目。

在18年的合作过程中，艾维·李自言："我所做的事情就是在洛克菲勒先生感兴趣的政策中协助他，并让公众通过一种自然的方式来了解这些政策。"

艾维·李还在其一生的公关活动中，帮助美国烟草公司制定分红制度，帮助宾夕法尼亚公司处理重大的交通事故，美化它的站台，劝说电影业停止夸张的广告，倡导与前苏联进行贸易往来。

艾维·李于1903年创立世界上第一家宣传顾问公司，业务是专门为企业或其他社会组织提供传播和宣传服务，协助客户建立和维护与公众及新闻界的联系，成为向客户提供劳务而收取费用的第一个职业公共关系人。公共关系职业也由此发端，艾维·李也由此被称为公共关系之父。

[材料分析]

艾维·李的一生，对于公共关系事业的贡献甚大，归结起来，主要有以下五点：

第一，树立了公共关系概念。主张企业和社会组织应使自己和公众的利益结合起来，而不可反其道而行之。

第二，确立并实践了公共关系工作应进入组织或企业的最高管理层的原则。

第三，确立了事实公开化原则，并使这一原则为人们所普遍接受。

第四，强调企业的人道化运作，并使人们明白了一个道理：公共关系不应仅仅对外，更应该注意对企业内部进行公关工作。

第五，开创了公共关系职业。1903年艾维·李创办了世界上第一家宣传顾问公司以后，公共关系朝职业化方向发展；1937年美国有5000名公关人员和250家公共关系公司；1960年公共关系从业人员达到10万人，公关公司有1350家；1985年公关从业人员突破15万人大关，公关专业公司愈2000家。正是公共关系职业化，推动了公关事业在全球范围内的蓬勃发展。

思考题

一、简答题

1. 简述公共关系产生的原因。
2. 简述现代公共关系发展的四个阶段。
3. 简述现代公共关系特征。
4. 简述当代中国公共关系的三个发展阶段。
5. 简述艾维·李对公共关系的贡献。

6. 简述爱德华·伯内斯时期的公共关系特征。

二、论述题

1. 论述公共关系学在中国的发展条件。

2. 论述公共关系的发展趋势。

3. 论述现代公共关系的产生与发展的阶段与条件。

三、案例分析

第一万台复印机送给谁?

1990年5月，中美合资上海施乐复印机有限公司生产了第一万台复印机。这是上海施乐成长中的一个里程碑，也是复印机行业有史以来生产量的最高记录。这是有新闻性的“第一万台复印机”，如果将其作为赠送礼品，那是开发公共关系的好机会！公司公共关系部凭着职业的敏感，瞄准了举世瞩目的热点——上海浦东开发区。

为此，公司公关部策划了两次公关活动：一次在公司内部庆祝“第一万台”的诞生，通过新闻媒介，重点介绍了公司的经营成就，并透露了将这台特殊意义的产品赠给上海浦东开发办的设想。第二次是在上海宾馆举行赠送仪式，并利用这个机会，特邀请了公司的经销单位、用户光临，借此再次沟通了施乐公司与各类公众的关系。上海电视台、上海电台和各大报纸，为此编发了专题报道，在社会上引起了很大反响。上海施乐复印机有限公司给社会公众留下了美好的印象。

(参见方光罗主编:《公共关系案例》，中国商业出版社，2000年，第34页。)

案例思考

1. 从公共关系角度分析上海施乐复印机有限公司为什么要把第一万台复印机赠送给上海浦东开发办。

2. 施乐复印机有限公司赠送第一万台复印机活动如何起到塑造企业形象的作用?

3. 结合案例分析理解公共关系的概念。

第三章 公共关系的主体、机构和人员

本章重点

1. 社会组织的划分及其关系的协调
2. 公关职能部门、专业的公关公司和独立的公关社团组织的特征与职能
3. 公共关系人员的基本素质和意识

本章内容分三个部分，即公共关系主体、公共关系机构及公共关系人员。公共关系主体仅限于社会组织，是公共关系的构建者和承担者。公共关系机构是专业从事公共关系的组织机构，代理着特定组织的公共关系工作，其实质是公共关系的实施主体。公共关系人员专指在公共关系部或公共关系公司工作的从业人员。

第一节 公共关系主体

公共关系主体是公共关系的构建者和承担者。公共关系主体就是指那些相对独立地存在于社会之中的各种社会组织。根据公共关系的定义和要素分析，公共关系主体处于公共关系的核心地位，其经营理念和行为对公共关系的形成与发展起至关重要的作用。社会组织不同，其公共关系的对象也会有所不同；处于不同发展时期或公共关系环境下的社会组织，其公共关系的目标、策略和方法也会有所不同。

一、社会组织及其特征

社会组织是指人们为了有效地达到特定的目标，按照一定的宗旨、制度和系统建立起来的共同活动的集体。社会组织有明确的目标和确定的职能，内部

成员有明确的分工，并确立出旨在协调其成员活动的正式关系结构。社会组织规模和层次大小高低不等，大到国家，小到一两个人的个体企业；高到国际五星级宾馆和国际跨行业的产业集团，低到一两个人兴办的小吃城和加工厂。社会组织最常见的表现形式有政府、部队、企业、学校、医院、社会团体、酒店和商场等等。

社会组织是人类社会的组织方式，是社会关系有组织有秩序的体现。在人类社会生活中，彼此孤立的个人通过一定的社会活动进行交往，由此建立特定形式的社会联系组合，这种通过社会活动形成的联系与组合，本质上是社会关系的体现，形式上便表现为社会组织。

在现代社会中，社会组织必须以明确的组织目标、以认同组织目标的一定数量的成员、以确定的公众对象和社会环境需要有利于发挥组织功能的方式作为其赖以生存、发展的依据和条件。

社会组织的发展与变化是现代公共关系产生的基础。随着社会的发展，社会组织也随着不断地调整改变。社会组织必须与外部环境相适应，必须得到外部公众的支持。因此，社会组织必须与外部环境实现互动，相互依赖，相互作用。那么，公共关系也就在社会组织与公众之间产生了。

公共关系是指社会组织与其相适应的公众对象之间的关系，在这一关系的协调中，社会组织起主导作用。因此，要协调这一关系就必须认清社会组织的特征。社会组织的基本特征有三个，即：目的性、整体性、发展性。

目的性。任何社会组织的建立都有着明确的社会目的，都有其自身的目标追求，社会组织存在的目的往往就是试图通过自身的努力达到所期望的目标。社会组织存在的目的是确立其宗旨、原则和运行规范与条件的依据，是协调组织人力资源、发挥组织群体效应、实现组织目标的前提和基础，也是区分不同社会组织的类别、性质和职能的基本标志。社会组织存在的目的对组织的生存与发展具有导向作用，对组织成员具有统一认识和规范行为的作用。

整体性。社会组织是社会活动的一部分，有着严密的组织机构和足够数量的组织成员。组织内部各部门和各成员之间既有明确的分工，又有机地构成一个整体，组织成员有着共同的追求目标和利益保障。在社会组织的形象塑造和传播的过程中，应充分认识到组织的整体性，注重组织的全方位和整体性的形象管理，充分调动组织各部门及各方面成员的积极性。只有整个组织形象目标明确，形象识别系统统一，步调协调一致，全员积极参与，才能真正搞好组织的公共关系工作。

发展性。社会组织存在于各种复杂的社会环境之中，社会发展及其相应的社会环境的变化对社会组织生存与发展必然产生一定的影响。组织的新生与消亡，在某些程度上，也往往要取决于社会环境的变化。这就要求社会组织的运作方式要同一定的社会环境变化相适应，组织成员也要通过现有的环境的监测和把握来选择、确定合适的运行方式和管理方法以谋求发展。为了更好地发展自己，组织还必须创造有利的环境以实现其目标。

二、社会组织环境

社会组织存在于复杂的宏观和微观环境之中，其存在和发展必然要受到环境的制约及影响。一方面，社会组织的运作方式要同一定的社会环境相适应，组织成员要通过对既有环境的监测和把握来选择、确定和制定运行方式和管理方法；另一方面，组织也必须设法创造有利的环境以实现组织的目标。因此，对所处环境的调节与控制，也自然成为社会组织公共关系工作的一项内容。

社会组织大致分为两个方面：一是组织内部环境，二是组织外部环境。这两者构成社会组织的环境系统。

（一）社会组织的内部环境

社会组织的内部环境，包括组织内部的人际关系环境、组织内部管理环境及组织外观环境，其中人际关系环境是社会组织内部最普遍最重要的内部环境。做好组织内部公共关系工作是组织搞好内部环境建设的重点。

（二）社会组织的外部环境

社会组织的外部环境，主要是指组织的生态环境和政治、经济环境等。所谓生态环境是指社会组织所处的自然环境和社会文化环境。自然环境包括土壤、气候、地理位置等。社会文化环境包括人口数量、年龄构成、人口的生理状况、文化水平等。自然环境相对稳定，社会文化环境则处于不断变化之中。社会文化环境主要是由一定社会的信念、习惯、风俗和群体心理等综合构成。社会环境影响着社会组织成员的思想、观念和认识方法，同时也决定着社会组织所开展的公共关系工作的评价。

政治环境与经济环境也是相互关联的具有重要作用的外部环境因素。政治环境主要是指对社会组织的活动有制约作用的社会政治制度、政治结构及政治关系等因素。政治制度和政治结构主要为社会组织提供一个外部的政治组织环境，它主要通过组织体系的合理化和有效的权力分配状态与机制对社会组织产生影响。政治关系表明一定社会中的各种政治角色在政治体系运行中所形成的关系，这种关系往往影响着社会组织公共关系目标的选择和实现的程度。经济环境是影响社会组织生存与发展的最基本的因素。经济环境主要是指特定的经济制度和结构、经济实力和发展水平、经济利益等相关的因素。这些因素无论对社会组织的形态特征，还是制度特征或行为特征都有着强硬的制约作用。

三、社会组织的划分及其关系的协调

社会组织是公共关系的主体。在现实社会中，社会组织为数众多，形式多样，很难确定出一个统一的分类标准将社会组织加以区分。在进行组织的公共关系分析时，人们知道，不同的社会组织有着不同的公共关系对象，而不同的公共关系对象对组织的发展又有着不同的要求。因此，将公共关系学有较多应用的社会组织逐一列出，并分析公共关系协调的特征，对搞好社会组织的公共关系工作有实际的意义。

（一）政府组织及其公共关系协调

政府即国家行政机关，是国家权力的执行机构，它对国家各方面事务具有指导、管理、服务、协调、监督、保卫等基本职能。各级政府部门作为公共关系主体，应有效地进行各种管理，争取广大公众的信任和支持，这对形成稳定和谐的社会政治局面，建构良好的公共关系是至关重要的。

政府作为公共关系的主体，有它自身的特性。首先是政府机构的权威性，即它依法对国家事务和社会公共事务履行指导、控制、管理和服务的职能。它以国家强制力为后盾，从而具有绝对的权威性。第二是复杂性，即政府的组织机构错综复杂，其管理的事务涉及社会的方方面面，所要处理的利益关系也复杂多样。第三是它的服务性，即为社会公众提供所需要的各种服务。第四是它的独立性，即它超越于各种组织之上，作为整个社会的核心组织和最高权力机构执行机构，独立地行使管理权，主导整个社会的运行方向。

政府作为公共关系主体的特殊性，使它与其他社会组织的公共关系有很大的差别。其一是公共关系主体与客体双方利益的一致性。政府是全体公众的政府，公众的利益也是政府的利益，政府是公众合法权益的维护者和保障者。因此，政府公共关系是主、客体双方利益一致基础上的特殊关系。从某种意义上说，政府并不存在有自身的特殊利益，这一点与企业组织根本不同。其二是决定政府公共关系状态的关键因素是政府自身的行为与政策，这其中包括政府工作人员言行举止。政府或其相关的工作人员推出某项政策或实施某种管理行为，从而对公众产生一定的影响，公众在了解或接受到这一影响之后，便以他们自己的标准、要求和价值观去评判该项政策或相应的行为。政府的公共关系状态直接反映政府工作的成效。政府组织的威信、形象或工作绩效与政府公共关系直接相关。

政府组织公共关系协调工作主要体现在两个方面：其一是主动地、有计划地收集信息。这包括广泛开展各种形式的民意调查，倾听公众呼声，接受群众的监督。因此，这就需要建立规范的信息反馈制度，设立专门的调查统计机构，使信息收集、分析处理工作做到科学化、专业化、定期化；其二是及时准确地传播信息。这主要是指政府有效地利用各种信息传播媒介和渠道及时向社会各种提供公众舆论普遍关注的信息，宣传政府的工作方针和政策。

（二）企业组织及其公共关系的协调

企业组织是公共关系运用得最多、最充分且是受益最大、最明显的公共关系主体。企业组织是一个独立运作的经济实体，它必须依靠赢利来维持自己的生存与发展。因此，企业公共关系工作的第一个明显的特征是它的赢利性，即全面深入到企业的一切行为活动之中，为企业的赢利服务。

公共关系工作帮助企业达到赢利的目的是依靠建构的公共关系环境来实现的。也就是说，公共关系帮助企业寻求公众利益的满足与自身赢利之间的最佳结合点：一方面为公众利益着想，使其得到来自企业的最大利益满足；另一面又要为企业公共关系的第二个显著特征，即企业公共关系的协调，实际上是在保证公众利益不受侵害的前提下，寻求企业本身的最大利益。

企业组织是所有社会组织中面临公众最多，且需求最复杂，利益矛盾和冲突最为突出的公共关系主体，不仅存在着合作者的利益需求，还存在着竞争者、媒体和政府的种种挑战、监督与制约。这是企业组织公共关系的第三个特征，即企业组织要与诸多的公众对象协调好关系，满足各方面公众的需求，才能得以顺利发展。

在激烈的市场竞争中，企业表面上是做市场争夺的拼杀，而实质上则是在争夺消费者，争夺自己的顾客，争夺自己的每一个公众对象。没有公众的信任与支持，也就不会得到市场。没有市场也就失去了生存的空间。企业组织对公众的这种强烈的依赖性是其公共关系工作的第四个特征。

为此，企业组织只有认清自身公共关系协调的特征，有效地开展公共关系工作，才能使自己在激烈的市场竞争中，立于不败之地。

（三）商业服务组织及其公共关系的协调

商业组织是以销售物质商品来满足顾客需求的经济实体，包括批发商、代理商和各类商场商店等组织。而服务业组织则是以提供劳务服务来满足顾客需求的经济实体。商业组织与服务组织的一个共同特点就是以工作人员与顾客的直接接触来开展经营活动。因此，在其公共关系协调方面，有三点必须明确。

其一是确立优质服务、顾客至上的信条。必须要使每位工作人员都明白自己组织的利益与声誉只有通过最大限度地满足顾客的需求才能得到保证。

其二是捕捉有利时机。大力对外宣传。商业服务业工作重在直接满足人们的生活需求，而人们的生活需要有着很强的规律性。因此，如何利用消费需求的变化，捕捉时机大力推出宣传攻势，是组织与公众保持最大沟通与协调的一项重要工作。

其三是重视员工关系，满足员工的需要。商业服务业员工关系的协调直接影响着其他公众关系的协调。员工关系的协调，能够有效地调动员工在顾客关系协调中的积极性。反之，员工关系不协调，顾客关系的协调也必然受到一定的影响，甚至是破坏。因此，商业服务业组织应比任何其他社会组织都更为重视员工关系的协调。组织应尊重员工的利益，关心并最大限度地满足员工的利益需求。

（四）组织与社会团体及其公共关系的协调

事业组织通常是指那些由政府出资设立的满足社会某种需求的专门机构，如学校、图书馆等，社会团体是指具有共同利益需求或背景的人们为实现某种社会理想自愿结合而成的一些非赢利性组织，如专业学术团体、宗教团体等。

事业组织和社会团体由于其本身的特点，其公共关系协调除了与其他社会组织共有的特征外，还有其自身的特色，表现在以下三个方面：

其一，确立一种良好的社会认识及其道德楷模形象。事业组织与社会团体在公众中树立的形象目标是：担当着崇高的社会责任；具有强烈的献身与社会的奉献精神；表现较高的文化知识水平和社会道德水准。

其二，以自身的行为，积极影响社会舆论。事业组织与社会团体成员在社会利益关系格局中处于较为超脱的位置，对各种社会问题的看法往往容易引起人们的重视，形成一定的社会舆论导向。因此事业组织与社会团体成员一是通过参政议政，表明自己的立场，影响舆论；二是以身作则，通过在社会各界公众中树立良好的行为样板以促进良好社会风气的形成。

其三，积极参与和组织各种社会活动。事业组织和社会团体积极组织与参与各种公益性的社会活动，并在其中起领导作用，这样，既可使广大公众受益，又可扩大其自身的影响，并能通过与社会公众的有效沟通得到更多的理解和支持。

第二节　公共关系机构

公共关系的组织机构是专门执行公关任务、实现公关功能的行为主体，是公共关系工作的专业职能机构。公共关系的组织机构包括组织内设的公关职能部门、专业的公关公司和独立的公关社团组织。

一、公共关系部

公共关系部是社会组织内部自行设立的专门负责处理公共关系事务的部门。一个企业、公司、社会机构，如学校、医院、政府部门、社会团体等，为内求团结、外求发展、赢得声誉、得到支持，而设立的专职公共关系部门，或者叫公共关系部（处、科）或者叫公关事务部、公共信息部、公关宣传部、公关广告部等。组织机构领导人的公关思想、组织机构的公关职能是采集信息、监测环境、参谋决策、社会交往、协调关系，这些工作都由组织内部专门设立的公共关系部来承担和完成。

（一）公共关系部的基本职能

1. 信息情报职能

组织在复杂多变的社会环境中，需要掌握来自各方面的情况和经营，灵活应变各种偶发事件，在激烈的竞争中稳操胜券。公共关系部的一个重要职能就是对信息进行收集和整理，监测环境，了解现状。其主要任务是建立广泛的社会联系和通畅的信息网络；了解外部政治、经济、科学技术文化等的变化与发展；收集和调查社情民意；了解和监测组织内部公众的意见、建议及组织内部所存在的各种问题；了解外部公众的心理、需求及他们对组织政策和行为的反应等。

2. 决策参谋职能

在对信息情报收集、整理、分析的基础上，帮助决策管理层和其他职能部门掌握环境的变化，预测发展的趋势，提出各种旨在协调组织与公众关系的可供选择的决策方案，协助决策管理层分析和权衡各方案的利弊得失，预测组织的政策和行为将产生的社会影响及结果，督促和提醒决策层及时修正将导致不良后果的政策和行为等，发挥决策参谋的作用。区别于组织内部其他职能部门，公共关系部更侧重于从组织目标和社会需要的角度，综合评价各种可供选择的决策方案所可能引起的社会与公众关系方面的反应，力求建立和维持组织与外部环境的动态平衡。

3. 传播宣传职能

组织要获得公众的了解、信任、支持和合作。建立良好的生存发展环境，就要不断地、有计划地向公众传播信息，宣传和解释组织的政策、行为，塑造良好的组织形象。公共关系部要将一切可为人知的组织信息告知公众，让公众知晓，增加组织的透明度、接受公众监督，减少和避免出于公众的不知晓所引发的与组织之间的各种误解、磨擦和矛盾。公共关系部还要有效地综合利用各种传播媒介和宣传方式，充分发挥其“组织代言人”的作用。

4. 关系协调职能

现代组织面临的社会关系日趋复杂，显现出极强的变动性，组织与公众在信息、利益等方面存在差异，组织与社会公众之间难免产生这样或那样的磨擦与纠纷。这就要求公共关系部必须能够充分发挥关系协调的职能，通过公共关系的各种手段和方式与组织内、外部的公众进行信息沟通，建立社会联络交往关系，协调处理矛盾纠纷，实现内外的和谐与融洽。

（二）设置公共关系部应遵循的原则

1. 针对性原则。不同组织各自的工作性质不同，所面对的外部公众也就不同，因此，组织在设置公关部时，要充分考虑到本单位的工作性质和特殊的外部公众，合理安排公关部的人、财、物。

2. 适应性原则。大中型企事业单位的公关部编制指标不能超过本组织内部各职能部门的平均人数。机关团体公关部的规模更要精干。内部层次也不宜过多，以防阻碍信息流通。

3. 权威性原则。公关部是组织的高层次的管理机构，其主要负责人应当进入组织的决策层，要有代表最高决策层发表意见、做出决定的权威，有直接向组织最高领导提供建议并参与决策的权力，有代表组织领导发布信息和处理外部公关事务的权力。

4. 协调性原则。要使公共关系部门与组织内部各部门之间、公共关系部门内部的层次结构和工作人员之间相互协调，同时要对组织领导与职工、组织与社会各界的协调起积极作用。

（三）公共关系机构的设置类型

社会组织不同，对公共关系机构的设置要求也会有所不同。对一个具体的社会组织而言，设置什么类型的公共关系机构，应重点考虑机构的规模和运行机制。

1. 对公共关系机构规模的考虑。从机构规模来看，组织内部的公共关系部有大、中、小三种不同类型。

2. 对公共关系机构运行机制的考虑。从运行方式上看，组织内部的公共关系部大体有三种运行机制。

其一是总经理直接负责型。公共关系部领导人由组织的一名最高决策者兼任，组织的公共关系部门与组织的决策层直接挂钩联系，公共关系部门及工作人员也能够站在组织全局的高度考虑和把握公共关系工作，尤其在组织内部进行联络沟通的过程中，其工作的权威性大大增强。这是一种较为理想的运行机制。

其二是总经理间接负责型。这种机制的特点是组织的公共关系部等同于组织其他各部门，同其他相应工作部门一样，有特定的分工和职能，对组织的最高领导人负责，其工作范围受到一定限制。

其三是公共关系委员会制。这种运行机制的特点是组织最高领导层与公共关系部门之间，设置一个由组织最高领导人和各相关部门负责人组成的公共关系委员会。这种运行机制多为特大型社会组织所采用。

公共关系部的主要职能

1. 信息收集和处理，是组织的“耳目”。公共关系部通过对组织内、外部环境的密切关注和监测，收集、储存、甄别、处理各类和组织有利益关系的信息，为组织建立了广泛而畅通的社会信息情报网络，使组织了解并掌握自己生存和发展的环境，有效地发挥组织“耳目”的作用。

2. 咨询建议，是组织的“智囊团”和“参谋部”。根据对信息情报的分析和预测，向组织提供决策的参考意见和方案，协助决策部门进行最后决策。

3. 对外宣传，是组织的“喉舌”。公共关系部负责向公众宣传、解释组织的政策和行为，通过组织各类展览、参观、访问、联谊会、信息发布会等各种专题活动，进行新闻宣传、信息传播，为组织建立良好的舆论环境。

4. 协调沟通各种关系，是组织的“外交联络部”。在组织内部，公关部要负责协助领导层沟通协调各部门之间、各员工之间的关系，解决工作分歧和各种利益冲突；在组织以外，公关部要通过多种途径妥善处理组织和各外部公众的关系，如主动组织和参加一些社交活动，广泛接触社会各界，为组织广结善缘，又如在组织与外部公众产生矛盾或误解时，运用各种公关手段加以补救，努力消除外部公众对组织的不满情绪。

参见熊钟琪:《公共关系教程》，国防科技大学出版社，2006 年，第 50 页。

（四）公共关系部的优势与局限

1. 资深性

公共关系部的成员对自己组织的了解程度比外部公共关系人员要深得多，从组织的方针政策到员工的嗜好习惯，公共关系人员几乎都了如指掌。他们清楚组织内部各个部门、各个成员之间的关系和在组织中所起的作用，掌握正在形成的舆论，了解谁是关键性人物、何处是关键性环节、什么是其中的主要问题等等。从而快速准确地找到问题的症结，提出可行性的建议与方案，他们提出的解决方案，有较强的针对性和可操作性。

2. 实用性

在组织的生存和发展的过程中，公共关系事务随处可见。公共关系部作为组织内的一个常设机构，在时间、人力、物力上都能够承担一些规模相当而且具有持久性的工作，保持公共关系工作的连续性和稳定性。加之所具有的较强知深性，公共关系人员可以更及时地、更具针对性地与组织各层次、各部门进行沟通，并为他们提出相应的解决措施和服务，使公共关系工作与组织内的各因素融为一体。从而争取到决策层的信任，获得组织各类人员的支持，进而感染他们，形成团体意识和公共关系意识。这样，就确保了在工作中增强公共关系的有效性。

3. 经济性

开展重大的专项公共关系活动，组织可以委托公共关系公司或聘请公共关系顾问进行咨询策划。但对大量的日常事务性工作，由公共关系部自己来承担，就可以达到开支小、见效快的效果。由于公共关系部与其上属组织在利益上的一致，公共关系部在开展日常工作时，往往比较注意精打细算，节约成本开支，尽量少花钱多办事。

当然，也应注意到公共关系部存在着的工作局限性。第一，同组织外部的公共关系公司相比，公共关系部作为组织的一个内部机构，往往会受到组织制度、规范的约束和限制，公共关系部人员由于受到复杂的人事关系等组织内各种因素的影响，不免会产生这样或那样的顾虑而使工作受阻，在处理具体问题时，容易丧失客观公正的立场，而不能发挥其应有的作用。第二，公共关系部的专业技术人员的知识水平、工作能力和经验，往往会受到组织内部条件的限制，缺乏对一些重大专项活动的咨询和策划能力。而与公共关系公司相比，其所提出的建议、方案也可能得不到决策层的重视。第三，组织内部的公共关系工作由于涉及面广，很容易造成职责不明。组织领导往往把一些不属于公共关系工作范畴的或应由其他部门办理的事务交给公共关系部去办理，致使公共关系部任务过重，无法集中力量，有针对性地完成专门的公共关系任务。

二、公共关系公司

公共关系公司又称公共关系咨询公司、公共关系顾问公司，是指由各具专长的公共关系专家组成，专门为各种社会组织提供公共关系咨询、从事公共关系活动的有偿服务机构。

（一）公共关系公司的业务范围

公共关系公司根据客户的需要开展工作，并按照一定的标准收取费用。其主要服务内容包括以下几个方面：

1. 公共关系咨询。为客户作形象调查、形象设计、决策咨询、公共关系诊断等。

2. 为客户收集、汇编有关情报资料。如市场动态、政治、经济、文化、科技等社会情报资料。

3. 组织有关的市场营销、促销活动。包括承办产品推广、贸易展览会等。

4. 协助客户与有关公众联络沟通，建立和维持良好关系。

5. 为客户制定近期和远期的公共关系目标。

6. 为客户制定公共关系计划，并组织实施，评估公共关系活动效果。

7. 进行公共关系培训。

8. 为客户策划、组织各种公共关系活动。如剪彩仪式、庆典活动、联谊活动、赞助活动等。

9. 为客户策划新闻传播。如制造新闻、撰写新闻稿件、选择新闻媒介、组织新闻发布会等。

10. 一般性公共关系服务。如设计、编制、印刷各种文字宣传资料、纪念品、制作视听材料等。

阿瑟·W·佩奇原则

（1）告知真相：让公众知道正在发生什么事情，并且为本公司的特性、理想和实践提供准确的图景。

（2）用行动来证明：公众对于一个组织的看法，90%取决于做，10%取决于说。

（3）倾听顾客的意见：为了更好地为这个公司服务，了解公众想要和需要什么。使最高决策者和其他雇员保持信息的灵通，随时知道公众对于本公司产品、政策和实践的反应。

（4）为明天管理：预测公众的反应和排除那些可能制造困难的实践，培养善意。

（5）犹如整个公司须臾离不开它似地实施公共关系：企业关系是一个管

理功能。任何企业的战略在没有好好考虑到它对公众的影响之前，都不应该付诸实施。公共关系专家是一个能够开展广泛企业传播活动的政策制定者。

（6）保持冷静，有耐心和良好的幽默感：对于信息和各个方面的接触，要保持始终如一的、冷静的和合乎逻辑的注意，为公共关系的奇迹奠定基础。当发生危机的时候，要记住冷静的头脑能进行最佳的传播。

参见丁军强主编：《公共关系原理与实务》，北方交通大学出版社，2002年，第84页。

（二）公共关系公司的基本类型

从国外和国内公共关系公司的现有情况看，不同的公共关系公司在规模、结构及范围方面有很大差别。从规模上看，有跨国度、跨地区经营的公司，有局限于一个地区、一定范围内经营的中小公司；从业务范围上看，有综合型公司，有专业公司。归纳起来，大体分为三种类型的公司：综合服务型、专项服务型及顾问型公司。

1. 综合服务型公共关系公司。它提供多种公共关系服务，公司拥有先进的信息收集系统和信息储存与分析系统，通过各种渠道收集世界各国政治、经济、法律、社会政策、风俗习惯及市场动态等多方信息。公司拥有一大批经验丰富的专家。

2. 专项服务型公共关系公司。这类公司仅为客户提供特定项目服务，其服务项目限于一种，或专项为客户进行市场调查，或专项为客户组织某种公共关系活动。人员通常是某一领域的专家，规模小。

3. 公共关系顾问公司。公共关系顾问公司也是一种专项服务型公司。它所开展的服务一般仅限于为客户提供咨询，作为客户的“参谋”，对其公共关系事务提出意见或建议。

（三）公共关系公司的优势

客户愿意委托公共关系公司从事或代理公共关系业务，是因为公共关系公司有公共关系部所不具备的优势。

1. 观察问题较客观。公共关系公司与客户之间没有直接的利益关系，不受组织内人事关系制约，开展工作不带感情色彩，能公正、客观地观察、分析问题。

2. 社会联系广，信息灵。公共关系公司长期从事公共关系工作，与各种社会组织有密切联系，信息来源广，渠道畅通，能为客户快速、准确地提供信息服务。

3. 所提建议具有权威性。公共关系公司由各具专长的专家组成，公关专家有丰富的工作经验，所提建议、方案能切中要害，具有较强的说服力，容易受到组织决策者的重视。

4. 具有灵活性和经济性。客户可根据临时需要聘请公共关系公司处理公共关系问题，灵活性强。对于规模较小或公共关系业务较少的组织，内部设置公共关系部需要增加人员和经费，委托公共关系公司处理公共关系事务，既简单又实惠。

公共关系公司尽管有上述优势，但因其是不隶属于某一组织的独立机构，往往对组织缺乏全面、深入的了解，所提出的方案未必切合组织实际，难以实施，不能达到最佳的效果。公共关系部和公共关系公司各有所长，各有所短，因此，社会组织应根据组织的具体情况，综合利用组织内部的公共关系部和公共关系公司，扬长避短，以取得最佳的公共关系效果。

三、公共关系社团

公共关系社团泛指社会上自发组织起来，从事公共关系理论研究，开展公共关系实务活动的群众组织或社会团体。如公共关系协会、学会、研究会、专业委员会等。

1986 年 1 月，我国成立了第一个公共关系民间团体——广东地区公共关系俱乐部，随后有 24 个省、自治区、直辖市陆续成立了公共关系协会（或学会）。1987 年 5 月，中国公共关系协会成立。1991 年 4 月，中国国际公共关系协会成立，标志着我国公共关系的发展进入了一个全新的时代。

（一）公共关系社团的类型

目前，我国的公共关系社团主要有以下类型：

1. 综合型社团，主要指不同地区的公共关系协会。此类社团多为民办官（政府部门）助，其职能是服务、指导、协调、监督。

2. 学术型社团，主要指公共关系学会、研究会、研究所等学术团体。此类社团通过举办研讨会、学术交流会总结公共关系活动的经验，研究公共关系理论及发展趋势，为公共关系实践提供理论指导。

3. 行业型社团，指某些行业内部设立的公共关系组织。行业型公共关系社团可根据本行业的特点有针对性地开展公共关系工作，能从组织上保证公共关系在某一行业的深入发展，是一种很有前途的公共关系社团形式。公共关系的行业化在国际上已成为一种发展趋势。

4. 联谊型社团，指以联谊为主的公共关系社团。这类社团名称各异，有公共关系俱乐部、公共关系沙龙、公共关系联谊会等，一般没有固定的活动方式，也没有严密的组织机构及严格的会员条例，其主要作用是在成员之间沟通信息、联络感情、建立良好的人际关系。

5. 媒介型社团，通过创办报纸、杂志等传播媒介，并以此为依托建立的公共关系社团。此类社团直接利用媒介探讨公共关系理论、普及公共关系知识，交流公共关系经验，传播公共关系信息。

各类公共关系社团的成立对促进中国公共关系事业的发展都起了一定的积极作用，但有些社团因自身基础薄弱，人员素质较低，须加强管理。

（二）公共关系社团的特征

1. 广泛性。公关社团的成员可以是从业的公关人员，也可以是社会各界各单位公关部门的集体。也就是说，公关社团的成员可以是个人会员，也可以是团体会员。

2. 松散性。由于公关社团是群众性组织，所以成员与公关社团、成员与成员之间没有严格的组织人事方面的隶属关系，无论集体会员还是个人会员，参与公关社团活动都是比较自由的，因此，公关社团内常有宽松和谐的气氛。

3. 专业学术性。公关社团的成员是一些在公关方面既有理论研究又有实践经验的专家学者或实际工作者，对公关专业性较强的问题有一定的研究和解决能力，因此公关社团的专业学术气氛较浓。

4. 有偿服务性。公关社团有大批公关人才，可以为社会各界的公关事宜提供有效咨询和优质服务，一方面可提高公关社团的知名度和美誉度，另一方面可收取适量的酬金，解决本社团的活动经费。

（三）公共关系社团的主要目标和活动内容

公共关系社团是一种社会团体，其工作内容不同于公共关系部和公共关系公司，具体工作目标和活动内容如下：

1. 公共关系社团的主要目标

（1）促进公共关系事业的发展；

（2）提高公共关系的职业标准；

（3）使工商企业、政府机构、社会团体组织的实际工作获得好处；

（4）通过一系列教育活动、信息交流方案和研究项目关系人员提供良好的意见交流机会和自我改进机会。

2. 公共关系社团的主要活动

（1）召开年会和学术研讨会。通过年会和学术研讨会，交流经验，进行学术研讨，安排下一年度的工作，有时还要评选优秀论文，表彰公关活动的积极分子等。

（2）研究公关理论和公关人员职业道德，主办和出版公关刊物，发表高水平的公关学术性论文，积极推动公关事业发展。

（3）组织专题活动。如开展一些大型的文化、体育等活动，以提高社团的声誉和知名度。

（4）进行专业培训。通过举办公关培训班，对公关人员进行培训和考核，为社会各界培养推荐公共关系专业人员。

（5）建立内外联络系统。联络和发展成员，经常与会员保持联系，与国内外公共关系社团进行联络交往。

（6）宣传普及公共关系知识和开展公共关系咨询活动。

第三节　公共关系人员

从事公共关系事业必须清楚公共关系的目标以及个人在实现这一目标中所应发挥的作用。公共关系人员是某一组织的特殊辩护人，其天职是设法影响公众，使公众舆论有利于该组织，从而达到维护和提高组织声誉的目的。公共关系人员还要尽自己最大努力将公众的各种不同意见及时反馈给组织决策者。随着时代的变迁以及公共关系专业水平的提高，对公共关系人员的意识观念、知识结构与能力素质提出新的要求。只有具备要求的人员，才能适应新的历史时期公共关系工作的需要。

一、公共关系人员的基本素质

公共关系人员是指从事公共关系实务工作的人员，他们的工作水平和自身素质状况，将直接影响公共关系工作的水平。由于公共关系是一门应用性的学科，它融合了新闻传播学、心理学、语言逻辑、管理学以及社会学等学科的知识。因此公共关系人员必须具备较高和较全面的素质，在品质、性格、学识、智力、技能等方面均要达到一定的职业水准。

（一）品质

公共关系活动的对象是社会各界各类的公众，公共关系人员是以整个社会作为自己的工作、活动舞台。公共关系人员不仅仅代表本人，而是代表着所在组织的形象和声誉。公共关系人员从品质上来说，必须是作风正派，行为严谨，道德高尚，真诚办事。公共关系活动是一项“扬善”的行动，但也切忌“隐恶”。

作为公关人员无论是在个人行为或职业活动中，均应以公众利益至上的原则来约束自己，以真实为依据来开展公关工作，以诚实的风范来维系和发展各类企事业组织的公共关系活动。公关人员对人无论亲疏，也不论地位高低，都要一视同仁，处事坚持原则，是非分明。只有待人处事正直，才能给人以信任感，使人感到亲切和值得信赖，从而有利于公共关系工作的顺利开展。公共关系人员的品行稍有不端，不仅会损害公众的利益，也会直接影响到自己所代表的组织的形象和声誉。

（二）性格

现代企事业组织面临着各种各样的社会关系，千头万绪，变化多端。由于企业与消费者之间、企业与政府之间、企业与媒介之间、企业与员工之间在具体利益上均存在着差别，公共关系工作会充满各种复杂的矛盾。一般来说，企业、事业、组织等单位的公共关系工作应当尽可能选择外向型性格的人去承担，他们善交际又稳重，既热情又不急躁，他们能与各界公众打交道，与社会上的各行各业联络沟通，参与策划组织各种类型的社交活动。外向型性格有助于人际间的沟通交往和公关活动的积极开展，所以是公共关系工作人员适当的人选。

公共关系的任务是复杂的，实现公共关系目标总是与克服困难联系在一起的。公关人员只有具备坚强的性格意志，才能以充沛的精力和坚韧不拔的毅力去探索解决困难的办法。同时，公关人员在工作中应该保持稳定而乐观的情绪，这不但能提高工作效率，而更重要的是使公众感受到信任和亲近，为企业的发展争取到良好的社会环境。目前，国内的一些企业对于这一点也已开始重视，他们要求每一个公关人员和员工都不能把家庭与个人的烦恼带到工作岗位上去，每个员工要像演员一样进入角色，表现出乐观稳定的情绪，去面对本职工作。

（三）学识

公共关系既是艺术，也是科学，更是一种复杂的社会活动。因此，公共关系人员应当具有广泛的知识和素养，了解社会的政治、经济、文化诸方面的状况及其未来的发展趋势。公共关系人员应付的是整个社会，是不断变化的各种人和事。只有具有多方面的经验和广博学识，才能胜任这一工作。

公共关系需要收集信息，所以公共关系人员必须掌握信息学、调查学、统计学，心理学、逻辑学等知识。公共关系需要策划方案，所以公共关系人员必须掌握经营管理学、市场学、社会学等知识。公共关系需要大众传播，所以公共关系人员必须掌握新闻学、广告学、写作等知识。公共关系需要评估效果，所以公共关系人员必须掌握政治学、经济学等知识。一名优秀的公共关系人员还必须掌握外语、计算机等知识。此外，公关人员理所当然地要熟悉本组织对外提供的产品和服务的有关知识。

当然公关人员不可能也没有必要成为上述众多学科和领域的专家，但他必须掌握这些学科和领域的最基本知识。因此，理想的公关人员应该是通才。

（四）智力

智力不能单单理解成是一个人的智慧。一名合格的公关人员的智力应包含观察能力、思维能力和开拓能力。只有具备敏锐的观察能力，才能觉察到别人未注意的情况和细节，不断发现新趋势、新动向，并通过满足人们的多层次需要来推动公共关系的展开。公共关系人员的敏锐的观察能力，对于组织及时收集各种信息，掌握各方面的情况，正确分析公众的情绪和意向，实施相应的公共关系策略是非常必要的，一个人的思维能力是智力的核心，培养公共关系人员时应当注意使他们在思维活动中的分析能力、综合能力、比较能力、抽象能力与概括能力等方面都得到全面发展与提高，使他们在思维的深度、广度，独创性和灵活性等方面都能得到充分的锻炼，保证每一位公共关系人员都具备独立处理各种公关事务的能力。公共关系工作不能以简单重复的形式来开展，需要不时以新颖的形式来联络沟通各界公众。战略上的胆识，工作上的开拓创新，是事业不断兴旺发达的重要保障。缺乏创新精神，墨守成规，因循守旧是公共关系人员的大忌。

（五）技能

技能是指掌握和运用专门技术的能力，作为一名称职的公共关系人员，他必须具备多种多样的能力和多才多艺的本领。

信息处理能力。公共关系人员必须善于发现和挖掘与本组织有关的一切信息，并加以处理，作为组织决策的依据。公关人员应该学会运用现代科学技术给我们提供的各种传播工具，及时准确地向公众传播组织的信息，使自己和本单位做到“不聋”、“不瞎”、“不哑”。

组织领导能力。公共关系工作是一项有条理、各部分衔接紧密的系统工程。公关人员出色的组织才能是至关重要的。公共关系思想应贯穿于对人流、物流、信息流的全过程管理中，这就要求公共关系人员具备一定的领导与组织能力，卓有成效地举办新闻发布会、展览展销、开业纪念庆典和参观访问等。组织领导能力主要包括：组织一个可靠的团体或单位的能力；制订计划，策划方案，做出决策的能力；搜集、整理、评价有关信息的能力；选择方案做出决定的能力；控制工作过程、考核工作实绩的能力；指挥、领导下属完成任务的能力；协调人际冲突的能力及随机应变的能力。

社会交际能力。交际，就是人们相互之间交换信息、相互影响和作用的过程，它是公共关系中最基本的技能和主要手段。一名从事公共关系工作的人员必须具备较强的社交能力。在任何场合中都能见机行事，应付自如。社交能力的强弱，是衡量一个公关人员是否具有适应开放社会和做好本职工作能力的一个重要标准。作为公共关系人员肩负着为本组织建立一个良好的工作环境的职责，应当善于扫清一切人为的屏障，在组织与公众之间架起沟通的“桥梁”。公关人员不但要善于建立亲密的人际关系，而且还必须懂得各种社交礼仪，比如日常生活礼节、外事交往礼节、各种宴会聚会礼仪等。在大量的公共关系实践活动中，有些问题往往在正式谈判场合不能解决，而在社交场合却能得到解决。另外，社交场合还是传递交流和获得信息的重要场合。

宣传表达能力。宣传表达能力包括文字表达和口头表达能力，能写会说是公共关系人员的基本功。一名合格的公关人员要具备一定的谈活能力、写作能力、演讲能力。公关人员是与人打交道的，他的语言表达能力，可以产生吸引人、打动人、说服人，给人以好感的神奇作用，而公共关系工作希望的就是这种效果。公关人员不必是“小说家”、“评论家”，但起码应有一定的文字功夫，如文字通顺、易懂，条理清晰、明了，分析问题有力、透彻等。除了需要精通语言与文字之外，公关人员还必须具备“动作语言”和“体态语言”知识。体语即人们运用面部表情，头部动作，四肢以至全身的姿势所发出的信息，这种无声的语言，也可以明确地表达出人们的思想观点或情绪变化。公关人员不仅要注意他人的体态语言，也要注意自身的体态语言，并加以自觉地运用。这样，会给人以一种美好的印象，从而更好地取得宣传表达的感染力与传播效果。

控制协调能力。一个企业、组织，如果离开了有效的控制与协调，那么要塑造良好形象，增强自身的内聚力与外吸力，就会非常困难。作为一名公关人员，他的控制协调能力包括差异发现的能力，善于沟通的能力和随机应变的能力。差异发现的能力就是指在公共关系活动中，对执行结果与预定工作目标之间发生的差异，能够进行测定或做出评议的能力。善于沟通的能力，是指在日常工作中发生的公关纠纷和不协调现象，往往是由于信息闭塞，彼此缺少应有的协商沟通。为此，公关人员应该及时发现问题症结所在，疏通交往协作过程中的障碍，使上下左右各方面有“共同语言”。公关人员在工作中一定要机警、灵敏，随时可以应付一场偶发事件。组织自身在发展过程中并非一帆风顺，它有顺利发展之时，也有遇到风险使组织落入低谷之时。在日常的工作中，遇到临时性的问题，也应该及时觅出解决问题的方案。因此，应变能力是对公共关系人员的必然要求。

自我推销能力。公关人员从某种程度上讲，是各类企业、事业、组织的“耳目”与“喉舌”，他们除了对外广泛收集社会各界公众与本组织有关的信息情况外，也将本单位内部的各种信息及时地向外部传播扩散。要推销和建立优秀的企业集体形象，公关人员必须首先在广大公众心目中推销自己，使自己成为一名合格的“企业大使”。在各类公众交往场合，培养自己具有企业家的头脑，宣传家的技巧与外交家的风度。

二、公共关系人员的意识

公共关系人员的意识是公关人员的思想灵魂，是公关人员所具备的各项基本素质中最为重要的一项素质。公共关系人员应具有的公共关系意识主要有形象意识、公众意识、协调意识、开放意识、互惠意识和创新意识等。

（一）形象意识

公共关系核心概念之一是形象。在现代社会中，良好的形象是组织的无形资产，公共关系的一切工作都是围绕形象目标而展开的。具有明确形象意识的从业人员，往往能够深刻理解知名度和美誉度对社会组织的生存和发展的重要性，自觉地维护组织的形象。

（二）公众意识

形象是为组织的特定公众塑造的，公众的需求就是组织形象塑造所追求的目标，组织应一切为公众的利益服务，创造一切条件为公众服务。

（三）协调意识

社会组织与相关公众之间的关系的协调是公共关系的本质属性，促使组织与相关公众建立信任与合作的关系，调节其对立因素，并使其向合作方面转化是公共关系人员的重要工作。

（四）开放意识

开放意识倡导的是要社会组织以开放姿态和胸怀，向社会、向公众袒露自己，这种诚挚的举措是实现公共关系协调发展的重要基础和条件，增强社会组织行为的透明度，可以使社会组织坦诚地、全面地融入社会，面向公众，以达成与公众和社会的全面交流与合作。

（五）互惠互利意识

互惠互利、与机智的公众共同发展是社会组织开展公共关系工作的原则，也是组织是否真诚地对待公众的试金石。组织在自身的发展过程中，能否想到、理解和支持自己的公众的利益，能否想到自己对公众的回报，是组织是否具有互惠互利意识的表现。

（六）创新意识

公共关系是一门科学和技术，因为它有客观的可遵循的规律，有相对稳定的操作程序；公共关系又是一门艺术，它要突破固定程式，追求奇特和新颖。唯有创新，才能塑造具有个性的组织形象；也唯有创新，才能使组织的良好形象打动公众，征服公众。

三、公共关系人员的职业准则

公共关系人员的职业准则，就是公共关系工作中必须遵循的道德操守和行为规范。在已成文的公共关系职业准则中，《国际公共关系道德准则》的影响较大，除此之外，《美国公共关系协会职业准则》和《英国公共关系协会行为准则》也有较大的影响。

美国公关协会关于公共关系实践中的职业标准准则

原则宣言

美国公共关系协会的会员在尊重个人的基本价值和尊严的基础上形成了他们的职业原则，坚信自由地行使人权，尤其是言论自由、集会自由和出版自由，对于公共关系的实践是必不可少的。在为客户和雇主利益服务的过程中，我们的目标是致力于在各种各样的个人、团体、社会机构之间，建立更好的传播，了解合作，以及在公共关系行业里的平等雇用机会。

我们发誓:

我们的行为要专业化，要以真实、准确、公正和责任感面向公众;

要通过继续研究和教育，改善我们的个人能力和增进专业的知识和熟练的程度;

坚持由协会和管理大会为公共关系实践通过的职业标准准则的各项条款;

关于公共关系实践的职业标准准则:

为了在会员中促进和维持高标准的公共服务和讲究职业道德的行为，美国公共关系协会业已通过以下条款:

（1）会员在他或者她的职业生活中言行应该与公共利益一致。

（2）当会员对客户或雇主和民主进程履行双重义务的时候，将以自己的实际行动来证明其标准的诚实和正直。

（3）会员将公平地对待公众，对待过去的或是现在的客户或者雇主，对待同行业人员，对于自由询问的理想和别人的意见应该给予应有尊重。

（4）会员将坚持最高标准的准确性和真实性，避免提出过分的主张或是进行不公平的比较，对于从别人那里借用来的观念和词语要指明出处。

（5）会员不得故意扩散虚假的或是使人误解的信息，并且将尽快地采取行动以便纠正他或她所负有责任的错误传播。

（6）会员不得从事任何以腐蚀诚实传播渠道或是政府进程为目的的实践。

（7）会员不得随时准备公开地指认客户或雇主的名字，会员正是代表他们做出了有关的公共传播。

（8）会员不得利用任何人或组织自称是服务或代表一个冠冕堂皇的事业，或者公司但是实际服务于另一个或是未透露身份的利益集团。

（9）会员不得允诺可以完成超出会员直接控制能力的指定绩效。

（10）在充分披露了有关事实以后，在相关各方没有明白无误地表示同意的情况下，会员不得代表那些相互矛盾冲突的或是相互竞争的利益集团。

（11）会员不得将他自己或是她自己置于这样一种境地——这个会员的个人利益是或者可能与一个雇主或者客户或是别人的义务相冲突，而没有向所有相关的各方充分披露这样的利益关系。

（12）考虑到充分披露了有关事实以后，除了会员为之服务的客户或雇主以外，在没有他们明白无误地表示同意的情况下，会员不得接受来自其他任何人的酬金、代理费、礼品或是任何别的酬劳。

（13）会员将严格认真地保护现在的、过去的和潜在的客户或是雇主的机密和隐私权。

（14）会员不得故意地损害另一个从业人员的专业声誉或实践。

（15）如果会员有证据表明，另一个会员在实践中犯有不道德、不合法，或是不公平的过失，包括那些违反本准则的人们，该会员有义务尽快地向适当的学会当局出示信息，以便按照附则第12款中确定的程序采取行动。

（16）在执行这一准则的程序过程中，被称为目击者的会员有义务到场作证，除非司法小组能够提供足够的缺席理由。

（17）一个会员将尽快断绝与任何组织或个人的关系，如果这样的相互关系要求从业人员的言行与本准则的相关条款背道而驰的话。

我国相应制定了《中国公共关系职业道德准则》。各种公共关系职业准则，其目的均在以规范公共关系人员的行为，扩大公共关系行业的良好声誉。所列条款内容构成，即：坚持真实和准确地反映事物的本来面貌；尊重客户的权益，客观、公正、忠诚地对待服务的对象，为客户保守秘密；不损害、中伤同行权益和声誉；应以自己的行为赢得有关方面的信赖。由于公共关系职业化的发展，欧美等发达国家以及一些第三世界国家的公共关系协会均制定出各自的职业道德守则作为行业自律的准则。中国公共关系协会1987年6月成立后，亦将此问题列入议程。但我国公共关系的实践尚不充分，要摸索出一套适合中国国情的公关人员职业道德守则还有待公关实践的发展和公关行业的成熟。下面列出国际公共关系协会职业行为准则，以作参考：

（一）国际公共关系协会成员必须竭诚做到以下各条：

第一条　为建设应有的道德、文化条件，保证人类得以享受《联合国人权宣言》所规定的诸种不可剥夺的权利作贡献。

第二条　建立各种传播网络和渠道，以促进基本信息的自由流通，使社会的每一成员都有被告知感，从而产生归属感、责任感、与社会合一感。

第三条　牢记由于职业与公众的密切联系。个人的行为——即使是私人方面的——也会对事业的声誉产生影响。

第四条　在自己的职业活动中尊重《联合国人权宣言》的道德原则与规定。

第五条　尊重并维护人类的尊严，确认各人均有自己作判断的权利。

第六条　促成为真正进行思想交流所必需的道德、心理、智能条件，确认参予的各方都有申述情况与表达意见的权利。

（二）所有成员都应保证：

第七条　在任何时候任何场合，自己的行为都应赢得有关方面的信赖。

第八条　在任何场合，自己均应在行动中表现出对自己所服务的机构和公众双方的正当权益的尊重。

第九条　忠于职守，避免使用含糊或可能引起误解的语言，对目前以及以往的客户或雇主都始终忠诚如一。

（三）所有成员都应力戒：

第十条　因某种需要而违背真理。

第十一条　传播没有确凿依据的信息。

第十二条　参与任何冒险行动或承揽不道德、不忠实、有损于人类尊严与诚实的业务。

第十三条　使用任何操纵性方法与技术来引发对方无法以其意志控制，因而也无法对之负责的潜意识动机。

阅读材料

公关王国里的巨人

时值1985年4月1日，110名来自博雅公关公司——这个当今世界上最大的公关公司的高级经理们在纽约威斯塔饭店聚会两天，会议以《想象与价值》为题，并通过多种媒介广为传播。这个由博雅公关公司的最高管理当局精心筹划安排了九个月的会议，只有一个目的——告诉博雅的员工们关于他们应如何发扬博雅公关精神，为全球各国企业及政府提供最佳服务。

博雅公司在全球有1700名雇员，1985年前后花费约2000万美元击败了它的几个竞争对手而成为世界头号公关公司。它拥有8500万美元的账单，在世界各地有40个办事处，它所开展的各种公关业务活动，遍及世界各地，年收入额达1.04亿美元。博雅公关公司不但在西方各国开展业务，而且与社会主义各国也有不少业务往来。例如，20世纪70年代末，罗马尼亚政府就成了该公司的大主顾，委托该公司采取一切可能的公关手段，帮助罗马尼亚增加对美国市场的出口，并促使美国能通过决议，给予罗马尼亚以最惠国待遇。在这笔业务中，博雅公司采取了两个成功的公关步骤。

1. 帮助罗马尼亚制造厂商选好打入美国市场的突破口，具体做法是，让罗马尼亚厂商了解美国消费者所偏爱的主要商品及其性能，并据此生产那些在美国市场有潜力的产品。例如，该公司组织了一批美国第一流的时装专家到罗举办讲座，向有关厂商介绍美国时装的流行款式和质量标准。公司还在罗举办了美国酒类展览会，让罗的酒类厂商了解美国人对酒的品种和质量的要求。

2. 帮助美国公众更多地了解罗马尼亚及他们的产品。例如，博雅公司争取了一家大公司的赞助，举办了一个“罗马尼亚”周展览会，专卖罗的产品。公司还通过精心安排，在美国一个收视率很高的电视节目“今日”中，连续播出了一个星期有关罗马尼亚的报道。结果，在博雅公司的大力协助下，罗马尼亚政府较顺利地实现了预定目标。

博雅公关公司于1986年3月正式与我国发生业务往来，在北京设立办事处，并与中国新闻发展服务公司签订合作协议，继而又成为中国环球公关公司的长期合作者，为推动我国公关事业的发展做出了巨大的贡献。

博雅公关公司有一个由优秀人员组成的60人的突击队，在国内和世界各地巡行，帮助客户解决棘手的问题。他们的工作网打破了行业和地理的界限，提供了无懈可击的专门知识和享誉世界的质量。

博雅公司近年最成功的业务要算为美国可口可乐公司战胜百事可乐公司这一笔了。1985 年，可口可乐公司为了对付主要对手百事可乐公司的竞争，也为了迎合人们日趋崇尚健美体型的要求，决定改变已使用了 99 年的配方，推出新型的“减肥可口可乐”。为使这一消息尽快家喻户晓，它向博雅公司求助。博雅公司发动全美各地雇员、代理人和各类传销手段，倾尽全力宣传。结果，在可口可乐公司宣布推出新产品的 24 小时内，其知名度就达美国公众的 82%。这个数字突破了以往任何广告的传播记录。博雅公司另一个值得自豪的公关活动是“奥林匹克火炬接力”，这个活动是博雅与美国电话电报公司共同举办的，原计划花费 500 万美元和一年的时间。博雅和美国电话电报公司并肩工作，通力合作，共用了 500 个人使接力连续不断。接力进行了 82 天，全长 9000 英里，33 万人看到了火炬。这次活动充分体现了博雅公关公司高超的组织艺术和伟大的集体精神。

博雅公关公司开设的业务广泛，以至于人们很难描述它是什么样的机构，该公司副总裁米歇尔·卢万说：“公共关系已不再能确切地描述我们扮演的各种角色和为公众所做的各种工作，我们现在所做的工作原本属于其他职业，其中包括会计、投资银行家、律师和管理咨询。我们不仅告诉我们的客户如何说话，而且告诉他们说什么。我们直接参与那些对内外关系有影响的策略的策划。”

由博雅公关公司日益发展壮大的趋势看到，西方各国的公共关系已相当发达，公关本身已成为被接受的职业，它的工作范围已超出宣传，为人们提供了一个具有各种服务的超级市场。

（参见方光罗主编：《公共关系案例》，中国商业出版社，2000 年，第 27-29 页。）

[材料分析]

公共关系在西方盛行之始，还不是专门的职业，许多企业虽然设立了公共关系部门，但从属于销售部门，为产品销售服务，其职能十分有限。随着商品经济的迅速发展和公共关系职能的强化，公共关系逐步走向职业化，其职业化的重要标志之一，是公共关系公司的兴起。从 1903 年美国《纽约时报》的记者艾维·李创办第一家具有公共关系性质的宣传顾问公司起，公共关系公司适应社会化大生产的细密分工的要求，纷纷创立，至今数以千万计，业务范围越来越广泛，而博雅公共关系公司就是这个“公关王国”里的巨人。

博雅公关公司之所以成为世界“公关王国”里的“巨人”，与其说是公司财产、人员和业务的增长，不如说是“博雅意识”的真正成功。什么是“博雅意识”呢?请听听公司的头号老板H·伯森是怎样说的。他说:“1950年设立纽约的代理处的时候，我就期望我的公司与大型多国公司发生联系，我总在计划建立一个为许多国家服务的庞大的世界性组织。”公司业务主管人员J·都林曾这样评述伯森:“H·伯森为人们创造了成长的环境。他是一位非同寻常的企业家。他总是乐于共享，并善于接受新思想，且让人们实施。”由此可以看出，博雅公关公司的成功是近40年不懈努力的结果，是企业创建者敢于担风险，敢于创新又善于为下属创造适宜的成长环境和与之同甘共苦精神的结晶。一个为他人成功而牵线搭桥的公关公司，其自身的发展所提供的宝贵经验，要比它的业务援助更有意义。

思考题

一、简答题

1. 简述社会组织的基本特征。
2. 简述公共关系部的基本职能。
3. 简述公共关系公司的业务范围。
4. 简述公共关系社团的类型。
5. 简述公共关系社团的主要目标和活动内容。
6. 简述公共关系人员的职业准则。

二、论述题

1. 论述公共关系人员必备的素质与意识
2. 论述公共关系部与公共关系公司的优势与局限。
3. 论述社会组织的划分及其关系的协调。

三、案例分析

美国霍夫曼公关公司

美国霍夫曼公关公司成立于1987年,专注于信息产业,向客户提供全方位、多层次的本地化公关服务。

杰出的公关人才和对媒体关系的独到见解是霍夫曼公关公司与传统公关公司竞争的优势所在。以在公关、经营、新闻和技术领域资深的智囊成员为牵引，霍夫曼公关公司超越常规，致力为客户策划市场公关的有效方案。无论是为客户推广技术，还是把产品打入拥挤的市场，霍夫曼公关公司一惯从竞争环境和媒体宣传的大气候出发，综合衡量用户在竞争中的所长所短，凭借客户产品和服务的优势进行定位。以树立和维护客户信誉，保持公关宣传的持续性和独特性为标准，霍夫曼公关公司协助信息技术领域的产业与不同层次的用户和社会沟通。公司多次获得公关界颁发的创意、设计、实施等各种奖项。深入开发亚太市场是霍夫曼公关公司的长远战略目标。1996年11月新加坡亚太总部的设立标志着首家美国IT专业公关公司在亚太地区设立办事机构。公司从1997年开始在中国开展业务，于1999年正式成立北京办事处。

目前霍夫曼公关公司的出版物有《亚太IT新闻焦点》双周刊和《中国IT公关通讯》月刊。2000年5月公司面向中国的IT新闻界推出《走进硅谷》双周刊，全方位介绍硅谷动态。

霍夫曼在中国的服务范围如下：

1. 公关营销传播战略咨询和策划：在有针对性的市场的调研基础上，向客户提供营销和公关相整合的市场传播策略，并制定相应的实施方案来达到预期目的。

2. 公关定位：对客户的公司及产品进行分析，确立面向特定受众的品牌形象。

3. 品牌/CI树立：通过公关活动，树立企业的知名度和公司形象。

4. 媒体关系：帮助企业处理与新闻媒体的关系。

5. 文稿撰写/翻译/本地化：为客户撰写有关企业、产品等专业文章，或对国外的相关文章进行翻译，并在翻译稿的基础上结合本地实际对文章进行加工。

6. 活动管理：对公关活动的前期、现场和后期制定活动方案，并加以落实。

7. 媒体培训：为企业介绍媒体情况与特性，以及与媒体交流时应注意的问题。

8. 媒体跟踪：在公关活动结束后，与媒体继续保持联系，得到媒体反馈。

9. 公关/营销传播培训：向企业提供有关公关、市场营销等知识的培训。

10. 政府关系/公共事务：为企业建立与政府机构之间的正常、友好沟通。

11. 评论家关系：与业界评论家，如知名记者、分析师等建立良好的沟通渠道。

12. 赞助活动：帮助企业寻找合适的赞助、公益性机会。

13. 社区事务：向企业提供服务社区的机会。

14. 危机管理：通过公关技巧与步骤处理企业的突发性负面事件。

15. 客户关系：发展企业与他们的客户之间的关系。

16. 展会支持：向企业提供展会信息，并帮助他们安排参加展会的相关事宜。

17. 广告支持：为企业建议合适的广告媒体，并协助落实。

18. 观点调查：向目标受众，如记者、企业消费者、政府官员等实施市场调查，并对结果进行分析。

19. 平面设计/出版：为企业设计、制作、委托出版平面作品。

20. 视觉材料制作：为企业设计、制作音像制品。

21. IPO 公关：为企业的首次股票上市提供完整的财经公关。

22. 网页设计：设计、制作互联网页面。

23. 网页本土化：对客户的网页（外文）内容进行翻译，并附加客户的本地信息。

24. 在线公关/营销：通过网络进行公关、营销活动。

（参见吕维霞：《案说公共关系》，对外经济贸易大学出版社，2002 年，第 61-63 页。）

案例思考

1. 请分析公关公司的主要业务范围是什么。
2. 组织的公关部的日常业务是什么？
3. 公共关系公司如何树立自己的良好形象？

第四章　公共关系的客体

本章重点

1. 公众的涵义、特征和分类
2. 公众心理分析
3. 一般组织所面临的基本公众

社会组织的形象是由公共关系的客体——公众来评定的。社会组织开展的一切公共关系活动都是针对公众的，否则，就不能算做公共关系活动，所以，公众是公共关系学研究的重要内容。本节我们将探讨公众的基本特征、公众的基本类型以及对公众的分析。

第一节　公众的涵义、特征和分类

一、公众的涵义

所谓公众，即与特定的社会组织发生联系，并对其生存发展具有影响的个人、群体或组织的总和，是公共关系传播沟通对象的总称。在日常生活中，公众与人民、群众、人群几个概念容易相混淆。我们应适当注意它们之间的区别。

人民作为一个政治哲学及社会历史范畴，量的方面泛指居民中的大多数，质的方面指一切推动社会历史前进的人们，其中包括劳动群众，也包括具有剥削性但又促进社会历史发展的其他阶级、阶层或集团。

群众与人民相比，其内涵大，外延小，就是说，本质涵义很大程度上是一致的，从范围上看，群众包含于人民之中，但其内涵更具体、稳定。人民是个流动概念，在不同的历史时期有不同的内容，但其主体和稳定的部分始终是从事物质资料和精神资料生产的劳动者，这部分人就是群众。

人群作为社会学用语，在量上指居民中的某一部分，在质上，人群是个松散的结构，不一定需要合群的整体意识和相互联结的牢固纽带，凡是人聚在一起均可称之为“群”。

受众是传播学的概念，在新闻学、广告学中通用，其涵义与公众很接近。从广告的角度讲，受众一词的涵义是指信息的接受者。因此，受众是消极和被动的。而公众与组织的关系是相互的，公众会对组织施加影响，组织也会影响公众。可见，虽然从信息传播的对象、信息的接受者这个角度，可以把公众和受众看作同义词，但公共关系活动的目标是激起较强的公众参与。从公共关系角度看，公众是积极的、主动的，而不是消极和被动的。为解决语义上的差异，公关界趋向于把受众划分为“积极受众”和“消极受众”，公众是积极受众。

在公共关系学中，公众这个词特指任何被共同利益或共同关心的问题联结在一起的个人、群体和组织；这些个人、群体和组织与公共关系主体有相关的利益，对公共关系主体有着重要的影响，因此成为公共关系主体传播交流信息的对象。

二、公众的特征

作为公共关系客体的公众具有以下基本特征：

（一）同质性

公众之所以成为公众，是因为公众的成员面临着共同的问题。这些问题从大的方面说，可以是国家大事，甚至是国际问题；从小的方面说，可以是家庭琐事或个人的衣着打扮。但无论问题大小，只要有充分数量的人的共同意见，则这些人就可以形成公众。例如，与某一超级市场发生往来关系的公众，有供应商品的厂家，它们都面临着向该市场提供商品的共同利益；而光顾该市场的消费者，则都有着向该市场购买商品的共同需求。正是这种同质性，使原来没有什么联系的厂家、消费者分别构成了该市场的公众，同一类公众对该市场有着某种共同性。这样，该市场才能从其公众群体中区别出不同类的具体对象。

（二）相关性

社会公众总是相对一定的社会组织而存在的，社会中的群体和个人只有同某一社会组织发生联系时，才会成为该组织的公众。如果不与某一社会组织发生关系，就不是该组织的公众。一群人之所以成为某一社会组织的公众，是因为他们与该组织具有一定的相关性和互动性：公众的观点、态度、意见和行为对组织的目标、发展具有影响力、制约力；另一方面，该组织的决策和行为也对这些公众有影响力、作用力，影响着公众利益的实现、需求的满足、问题的解决等。社会组织的特定公众要求从社会组织中取得某些权益，该组织也通过公众实现相应的目标。这种相关性是组织与公众形成公共关系的关键，寻找公众、确定公众工作中的要点就是寻找、确定这种相关性，并把它们具体地揭示出来，分析清楚，进而确定自己的工作目标。

（三）整体性

社会组织所面临的公众不是单一的群体，而是复杂多样的、与某一组织运行有关的整体环境。任何组织的生存和发展部离不开一定的公众环境，公众环境是指组织运行过程中必须面对的社会关系与社会舆论的总和。这些社会关系与社会舆论范围很广，涉及组织内部和外部、社会方方面面，并且相互关联，构成复杂的整体。例如，一家企业，既有内部的职工公众、股东公众，又有外部包括供应商、销售商、顾客、银行、政府、新闻界、社区等在内的社会公众。公共关系工作不可只注意其中某一类公众，而忽略其他公众。对其中任何一种公众的疏忽，都可能致使整个公众环境恶化，从而影响组织的生存和发展。因此，公共关系工作中应将组织面对的公众视作一个完整的环境，用全面、系统的观点来分析自己所面临的公众。

（四）多样性

公众存在的形式不是单一的，而是多样的，可以是个人，也可以是一些社会团体或社会组织机构。即使是同一类公众，他们内部对问题解决的要求也不一定完全相同。这就导致公众的存在形式和公众层次呈现多维的性能。这是由公众内部的组织之间和个人之间等因相互利益关系不同而显露出来的多样化、多层次所决定的。公众的多样性，决定了沟通方式和传播媒介的多样性。如对商品零售的服务和商品批发时的优惠，在公共关系活动中所发布的信息是有区别的。

（五）可变性

公众是一个开放的系统，处于不断地变化和发展过程中。任何组织面临的公众，其性质、形式、数量、范围等均会随着主体的条件和客观环境的变化而发生变化。例如，一个商场原来经营某类商品，需要这类商品的消费者成为它的公众，后来不再经营这类商品而开始经营另一类商品，则原来商品的消费者公众消失而形成对后来商品的需求的消费者公众。因此，一个组织应以动态的发展的眼光来认识自己的公众。

（六）可导性

公关主体经常借助于对环境因素的改变来达到逐渐影响公众的态度和行为

的目的，让有利于主体的公众行为发生，防止不利于主体的行为出现。这是由于公众的态度、动机和行为能受到个体和环境两个因素的影响而发生改变。如果没有公众的可导性，公关工作就失去了生存的前提。信息传播、发布广告新闻和其他公关活动的开展都是利用了公众的可导性这一特点。

三、公众的分类

从公众的定义和特点可以知道，公众是一个集体概念，它有着广泛的含义和极其复杂的结构，因此对公众进行分类是非常必要的。对复杂多样的公众进行必要的分类，把握其内在的规律是每个公共关系部门的一项重要工作，也是公关人员必须掌握的基本功。因此，对公众进行科学分类，有着十分重要的意义：第一，对公众进行分类，是每一个公关部门的一项重要工作，是开展公关工作的出发点，是提高公共关系活动效率的重要保证。第二，能帮助社会组织更好地认识公众的特征和共性，认识公众的多变性，重视与公众的关系，使社会组织的政策和活动能顾及到各方面公众的利益，做到内外兼顾，内求同心协力，外求和谐发展，为组织的发展创设良好的社会环境。第三，能帮助社会组织清晰地把握每一类公众的特征，有针对性、有重点、有选择地开展公关工作，有助于与各类公众更好地进行沟通与交流，建立起良好的情感关系。第四，能帮助社会组织了解和掌握公众的变化趋势。组织的公关人员应随时了解不同的公众的相互转化情况，并对这种变化趋势做出恰当的预测和估计，才能创造性地开展公关工作，使组织立于不败之地。

（一）根据公众与组织的关系可分为内部公众与外部公众

1. 内部公众。内部公众是指社会组织内部的所有成员，对于社会组织来说，内部公众具有相对稳定性。许多人在某一组织中往往工作十几年甚至几十年，他们联系比较密切，有时会形成一种类似“大家庭”的氛围。许多组织领导者很重视这种情况，有意识地去培养这种气氛。比如，给本组织的员工送生日蛋糕，由组织出面为员工操办婚事或丧事，关心员工的菜篮子、米袋子，以及他们子女的上学、就业问题等等，使全体员工有一种归属感，自觉自愿地为所在组织效力。这种局面一旦形成，“内求团结”也就基本达到了（当然，内求团结的因素还很多，但这是重要的一环）。同时，内部公众与社会组织之间又是相互作用、相互影响的。一方面，社会组织的工作目标、规章制度等会很明显地作用并影响内部公众；另一方面内部公众的意见、情绪、评价也会对本组织产生特殊的影响和作用。

2. 外部公众。外部公众是一个十分宽泛的概念，凡非本组织成员即属外部公众。外部公众对于特定社会组织来说，具有不稳定性。随着社会组织的运行，外部公众的成员、人数、态度、行为都会发生变化。这在前面谈公众的变动性时已经论及，不再重复。对于某一社会组织来说，外部公众纷繁复杂，对他们进行认真的分析并分别采取不同对策是公共关系工作的重要内容。

（二）根据组织对公众的好恶可分为受欢迎的公众、不受欢迎的公众和被追求的公众

1. 受欢迎的公众。这是指那些与组织两厢情愿的公众。他们对组织的经营方针、工作目标表现出浓厚的兴趣并希望主动合作，而组织对他们也非常欢迎，如主动前来赞助者、慕名而来的采访者等等。

2. 不受欢迎的公众。这是指那些对组织构成威胁或有损组织利益的公众。他们有的对组织抱有成见和敌意，有的则向组织提出过分的要求。如那些先入为主，带有偏见的采访者、调查者，以及那些纠缠不休地拉广告、拉赞助的组织和个人。

3. 被追求的公众。这是指一厢情愿地符合组织需要的公众，而这类公众是否对该组织感兴趣还是个未知数。这就要求在公共关系工作中设法建立沟通渠道，讲究交往艺术，努力使他们对本组织发生兴趣并采取一些对本组织有利的行动。比如对待社会名流、专家学者，以及新闻机构等等。

（三）根据公众的组织状态可分为组织公众和非组织公众

1. 组织公众。这是指与某一特定组织有关联的其他社会组织。比如，社会组织在正常运行中必然要涉及各类组织和群体（如原料供应单位、水电供应单位等等），此类公众或许对社会组织的形象并不发生直接影响，但往往能影响到组织的生存和发展。因此，与这类公众协调好关系，也是公共关系工作的重要任务之一。这类公众涉及面很广，除上面举的例子外，还有社区中政府，同行业的机关单位，商场、学校、公安机关、各相关职能机关等等。

2. 非组织公众。这是指不具有组织形式的公众。这类公众可能是因某种偶发性因素而形成的，比如因某企业环境污染而受到侵害的居民、某一交通事故中涉及的受害者及其家属等等。这类公众也可能是某些周期中出现的短暂聚集的群体，如暑期在一些避暑胜地出现的各种旅游团体和个体。这类公众还可能是一些具有固定关系的人员，比如商店的老主顾、旅馆饭店的常客等等。现代组织的公关机构应认真分析以上各种公众，并以很好的公关能力和公关技巧处理好与这些公众的关系。

（四）根据组织与公众关系的密切程度可分为非公众、潜在公众、知晓公众和行动公众

1. 非公众。这是指还未与某一社会组织发生关系的公众。如果按公众的定义来衡量，他们还不能算是公众，因为他们既不受该社会组织的影响，又不对该社会组织的运行产生任何后果。之所以要提出“非公众”这一概念，其目的就在于要使公共关系工作减少盲目性，避免把力量耗费到不必要的地方。

2. 潜在公众。是指暂时还未与组织发生关系和影响，或事实上已与组织发生关系但尚未意识到的公众，例如，家里还未购置空调、目前没计划去购置的市民对于空调器厂来说，就是潜在公众。由于潜在公众暂时尚未意识到问题的存在，因此，在一个时期内，他们不会采取任何行动，也不会对组织构成威胁，但一旦问题显现，他们就会改变态度。作为公共关系主体，明智的做法是知道哪些人是潜在公众并着手开展有针对性的工作。

3. 知晓公众。是指已经知晓自己的处境，明确意识到自己面临的问题与特定组织有关，迫切需要进一步了解与该问题有关的所有信息，并开始向组织提出有关的权益要求的那部分公众。

4. 行动公众。是对组织的影响已作反应并且采取行动的公众。如到商店去购买该厂空调器的顾客，或向消费者协会或向商店、厂家投诉质量问题的消费者。

从非公众到行动公众是一个连续发展的过程。非公众可能发展成潜在公众，潜在公众可能转变为知晓公众，知晓公众可能发展成为行动公众。公共关系要注意公众的变化情况，根据组织的利益，促进或避免向行动公众的转变。例如，在推销和促销的公关工作中，公关人员利用各种传播途径，宣传产品和组织，使潜在公众尽快地变为知晓公众，促使知晓公众变为行动公众。在矫正公关工作中，应尽可能地不使公众向不利于组织利益的行动公众发展。尤其是在公众发展成为知晓公众，发现了组织的问题时，公共关系人员应迅速采取一切有效措施，不失时机地改变公众的态度，不使其发展为行动公众，以避免或减弱对组织的不良影响。

（五）根据公众对组织的需要性可分为首要公众、次要公众和边缘公众

1. 首要公众。这是指那些对社会组织的生存和发展起成败作用的公众。比如本组织的员工、外部公众中的一些关键人物等等。这类公众有时量并不一定很大，但与他们之间关系处理的好坏却往往会给组织带来很大的正面或负面效应。因此，无论是公共关系的工作机构，还是公共关系的工作人员，对于首要公众都要投入相当大的精力来搞好关系。

2. 次要公众。这是指那些对组织的生存和发展有一定影响，但不起成败性决定作用的公众。比如社会组织及其产品的消费团体、社会组织所在地周围的邻居和当地政府部门、大众传播机构等等。此类公众数量要比首要公众多，他们虽然没有首要公众那么重要，但从辩证角度和矛盾转化的关系来看，也不可大意，因为今天的次要公众可能转化为明天的首要公众。如企业面对的消费团体，如果关系处理不当，完全有可能导致该企业的失败，从而使他们成为企业的首要公众。

3. 边缘公众。是指与组织有一定的联系，但不影响组织的生存与发展的公众。也可以说，边缘公众是在同一组织的各类公众中，其重要性最小的那类公众。例如同行业的其他组织、与本组织某些次要部门有关系的机构或单位。

对于一个组织来说，所面对的公众始终处于变动状态。昨天的次要公众可能变成今日的首要公众。因此，公关人员应根据公关目标，紧紧抓住首要公众，把握次要公众，并注意他们的转变，把公关工作做好。

（六）根据公众的稳定性程度可分为临时公众、周期公众和稳定公众。

1. 临时公众是因为某一临时的因素、偶发事性或特别活动而形成的公众对象。如因为飞机航班误点而滞留机场的旅客、足球场闹事的球迷等。

2. 周期公众是指按一定规律和周期出现的公众对象。如逢节假日出现的旅客高峰、逢招生考试时出现的考生及其家长等。

3. 稳定公众是指具有稳定结构和稳定关系的公众对象。这类公众的形成一般与隶属、邻近、同业、兴趣、习惯等因素相关。如老主顾、常客、社区居民等。

划分临时公众、周期公众和稳定公众，是制定公共关系临时对策、周期性政策和稳定策略的依据。每个组织都难以事先完全预测到某些突发事件的产生，往往会面对一些临时公众构成的额外压力，需要公共关系部门进行应急处理，因此需要有应变对策。周期公众的出现则是有规律的、可以预测的，能够事先制定公关计划，作好必要的准备工作，按照一定的程序来处理。而稳定的公众对象作为组织的基本公众，需要采取特殊的措施和政策，以示关系的密切性。

（七）按公众对组织的态度可分顺意公众、逆意公众和独立公众。

1. 顺意公众。是指对组织的政策和行动采取支持与赞赏态度的公众，是推动组织发展的基本公众和主要力量。如某企业生产的一种健身器材使用效果好，质量好，售后服务好，某顾客使用之后对该产品大加赞赏，并主动向别人推广。这位顾客就是该企业的顺意公众。由于社会情况会发生变化，任何组织的公众对象都不是一成不变的，任何公众自身的情况也不是一成不变的，因而公共关系部门必须不断加强与顺意公众的联系、沟通，维持和强化他们的顺意态度，避免他们的态度发生逆转而产生不利于组织的行为。

2. 逆意公众。也称反对公众，是指对组织的政策和行动采取否定或反对态度的公众。逆意公众形成的原因通常有两种，一种是在利益上与组织发生了利害冲突；另一种是对组织的政策和行为产生了误解。如某品牌的保健酒宣称对高血压具有一定的治疗作用，一顾客在饮用了这种保健酒后，血压不但没降反而升高了，一怒之下去找商家索赔，商家不予解决。这位顾客就是该商店的逆意公众。逆意公众是公共关系工作的重要对象，对他们采取有针对性的具体措施，加强同其沟通、联络，促使逆意公众向顺意公众转化是公共关系的一项重要工作。

3. 独立公众。独立公众也称中立公众或不确定公众，是指对组织的政策和行为持中立态度，或尚未表态、态度还不明朗的公众。如对于一家化妆品生产企业来说，已经使用了其产品，但尚未见效的公众，就是该企业的独立公众。独立公众所持的态度介于顺意公众和逆意公众之间，随时都可能向顺意公众或逆意公众转化，因而公共关系部门应注意做好他们的工作，促使他们对组织采取支持、赞赏的态度。

独立公众是公共关系工作重点要争取的公众。扩大顺意公众，争取独立公众，做好逆意公众的转化工作，是公共关系工作的重要目标，鉴于顺意公众和逆意公众具有相对稳定性，组织公共关系工作的重点应该是争取独立公众。独立公众之所以重要，主要是因为他们不仅构成了公众的主体，而且往往是潜在公众的主体，谁能争取独立公众，谁就能扩大顺意公众的队伍。因此，独立公众是一个不可忽视的群体。如果对独立公众采取冷漠态度，就会把这一群体推到逆意公众那边去。

除了以上几种分类，还可以根据不同关系、不同角度做出不同的分类。比如，根据公众的文化程度可分为无文化公众、低文化公众和高文化公众；根据公众的贫富状况可分为贫困型公众、温饱型公众、小康型公众和富裕型公众等等。但按不同的方法划分出的各种公众之间存在相容关系、交叉关系，这一点应值得注意。在开展公关工作时，究竟采取哪一种方法来对公众进行分类，要从各个组织的公共关系的目标出发，要从当时当地的不同客观条件出发。只有抓住不同类型的公众的特点，进行科学的公众分类，才能为公共关系的调查研究和组织形象评估确定范围；才能为制定公共关系政策、设计公关方案明确目标和方向；才能为公共关系活动的组织和实施打下基础；才能为科学评审公共关系工作的效果提供依据。

第二节　公众心理分析

在公共关系活动中，社会组织与公众在双方沟通和交流的过程中相互影响：公众的舆论和意向改变组织，使组织不断完善形象；组织也在借助公共关系，以此塑造社会公众。作为公共关系工作人员，要积极开展工作，争取公众支持，实现组织目标，就应该学会在不同场合、不同情况下识别和预见公众的特定心理活动，认知公众心理，掌握公众的心理需求和心理活动规律，预测公众的行为趋向，以便充分发挥组织影响公众的积极作用，与公众进行心理沟通，对公众心理施加影响，顺利开展公共关系活动。影响公众行为的心理因素很多、很复杂，这里仅介绍最为常见的几种心理定势。

一、模仿与流行

（一）模仿

模仿是指个人、组织或群体受非强制的社会刺激所形成的一种心理行为，其行为特征是再现他人行为方式或姿势。社会心理学和社会学家的研究表明，人类在社会行为上有模仿的本能，这一本能存在于人们的各种行为中。在社会公众中有一些社会公众会作出示范性的行为。这些公众也可能是普通公众，但他们的兴趣广泛，个性独立，消费行为有独创性；也可能是一些名人，如影视歌星、运动员、政界人士等；还可能是某行业的消费专家，如美食家、资深“发烧友”等。这些特殊公众的示范性行为会引起其他公众的模仿，模仿者也以能仿效他们的行为而感到愉快。这类模仿行为，大致有以下特点：

1. 模仿行为的发出者，即热衷于模仿的社会公众，大都对该活动有广泛的兴趣，喜欢追随时尚和潮流，经常被别人的生活方式所吸引，并力求按他人的方式改变自己的行为与习惯。他们大多对新事物反应敏感，接受能力强。

2. 模仿是一种非强制性行为，即引起模仿的心理冲动不是通过社会或对群体的命令强制发生的，而是公众自愿将他人的行为视为榜样，并主动、努力加以学习和模仿，模仿的结果会给公众带来愉悦、满足的心理体验。

3. 模仿可以是社会公众理性思考的行为表现，也可以是感性驱使的行为结果。成熟度较高、行为意识明确的社会公众，对模仿的对象选择通常经过深思熟虑；相反，观念模糊、缺乏明确目标的社会公众，其模仿行为往往带有较大的盲目性。

4. 模仿行为通常以个体或少数人的形式出现，因而一般规模较小。当模仿规模扩大，成为多数人的共同行为时，就发展为从众行为或爆发为流行了。

在这一心理现象中，关键是榜样对社会公众是否有吸引力，能否刺激公众采取相应的行为。所以，在利用这种心理现象时，公关人员应该有目的、有计划地树立和宣传一种榜样行为。

（二）流行

所谓流行是指社会上相当多的人，在较短时间内，对某种行为方式的追求和遵从，使之在整个社会中到处可见。流行一般表现为两种具体形式：时髦和时尚。时髦是指人们对新奇物质的追求，包括新颖的服饰、建筑式样、家具款式等等。时尚是指一时崇尚的行为方式。如“蹦的”、“流行歌曲热”。流行的出现，主要反映了人们既相互对立又相互依存的心理动机。一方面人们希望求同于人，例如，希望求同于符合现代潮流的价值观念、生活方式，求同于有地位的人，求同于高层次的文化；另一方面希望与别人不同，特别是希望不同于低层次的生活方式和观念，不同于与自己同一层次的芸芸众生。

流行作为一种社会心理现象，首先具有迅速性的特点，流行是一种短暂爆发、涉及面广、影响力惊人的大众心理现象，也是一种发展十分迅速的现象；其次具有下行性的特点：流行的发生和发展往往是自上而下的，时尚的倡导和发源地往往是经济、文化比较发达的城市，然后向中、小城市和农村逐步发展；再次具有时代性的特点，流行总是同社会文明的发展相关，不同的时代，社会物质和精神生活的水平不同，就会出现不同的流行内容。流行的更替速度越快，就说明人们生活越充实，思想越活跃。

流行对于公共关系人员而言，可以通过创造、引导流行来影响社会公众的行为，因此作为公共关系人员，公共关系工作要能够创造、引导流行。创造与引导流行应该具备以下条件：一是一定要切合公众的某种共同需求，由于流行本身不具备社会强制性，来源于公众的自觉行为，所以要让公众自觉自愿地采取某种行为，必然是因为这种行为能够切合公众的某种需要。同时由于流行是大多数公众共同采取的行为，所以这种行为必定能够满足大多数公众的共同需求。二是流行的趋势必须与文化背景的变迁相符合。流行反映的是一种时尚，具有新奇性，所以它必须能够反映当时文化背景的发展变化趋势。三是建立必要的社会沟通渠道。从流行的兴起来看，它是在短时间内迅速地传递，因此流行得以产生必须借助于充分的社会沟通渠道。同时值得注意的是，公共关系人员在创造引导流行时，必须注意沟通渠道的可信度，只有可信度足够高的渠道才能引导公众的行为。

二、舆论与流言

（一）舆论

美国学者杜·纽萨姆（D Newsom）和艾伦·斯各特（Allen Hcentre）在《公共关系与实践》一书中提出，公共关系传播活动的结果导致社会舆论的产生，传播技巧的变化会引起舆论的变化。因此，研究舆论并对其进行科学的监测、引导和管理是公共关系人员的重要职责。“对研究公众舆论的人来说，他们的主要任务是了解、测定、分析和评价舆论，而公共关系人员的作用是建设性地帮助人们去对付公众舆论的力量。”①

舆论是指社会公众对社会组织的意见与看法的公开表达。“个人意见不是舆论，少数人的意见没有达到集合意识的临界点也不是舆论……舆论不是固有的，通常被认为是权力中心之外的人的意见，表现为公众对事物的综合看法……个人意识在传播中和他人意识交融不断堆积起同向意识，便形成了共同意见。舆论不仅是集合意识，而且是处于传动状态的意识。”②

舆论作为一种社会现象，具有表面和深层两个方面的特征。表面特征包括公开性、群众性、倾向性、评价性等；深层特征表现在它的传播特征上：包括舆论传播的表层性、弹性和惯性。

1. 舆论传播的表层性

它首先是指舆论传播趋向于外露化，在公众面前运用听觉和视觉可以获得它的全部内容。其次，由于舆论主体分散在四面八方，因此舆论传播还具有发散性的基本特征。再次，舆论是非系统化的意见，观点简略、零碎，而深层意识往往具有复杂的推理过程，凭简单的知觉不能把握它的全部内容。最后，舆论反映客观现实，构成了意识形态领域中的最新动向。在舆论的推动下，深层意识不断更新，推动了意识形态的进步。

2. 舆论传播的弹性

它是指在不同的社会条件下，舆论会以显在的或潜在的形式轮番出现。如我们常说的“敢怒而不敢言”，就是一种被压抑的舆论状态；而当舆论被压抑到极点，或人们发表意见的需要增长到极限的时候，就很可能出现“在沉默中爆发”的情形。

3. 舆论传播的惯性

---

① 杜·纽萨姆、艾伦·斯各特、罗建国等译：《公共关系与实践》，上海译文出版社，1989年，第53页。

② 刘建明编著：《舆论传播》，清华大学出版社，2000年，第32页。

它是指舆论在新的历史条件下延续发生的影响作用。如成见——人们在社会生活中，总会不自觉地用旧舆论来评价新的人或事。这不利于个体和群体的发展，并容易沦为组织或团体中内耗的手段。

由于组织与周围环境之间存在着错综复杂的利益关系，冲突的产生是不可避免的。冲突一旦产生，就会在冲突影响最直接的公众那里产生影响，从而引发关于冲突的议论，进而引起公众的大面积的讨论。当议论范围进一步扩大，交流不断增多，公众通过大量的讨论形成了一定的意见；而这些意见通过表意公众或意见领袖将其表达出来，引起了公众的强烈呼应与追随，最终形成一定的舆论。

公共关系舆论形成的模式一般而言有两种。一种是渐进模式。这是舆论形成的一般模式，具有普遍性。另一种是突发模式。这是舆论形成的一种特殊模式，即往往在一两天内突然形成，但此前会有一定的征兆。这是一种特别值得关注的舆论形成模式，因为它往往与企业危机的出现密切相关。

公共关系中需要对舆论冲突进行管理。舆论冲突是指企业生产经营行为和传播行为可能导致的意见冲突，它表现为企业内外形成了对企业不利的舆论。对舆论冲突进行有效管理是公共关系传播管理的重要内容。

公共关系管理中舆论冲突主要有主动型舆论冲突、被动型舆论冲突和文化隔阂型舆论冲突，它们有着不同的特点。

1. 主动型舆论冲突

它是指由企业方主动挑起的舆论冲突。它往往是企业根据自己的经营战略，实施某种经营决策，或对外发表某种观点，引发了公众的回应，主动挑起舆论冲突，以借此向竞争对手"宣战"。这种回应往往表现为在媒介上引起辩论或评论，其结果可能引发行为冲突。例如，我国由长虹数次大规模降价引发的关于"彩电价格战"的舆论波，以及由"农夫山泉"一则广告引发的一场关于"水"的讨论和评价等。主动型舆论冲突不仅会引发公众舆论，也会导致竞争对手的反应。

2. 被动型舆论冲突

它是指企业并不是舆论的故意发起者，但是导致被动型舆论冲突的原因却是与企业的生产经营行为和传播行为密切相关的。例如，20 世纪 70 年代在欧美和非洲形成的对雀巢产品的大规模抵制活动，以及近期国内对雀巢公司在中国市场出售的产品中不明示其配方中含转基因原料的广泛抨击。被动型舆论冲突的主动方是公众，实质是反映了公众对于企业的期望和要求。掌握被动型舆论冲突的形成与发展，并采取科学的沟通协调措施，是公共关系传播管理中的重要内容。

埃克森石油公司原油泄漏事故

1989年秋，美国埃克森石油公司一艘巨型油轮“瓦尔德姆”号发生了严重的原油泄漏事故，污染了阿拉斯加大面积海域和沿岸百余英里地区。

事故发生以后，埃克森石油公司反应迟钝，又不想承担责任。受到污染地区的地方官员前来交涉时，埃克森石油公司自以为是个大公司，“花多少钱都无所谓”，接待态度傲慢无礼。他们对于新闻记者的采访也相当冷淡。于是，“无冕之王”被激怒了，怀着敌意的电台、电视台、报纸、新闻电影制片厂的记者们，同环境保护组织的人员结伴而来，大批的报道使埃克森石油公司陷入极度被动的局面。

这次事件使埃克森石油公司形象受到损失，欧美客户都来抵制该公司的产品，使之白白损失20多亿美元。美国《公共关系季刊》登载詹姆斯文章，称这次事故是“80年代最无法容忍的失误，是对公众利益的无情践踏”。

参见巴文华:《企业公共关系新编》，中山大学出版社，2006年，第59页。

3. 文化隔阂型舆论冲突

它是指企业在跨文化环境中进行生产经营和传播活动时遇到的舆论冲突。这种冲突往往是文化背景、意识形态、价值观等的冲突和不一致造成的。例如，对个人权利的理解不同导致企业管理模式和方法上的不同，各国风俗习惯的不同导致公众对企业服务的评价不同。

对于主动型舆论冲突，企业必须要有事先周密的策划，对企业公共关系活动和企业行为可能带来的风险要进行深入研究和评估。并且，随时关注舆论的动向，及时采取措施，尽量减小舆论冲突可能对本企业造成的负面影响。对于被动型舆论冲突，企业要及时作出反应，做好说服、解释、沟通工作。对于危机型舆论冲突则要有科学的危机公共关系管理措施来应对。对于这一类的舆论冲突，处理的关键是充分地了解、沟通和包容。同时组织也应该高度重视公共关系信息管理。一般而言，舆论冲突或多或少地具有突发性，但在发生之前，却通常会有一些征兆。例如，社会上出现了一些流言、谣言，或不满言论、不利评论等。因此，组织应该高度重视对舆论的跟踪、监测、分析和评价工作，及时发现苗头，并迅速采取措施，力争把舆论的负面影响降到最低。此外，对于流言和谣言还必须用事实来揭露、遏制，加强正面信息的传播与沟通，查找并消除其源头。

（二）流言

流言指提不出任何可资证明的依据，而人们又相互传播的特定信息。这种信息往往是消极的，有很大的破坏力。中国历来有“流言伤人、流言杀人”之说。流言如果指向个人，可以置其于死地；流言如果指向群体可以动摇军心；经济领域中的流言可以引起抢购或倒闭；政治领域中的流言可以引起风潮和暴力冲突。所以流言具有很大的破坏力。对于某些群体来说，流言可能会带来某些机遇，或者它本身就是一种“秘密武器”，但对于整个社会来说，它常常是一个不安定的因素和预兆。

就流言的传播内容来说，它大致可以分为三类。一类是和人们的切身利益相关的，如物价、地震、瘟疫、环境污染、房租改革、工资调整等；另一类是和人们有着间接关系的，如森林火灾、国家的人事变动、国际关系、外星人光临等；再一类是和一般人没有直接关系的奇闻趣事，如明星丑闻、名人隐私、特异功能、野人等。一般说来，流言传播的内容越是被大家所关心，传播的速度就越快，传播的范围也越广。由于流言传播的途径主要是口耳相传，所以它往往会扩张和变形，越来越离奇；反过来，离奇的内容又更容易吸引人。正是从这个意义上说，流言和谣言往往是同义语。

流言也是一种社会现象、一种心理定势的表现形式。流言能够在一定社会成员中传播流行有它的心理依据。这种依据主要包括两个方面：

1. 流言是人们情绪的反映。传播流言是人们情绪发泄的途径之一。流言所反映出来的情绪大多带有担心、恐惧、怀疑、不满、幸灾乐祸等消极成份。流言和时尚不同，时尚往往在社会安定，生活富足时流行，反映人们精神上、物质上多方面的追求；流言则往往在社会动荡或变化剧烈、或出现天灾人祸时流行，反映人们一种惶惶不安或激愤不满的情绪。

2. 流言是人们一种愿望的反映，而且往往是一种负愿望。流言不仅反映人们的情绪，也反映人们的愿望。这种愿望有正向的，也有负向的。正向的愿望是希望发生这样的事情，负向的愿望是希望不要发生这样的事情。两种愿望经常交织在一起，而又以负向的愿望为主。当然，除了流言的内容反映人们正向的或负向的愿望以外，人们对流言的态度，即听信和传播流言本身也是某种愿望的反映。这种愿望的心理基础显然还包括好奇和炫耀。

由于流言是一种情绪和一种愿望的反映，所以流言的传播具有必然性，甚至流言的产生也具有必然性。另一方面，同样由于流言是情绪和愿望的反映，它在传播过程中会不断地加人传播者的情绪色彩和个人愿望，使之成为流言传播的动力，这也是必然的。隐藏在流言背后的情绪和愿望既是流言产生的温床，又是流言扩散的动力，所以它是一种心理定势。

从流言的传播来看，其传播具有以下两方面的特征：一是流言传播的速度和广度非常惊人。尽管流言一开始就是无中生有，因而对流言应当采取"不信、不传"的态度，但实际上却往往做不到。当一种流言同人们的某些情绪和愿望合拍时，人们即使主观上想"不信"，心理定势的作用也驱使其"不由得不信"，同时，由于流言正好切合人们切身利益的要求，所以人们也不由自主地传播流言。因此，流言往往是在人们尚未求证的情况下进行传播，其传播速度与广度都非常惊人。二是信息内容通常是越传越离奇。由于流言的传播往往都是借助于人际传播来实现，而人际传播的信息失真度非常高，因此流言的信息内容往往是越传越离奇。

流言常见的传播形式有："磨尖"，即传播者对自己接受到的信息断章取义，使信息有继续传播的可能性；"削平"，即传播者将所接受的信息情节化，加强其故事性以使其更有吸引力；"同化"，即传播者根据自己的经验将信息润色，使之更符合自己的人格特点。

在公共关系工作中，公共关系人员必须要避免流言的产生，并且要对已产生的流言采取某些措施处理。对于流言这种心理定势，公共关系人员应做到以下几点：一是对流言及时进行澄清。澄清事实的责任往往是由现代大众传播媒介来担负，或通过大众传播媒介进行的。二是寻找意见领袖、借助权威机构引导意见。流言其实是一种负面舆论，如前所述，舆论的产生与形成源自意见领袖，所以在制止流言进一步传播时，可以借用权威来引导流言。三是大量进行反宣传。从另一角度来陈述针对某一特定的事件或人的相关态度，引导公众从另外一个角度来分析问题，从而引发公众对该问题的理性思辨。四是针对流言的兴起，及时向公众如实传播信息。流言往往是公众在没有完全掌握事件的全部信息时产生的，所以为了避免流言的产生，社会组织应该及时向公众传递相关信息。

三、暗示与好胜

（一）暗示

暗示又称提示，是指以含蓄、间接的方式向公众传播思想、观念、意见、情感等广义信息，使公众在理解和无对抗状态下自然受其影响的一种现象及其影响公众心理的一种方法。暗示的作用在日常生活中几乎随时随地都可以见到，它比我们想像的要普遍得多，尤其是在觉醒状态下的暗示。俄国著名学者别赫捷列夫认为，暗示性是每一个人所固有的一种普遍的心理现象，是人类精神方面的正常特性。

暗示分为他人暗示和自我暗示两种。他人暗示是指从别人那里接受了某种观念，这种观念在他的意识或无意识里发生作用，并实现于动作或行为之中。自我暗示则是指自己把某种观念暗示给自己，并使这种观念化为动作或行为。公共关系所关注的是他人暗示，即公共关系人员如何通过暗示来引导公众的行为。暗示的关键是要使公众在理解和无对抗状态下自然受其影响，所以其暗示技巧的关键是公共关系人员是否能取得暗示对象的理解、认同，能否遵循公众的感知规律。感知规律有：

1. 感知强度规律。暗示要有一定的刺激强度才能被对象所感知，过小容易被忽略，过大则又可能引起反感。为了调整感知强度，必须要注意暗示者的身份、地位；注意暗示的方式；调节暗示的内容。

2. 感知对比规律。暗示要有一定的对比度才能被对象所感知，对比度过小就不清晰，对比度过大也有副作用。

3. 感知的协同规律。暗示要和对象各种感觉器官感知到的信息相协同才能有效地产生影响。我们知道，感觉是对事物个别属性的反映，知觉是对事物整体属性的反映，知觉是建立在各种感觉基础之上的。因此，各种感觉器官对同一事物感知到的信息如果不一致，势必会像盲人模象一样顾此失彼，自相矛盾，无法形成统一的知觉。

4. 感知的滞后规律。暗示须与公众已有的观念、知识、情感等具有某种暗合的关系才能有效地影响对象。人们的观念、知识、情感等等是具有滞后效应的，即它们会长期地发生作用。暗示的内容和方式如果和对象的这些已有的东西不合，它就不会产生有效的作用。

5. 感知的情急规律。暗示在对象情急之时最能够发挥功效。心理学家的实验和无数生活中的实例都证明，人们在焦虑、困惑、急于摆脱危险或困难的时候最容易接受暗示。情急规律告诉我们，有意暗示的特定目的要和帮助暗示对象解决困难相结合，要善于在帮助别人的暗示中体现特定的目的。

（二）好胜

好胜是存在于公众内心的一种不甘落后的心理。其特点在于这种心理定势是在社会公众总是相互比较的状态下存在的。在公共关系中运用好胜这种心理可以激发公众的某种特定的行为，但在具体实施时公关人员选择的比较对象一定要适当，即要与目标公众有可比性。

四、从众与服从

（一）从众

从众是指个体在群体中受到真实或臆想的压力，采取与多数人一致的观点或行为。与模仿相似，从众也是社会生活中普遍存在的一种社会心理和行为现象。其行为本质是指公众自觉或不自觉地服从大多数人的行为，以保持自身行为与多数人行为的一致性，从而避免个人心理上的矛盾和冲突。这种个人因群体影响而遵照多数人行为的方式，就是从众行为。

社会心理学研究认为，群体对个体的影响主要是“感染”的结果。个体在受到群体精神感染式的暗示或提示时，就会产生与他人行为相类似的模仿行为。与此同时，各个个体之间又相互刺激、相互作用，形成循环反应，从而使个体行为与大多数人的行为趋向一致。上述暗示、模仿循环反应的过程，就是心理学研究证实的求同心理过程。这种求同心理正是从众行为的心理基础。具体而言，之所以产生从众行为，是人们寻求社会认同感和安全感的结果。在社会生活中，人们通常有一种共同的心理倾向，即希望自己归属于某一较大的群体，被大多数人所接受，以便得到群体的保护、帮助和支持。此外，对个人行为缺乏信心，认为多数人的意见值得信赖，也是从众行为产生的另一个重要原因。有些个体由于缺乏自主性和判断力，在复杂的情况下往往犹豫不决，无所适从，因此，从众便成为他们最为便捷、安全、可靠的选择。

从众作为一种心理现象，有其自身的一些特点，具体表现如下：

1. 从众行为往往是被动接受的过程。许多个体为了寻求保护，避免因为行为特殊而引起群体压力和心理不安，被迫选择从众。在从众过程中，个体会产生复杂的心理感受，除安全感、被保护感等积极感受外，还会有无奈、被动等消极的心理体验。

2. 从众行为现象涉及的范围有限。也就是说，从众行为不可能发生在所有的活动中，它的产生需要一定的客观环境和诱因刺激。

3. 从众行为发生的规模较大。从众现象通常由少数人的模仿、追随开始，继而扩展为多数人的共同行为。多数人的共同行为出现后，又刺激和推动了更大范围内更多的个体选择相同或相似的行为，从而形成更大规模的流行浪潮。

基于上述的基本理论，公共关系人员利用从众这种心理时应该注意以下几点：一是要注意形成积极的群体气氛，让目标公众感受到真实或者臆想的压力，被迫采取与之相适应的行为。二是通过创造有利的社会舆论来引导公众的行为。三是由于从众行为往往是被迫采取的，公众在采取行为时必然会有相应的消极情绪的产生，此时公共关系人员更应注意对消极情绪的疏导。

（二）服从

服从是对权威、命令等的服从，有控制性。它与从众的不同之处在于，公众若不采取相应的行为，则会受到制度或其他权威的处罚。从众的压力来自于人们的心理层面，而服从的压力则是有形的制度或规章。

五、首因效应、近因效应、光环效应与移情效应

（一）首因效应

首因效应是指第一次形成的对某事物的印象，其影响非常深刻。这就是人们常说的第一印象。第一印象的作用是很大的，这对公共关系工作具有实际意义。一方面公关人员自身要避免在观察和处理公众关系时受第一印象的影响，而导致对公众的错误看法，另一方面应该力争在工作中首先给公众留下一个良好的第一印象，使公关工作收到事半功倍的效果。

（二）近因效应

近因效应是指最后形成的对某事物的印象，其影响也非常深刻。在实际工作中也可以利用这种效应来加强对公众的影响。在组织一项公关专题活动时，既可以在一开始利用首因效应给公众留下深刻影响，又可以在活动结束前再利用近因效应进一步加深对公众的影响。这样充分发挥两种效应的作用，必然取得好的结果。

（三）光环效应

光环效应又称晕轮效应，是指从对象的某一特征推及到其他特征。如果一个人被认为是具有肯定或有价值的特征，那么很可能被赋予一切好的品质。同样，多数消费者会认为价格昂贵、包装精美的产品，一定是质量高、性能好。作为公关人员，应注意避免在自己的工作中对公关对象认识不够而出现偏差，应该尽可能掌握工作对象的详尽信息，以免产生偏见。同时，还可以利用人类不自觉的认知偏差，开展有声有色的公共关系活动。

（四）移情效应

移情效应是指把对待定对象的情感迁移到与该对象相关的人或事物上的一种心理现象。“爱屋及乌”就是典型表现。在公关活动中，针对公众的兴趣、爱好开展宣传活动，使公众喜欢自己、信任自己、帮助自己。在现代广告中，利用名人作广告，就是一种移情效应。设法把公众对名人的情感迁移到自己的产品上来或者迁移到自己组织的知名度上来，这是公共关系中常用的手段。

通常人们所说的气质，主要是指一个人的文化修养、举止风度。心理学中的气质则主要是指表现在心理活动过程的强度、速度和灵活性、稳定性以及内外倾向性等方面心理特点的总和。气质更多取决于先天的、自然的、生理的人性。

按传统的说法，气质一般有四种类型：

多血质。这种气质的人多兴奋，但转换灵活。一般表现为精力旺盛，适应性强，兴越广泛，活泼好动，善于交际。但容易轻浮，不够踏实，具有较明显的外倾性。

胆汁质。兴奋过程特别强，自我抑制力稍差。一般表现为精力过人，不易疲劳，争强好胜，不怕挫折，办事果断。但大喜大怒，容易急躁，难以自制，具有更为明显的外倾性。

黏液质。兴奋过程较弱，与抑制的强度相平衡。一般表现为沉静、稳重，工作时自信，处事有忍耐性，不喜欢表现自己，情绪不易外露。但较固执，办事易拖拉，缺乏决断，具有内倾性。

抑郁质。兴奋过程弱，抑制过程为主，仍表现为行为孤僻，不太合群，观察细腻以致非常敏感，思维较狭隘，局限于部分而不太能看到全局和长远，多愁敏感，表情腼腆，行动迟缓，优柔寡断，具有明显的内倾性。

针对不同气质的公众，公关人员应相应选择加工不同信息，尤其应注意采用不同传播方法，对其优点和缺点进行恰当的利用和控制。比如对多血质的人，要肯定其精力旺盛、反应迅速、适应性强、善于交际的优点，抑制其易轻浮、不踏实等缺点（特殊情况下，则可利用这些缺点）。对于胆汁质的人，要肯定其争强好胜，不怕挫折、办事果断的优点，但要控制（也可以利用）他们急躁粗疏、不沉稳的毛病。对这种人，公关人员应当更为沉着、冷静、有耐心，以静制动，以冷制热。

参见吕建文主编：《现代公共关系学》，北京理工大学出版社，2005年，第126页。

第三节 一般组织所面临的基本公众

“基本公众”的列出是以一定的公共关系主体——社会组织为参照系的，这里，以公共关系应用最普遍的企业组织为例，列举分析企业的基本公众或公共关系工作对象，它包括员工关系、顾客关系、媒介关系、社区关系、政府关系、名流关系以及国际公众关系。在分析过程中应适当兼顾这些关系对象在不同组织中的意义。

一、员工关系

员工关系指在企业内部管理过程中形成的人事关系。其具体对象包括全体职员、工人、管理干部。员工是企业内部公众，是内部团结的首要对象。任何一种组织都会有自己的内部公众，都需要首先处理好自己的内部关系。由于员工是企业组织的成员，因此从内部公共关系的角度看是对象，从外部公共关系的角度看又成了主体。这是一种与公共关系主体最密切的公众。建立良好员工关系的目的，是培养组织成员的认同感和归属感，形成向心力和凝聚力。

二、顾客关系

顾客关系即企业与本企业产品或服务的购买者、消费者之间的关系。在现代社会，顾客关系的对象是广义的，泛指一切物质产品、文化产品及服务的购买者、消费者。比如工业企业的用户、酒店的客人、电影院的观众、报社的读者等等。其中包括个人消费者和社团组织用户。顾客是与企业具有直接利害关系的外部公众，也是企业市场关系的具体对象。协调顾客关系的目的，是促使顾客形成对企业及其产品的良好印象和评价，提高企业及其产品在市场上的知名度和美誉度，为企业争取顾客，开拓和稳定市场关系。

三、媒介关系

媒介关系也称作新闻界关系，即与新闻传播机构（包括报社、杂志社、广播电台和电视台）以及新闻界人士（记者、编辑等）的关系。新闻界公众是公共关系工作对象中最敏感、最重要的一部分。这种关系具有明显的两重性：一方面，新闻媒介是组织与公众实现广泛、有效沟通的必经渠道，具有工具性；另一方面，新闻媒介人员又是组织必须特别重视的公众，具有对象性。媒介与公众的合一，决定了新闻界关系是一种传播性质最强、公共关系操作意义最大的关系。因此，从对外公共关系实务工作和层次来看，新闻界往往被摆在显著的位置，或被称之为对外传播的首要公众。不管哪一种类型的组织均不例外。与新闻界建立关系的目的就是争取新闻界对本组织的了解、理解和支持，以便形成对本组织有利的舆论气氛；通过新闻界实现与广大公众的沟通，密切组织与社会公众之间的联系。应该清醒地认识到，虽然公共关系人员与新闻界人士之间具有“血缘的”、内在的联系，但他们之间不可能总是融洽、一致的，也会有不愉快乃至对抗的时候。公共关系人员必须记住，其他关系对象可能是变动不定的，唯有新闻界关系是伴随终生的——除非不再从事公共关系工作。一个得不到新闻界“把关人”的信任与好感的公共关系人员，对任何组织都毫无用处；一个被新闻界人士讨厌的公共关系人员，对于组织来说就是有害的了。如果能够得到记者、编辑的信赖，这将是一个公共关系人员所拥有的最重要的财富，是他的职业“本钱”。因为，只有新闻界关系才会给组织带来大众传播的机会和好处。

四、政府关系

政府关系指社会组织与政府之间的沟通关系，其对象包括政府的各级官员、行政助理、各职能部门的工作人员。任何组织都必须面对和接受政府的管理和约束，需要与政府的各种管理职能部门打交道，比如工商、人事、财政、税收、审计、市政、交通、治安、法院、海关、商检、卫检、环保等行政机构。这些行政机构代表社会公众最普遍的、共同的利益来行使社会管理的权力，因此，政府关系对象是任何组织的公共关系对象中最具社会权威性的对象。与政府保持良好沟通的目的，是争取政府及各职能部门对本组织的理解、信任和支持，从而为组织的生存和发展争取良好的政策环境、法律保障、行政支持和社会政治条件。

五、社区关系

社区关系对象指本组织所在地的区域关系对象，包括当地的人力管理部门、地方团体组织、左邻右舍的居民百姓等等。社区关系亦称作区域关系、地方关系、睦邻关系。社区在地理上与组织密不可分，是组织的生存空间和根基；社区公众与组织有着共同的生活背景，与组织的关系千丝万缕，是一种“准自家人”的关系。发展良好的社区关系是为了争取社区公众对组织的了解、理解和支持，为组织创造一个稳定的生存环境；同时体现组织对社区的责任和义务，通过社区关系扩大组织的区域性影响。

六、名流关系

名流关系对象指那些对于公众舆论和社会生活具有显著的影响力和号召力的社会名人，比如政界、工商界的首脑人物，科学、教育、学术界的权威人士，文化、艺术、影视、歌坛和体育方面的明星，新闻出版界的舆论领袖等等。这类关系对象的数量有限，但社会能量很大，对公众的影响力很强，能够在社会舆论中迅速“聚焦”。通过社会名流进行公众传播工作，具有事半功倍的效果。与社会名流建立良好关系的目的在于借助社会名流的社会知名度，扩大本组织对公众的影响力和号召力，强化组织的良好形象。

七、国际公众

国际公众对象主要指组织在国际性活动中面对的不同国度和不同文化背景的公众对象，包括对象国的政府、媒介、消费者等等。国际公众是一种跨文化传播与沟通的对象，涉及与公关主体所在国不同的语言、文字、历史、风俗、社会制度和公众心理。任何跨国组织的公共关系，都具有这种跨文化的特征。发展良好的国际公共关系是为了争取国际公众和国际舆论的了解、理解和支持，为组织的国际活动创造良好的国际声誉和国际环境。

八、其他公众

除了上述的基本公众对象之外，还有若干种公众对象亦是比较重要的。

（一）股东关系

指企业与投资者之间的关系。主要对象包括：董事会和董事局、广大的股民、金融舆论专家。对于股份制企业来说，良好的股东关系是企业的生命线，因为这种关系直接涉及企业的“财源”和“权源”。建立良好的股东关系，加强企业与股东之间的沟通，能够争取已有股东和潜在投资者的了解和信任，能够创造良好的投资气氛，稳定股东队伍，吸引新的投资者，最大限度地扩大企业的社会财源。

（二）金融关系

指企业与银行的关系。没有银行的支持，企业的信贷业务就会瘫痪，生产经营就要停顿。因此，企业必须与银行、信用社保持密切的沟通和稳定的关系。

（三）商业关系

指生产性企业与经销商、批发商、零售商之间的关系。没有良好的商业网络，企业的产品就无法占领市场，利润就无法实现。这是一种共兴衰、同进退的伙伴关系。

（四）竞争关系

指工商企业与自己的竞争对手之间的关系。竞争者之间需要在公平的机会和条件下进行良性的竞争，遵守一定的商业道德规范，并且在竞争中保持一定的协作关系，争取在竞争中共同发展。这种竞争中的公共关系是现代企业风范中不可缺少的。

此外，还有供应关系对象、学校与科研关系对象、行业关系对象等等。认识上述基本关系对象的性质、内容、特点和公关意义能够帮助我们从客体、对象的角度进一步理解公共关系的现象和本质。

阅读材料

一个企业的再生——管理之父亚柯卡的公关智慧

日货冲击，对手倾轧，石油危机，财政枯竭，25个副手各占山头，数万辆劣质车积压满库。1978年，美国第三大汽车公司克莱斯勒内外交困，危机四伏。就是在这样严峻的形势下，亚柯卡为克莱斯勒的一片诚意所感动，毅然放弃百万美元的退休金，出任克莱斯勒董事长兼总经理。他决心以自己的知识、经验、胆识挽救这艘摇摇欲坠、满目疮痍的企业界“万吨巨轮”。

有“野马之父”荣称的亚柯卡出生于美国宾西法尼亚州的艾伦顿市，他以出色的管理才能闻名于世，是汽车经营业不可多得的“天才”。

亚柯卡深明打铁先得自身硬的道理，所以上台伊始，他的“三板斧”就首先砍向企业内部：

撤裁冗员。23名副经理和大批管理人员被裁减，公司内的优秀分子得到提升。

协调内部公众关系。向工会、员工解释自己的打算、计划，倾听他们的建议，让员工成为公司股东。为了建立“共渡难关”的意识，他还降低了自己的年薪。

广招贤才。一些大公司包括福特、通用内的不得志的业务能手被招到克莱斯勒麾下。

在亚柯卡出任总经理的当天，克莱斯勒的股票就猛涨，升幅达35%。而新官上任的三把火，不仅使其内部团结一致，而且赢得了相关公众的赞许。经过一系列的调整，克莱斯勒当年就扭转了企业亏损的局面。

对企业自身的问题，亚柯卡可以快刀斩乱麻。但对于财政枯竭及全球性的萧条，亚柯卡也没有太多招数，于是他想到了政府担保贷款。

谁料此言一出，立即招来众多非议。不仅通用与福特百般挑剔，连实业界、金融界、新闻媒体也纷纷来凑热闹，说此举有违自由企业精神。看来，想让受舆论影响甚多的国会批准贷款，必须从舆论着手。

1979年，亚柯卡搞了一次大规模的宣传活动。他自己常常开着克莱斯勒车出没于闹市，还动手拍了46部广告片，以轻松幽默、妙趣横生的情境，营造出“克莱斯勒与以前不同了”的形象。然后在报纸上大登企业形象与公共关系广告：

失去了克莱斯勒，对美国有好处吗？

在自救方面，克莱斯勒是否已尽力为之？

克莱斯勒，问题多得解决不完吗？

……

回答了公众最想知道的上述问题之后，亚柯卡邀请供应商、销售商、记者参观考察克莱斯勒，增加其生产、经营的透明度。经过一系列的公关活动，社会舆论开始转向同情克莱斯勒，报纸也开始替它讲好话了。

克莱斯勒趁热打铁，开始了对同业、金融界、实业界进行一系列的公关游说工作，向他们指出克莱斯勒不过是沿用旧例罢了，如果以前政府能为4000亿美元贷款担保，也应该说，克莱斯勒要求12亿美元的政府担保贷款并不违背自由竞争精神。不让政府批准才是不公平的。同时，他向同业指出，由于经济萧条，也许在明天，也会有人像克莱斯勒这样需要政府担保，如果不给克莱斯勒这个有能力还债、只欠贷款的企业一个机会，将堵死了其他企业的退路。这样一来，反对他的人便偃旗息鼓。

而在国会上，他通过演说指出：克莱斯勒的要求不仅是合理的，而且是为国家担当重任。如果不给克莱斯勒以支持，它的倒闭将使失业率一夜之间上升0.5%，与它同生死的供应商、销售商的萎缩也将使国人丧失大量工作职位，同时给纳税人增加160亿美元的重担。此外，还有失业民众对所在地区的议员也将改支持为反对。而仅需12亿美元，克莱斯勒将会承担起这个重任。

亚柯卡的游说活动取得了极大成功。得到经济帮助的克莱斯勒开始出现盈余。即便在这时，亚柯卡也没有放松公关工作。“一家企业的再生”始终吸引着众人的目光。到1983年，克莱斯勒即已还清贷款。而到1986年，克莱斯勒的股票从1980年的5.3美元上升到35美元。这在全美企业中是涨幅最大、涨速最快的。

（参见奎军编著：《公关经典100》，广州出版社，1998年，第10-13页。）

[材料分析]

亚柯卡曾因救活美国十大汽车公司中的两个而被誉为美国企业界巨子——管理之父。案例表明，美国第三大汽车公司克莱斯勒内外交困，危机四伏。亚柯卡在公司危难之时出任董事长兼总经理，以其清晰的公关思路和公关战略，通过全方位的公关活动，赢得了社会公众的理解、支持与合作，使企业起死回生，再创辉煌。

亚柯卡挽救企业时，首先理清公司所面临的公众体系，认为克莱斯勒的再生，必须协调好内部公众、同业公众、政府公众等关系。如向工会、员工解释自己的打算、计划，倾听他们的意见，让员工成为公司股东，主动降低自己的年薪等等，很快赢得了员工的赞许，形成了内部团结一致，共度难关的公司集体精神氛围。通过大规模的宣传和公关游说活动，使同业、金融界、实业界坚定了对公司的信心，获得了政府担保贷款。这一系列的公共关系举措，使克莱斯勒焕发了生机，股票从1986年的5.3美元上升到1986年35美元，成为全美股票涨幅最大、涨速最快的企业。

思考题

一、名词解释

1. 公众
2. 顺意公众
3. 独立公众
4. 潜在公众
5. 首要公众
6. 名流公众
7. 流行
8. 流言
9. 定势
10. 移情效应

二、简答题

1. 简述公众的特征。
2. 一般组织所面临的基本公众有哪些？

三、案例分析

留意隐藏的上帝

日本的麦当劳汉堡包店记载了约60万小朋友的"生日档案"。小朋友生日的前几天，收到了该店寄来的贺卡；生日这天，小朋友应邀持卡到该店做客。按一般惯例，小朋友得到一份生日礼物也就心满意足了，可这家汉堡包店却特别郑重其事，每天都要在一部分顾客心中产生一种"忠诚"的"感情"，这样就"可以赚他们下一辈子的钱"。商家的这种眼光是够势利的了，但在市场竞争十分激烈的今天，这些见解不能说没有道理，哲学家说，是人创造了上帝。该商家则说："是企业和员工制造了'上帝'。把潜在的顾客变成现实的顾客，'上帝'也就被创造出来了。"

但是，有的公众当处于潜在状态时，如薄冰下流淌的河水，看似平静、寂然，实则潜流滚滚。遇到某些触发因素或环境的变化，"薄冰"被融化，滚滚波涛突然显露，组织就处于"危机"之中。

广东大亚湾核电站建设中曾遇到过麻烦。该项目是我国的一项重点建设工程，总投资 36.8 亿元。电站建成后，发电量对香港的繁荣、稳定具有重要意义。该项目的上马，经过中外专家和工程技术人员周密调查与科学论证，从设计，到建设，到生产，在科学性、安全性、可靠性方面，可以说都做到了"保证质量，万无一失"。就一般情况而言，对这样的工程，当地民众应该理解、支持。但节外生枝，一个意想不到的外部事件出现了。那就是当时苏联的切尔诺贝利核电站发生核尘埃泄漏事件。世界舆论大哗，特别是西方媒介大肆渲染。这一事件触动了香港部分公众的神经，他们误认为核电站总有那么点不安全感，因此反对在大亚湾建造核电站，香港竟出现百万人签名活动，有的居民则组团赴京上访，新闻媒介的一些报道也为此推波助澜。在大亚湾建核电站本来是平平静静的，这时却"反对"声不绝于耳，原因就在于香港那部分担心核污染的潜在的公众突然显露，汇成了一股来势汹汹的"反对"潮流。

（参见吕维霞：《案说公共关系》，对外经济贸易大学出版社，2002 年，第 146 页。）

案例思考

1. 上述正反两个例子说明组织在处理潜在公众和行动公众时应该注意些什么？

2. 指出上述两个例子中的潜在公众、知晓公众、行动公众各指哪些主体。

3. 从这个例子中你能总结出什么样的公关思想？

第五章　公共关系传播

本章重点

1. 公共关系传播的基本理论
2. 公共关系传播的主要种类
3. 公共关系传播的应用

公共关系的活动过程，实际上就是一个组织与公众之间进行信息传播和沟通的过程。能否有效地利用各种传播媒介，获得最佳传播效果，为组织创造最有利的舆论环境，是公共关系活动成功的关键，也是从事公共关系工作人员的最基本能力。本章围绕公关的传播问题，重点介绍公共关系的传播方式、传播过程和要素，并分析公共关系传播中的沟通障碍及改善方法，最后介绍公共关系常用的传播媒介。

第一节　公共关系传播的基本理论

公共关系传播，是信息交流的过程，也是社会组织开展公共关系工作的重要手段。离开了传播，公众无从了解组织，组织也无从了解公众。如果我们把社会组织看作公共关系工作的主体，把公众看作公共关系工作的客体，传播就是二者之间相互联系的纽带和桥梁。组织与公众的沟通，在很大程度上依靠信息传播，组织与公众之间的误解，也往往是由于信息不畅造成的。因此，一个社会组织不但要有明确的目标、符合公众利益的政策和措施，还要充分利用传播手段开展公关活动，赢得公众的好感和舆论的支持，获得良好的经济效益和社会效益。

一、公共关系传播的界定

为了弄清楚公共关系传播的基本内涵，有必要将它与含义相近的几个概念进行比较，找出它们的“同中之异”。

（一）人际传播泛指人与人之间的相互接触与彼此往来

人际传播与公共关系传播有许多共同点：两者都属于社会范畴，都是能动的交流行为，都是以人为主体的活动过程，都具有相互作用的功能。而且，人际传播可以作为公共关系传播的辅助手段。但是，它们也有着明显的不同之处。

第一，人际传播和公共关系传播的主体——人的含义不同。前者指单个的个人，后者指组织化了的个人；前者研究的是人与人之间的交往及信息交流活动，后者研究的则是代表组织的个人有目的、有计划地传递组织信息的过程。

第二，从社会关系的总体上看，人际关系是一种较低层次的社会关系，而公共关系则是从社会群体或组织的基础上建立起来的一种较高层次的社会关系。与此相适应，它们所采用的传播手段各不相同。人际传播手段一般比较简单，而公共关系传播手段相对复杂一些。

第三，人际传播的对象可以是一群人，也可以是一个人，而公共关系的传播对象则是组织有着某种特定联系的群体。

（二）公共关系传播与大众传播的区别

大众传播是专业化群体通过各种技术手段向为数众多的读者、听众、观众传递信息的过程。它具有公共关系传播的一般特性，是公共关系传播的组成部分。但是，它们之间又有着明显的区别。

首先，大众传播的主体是以传播信息为职业的团体或个人；公共关系传播的主体则是一般的社会组织，是代表组织行使传播职能的公共关系机构或公共关系人员。

其次，大众传播的内容是由职业传播者根据新闻价值规律采编的、需要告知公众的信息；公共关系传播的则是由组织部门行使传播职能的人根据公共关系计划编制的对组织有利的信息。

第三，大众传播的渠道一般不大由感官和简单的表达工具组成，而是包括大规模的、以先进技术为基础的分发设备和分发系统。因此，专门的信息传播机构既需要充足的资金、设备，又需要大量的专业化人才。公共关系传播则不受技术水平和专业化政府的限制，它的制作过程也相对简单一些。

第四，大众传播的流程在很大程度上说是单向的，因为它的主导者始终是传播者，受传者既不确知，也不稳定，很难取得直接的反馈。而公共关系的传播对象是可知的和相对稳定的，它的传播过程具有明显的双向性特点。具体表现在：组织通过信息传播将自己的目标、政策和具体措施告诉公众，公众则通过被调查或主动回报两种方式把自己的要求、意见和建议告诉组织。与大众传播相比，公共关系传播能够更加及时、有效地取得反馈。

（三）公共关系传播的基本内涵

公共关系传播是一种有组织、有计划、有一定规模的信息交流活动。它的目的是沟通传播者与公众之间的信息联系，使组织在公众中树立良好的形象。

公共关系传播可以利用的媒介很多。比如，各种会议和演讲可以聚集数十、数百人，发传单、贴海报可以让成百上千的人看到，用扩音器做报告可以让成百上千的人听到，举办展览或表演可以吸引成千成万的人。但是在今天的社会里，要想与公众取得广泛的信息交流，最有利的手段莫过于大众传播媒介了。这是由大众传播媒介本身的特点决定的。

首先，它具有普遍性的特点。大众传播媒介，无论是报纸、广播还是电视，几乎家家必备，人人必听、必看，影响面非常广，可以满足不同职业、不同年龄，不同文化程度的受众的需要。因此，借助于大众传播媒介，能够达到与理想的传播对象接近的目的。

其次，它具有迅速、及时的特点。由于科学技术的发展以及交通、通讯条件的改善，今天的大众传播媒介能够以最快的速度向公众传递信息。在这方面，电子传媒的作用更加明显。因此，只有借助于大众传播媒介，信息传播才能不失时效。

公共关系传播的客体是公众。公众一般由两部分组成，一部分是组织内部公众，另一部分是同组织有着某种特定联系的外部公众。内部公众是构成组织的基本因素。它对于组织，犹如人民对于国家一样，是不可或缺的。公共关系传播的目的之一，就是沟通、疏导组织内部上下之间、成员之间的信息联系，消除各种不利因素，为组织发展创造有利的条件。

外部公众是公共关系传播的主要对象，对于政府机构来说，它是自己所面向的那一部分群众；对于工商企业来说，它是与组织密切相关的协作者、竞争者、用户和消费者。公共关系传播的一个重要任务，就是影响这一部分公众，改变他们的态度，引起与组织期望相应的行为。

公共关系传播是组织通过报纸、广播、电视等大众传播媒介，辅之以人际传播的手段，向其内部及外部公众传递有关组织各方面信息的过程。

这个定义包括三方面的内容：

第一，公共关系传播的主体是组织，不是专门的信息传播机构。

第二，公共关系传播的客体由两部分组成，一部分是组织内部公众，另一部分是组织外部公众。

第三，公共关系传播以大众传播媒介作为主要手段，以人际传播作为辅助手段。

二、公共关系传播的基本要素

1948年，美国著名的政治学家哈罗德·拉斯韦尔补充提出了传播过程五因素的公式："谁？说什么？通过什么渠道？对谁说？产生了什么效果？"这个公式描述的虽然是单向传播现象，却为我们提供了一个分析传播过程的简易的模式。因为其中包含了构成传播的基本要素：传播者、传播内容、传播渠道、受传者和传播效果。

5W模式

拉斯韦尔是当代西方著名的政治学家，对传播学的卓越研究，使他成为传播学的创始人之一。1948年拉斯韦尔发表了被誉为传播学开山之作的论文——《社会传播的结构与功能》，从传播的内部结构，分析了传播过程的五个要素或五个环节，这就是著名的5W模式。拉斯韦尔的5W模式是研究传播结构方面的传播理论。

拉斯韦尔认为，任何一个传播过程都可以分解为五个部分（5W），与传播过程的5W相互对应，拉斯韦尔同时提出了传播学的基本研究范畴：

1. 谁——Who

即传播的主体。与此相对应的是针对传播主体的控制分析，包括传播的政策法规、传播的社会控制和自我控制、传播者对传播的影响、传播者的社会责任等。

2. 说什么——Says What

即传播的内容。与此相对应的是针对传播内容的分析，包括传播的分类、传播的符号、传播的宣传方法等。

3. 通过什么渠道——In Which Channel

即传播媒介。与此相对应的是针对传播媒介的媒介分析，包括传播媒介环境、传播媒介的特点等。

4. 对谁说——To Whom

即传播对象。与此相对应的是针对传播对象的受众分析，包括受众的心理、受众的劝服等。

5. 产生什么效果——With What Effect

即传播效果。与此相对应的是针对传播效果的效果分析，包括传播的效果类型、影响传播效果的因素、测定传播效果的定量方法等等。

参见杨加陆：《公共关系学教程》，复旦大学出版社，2005 年，第 191 页。

公共关系传播是组织运用传播手段向公众传递信息的过程，它经历了由传播者到受传者的全过程，因此，也应当包含传播过程的五个要素。

（一）公共关系传播者

公共关系传播者是组织信息的采集、发布者，是代表组织行使传播职能的人。在我国政治组织中，该角色一般由党和国家的新闻发布机构、新闻发布人以及各级党和政府的新闻、宣传部门担任；在各种福利组织和赢利性组织中，该角色由组织内部的宣传部门、公共关系部门或宣传人员、公共关系人员担任。

公共关系传播者是公共关系的主体，因为它是构成传播过程的主导因素。在协调公众关系、改善周围环境的过程中，在树立自身形象、提高信誉的过程中，在沟通内外联系、谋求支持与合作的过程中，公共关系传播者居于主动地位，起着控制者与组织者的作用。它的任务，是将外部的信息传达给组织内部公众，将有关组织的信息发布出去，传递到目标公众那里。

（二）公共关系传播内容

公共关系传播内容是指传播者发出的有关组织的所有信息。它大体上可以分为如下两类：

一类是告知性内容，即向公众介绍有关组织的情况：它的目标、宗旨、方针、经营思想、产品和服务质量等等。在信息传播过程中，告知性内容往往以动态消息或是专题报道的形式出现。前者是关于组织新近发生的某一事件的基本事实的描述，通常包括五个“W”，比如关于商店开业、展览会闭幕、新产品问世、超额完成产值等情况的报道。后者是对事件全景或某一侧面进行的放大式描述，它不但包含五个“W”，而且包括对基本事实具体情节的勾勒。例如介绍新产品的设计过程、制作工艺、用途、专家鉴定情况等等。

另一类是劝导性的内容，即号召公众响应一项决议，呼吁公众参与一项社会公益活动，或者劝说人们购买某一种牌子的商品。在利用大众传媒进行宣传的过程中，政党、政府及其他非盈利性组织发布的劝导性的内容，往往以社论、评论、倡议书的形式出现，而盈利性组织发布的此类内容，则多以商业广告的形式出现。

（三）公共关系传播渠道

所谓传播渠道，是指信息流通的载体，也称媒介或工具。人们通常把用于传播的工具统称为传播媒介，而把公共关系活动中使用的传播媒介，称之为公共关系媒介，可供公共人员利用的传播媒介有两种：一种是大众传播媒介，一种是人际传播手段。具体来说，公共关系传播媒介是各种各样、丰富多彩的。常见的是语言媒介，像报纸与杂志、书籍与纪念刊、海报与传单、组织名片与函件等；有电子媒介，像广播、电视、录音、录像、幻灯和电影等；有标识，像摄影与图片、商标与徽记、门面与包装、代表色等；此外还有非语言传播媒介，像表情、体态、目光等等。我们也可以把公共关系媒介分为基本媒介和综合媒介两种。所谓基本媒介，主要包括人与人之间的传播、广播、电视、印刷品、摄影作品、电影等；综合媒介则包括与新闻界的联络、特别节目、展览、会议等。显然，所谓综合媒介是各种基本媒介的集大成者。

（四）目标公众

目标公众即组织外部公众，是指那些与组织有着某种利益关系的特定公众。它们是大众传播受传者中的一部分，是组织意欲影响的重点对象。这类公众的特点是：

第一，目标公众是有一定范围的，是具体的，可知的，也是相对稳定的即每个组织都有自己的特定公众。

第二，公众是复杂的。尽管某些个人由于某种共同性构成了某一组织的公众，但他们之间还是有着明显的差异。

第三，公众趋向集合。当组织与公众之间的利益关系变得突出时，原来松散的公众集合体就会趋于集中，显示出它特有的集体力量。

第四，公众是变化的。当组织与公众之间的利益关系结束了，这一类公众就不复为该组织的公众。

组织要想有效地开展公关工作，分辨自己面对的公众是十分重要的。一般说来，辨认公众可分几个步骤，层层深入。比如，首先把组织面对的公众无一遗漏地罗列出来，然后按需要对它们进行分类。根据组织内外有别的原则，可以把公众分为内部公众和外部公众；根据公众对组织的影响程度，可以把它们分为潜在公众、知晓公众和行动公众；根据公众对组织重要性的不同，可以把它们分为主要公众和次要公众。当组织开展一项具体活动时，还可以对公众做出更进一步的分类，以便确定具体活动针对的目标公众。

（五）公共关系传播效果

公共关系传播效果，是指目标公众对信息传播的反应，也是公共关系人员对传播对象的影响程度。人们对传播效果的研究经历了半个多世纪的历程，先是提出“传播万能论”，继而提出“有限效果论”（以“两极传播”为主要内容），后来又由“两极传播模式”发展为“多极传播模式”。传播效果理论的演变告诉我们，大众传播媒介固然能够改变受众原有的观念，但其效果不是无限的。在实际工作中，公共关系人员不能把大众传播媒介作为唯一的手段，而应当将它与人际传播、组织传播等多种方式结合起来，以便收到更好的效果。同时，受众的被动地位是相对的，他们对信息的注意、理解和记忆都是有选择的。公共关系人员可以通过各种调查手段（如观察、访问、文献分析、抽样调查等），了解公众对信息的接受程度，知己知彼，百战不殆。此外，在信息传播过程中，还要重视专家、学者、社会名流等“意见领袖”的中转作用，设法通过他们影响公众。

三、公共关系传播的主要种类

在实施公共关系的活动中，公共关系的传播主要是展开在群体环境，即组织之间的传播，因此公共关系的传播主要依赖人际传播、群体传播、组织传播和大众传播。

（一）人际传播

人际传播又称人际沟通，它是个人与个人之间的信息沟通。这种信息间的交往亦叫做个体之间的交流，即我们日常讲的“人际交往”、“人际关系”。也就是人与人之间的交流、交往、联络、联系、沟通。这是最常见、最普遍、渗透人类生活一切方面的一种最基本的传播方式。人际传播是个体与个体间的信息交流和信息沟通，公共关系需要的是群体之间关系的建立。但是在公共关系工作中，公共关系人员在公关工作中也不总是面对整体意义上的群众或社会组织，因为任何一个群众和组织都是由个体组成的，对每一个公众的重视和传播从来是公关工作的起点，赢得每一个社会公众的认可，进而形成整体意义上的公关规模，是公关工作的基本规律。因此公关人虽利用人际传播方式并不意味着是一种私人性质的交往活动，而是作为一个社会角色和组织的代表来从事人际传播活动的。

人际传播具有一些明显的特征：

1．随机性。人际传播通常是面对面的信息交流，传播者可以随时得到受传者的反应，及时调整传播的内容、态度和方式，并且随时明确自己的传播效果和直接影响。

2．灵活性。人际传播是一种随时随地的传播，无论在时间和空间上都有很大的自由度和及时调整以及见机行事选择余地。

3．针对性。人际传播因为是针对具体对象的，所以往往目标明确，可以根据不同的具体个人和具体特殊的环境展开传播。

4．情感性。这是就面对面的人际传播而言的。在这种情况下，人与人的传播可以察其颜，观其行，而且表现形式灵活多样，加之表情和动作，很富有人情味。对受传者而言有身临其境的感受，有情的感染，理的引导，使双方形成共鸣，产生共识，很容易被感化，被激发。

5．快速性。这是就人际传播的反馈而言的，在这种传播中，每一个个体既是传播者又是受传者，一方发出信息的同时也接收对方的反馈，反馈本身就是一种传播，反馈出现后，紧接着再形成下一轮传播与反馈，每一次互为传播与反馈的传递是双方的，及时的，连续而紧密的。

6．局限性。人际传播具有个体性，人为控制很浓，虽然个性突出了，但传播内容的容量变小，传播面十分有限，使传播的影响力也很有限。

另外，人际传播还具有参与的双向性（传播者和受传者互相传播）；传播符号的多样性（可使用口语、体语、服饰语等）；主观的制约性（个人之间进行传播受个体信息量少的制约）。

（二）群体传播

群体传播是发生在自然社会群体中一种自发的传播活动。它主要包括小团体传播和公共传播两个基本类型。

1．小团体传播

小团体传播也称小组传播，这种沟通主要是介于人际传播和组织传播之间的一种传播形式，即群体内的人际沟通活动。它一般是在小规模的群体内，如6—10人之间进行的信息交流活动。例如小组讨论、小组座谈、小组人谈天、总结等等，这种传播一般采用民主的方式，没有约束和强制性质。

我们每一个人都是生活在若干个小群体范围内，例如家庭、班组、处部、科室、团体等等，客观上做任何工作都存在着如何与小群体内其他成员的沟通和交流的问题，它具有明确的特点：

第一，沟通总是在特定的群体内进行。小团体的沟通活动是很有限的，范围也很具体，往往其活动的性质、内容、方式与团体本身的性质特点相一致，有与其他团体的明确界定。

第二，沟通的意见个性化。小团体的传播本质上是以人际传播为基础的。

它方式灵活，手段多样，反馈迅速，相互比较容易交流。同时每一个传播者都传达着最原始、最本质的个人意见。我们公关人员在公关活动中，常常要用到这种小范围的传播形式，可以说这种小团体的传播是公关无法回避，必须依赖的基本传播形式。

2. 公共传播

公共传播也称公众传播，一般是指一个人对多数人的传播，也称之为公开传播。例如我们经常看到的讲课、开会、演讲等。这种传播通常是一方发出信息，多方接收信息的传播过程。这种传播对象是一个相对大的有限传播范围。这种传播的内容一般是一些需要及时公布和公开的公共信息。这种传播形式的信息传播速度快，范围广。例如演讲，无论听众有几千人还是上万人，都可以实现传播，但从本质上说，它是有限范围内的传播。

作为公关传播主体向相对集中的较大的公众群体所进行的传播，它总是利用公众广泛参与的某种活动形式，对公众实现多媒体的现场沟通，例如组织大型集会、进行公众演讲、组织大型演出活动、竞赛活动、展览活动、开放参观活动、各种专题和节目庆典活动等，这些都是公众传播，其特点如下：

第一，面对面相对集中的，参与者是较大的公众群体。公众传播的范围远远超出一般人际传播和小团体传播，涉及比较广泛的公众层；但各部分公众又因参与同一活动而相对集中。

第二，传播者与公众的大规模现场参与。传播对象多是此种传播的最大特点，同时它还是双方直接参与和沟通的现场，其场面宏大，气氛热烈，有声有势，常常产生轰动效应。

第三，可以多种媒体综合使用，有立体感。在大型传播场合，往往是既有口号，又有文字、图片、音响、模型、幻灯、电影、VCD和实物展示，模拟表演等媒介形式。

一方面公共传播具有范围较广，速度较快，反馈较直接的特点；另一方面在公共关系活动中，公共传播无论对宣传组织良好形象，还是经营组织的产品形象，扩大组织的知名度，都是使用频率极高，同时也是很有效的方式。

（三）组织传播

组织传播是通过组织所控制的媒介与公众进行的信息传播活动。它是具体组织或社会固定机构所展开的信息活动。组织传播的对象也是群体或组织。它主要运用组织的媒介进行固定传播。对于公关中的组织传播，往往采用展览，庆典、广告、文体活动和具体宣传来开展公共关系专题活动。

在公关范围内的组织传播往往是传播主体即社会组织与其成员及环境之间

的信息交流和沟通活动。公共关系概念与组织传播概念是基本一致的，公共关系是一种特殊的组织传播行为，它具有以下特点：

1. 传播主体的组织化。组织传播的行为者、实施者、承担者是组织机构而非个人。传播活动受组织目标和计划的制约，受组织的控制，为组织的利益服务，是组织经营管理的一种手段。组织传播的内容也是体现组织意志的信息。

2. 传播对象的具体化和大众化。组织传播的对象比人际传播更为复杂和庞大。既有内部的沟通对象，又有外部的公众环境；既有近距离的沟通，又有远距离的沟通；无论那一种沟通，无论规模有多大，都在具体目标制约下有选择地作用于对象。组织传播活动总是涉及特定范围内的公众，当然也包括大范围的公众，并对其产生舆论影响。

3. 组织内部的传播活动具有双重性。公关组织在内部信息传播活动中，同时存在着正式的组织传播和非正式的人际沟通形式，正式沟通以正式方式达到主要目标，非正式沟通辅助正式沟通以感情、兴趣为润滑剂，形成富有弹性的人际沟通，从而达到组织目的的最大实现。

4. 组织外部的传播方法具有综合性。组织面对外部公众对象的多样性，组织在传播活动中必须综合运用人际传播、小团体传播、公众传播和大众传播等方式，集各种媒介的优势，广泛开展传播。

（四）大众传播

大众传播有广义和狭义两种理解。广义的大众传播专指使用大众传播媒介（书籍、报纸、杂志、广播、电影、电视）所进行的传播。狭义的大众传播是职业传播者通过现代传播媒介，向社会大众提供信息的传播形式。

大众传播是随着科学技术的发展而实现的远程通信与大批复制信息的技术。它使信息传递规模和速度空前发展，它一经产生就成为社会发展的强大动力。大众传播具有以下特点：

1. 广泛性。大众传播的广泛性是指大众传播对象的高度大众化和传播内容的大众化。大众传播拥有大量的受众，涉及不同的地域和不同的阶层。由于面对整个大众，大众传播的内容一般要符合广大对象的各种要求，引起他们广泛的兴趣，所以信息量大是可想而知的。

2. 间接性。大众传播的间接性是指这种传播的信息反馈困难。分散的、匿名的受众对大众传播者来说，他们之间是互相分离无法谋面的。因此，大众传播的信息反馈迟钝。这种传播双方的互不联系，使大众传播的反馈渠道不畅，过程长，速度慢，成本高、不准确。

3. 专业性。大众传播的专业性特征是指传播机构的高度专业化和传播手段的技术化。现代大众传播是个专业化很强的行业。它由专业机构和专门人员从事。如报社、杂志社、电台、电视台和其中的记者编辑们。同时大众传播借助于现代印刷、摄影、电话、电传、无线电、激光等技术手段，机器复杂，操作难度和技术含量很高。

4. 高效化。大众传播的高效化是指大众传播使用现代传媒，大量高速地复制和传递信息。网络和其他电子媒介同步传播已使所有信息瞬间即至，具有了强大的公众舆论影响力。所以大众传播成为公共关系工作最有效的手段。

第二节　公共关系传播的原则与媒介

一、公共关系传播的原则

（一）目的明确原则

公关传播是带有明确目的性的传播。这一点在著名的弗兰克·杰夫金斯（Frank Jefkins）的公共关系定义中也表述得很清楚：“公共关系是一组织为了达到与公众之间相互理解的特定目标，而有计划地采用的对内、对外传播方面的总和。”

公关传播的总目标是树立、改善组织形象，形成有利的舆论环境，获得各界的支持。因此在很大程度上，公关传播是一种宣传，其最终目的是要人们改变或建立某种意见或态度，是通过传播事实和观点，引导、影响人们思想认识的过程。

在总目标指导下，公关传播每一次具体活动、工作也要有具体的目的，如果目的不明确，随便组织传播活动，有时是花了钱没效果，有时反而会造成负效果。所以目的明确是公关传播工作首要的原则。

这种目的明确的传播在很多情况下，要求目标公众也要明确，这是传播目的中的重要内容。每组织一次传播活动，接收者是谁、他们的情况如何、兴趣在哪儿，公关人员必须心中有数，有针对性地组织活动。这与大众传播一般化地估计受众及其特点是不同的。即使公关工作借助大众传播媒介进行传播，接收对象是模糊不清的，但公关人员仍应有明确的传播目标，以期引起目标对象的注意、关心。公关传播一定要避免盲目性、随意性。

公关传播的一般性目的，根据传播效果四层次理论，可以分为四种：

1. 引起公众注意

在现实生活中，组织关注的焦点与公众所关心的问题往往是不一致的，公关传播的重要目的就是要使公众注意组织，在此基础上，才有可能使公众对组织产生认同、肯定的积极态度与行为。引起公众注意要靠传播内容及方式的出奇、新鲜，或为公众所急需。

2. 诱发公众兴趣

公关传播要充分利用传播的内容及方式使公众产生兴趣，成功诱发公众兴趣的根本一点在于了解公众兴趣所在，使公关传播的内容与方式同观众兴趣相结合。对公关人员来说，了解公众的兴趣、爱好以及他们的立场、观点，并据此组织自己的传播活动，是使公众对传播内容发生兴趣的首要条件。

3. 取得公众的肯定态度

公关传播不仅要使公众产生注意、发生兴趣，而且要使之产生肯定、认可的态度，或者是努力实现社会公众由负态度向正态度的转变。由于态度是人们在社会生活中的经验长期积累形成的，它与主体的情感、信念、立场、需要有关，并常以利益与势力为转移。态度是人们心理活动的内在动力，它一经形成便具有相对的稳定性。因此传播要想改变公众的态度，必须做长期、大量、深入细致的工作。而在大多数情况下，公关传播要从公众的利益出发，照顾公众的需要，适应他们的已有态度，非在必要时，不要去做改变这些态度的努力。

4. 促发公众的支持行为

公众的支持行为就是让公众参与公关活动，购买宣传的产品，实施组织提倡的原则等，这是公关传播所能达到的最高目标，达到此，组织无疑就是非常成功的了。

（二）双向沟通原则

双向沟通原则是指传播双方互相传递、互相理解的信息互助原则。这一原则具体包含以下内容：一是沟通必须由两个人以上进行；二是沟通双方互为角色，任何一方都可传递信息，也可反馈信息；三是沟通双方相互理解并有所交流。从表面上讲，双向沟通原则并不太难理解，在生活中也不易被人忽视。但是在传播中则不尽然，有许多案例都说明双向沟通原则在公关过程中被忽略了，因此高度重视传播过程中的一些特殊的双向性原则是十分必要的。通常情况下，组织与公众的沟通应注意以下两个方面：

1. 创造沟通的共识区域

这里的共识区域是指信息接传各方在知识、经验、兴趣、爱好、文化传统等方面有相近似之处。这些相近似之处就是人们可以交流的范围，如图 5-1 所示。

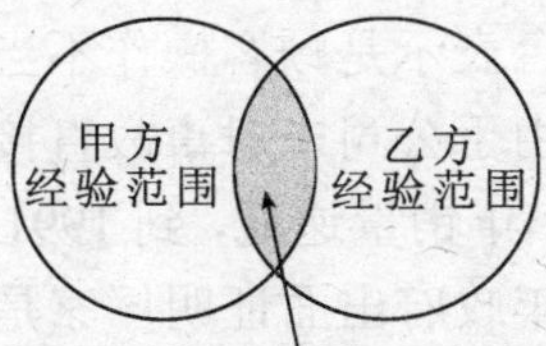

图 5-1　沟通的共识区域

一般来说，传播者与受者的类似经验越多，沟通的语言就越多，信息分享的程度也越高。不少企业在实施传播活动中，都把企业的产品同企业与公众的共识区域结合，从而形成彼此的有效沟通。例如，美国亨氏集团为了打开中国市场，将公关传播对象直接定为婴儿母亲，通过一些活动，引起她们对产品的注意，从而迅速在中国占领了市场。亨氏集团在其厂房还在建盖的时候，就在周围地区找到一些婴儿母亲，召开“母亲座谈会”，由于母亲非常关心孩子的健康与成长，因而这一活动受到了母亲们的欢迎。她们踊跃参加，并就公司提出的食品配方、规格、价钱等问题提出意见和建议。公司据此重新试制产品并免费提供品尝。亨氏集团通过在不同地区征集上千位母亲意见的做法，使亨氏婴儿米粉声誉大大提高。通过以上案例，公关人应明确：共同的经验范围是建立传播沟通的基础。

2. 具备反馈意识

公关传播追求有效沟通，传播者与受者必须具备反馈意识。所谓反馈意识一方面是指沟通双方在互相理解后要有反应，它包括信息反馈的主动、及时、对路和适量等；另一方面是指沟通双方应根据反馈来做自我调节，它实际是用结果（输出信息的实践结果）对原因的反作用来调节沟通，使沟通的双方轮流充当施控者与受控者，彼此都对对方的行为产生制约力。

在实际操作中，组织在其创立时期、顺利发展及危机阶段都需要反馈意见。在此我们强调在组织遇到无端指责及干扰时，更要重视反馈。

组织在其发展时期，会遇到许多意外情况，对此，组织一定要高度重视，不要以它们“纯属无稽之谈”而置之不理，那样只会对组织产生不利后果。举一例说明：现在流行的奥迪 100 小轿车，是美国大众汽车公司的一个分公司设计生产的。在美国，这种车型叫 Audi500，仅因公司对一则消息的报道未重视并及时反馈，至今都未恢复其原有的销售量。1986 年正当奥迪车销量大增时，美国一个全国电视新闻节目“60 分钟”报道了一则题为“Audi 车自己会开”的消息，大意为因刹车不灵致使老太太及她开的奥迪车一起闯进了游泳池。消息报道后，公司经调查向电视台表示是顾客操作不当，不属质量问题，过后便不再问及此事，继续生产。但由于公司未对事故直接原因做出解释，因而舆论界一时议论纷纷，结果使奥迪车年销量递减，到 1991 年已从 1986 年的 5—6 万辆降到了 5000 辆。虽然 1992 年政府出面证明厂家是对的，但是仍旧没有扭转奥迪车销量下降的局面。

（三）有效沟通原则

有效沟通原则是指通过沟通活动要取得预期效果的原则。任何一种沟通都可能存在有效、无效两种后果。公共关系传播追求的是有效沟通，即通过沟通使公众理解、喜爱、支持组织。公众是复杂的群体，他们对组织的了解、态度差别很大，所以对于沟通活动，从设计时起就要充分考虑它对于受者可能产生的效果，要尽量争取使受者中多数出现对组织从无知到知晓、从漠然到喜爱、从偏见到认同、从敌对到合作的转变。在实践中，影响与公众有效沟通的因素有：

1. 信息的真实性与信息量的大小

对公众来说，虚假、空泛的内容丝毫不能引起他们的兴趣，更谈不上关注。另外，好的消息如果信息量不足或太小，则公众就会放弃对其的关注而转向另一个热点。因而适量传播与公众利益有关的内容是影响传播效果的首要一点。

2. 传播者的方式与态度

公关人员在传播过程中一定要谦虚、尊重别人，要“投公众之所好”，设身处地地为公众考虑，从公众角度讲话，这样才能取得好的效果。

3. 传播内容的制作技巧与传播渠道的畅通

前者多指文章的写作、节目的编制是否易于人们接受，后者是指传播过程是否顺畅。印刷质量差、版面不清、有错别字、图像模糊、时间安排不好等等，都是传播渠道不畅的表现。

沟通的七个“C”原则

1. 可信赖性（credibility）

沟通应该从彼此信任的气氛中开始。这种气氛应该由作为沟通者的组织创造，这反映了其是否有真诚的、满足被沟通者愿望的要求。被沟通者应该相信沟通者传递的信息，并相信沟通者在解决他们共同关心的问题上有足够的能力。

2. 一致性（context）

沟通计划必须与组织的环境要求相一致，必须建立在对环境充分调查研究的基础上。

3. 内容（content）

信息的内容必须对受者具有意义，必须与受者原有价值观念具有同质性，必须与受者所处的环境相关。

4. 明确性（clarity）

信息必须用简明的语言表述，所用词汇对沟通者与被沟通者来说都代表同一含义。复杂的内容要列出标题或采用分类的方法，使其明确与简化。信息需要传递的环节愈多，则愈应该简单明确。一个组织对公众讲话的口径要保持一致，不能多种口径。

5. 持续性与连贯性（continuity and consistency）

沟通是一个没有终点的过程，要达到渗透的目的必须对信息进行重复，但又必须在重复中不断补充新的内容，这一过程应该持续地坚持下去。

6. 渠道（channels）

沟通者应该利用现实社会生活中已经存在的信息传送渠道，这些渠道多是被沟通者日常使用并习惯使用的。要建立新的渠道是很困难的。在信息传播过程中，不同的渠道在不同的阶段具有不同的影响。所以，应该有针对性地选用不同渠道，以达到向目标公众传递信息的作用。人们的社会地位及背景不同，对各种渠道都有自己的评价和认识，这一点沟通者在选择渠道时应该牢记。

7. 被沟通者的接受能力（capability of audience）

沟通必须考虑被沟通者的接受能力。当用来沟通的材料对被沟通者能力的要求愈小，也就是沟通信息量容易为被沟通者接受时，沟通成功的可能性愈大。被沟通者的接受能力，主要包括接受信息的习惯、阅读能力与知识水平。

二、公共关系传播的主要媒介

不同传播方式之间的一个区别标志就是传播媒介的区别。人际传播一般使用口语和体语媒介；大众传播应当使用大众传播媒介，如印刷媒介和电子媒介；群体传播和组织传播也要根据场合的不同选取不同的媒介。公共关系实际操作中涉及各种不同的沟通技术和传播媒介，选取的标准主要取决于媒介的功能。

基本传播媒介的社会功能主要有传播思想、实施教育、交流信息、沟通情感、事实报道、社会监督、娱乐休闲、文化传承、艺术欣赏等功能。根据大众传播的主要功能和公关活动所涉及的主要传播种类，我们可以明确，在公共关系活动中所使用的传播媒介主要有言语媒介、印刷媒介、电子媒介和其他媒介。

（一）言语媒介

言语媒介也称语言媒介，主要指个人在人际传播中使用的各种信息传递方式。它包括有声语言和无声语言两大类。

1. 有声语言，即口头语言，又称口语，口语传播专指传播者（说话人）通过口腔发声并运用特定的语词和语法结构及各种辅助手段向受传者（听话人）进行的一种信息交流。

有声语言传播在公共关系活动的运用是有技巧可言的。公关语言技巧是传播者在了解和认识传播规律的基础上，对言语的特点加以艺术性运用的一种方法，它是公共关系实务的基本传播手段，在日常接待、新闻发布、演讲、沟通性会议，公务谈判和演说等场合应用非常广泛。它主要包括说话的技巧；听话的技巧；提问的技巧和演讲的技巧。

第一，在说话方面首先要讲究全身心投入，对讲述的内容要用词准确，有感情，声情并茂地表现出诚恳、认真的态度。其次语言要通俗、生动、口语化，不要用生硬的书面语，更不要用套语和生涩的词语；再次是用语要准确简洁，用最少的、最精确的语言表述最多、最生动的意思；最后要讲究流畅的语流和和协的语言表达风格，并且在音量音速和音顿上有精确的讲究，在使用副语言时也要达到准确、传神。

第二，在听话方面也要十分注意聆听的艺术。聆听艺术是言语传播的重要技巧。首先要讲究全神贯注地听，做到尊重说话人及其讲述的内容。其次要用积极的反馈激发说话人的谈话热情，并运用表情和动作鼓励对方，以增加表达效果。最后是要多听对方的谈话内容，思索对方的每一句话包含的信息量，做到尽快与对方沟通。

第三，在提问方面要尽量使用双方习惯和喜欢的问话方式；另外要做到文明提问，尽量避免直接提问带来的不礼貌。此外还要注意避免一次提多重问题，给对方的回答造成压力。最后是要注意提问时机必须适当，所有的问题必须围绕中心问题展开，不能问不着边际的问题，更不能离题万里。

第四，演讲方面也要讲究技巧。首先演讲时开头要引人入胜，用精致的语言，诚挚的情感引导听众的兴趣和注意。其次是表达要形象、生动、传神。再次要选择典型、有新意的事例，并适时将演讲推向高潮，最后在演讲的结尾处要深刻，含蓄，耐人寻味。

2. 无声语言，也有人将无声语言传播称作非语言传播。它主要是借助非有声语言来传递信息，表达感情，参与交际活动的一种不出声的伴随言语，分为默语和体语，它的使用也是有技巧而言的。

第一，在默语使用方面。默语是言语中短暂的间隙，往往能使人体会出言外之意，话外之音。对于默语的使用要多方面讲究。首先要利用各种环境因素造成丰富的寓意，产生此时无声胜有声的效果。其次是讲求适度实效，在使用默语时要借助有声语言，互相映衬。最后要注意无声的感情，例如突然之间戛然而止的强烈效果。

第二，体语使用的技巧。体语是以人的动作、表情和服饰来传递信息的一种无声语言。在传播中体语表述的内容是丰富复杂的。首语，即点头与摇头包含的意思，前者为肯定，后者为否定，有时它们的应用比语言更生动、传情。手语，即用手所表达的丰富内涵，如手指构成的语言，手势和哑语等，再如握手传递的信息。足语，就是用脚的运动表达的内容，例如跺脚、来回踱步等等。目光语，历来被誉为“心灵之窗”的眼神和视角、视线传递的内容也是很丰富、微妙的。微笑语，是通过不出声的笑所传递的信息，主要由面部肌肉的运动来完成各种复杂信息的传递。姿式语，是人体的动态或静态所表达的信息内容，如鞠躬、立正等等。服饰语，是指通过服装和饰品所传递的信息，也是一种个人素养、爱好和文化品位的显现。

（二）印刷媒介

印刷媒介就是印刷类传播媒介，它是借助大量复制，快速显现的印刷技术而进行的图形和文字传播手段，它可以用于小团体范围和人际传播，但主要属于依赖大规模印刷技术的大众传播手段。它是以文字、图片形式将信息印刷在纸张上所进行的传播。例如报纸、杂志、传单、招贴、书籍等。在公共关系实务活动中以上几种形式的印刷媒介其使用频率是很高的。

1. 报纸。它是以刊登新闻为主的定期出版物。其特点很明显：报纸是整张发排印刷的；通过版面空间的排列，将各种信息高度结合在一起；报纸的新闻资料一般是公布性和告知性的，时间性较强，另外报纸的发行是周期性的。作为具有以上特性的报纸，对公关组织宣传自身形象，是一种非常有力，又十分有效的手段。

报纸的优势是便于选择，便于保存，信息量大，经济实惠。报纸的这些优点使我们至今仍然将其视为公关宣传工作的主要传播媒介。

报纸也有其自身的局限，它属于文字和图形的印刷物，对于一些直观的图形来说，也许使人会一目了然，但是报纸绝大部分的内容是文字符号和规范的图形符号，所以报纸受文化水平的限制，没有识字能力的文盲无法接受报纸媒介的传播。另外，报纸属于静止媒介，没有动感和变化，所以它的生动性和及时性不如广播和电视。在公共关系宣传中，如果是力求生动、逼真、传神的内容，就要考虑选择实物或电子媒介。

2. 杂志。它是以成册装订的形式刊出的定期出版物。杂志的内容含量大，分类排列的内容详尽、全面。杂志的特点也是很明显的，一般说来杂志内容分类清晰，专门性强，对某一方面的信息传播集中、深入，适合专门性研究和信息的获得。另外杂志对于特殊的内容也可以深入分析，专门传播，目标性和指向性也较突出。最后是杂志的资料性、解释性和学术性比一般的媒介更强，更有史料价值。在公关工作中，如果侧重于深入宣传和进行公关理论研究工作，就要注意选择期刊和杂志。

杂志的优势十分明显。由于它成册装订定期出版的传播方式，特别是专业化的信息传播方式使杂志种类繁多，形式多样，同时杂志对于专门的内容可以多方面、多角度传播，内容丰富，针对性强。另外，由于杂志的装订形式，也使它印刷精良，吸引力大。

杂志的局限性主要有两点：一是发行周期长，新闻性弱，时效性差。二是对读者的文化水平要求高，相对价格也较高，这是因为其成本比报纸高。在公关工作中如果是专业性强，要求一定的文化和艺术内容的信息传播，就要选择杂志，如果强调新闻性、快捷性，就应当选择报纸和电子媒介。

3. 传单、图片和招贴。公关工作还要用到一些其他印刷媒介，在印刷媒介中，还有诸如传单、招贴和图片等印刷品，它们具有不定期、不专业、偶然性强和针对性强的特点。

传单：属于单张性的宣传印刷品，内容单一，针对目标集中的内容进行传播，如企业简介、产品说明、产品目录、经营特色、促销宣传品和邮递广告等。

图片：它是通过平面构图传递形象信息的印刷品。具有准确、客观、逼真的特点。适合于直观、快速，醒目地传递公关信息。

招贴：即印刷后的图文单页资料、利用公共场所进行公开悬挂和告贴的传播形式。它是其他主要媒介的辅助手段，有醒目、明确的特点。

（三）电子媒介

电子传播媒介是需要运用专门的电子接收和发送设备来传播信息的传播媒介。它以电波的形式传播声音、文字、图像，运用专门的电器设备来发送和接收信息。电子媒介主要有广播、电视、电影、录音、录像、幻灯、多媒体电脑和网络。在这些媒介中，既有人际传播使用的录音、录像，也有小群体传播使用的影像和幻灯等。更有大众传播使用的广播、电影、电视。网络是一种特殊的媒体，既适合于人际，又适合群体，更适合大众。

1. 广播。广播是指通过无线电波或导线传送声音符号的传播媒介，是最先普及的大众电子传播媒介，它以声音为传送形式，作用于人的听觉器官。

广播的优势在于：传播迅速、覆盖面广；通过口语、音响传播，较生动，有现场感；机动性强、鼓动性大；成本低廉，普及率高。在公共关系及传播活动中，如果要追求短期内的轰动效应，优先选择的媒介应当是广播。

广播的局限性也很突出。首先是它只闻其声，不见其人；其次是稍纵即逝，不便保存；再次是无法选择，检索性差；最后是它顺序播出，无法捕捉重点。

2. 电视。是用电子技术传递声音和活动图像的传播媒介。电视第一次将人的视听结合在一起，在较以往任何传媒都真实的程度上传递信息，它既作用于人的听觉，又作用于人的视觉，是一种较全面的传播方式，比其他媒介更生动、传神、直观、迅速。公关实务活动的首选媒介总是电视。无论在哪一方面，它都是影响最大，效果最好，传播最快的信息传输方式。电视是大众传播的核心媒介。

电视的优势是除网络外其他媒介无法比拟的。它真实感强，结合了图、文、声、色四种因素。其次电视的娱乐性强、可以同步传送，使人有身临其境的参与感。再次电视信息传播快速且真切，并有直观的艺术性。另外电视传媒前途广阔，尚待开发的领域很多，如数字化、立体化等等。

电视的不足之处是它传播的内容稍纵即逝，无法保存；顺序传输，无法选择；更大的局限在于它制作的设备复杂，制作成本昂贵；特别是它不能依靠个人或少数人完成，往往是众多人形成的专门性组织共同协作的结果，这就造成在公共关系工作中选择电视传播媒介，不得不考虑其价格的问题。如果没有一定的资金，就无法选择电视传播媒介。

3. 多媒体电脑和网络。多媒体电脑是指通过增加配置而集印刷媒介和电子媒介功能于一身的电脑。具体说来作用如下：它能够播放 CD 盘、VCD 影碟，通过电视节目接收卡还能直接接收广播、电视节目，还能通过联网传播报纸，期刊，图书资料等内容，从而具有了印刷的功能。不仅如此，它还能直接传播网上广告、文字信息、图片。另外，它还具有人际传播功能，在网上聊天谈生意、交流思想。总之多媒体电脑具有计算机、文字处理机和报纸、广播、电视、电话、录音、录像、传真等多种媒介功能。

Branswodb Gibic 的网络办公

早在 1996 年，一家主管住房贷款业务的美国公司 Branswodb Gibic，将它的主要实体部门从休斯顿搬到了中国南京。它在当地招聘了 200 多名员工，而所面对的 5 万多名客户仍在美国本土。为此，公司从南京铺设了一条直通美国的专用光缆。办公采用电话和因特网，时制同美国一样，每晚 10 点到次日早上 7 点，日常接打电话都用英语——接电话回答客户的问题，打电话提醒客户按期付款。网络办公消除了地域的阻隔，提升了管理效能，将企业内部的 Internet、供应商间的 Extranet、外部的 Internet 三网构成立体化网络，推动企业步入到网络化办公的新时代。

参见范立荣:《秘书国际职业资格培训教程》，海潮出版社，2003 年版，第 343 页。

网络，又称电子网络，它是国际电子计算机互联网络的简称，又叫因特网。这种新媒介是报刊、广播、电视之后的“第四媒体”。它把一台台孤立的计算机联成网络，可以用于连续的电子信息传递，包括电子邮件、文件传递以及个人或计算机群之间的双向传播。它可以实现全球信息高速传递和共享。包括多媒体电脑在内的计算机只是提高了人类处理、存储信息的能力，而计算机的网络化却大大提高了人类交流信息的能力。它使人与人的联系实现真正意义上的交流，而不仅仅是传播。

国际互联网不仅具有报纸、广播、电视等传播媒体的一般特性，而且具有数字化、多媒体、适时性和交互式传递的独特优势。流动在互联网上的信息是有丰富、多样、及时、全球、自由、交互的特点。总之国际互联网是我们传播媒介的最终方向。对于公共关系及传播来说，逐步地纳入互联网传输是一种必然。

4. 电影、录音、录像、幻灯。在公共关系的传播活动中，也经常使用诸如电影、录音、录像、幻灯等传播媒介。

电影是使用摄影机摄制影像，并利用化学冲印手段将影像固定在胶片上、并利用电子放像设备传送的传播手段。由于电影制作手法比较复杂，因此这种传播媒介多用于文化、艺术作品的传播，在公关工作中，较少选用。如果要求制作艺术内涵深刻的公关节目，或者要求进行高清晰度，意境很强的信息内容传递时，才考虑使用电影手段。例如许多制作精致、高档的广告节目是用胶片方式制作的。电影的优势在于取材广泛，无所不包；内容形象、生动、具体、表现手法多样，可虚可实，老少皆宜，雅俗共赏。但其不足在于成本高，程序多，周期长，不便普及。

录音和录像是利用电子录制设备对声音和声像的保留。录音对声音进行录制后，可反复播放；录像也是一种重复播放的传播媒介，只不过它既复制声音也复制图像，在公关实务中常用于实录和重复性内容的传输。例如录像带用处广泛，使用灵活，声情并茂，可以用来现场采集信息，也可以用来接待参观时做资料介绍，宣传讲解。也可以用于闭路电视系统，内部培训业务，给客户提供展示和过程等。再如录音带，有携带方便，操作简单，反复使用，经济普及的特点，它广泛地用于会议重要内容的重复播放，也用于庆典活动和展览活动，以及在销售宣传中制造背景音乐，渲染气氛，播放口号。

幻灯片是将摄影底片制作成底片，用投射仪播放的一种传播媒介，它一直是会议演讲、专题报告、展览说明的辅助手段。在公关活动中，一般不用作主要的传播工具。

（四）其他传播媒介

在公共关系工作中，除了使用语言媒介、印刷媒介、电子媒介，还要用到一些其他的媒介形式，事实上这些媒介和以上三种媒介都有密切的联系，甚至可以属于这三种媒介的组成部分，我们在这里一并作一个大致的介绍。

1. 小众化媒介。即在有限范围内的传输媒介，是专门用来针对小团体的。如有线电视、专业化频道、会员交流内部的信息资料等等。

2. 个人传播工具。如公用电话、个人座机电话、移动电话；另外还有图文传真系统，即凭借电话线路，可将书信、文字资料、图像资料保真传输的传播系统。再如电讯，这是一种经济的电子传播方式，目前内容和形式很多，有社会电话、礼品电报、鲜花电报、生日电报等。在个人传播工具中还有私人信函、卡片，这些都是针对特定对象的。以上几种个人传播工具既有印刷的，也有电子的。

3. 公关宣传品。主要有公共关系刊物，即组织编辑、发行的小报、杂志、通讯和内外传阅资料，它们定期发行，免费分发。还有书籍、小册子。配合特定主题内容编制的文案、影集、画册或宣传手册。另外还有海报、POP 宣传品，主要是用来配合一些活动主题制作的宣传海报、横幅、彩旗、不干胶宣传品等。

4. 图像标识。主要有照片和图画以及标识系列。通过平面构图传递形象、信息。照片比图画更准确、客观、逼真；图画比照片更灵活、更富创造性、想象力和表现力。这些方式适用于公关橱窗展示和展览陈列活动。另外还有标识系列，它是以特殊的文字、图形、色彩的设计构成组织的形象标志，以区别于其他组织和产品。包括商标、徽标、品牌名称，以及在包装、门面、办公用品、运输工具、环境装修、人员装束等，所有这些都传播公关组织的各种信息。

5. 人体活动媒介。人体作为媒介主要指两个方面，一是人体语言，即人的表情、动作、姿态以及服饰等非语言传播，这些内容我们在前面已有所介绍，这里不再复述。二是人的活动。人的行为以及各种活动本身也是一种高效率的、感染力很强的传播手段。如以身作则的行动，诚恳的态度，认真的作风都会传达丰富的信息。在各种公关活动中人体活动传达的内容既是生动的，也是必不可少的。

6. 实物媒体。实物本身也是信息载体，在公共关系活动中也大量使用。它具有与一般符号媒介所不同的特点。例如，产品及其劳务本身就是一种最实在，最可信赖的信息载体，它通过质量、款式传达出最原始的信息。因此产品本身在公关活动中应当是主角，事实上它常常参与展览活动、赠送和赞助活动。另外公关礼品作为带有本组织标识的实物宣传品，也是组织的传播工具，还有象征物和模型，作为传递组织各种观念、管理方式、产品信息的媒介也经常出现在大型的活动中和实物展览会上。

7. 特别活动媒体。在许多创意独特，形式特殊的公关活动中，形象生动的活动过程，也作为媒介传递公关信息。如风筝节中的“风筝”；“锣鼓”节中的“锣鼓”等等，作为特殊的媒介形式维系着公关活动的全过程。

奥运吉祥物公布仪式

2005年11月11日，距离北京2008年奥运会开幕还有1000天，是北京2008年奥运会吉祥物与世界人民见面的日子。中央电视台举办了盛大的歌舞庆典晚会，在会上公布了2008年奥运会的吉祥物——福娃，五个福娃体现了中华民族的特色（熊猫、小鱼儿、燕子、圣火、藏羚羊），欢乐、喜庆、如意、吉祥。取名贝贝、京京、欢欢、迎迎、妮妮，谐音为“北京欢迎您”，吸引了全球十几亿人的眼球。也在这样一个极具纪念意义的时刻，来自甘肃、四川、青海、西藏、新疆、内蒙古、云南、广西、宁夏、重庆、贵州、陕西等12个西部省、市、自治区的百名少年儿童组成了“中国移动·北京2008”奥运吉祥物西部小使者观摩团，共同见证北京奥运会吉祥物发布的精彩瞬间。此外，奥组委还通过邮票、控制信息发布、吸引大众参与等各种手段，实现了大众对吉祥物的极大关注。

如何在一个较长时间里，保持大众对奥运会的持续关注？继奥运会会标、口号等公布于众之后，奥运吉祥物的公布无疑又引发了一场眼球效应，为奥运会开幕前的工作做好了铺垫。在此过程中，奥组委有效地运用了媒体传播、控制和引导信息传播、组织少年儿童观摩、吸引企业支持等各种手段，再一次地吸引了社会关注和支持。

参见熊钟琪：《公共关系教程》，国防科技大学出版社，2006年，第127页。

第三节　公共关系传播的应用

公共关系工作人员要注意研究各种传播媒介的特点，根据不同的公众对象，不同的时间条件，不同的工作目标和传播内容来选用不同的传播媒介，这样才能使所传送的内容达到有效传输，从而能够正确选用传播媒介、完成信息传播的目的。下面分几个方面谈一谈如何在公共关系中正确使用传播及传播媒介。

一、如何进行有效的公关传播

公共关系传播的媒介、手段、方式都不是公关传播的最终目的。公共关系传播是围绕公关效果展开的，能否取得良好的公关效果，带来具体的公关利益是公共关系实务的最高目标。传播行为的效果如何，判断的标准是能否达到传播者的预期目的，即与受传者取得共同认识的程度如何。那么如何才能做到有效传播呢？

（一）创造最好的信源条件

信源即传播者，它是传播行为的起点，是实现有效传播的首要条件。在公共关系传播活动中，传播者的良好形象和可信任程度是传播效果至关重要的因素，传播者的声誉和形象往往和传播信息来源的权威性、客观性和公众对其的兴趣有密切的关系。同时传播者信息源的专业性也起至关重要的作用。除了权威性和专业性外，还有一个信源的知名度问题，即信源非重要的领导人和专业机构的专家学者，而是社会知名人士，包括球星、影星、歌星和社会名流等。

因此，为了提高传播者的有效传播条件，做好公关工作，首先要使传播者具有优秀的品德，较强的能力，美好的形象；其次公关人员作为传播者也要培养自己良好的内在和外在魅力，改善传播条件。最后要有选择地利用社会知名人士的影响和声誉开展公众传播，实现最佳公关效果。

东航因“04-9-21”事件形象受损

2004年9月21日，东方航空公司一架班机，从宁波起飞后不久因机舱内发出焦糊味而临时返航，检查结束后又重新起飞并安全抵达目的地北京。公司采取的安全措施原本是正确的，但由于公司方面没有及时向外界发布权威消息，结果一时间传言四起：“上海至宁波班机坠毁”、“目前已死亡40多人”、“飞机在宁波上空盘旋等待迫降”。

网上也有人表示：“今后如有可能，再也不搭乘东航班机”……

东航形象受损，这是为什么呢?这是因为东航作为一家民航企业，组织主体意识淡漠，在猜测和谣言的危机面前反应迟钝，没有及时向外界发布权威消息。组织不作为，终于使组织形象受损。

参见巴文华:《企业公共关系新编》，中山大学出版社，2006年，第35页。

（二）建立良好的信息条件

如何建立良好的信息条件呢？首先，按信息内容选择合适的表现形式，利用不同形式的特点来表现不同的内容；其次扩大与公众的沟通范围，使传播者按受传者的兴趣来传达信息，产生最大限度的共同语言。最后，是要改进信息内容，针对传播者的特点，注意将信息和受传者的实际利益结合起来，以满足受传者的兴趣，激发其积极性。

（三）认真考查传播对象

所有的有效传播，最终的实现都是以公众是否接受为标志的。一般来说，公众对传播信息是有选择性的。他们往往根据自己的兴趣、思想、习惯、信仰来选取所传递的信息。正因为如此，传播者就要重视公众接受信息的规律，及时改变和调整自己的传播策略。根据公众的需求来确定自己的传播方法和传播内容，以此达到最好的传播效果。

（四）营造良好的传播氛围

传播所存在的场合、气氛对于传播有着极其重要的作用，有时甚至起决定作用。有效的传播之所以实现，一定有这些因素的辅助，我们把传播所依存的这些时间、地点、场合、气氛称之为传播环境。它包括物质环境和社会环境，还有特定的心理环境。我们在公关传播中应当刻意研究传播的人气和传播的时间、地点以及其他社会因素，否则就会因小失大。

（五）学会掌握传播技巧

了解传播和信息接受的规律，准确地把握传播技巧，对于公关人员的公关工作来说是很有效的。因为传播效果与传播技巧密切相关，能巧妙地利用传播的技巧和手段就能起到事半功倍的作用。

（六）要使传播具有感染力

传播感染力就是传播信息对受传者的吸引力，这种吸引力是很神奇的，它能使受传者和传播者达到情感上的沟通和心灵上的交融。要想实现有效传播，必须加强传播过程的感染力，使传播对象在接受传播的过程中，能够通过巨大的感染力来接受传播者的观点与劝说，从而在传播过程中以最短的时间取得最大的传播效果。

二、准确地选用传播媒介

对于形形色色的传播媒介，公关工作者在公关活动中要充分了解各类传播媒介的特点，有针对性地选择传播工具，使传播获得成效。为此，在传播媒介的选择中要注意以下几点：

（一）要充分了解各类媒介的传播特点

要选择适合的传播媒介，从总体上看，应当考察各类传播媒介的覆盖域（传播发挥影响的区域范围）、触及率（触及到传播信息的人数比率）、时效性（传播信息的速度和有效性）、重复率（重复接受信息的次数）、连续性（信息连续传播后所产生的影响和效果）、权威性（媒介的影响力）、效益（传播带来的经济效益）等项指标和因素。具体地看，各类传播媒介因性质、状态不同，传播方式、手段、功能也各不相同，公关工作应根据需要来选择。

（二）恰当地选择各类传播媒介

选择传播媒介要根据适用、有效、经济的原则进行。除了考虑传媒的特点和功能外，还应当考虑传播媒介的发行、影响范围、表现形式、传播对象的接受等因素，特别是不能不考虑费用，它往往起决定作用。

（三）精心组合各类媒介进行有效传播

一般的公关组织都拥有自己的某些或某种传播工具。至少也拥有语言媒介。对于组织来讲，媒介有自用和租用两种形式，这和组织的财力有直接的关系。为了有效，需恰当地将各种媒介有机组合。在公关传播工作中，我们经常采用以下两种方法：

首先是组合运用媒介，既可以在同类媒介中进行，也可以在不同类型的媒介中进行。其次是把自用媒介和租用媒介结合起来，也可以以租用媒介为主进行组合。以上这两种方法根据情况充分发挥各类媒介的优势，争取好的传播效果，使传媒达到优化组合。由于各个公关组织的具体情况和要求各不相同，所以在精心运筹、恰当组合各类媒介时，要注意三个方面，即对同类媒介进行组合使用，如各种不同电子媒介的配合；把不同类型的媒介组合使用，如印刷和电子媒介配合；把自用媒介和租用媒介组合使用，以求经济实用。对媒介组合应用时，要善于筹划，优化组合各种方案，以求少花钱，多办事，完善交流、树立形象。

三、努力完善传播沟通的技巧和方法

良好的传播效果，不仅取决于传播的媒介和技术，还取决于传播者的主体条件、传播的技巧和与传播技巧相联系的其他因素，所以传播效果的好坏和对传播技巧的掌握有着直接的关系。要完善传播技巧才能获得明确的传播效果，才能准确地驾御各种传播的手段，达到预期的目的。

（一）公关传播的基本技巧

公关传播的技巧是指传播者为达到传播目的，在加工信息、制作符号、传递信息的过程中所采用的策略、战术和手段。它是传播者获取效果、达到目的的对策。这种策略主要体现在传播媒介所输送的信息内容的组织上。因为媒介本身没有技巧可言，只有对媒介使用的技巧，而这种使用又是围绕语言展开的，所以我们在这里着重谈一下传播语言的技巧，即在公关传播工作中交往语言的技巧。

第一，要树立良好的传播者形象。传播的“首因效应”在传播中起的先入为主的传播影响力已无须多言，即使是非第一次接触，一个人的外在影响和内在魅力也是左右传播局面的一个重要因素。可以想象一个传播者没有尊重对方的整洁外形、没有让对方信赖的诚挚态度、没有热情而真诚的语言，传播对象就不会被其传播内容打动。因此，建立一个良好的自我传播形象，是传播者实施传播过程的第一步。

第二，要切实掌握交谈艺术。对于交际艺术的掌握，应当从以下几个方面入手。首先是能够具备扎实的语言知识和语法功底，说话不能辞不达意。其次是要有丰富的社会经验，了解不同场合中待人交际的语言规范和礼貌用语。另外就是交谈态度要谦恭和热诚，交谈话题要有新意，能引起兴趣和共鸣，特别要注意的是聆听对方讲话时要表现出尊敬和认真，并及时反应，因为接收信息的态度和反应也是一种传播活动。

第三，准确地把握和处理传播中的“短路”现象。所谓传播“短路”就是出现我们通常所说的话不投机的谈话状态，也就是遇到了拒绝和被拒绝传播的现象，对此要掌握处理技巧，具体的手段有以下几个方面。首先是要实话实说，以诚相待，求得理解。其次是不能含糊其辞，且宜早不宜迟。另外就是无论是拒绝者还是被拒绝者都要讲究含蓄，用委婉的方法处理，不能简单粗野、直接露骨。

第四，培养幽默感对传播至关重要。幽默是充满谈话智慧的一种传播手段。幽默能显示一个人的文化、修养、道德、机智、心理、气质和语言驾驭能力等多方面的综合素养。如何才能使传播具有机智的幽默感呢？首先是培养自己的幽默观念，认识幽默的重要性，在生活中努力捕捉包含智慧的机智的语言充实自己，丰富自己的语言积累，锻炼自己的主观思维。其次，要学会利用仿拟、辩解、渲染、反语、双关、象征、夸张、拟人、对偶、排比、比喻等修辞手段，特别是能自如地使用成语、歇后语、惯用语等熟语词句，达到妙语连珠的幽默效果，激发受传者的聆听兴趣。最后还要注意把握幽默规律，多方使用出奇制胜的意料之外、情理之中的语言逆向表述方法，可得到意想不到的神奇传播效果。

（二）公关传播的主要方法

公关传播的方法多种多样，随着不同的时间、地点和场合的变化，公关的方式方法要灵活机动、随机应变。但是无论多么纷繁复杂的事物都是有规律可循的，和传播技巧相联系的公关传播方法主要有以下几种：

1. 肯定赞喻法

人无完人，但每一个对象一定有值得肯定或者加以褒扬的方面。在传播中，我们无论传播对象是谁都可以采用这种肯定法，或赞喻法，找到对方的闪光之处，和对方形成情感上、乃至理性方面的和谐交流。因为赞喻对方的方法只要出自于真诚都能取得良好的效果，美好的赞喻是对对方价值的一种肯定，会给对方以信心、鼓励和自豪感，这样的氛围中往往能使传播达到默契。

2. 经验说明法。事物发展的前车之辙总是后车之鉴。经验说明的方法就是让事实说话。事实胜于一切雄辩和表白，因为理论总是灰色的，生命之树常青。在公关传播中，采用历史法、经验法、教训法、事实法和现身说法等方法，是效果最直接、可信度最高的一种方法。一般来说有事实印证就要将其他方法放在次要位置，因为事实说话最有力。这也是最受传播对象欢迎的一种方法。

3. 经典引用法。有选择、有针对性地引用名人、名家的名言、名句，或是列举已有公论的经典事例和理论，也是在公关传播中说服对方，增强传播力量的一种有效方法。因为这种方法借助了名人和历史人物在人们心目中的地位的影响力，同时又是带有明确的目的性和显著的倾向性，这样在公关组织宣传自身的形象过程中，无疑会产生一定的引导效应，让对方在相信名人、相信经典的同时，相信和接受传播信息。

4. 重复强调法。并不是说谎言重复一千遍也能成为真理，但是一个信息多次反复地出现，无疑会给受传者留下深刻的印象，从而起到突出和强调的作用。当一个观念被传播者不厌其烦地向传播对象多次灌输后，就会给对方留下条件反射的印象，这样就会产生不用想起、不会忘记的效应。同时反复强调某一主张会促成传播对象对该信息的思索。

5. 幽默巧喻法。这是用隐语或巧妙的形象揭示传播本质内容的一种方法，这种方法由浅入深、由外到内地使传播对象清楚地看到直接明显的可感形象，而且也能从中悟出包含在形象背后的深刻的内涵和潜在的理性和抽象的意义，达到回味无穷的效果。

6. 动乎情，晓于理法。这是指传播者通过使用唤起传播对象感情的方法，从而在感情的驱动下运用逻辑的力量使受传者接受传播者观点和态度的方法。这种方法是一种高层次的传播手段，也是一种综合的传播方法。它将形象和抽象、感性和理性结合起来，以达到让对方心悦诚服地理解和接受传播观点的目的。这历来是传播最有效，也是最根本的方法。如果说别的传播方法还有可能让受传播者产生短期接受的现象的话，那么这种方法导致的传播效果则是永久的。早在2000年前，亚里士多德就主张把感情的呼吁和逻辑的论据两者兼用，这就是所谓“动之以情，晓之以理”。因为动之以情能引起表层认识和态度的改变，晓之以理在已有的表层基础上达到理智传播的顶点，即取得稳定的深层的认识与态度的改变。

7. 分析归纳法。这既是一种认识世界的方法，也是一种传播的根本方法。分析可以通过对事物的分解，让对方看清事物内部的构成和运动规律，从而从本质上相信和接受传播者的主张和观点，但分解后的事物是片面的、局部的，所以在分析阶段的清晰认识后，再通过对各个部分的归纳、结合，从整体运动的意义上解释事物。这样就会让传播对象认识到事物的全貌。这样既有个别，又有一般；既有部分，又有全体；既有局部，又有整体。把传播信息的每一个环节以及它们与整个事物的关系清晰地展现公众的面前，达到对传播内容全方位的接受。

阅读材料

诚信使肯德基再现生机

仿佛一夜间，苏丹红这个陌生的词语突然“走红”，甚至大有谈“红”色变的态势。

很多食品只要沾上辣椒或者辣味，老百姓都在犹豫着、怀疑着。1995年，世界卫生组织的国际癌症研究机构（IARC）就已确定，苏丹红属第三类致癌物质，长期大剂量摄入会增加人体致癌的危险性。正是基于这个因素，我国及许多国家才禁止将其用于食品生产。

这是科学依据，但也不否认这样一个现实：在注重绿色、健康饮食的时代，很多东西被无限放大以防患于未然。这时候肯德基发生了苏丹红事件。很多人开始有节制地离开肯德基食品。但仅仅是那么一小段时间，肯德基依旧生机盎然。在谈“红”色变的时期，消费者为何对肯德基依旧信赖有加，若没有信赖，肯德基不会在北京又开5家店，且今年开店20家的计划没有丝毫变化。

任何结果都是由原因促使而成的。中国百胜餐饮集团总裁苏敬轼说：诚信是百胜集团的生命。在时下，诚信几乎成了每个企业的口头禅，但真正做到像百胜集团以及其旗下肯德基这样诚信的企业并不多。

对肯德基而言，诚信是生命，也是一种系统工程。诚信于肯德基而言，已不仅仅是简单的口头禅，而是文化精髓。

肯德基出现苏丹红事件以后，肯德基没有掩盖，又没有逃避，恰恰相反，它表现出了一种透明般的大度：没有一味埋怨供货商，而是开始自立，并在最快的时间内，把调查结果公布。不遮遮掩掩地去保持透明需要勇气。肯德基具有这样的勇气。公开、透明后，肯德基又做出三项决策：成立现代化的食品安全检测研究中心；要求所有主要供货商添购必要的检测设备；不能坚持食品安全的供货商不能混入供应链。这是举措，也是承诺，这时候消费者能不能信服承诺成了关键。消费者信服肯德基，原因从肯德基隶属的百胜餐饮公共事务资深总监王群一句话中可以找到：“肯德基进入中国市场就一直在强调把住三道关，分别是原材料的质量关、工艺规格关、产品保质关。”

信赖的关键在“一直”的诚信。因为“一直”，诚信才成为积淀，才厚重。只有厚重了，最关键的时候才能“厚积薄发”。没有这样的积累，所谓的透明、承诺举措只能是空谈，因为你没有给人相信的必要理由。

当风过雨停之后，一切变得平静，平静之后的肯德基至少告诉我们一个看似简单却不失深奥的道理：诚信永远不是一个口号。

（参见郝树人：《公共关系学》，东北财经大学出版社，2006年，第156页。）

[材料分析]

宣传媒介的威信对改变公众的总体倾向起着重大的作用。良好的新闻宣传具有广泛性和真实性，易为公众所接受。为此，要开拓市场，灵活地开展经营，扩大影响，赢得声誉，使产品形象在公众的关注和认识中逐步提高，就必须依靠新闻媒介。

思考题

一、简答题

1. 演讲的传播优势有哪些？
2. 召开会议的注意事项是什么？
3. 谈判过程包括哪几个基本阶段？
4. 文字传播的一般特点是什么？
5. 报刊传播的优势和特点是什么？
6. 电子媒介传播的一般特征是什么？
7. 电影的传播优势是什么？

二、论述题

1. 试述口头语言交流的特点。
2. 试述书籍传播信息的特点和功能。
3. 试述电视在传播信息中的优势和弱点。
4. 试述广播在传播信息中的优势和弱点。
5. 试比较照片与图画的异同和应用。

三、案例分析

“新北京、新奥运”

北京申奥的历程是一场全体中国人一起参加的比赛，在比赛的进程中，有欢欣，有悲伤，有挫折，但是，中国人最终赢得了这场比赛。我们回首这次让人牵肠挂肚的申奥历程，看到的是一个完美的形象工程。一次申奥不只是一个城市的胜利，也是一个国家的胜利，一个民族的胜利，同时还是中国策划人对世界发出的一份宣言：中国也是具有世界气魄的策划家！中国的广告界、公关界都值得对这次经典的策划进行一次完整的审视。下面就让我们对申奥的历程来一个全面扫描。

1998 年 11 月 25 日上午，人民大会堂内气氛热烈，北京市人民政府正式向中国奥委会递交了申办 2008 年奥运会的申请书，从此拉开了北京申办 2008 年奥运会的序幕。此后，北京开始扎扎实实、有条不紊地展开申奥行动。1999 年 4 月 7 日，经中国奥委会批准，北京市正式向国际奥委会递交申请书。

1999 年 9 月 6 日，由国家体育总局、北京市人民政府和国务院有关部门组成北京 2008 年奥运会申办委员会，申办大幕正式拉开。在奥申委成立大会上，奥申委开始向全国征集北京申办 2008 年奥运会整体形象和口号的设计方案。

经过专家的反复评审，2000 年 2 月 1 日，在奥申委第二次全体委员会上，通过表决确定了 2008 年奥申委会徽和奥申口号。奥申口号是“新北京、新奥运”，会徽运用奥运五环色组成五角星，相互环扣，同时它又是中国传统民间工艺品——“中国结”的象征，象征世界五大洲的团结、协作、交流、发展，携手共创新世纪。此外，五星似一个打太极拳的人形，以表现中国传统体育文化精髓。同时，北京奥申委网站开通。

2 月 24 日，10 个提出申办的城市代表在洛桑聚首。国际奥委会发放了共设有 22 个问题的“试卷”，涉及六大主题：一是申办的动机和概念；二是政府和民众的支持；三是城市基础设施；四是体育设施；五是后勤和经验；六是财政能力。这是对申办城市的第一次“考试”。北京奥申委对“试卷”进行了认真回答，七易其稿，前后共修改了近 30 遍。6 月 19 日，奥申委赴洛桑向国际奥委会递交了申请报告答卷。

申奥离不开政府的支持。2000 年 5 月 8 日，国务院总理朱镕基在会见外宾时说：“北京市代表中国申办 2008 年奥运会是全国各族人民的共同愿望。中国政府对这次申办十分重视，全力支持，并将从各个方面为北京的申办工作创造良好的条件。”2000 年 9 月 9 日，国家主席江泽民致信萨马兰奇，表示完全支持北京申办 2008 年奥运会。信中说：“我和我的同事们完全支持北京申办。如能在具有悠久文明并且迅速发展的北京举办 2008 年奥运会，无论对奥林匹克运动，对中国乃至世界都具有积极意义。我深信北京市在中国政府和全国人民的支持下，将做出非凡的努力，一定能办成一届高水平的奥运会。”明确表达了官方的态度。

按照国际奥委会确定的申办程序，2000 年 8 月 28 日国际奥委会执委会对 10 个申办城市的申请报告（即 22 个问题的答卷）进行了研究和评估，确定申办 2008 年奥运会的候选城市。北京、大阪、巴黎、多伦多和伊斯坦布尔顺利入围。何振梁表示：“这次入选了，这只是意味着北京申奥第二阶段的开始，北京还要努力。”奥申委秘书长王伟则认为：“真正的角逐刚刚开始。”

自 2001 年 2 月 19 日起，国际奥委会评估团 17 名成员陆续抵京，开始了为期 5 天的考察活动。在此期间，评估团听取了北京奥申委对 17 个主题的陈述，并以此对北京申办的方方面面进行了考察。

在此之前，2 月 2 日，盖洛普（中国）咨询有限公司进行的调查结果显示，

94. 9%的北京市民支持北京申奥。同时，94%的北京市民希望成为志愿者为奥运会服务。在5个申办城市中，北京市民对申奥的支持率最高。

2月24日，国际奥委会评估团举行新闻发布会，表示北京给他们留下了深刻印象。评估团主席说：评估团看到了一个真实的北京，北京申办奥运会得到了政府和市民的强有力支持，提出了一个非常好的比赛规划以及场馆建设方案，并认为申奥将会提高北京人民的生活质量。他表示，经过考察，94. 9%的市民支持率是准确的、真实的。实际上。国际奥委会独立调查的北京支持率是96%，是5个城市中唯一比自己讲的支持率还要高的城市。

5月15日，北京奥申委在瑞士洛桑接到了国际奥委会评估团的报告。报告认为，北京从上次申办以来，取得了巨大的进步，并且指出：北京在所有申办城市当中享有最高程度的民众支持率，超过94%的北京人即1200万人支持北京申奥。北京投资200亿美元的建设和环境治理规划，也是任何一届奥运会所无法比拟的。评估团的报告肯定了北京有能力主办一届令人振奋、环境良好和科技先进的奥运会。

北京申奥得到了国内外的最广泛的支持，这是申奥成功的最坚实的基础。

自从北京宣布申办2008年奥运会以来，北京的广大市民、全国各地和各行各业的人们以及海外华人都通过各种形式表达对北京申奥的支持。2000年5月27日上午，在王府井工美大厦立起申奥倒计时牌。这是北京市民自发设立的第一块申奥倒计时牌。2000年6月1日，奥运畅想少儿绘画大赛在北京举行颁奖仪式；次日，又在长城举行了“我的2008”少儿申奥绘画比赛。6月23日，全国部分寻呼台协办“申奥万人呼”的活动。2001年5月8日，全球华人支持北京申奥联合委员会在德国宣布，以“全球华人心连心，齐心协力申奥运”为主题的支持北京申奥系列活动正式全面启动。2001年6月30日，“北京奥运，炎黄之光——海峡两岸长跑”活动到达终点站北京……

2000午4月29日，著名导演张艺谋出任北京申奥电视宣传片总导演。之后，成龙、杨澜、巩俐、桑兰、刘璇、王治郅等一大批文体明星成为申奥形象大使，成龙还在申奥宣传片中打了一段太极拳。2001年5月1日的“新北京、新奥运”大型演唱会，更是将几乎大陆和港台地区的所有知名艺人“一网打尽”。

北京申奥得到了国内外知名企业的赞助。北京申奥赞助企业共有三种形式：第一种是“合作伙伴”；第二种是“热心赞助商”；第三种没有称号，但每一种都要达到一定的数额。申奥声援团主要由16家“合作伙伴”和13家“热心赞助商”以及另外5家企业组成。如李宁服装，从1992年巴塞罗那奥运会直到2000年悉尼奥运会，都赞助我国运动员的领奖服装；生产农夫山泉的海南养生堂公司决定，每卖一瓶水，就捐献一分钱给奥申委；宝洁公司作为北京申奥的正式合作伙伴，从 2001 年 3 月开始，组织了申奥万人长跑活动，在北京、广州两地举办了 2008 米长绢签名活动，在 6 月 21 日又给北京奥申委捐款 300 万元……

许多外国友人也大力支持北京申奥。2001 年 6 月 23 日晚，世界著名三大男高音歌唱家在紫禁城午门广场联袂演出，在“6.23 国际奥林匹克日”掀起北京申奥活动的高潮。其他还有像著名拳击推广人唐金、乒乓球运动员瓦尔德内尔、短跑名将刘易斯等一大批明星，也都对北京申奥表达了他们的支持。

2000 年 9 月 28 日，一块块奥运城徽标志被陆续安装在北京西单赛特前的广场上，形成一面“北京申奥墙”，长 25 米，高 3.5 米，由五大板块组成，象征世界五大洲和奥运五环。2001 年 3 月 29 日，一组以“新世纪、新奥运”为主题的紫铜浮雕在北京体育馆路亮相……

2001 年 7 月 7 日，北京奥申委代表团离京前往莫斯科，参加最后的“决战”。7 月 9 日，北京申奥展台亮相莫斯科。7 月 10 日，李岚清赴莫斯科。7 月 11 日，王治郅、郎平、黄志红等申奥嘉宾在北京展台前为北京进行宣传。7 月 12 日，北京奥申委举行新闻发布会。7 月 13 日，萨马兰奇宣布，2008 年奥运会将在北京举办。

（参见郑砚农：《北京申奥，公关功不可没》，《公关世界》2002 年第 2 期；姚建平：《北京申奥：政府公关的典范》，《公关世界》2001 年第 11 期。）

案例思考

1. 北京成功申奥过程中运用了哪些公共关系手段和技巧？
2. 北京为成功申奥是如何向世人展示自身的实力形象的？
3. 列举北京申奥过程中运用的传播媒介和传播手段。

第六章　公共关系调查

本章重点

1. 公共关系调查的涵义、意义与原则
2. 公共关系调查的内容范围
3. 公共关系调查的一般程序
4. 公共关系调查的方法

公共关系的工作程序通常分为调查、策划、实施、评估四个步骤。其中，公共关系调查是对公司或组织做形象分析，因此又叫做调查分析；公共关系策划是根据调查的结果对公司或组织的形象进行整体设计，因此又叫做制订计划；公共关系实施实际上实施传播，也就是对公司或组织的计划开展全面实施传播的过程；最后，公共关系评估的任务是对实施过程的结果进行全面的效果评估，也是对组织或公司的形象进行检测评估。这四个步骤又称为“四步工作法”，是被国内外公共关系专家普遍认可的，它们相互衔接、环环相扣。遵循“四步工作法”程序，使公共关系工作走上了计划性、连续性、节奏性和规范化道路。

公共关系调查是“公关四步工作法”的第一步，是组织卓有成效的公关活动的前提和基础。而正确地进行公关调查并取得最佳效果，则需要较高的公关调查技巧，并按照科学的原则、程序和方法去进行。本章主要阐述公关调查的意义、原则、程序、方法、技巧，以及组织形象调查的内容与技术。

第一节　公共关系调查概述

公共关系调查是开展公共关系活动的基础性工作，也是公共关系从业人员需要掌握和应用的公共关系基本方法和专业技能。要想有效地开展公共关系活动，就必须准确地把握自身所处的公共关系状态；而要准确地把握公共关系状态，就必须开展公共关系调查。

一、公共关系调查的涵义和意义

（一）公共关系调查的涵义

公共关系调查是指公共关系工作人员对自己或服务的组织（指公共关系专业公司受特定组织的委托为其进行公共关系调查）的公共关系状态进行的情报搜集与研究工作，即运用一定的理论、方法和技巧，以组织内外部公众为对象，通过收集资料和分析资料，了解组织的公共关系状态，揭示其发展趋势并提出改进措施或意见的一种调查研究活动。

（二）公共关系调查的意义

1. 使组织能够准确地进行形象定位。公共关系调查可以使组织准确地了解其在公众中的形象地位。组织的形象定位是指组织在其公众中形象的定量化描述。通过形象定位，可以测量出组织自我期望的形象与其在公众中实际形象的差距。组织可针对这个差距策划有效的公共关系活动方案，由此也可以大大加强策划的目的性。

2. 为组织决策提供科学依据。公共关系调查的主要任务就是及时地为组织提供决策依据并能有效地预测和检验决策的正确性。要保证组织的决策正确，调查是最好的办法。因为只有通过调查，才能使组织了解公众的要求和愿望，只有在了解公众基础上的决策，只有做出符合公众的要求和愿望的决策并认真实施，才能使组织在公众的心目中树立起良好的形象。

3. 使组织及时地把握公众舆论。公共关系调查可使组织及时地把握公众舆论并适时地做出决策。公众舆论是自发产生的并处于不断扩大或缩小的动态中，它是公众对组织的一种浮动的表层认识。但是，当少数人的观点、态度扩展为多数人的观点、态度，分散的、彼此孤立的意见集合为彼此呼应的公众整体意见，声势尚小、影响甚微的局部意见变成声势浩大的公众的共同反响时，对组织的形象将产生很大的影响。积极的公众舆论有利于组织塑造良好的形象，消极的舆论则有损于组织的形象，甚至会造成形象危机。因此，通过公共关系调查，监测公众舆论，并使组织及时扩大积极舆论，缩小消极舆论是十分重要的。

4. 提高组织公共关系活动的成功率。组织在开展某项公共关系活动之前，必须要对现有的人力和物力条件作充分的调查，必要时还要作现场考察。通过调查，组织对所要开展的公共关系活动的主客观条件有了足够的了解，这样，才能保证公共关系活动有充分的准备和切实可行的计划，并取得好的效果。

5. 有利于塑造组织的良好形象。公共关系活动以传播为手段，为实现组织的特定目标服务。公共关系调查从组织的主观方面来说，以搜集信息为主要目的，但在客观上，开展调查活动要同调查对象进行广泛接触，所以，调查人员也同时向公众传播着组织注重自身形象的信息。恰当的调查本身也会赢得公众对组织的好感。因此，从某种意义上说，公共关系调查本身也是一种传播，也会起到塑造形象的作用。

二、公共关系调查的原则

公共关系调查要为组织提供决策依据，所以调查活动和调查过程应有很强的科学性。为了保证公共关系调查的科学性，调查人员必须遵循以下几项原则：

（一）客观性原则

公共关系调查是为了准确地了解公众对组织形象的评价。坚持调查的客观性是调查人员所应遵循的最重要的原则。调查人员在调查过程中，应从客观实际出发，要注意区分公众的客观态度和主观臆想。公众的客观态度是指调查对象对组织形象的直接感受和评价，而主观臆想则是调查对象对组织形象的一种想象和愿望。在调查过程中，只有把握了调查对象的客观态度，才能对公众的有关评价得出科学、准确的结论。此外，调查人员在调查过程中，切忌主观性，不可随心所欲地给客观事实加入主观猜测的成分，而应随时随地都从客观事实出发，不回避更不掩盖事实。只有这样，才能充分保证调查结果的信度和效度。

（二）全面性原则

公共关系调查的客观性本身就要求调查的全面性。公共关系调查的全面性要求调查人员在搜集调查人员对组织形象的评价时，必须注意搜集各方面公众的意见。这里应注意两点：一是调查对象必须能够代表公众，如果调查对象没有代表性，尽管他们对组织形象的评价是客观的，但这并不能代表公众的整体态度。所以，调查人员必须用严密的科学方法收集所有有代表性的调查对象的客观态度；二是调查所得的资料必须全面，既要有调查对象的正面意见，也要有调查对象的反面意见，既注意到一方面公众的意见，也注意到另一方面公众的意见，并注意各种意见之间的联系，不能一叶障目，不见泰山，以偏概全的调查对组织是十分有害的。

（三）时效性原则

公共关系调查是了解调查对象在某一确定时间对组织形象的评价，调查的结果具有很强的时效性。对一个组织来说，调查所得信息的价值，与提供信息的时间成正比，迟滞的信息会导致组织失去取胜的良机。所以，在调查过程中，调查人员不仅要注意调查信息的准确性，还要注意调查信息传递的快捷性。此外，客观事物总是处在不断运动和变化之中。公共关系的一次调查，只能反映此时此刻公众的态度，这种态度会随着时间的延续而发生变化。遵循公共关系调查时效性原则，有利于组织及时地收集情报并作出果断的决策。

（四）计划性原则

公共关系调查是组织形象管理中的重要一环。组织不可企望通过一次调查获得所有的情报。公共关系调查工作应列入组织的整体运作计划中，使之制度化、规范化。公共关系调查的制度化、规范化不仅可以使组织适时得到有价值的信息，组织还能不断地总结调查的经验，提高调查工作的质量。此外，对一项具体调查工作来说，事前必须要制订一个完整、严密的调查计划，对调查任务及完成任务的人力、物力作出合理的安排；对调查中可能会遇到的各种问题及其对策都要考虑充分。这样，才能保证调查的顺利进行，提高调查工作的效率。

（五）伦理原则

在公众关系调查中，伦理原则是调查人员应当遵循的基本原则之一。在调查过程中，使调查对象受到某种程度的伤害，对调查对象采取欺骗手段，使调查对象处于某种心理压力之下，或是调查人员在进行资料分析时，片面地引用调查事实等，都被认为是非道德的行为。调查人员在调查过程中，既要注意调查的科学性，又要注意调查行为符合道德规范。如果调查人员的行为不道德，就难以取得调查对象的信任，这样，调查结果的客观性、全面性就难以保证，调查人员与调查对象之间的关系，应当是诚实和公开的关系，而绝不是隐瞒和欺骗的关系。

（六）精确性原则

公共关系活动是一项非常复杂的系统工程，成功的活动应该使其中的每一个环节或者子系统都做到天衣无缝。这就要求通过调查与搜集的信息必须首先做到精确无误。在公共关系调查过程中，精确性原则有以下含义：第一，应用统计学的原理规划调查工作；第二，运用相关的数学模型对信息进行科学分析；第三，用具体数字显示或表达调查的结果。

第二节　公共关系调查的内容范围

公共关系调查的内容范围是十分广泛的，它涉及社会组织公共关系状态的种种影响因素。根据公共关系状态的四大影响因素以及社会组织与公众关系现状的认知度、美誉度、和谐度这三大指标项目，大致可将公共关系调查的内容范围区分为以下五大方面。

一、组织自身状况调查

社会组织是公共关系工作的主体，也是公共关系调查的主体。“知己知彼，百战不殆”。社会组织要取得公共关系工作的成功，“知己”乃第一要事。社会组织自身状况调查的具体内容有：

（一）组织基本情况调查

任何公共关系活动的开展都不能脱离社会组织的实际情况，因而也都离不开对组织自身基本情况的掌握。组织基本情况调查的内容，依据公共关系工作的需要，主要可确定为以下几个方面：第一，组织总体情况，如组织的性质、任务、类型与规模，组织的管理体制、机构设置、主管部门等；第二，组织经营情况，如组织的经营发展目标、经营方针、经营战略，组织对社会提供的产品和服务及其特色等；第三，组织荣誉情况，如组织的光荣历史、组织发展史上的重大事件及影响、组织对社会的贡献、组织获得的各种奖励与殊荣的情况；第四，组织文化情况，如组织信念、组织精神、组织的信条、组织的道德规范、组织的文化传统以及组织的名称和各种识别标志等的文化涵义等。

（二）组织实力情况调查

组织实力情况一般指的是组织自身的物资基础和技术力量方面的情况。具体应当调查的有：第一，组织的物资基础情况。如组织拥有的空间、组织拥有的现代设备和设施的情况、组织拥有的现代办公手段的情况、组织拥有的各种附属设施的情况等。第二，组织的技术实力情况。如组织拥有技术人员数量和知识构成情况、组织拥有的科研器材和实验手段情况、组织技术的领先程度。第三，组织的财务实力情况。如组织的固定资产总额、流动资产总额、人均利润率等。第四，组织成员的待遇情况。如组织人员的工资水平、奖金数额、津贴标准、住房面积、劳动保护情况等。

交谈的“十要”与“十戒”

“十要”为：

一要使用文明礼貌语言，如“您好”、“请坐”、“谢谢”、“对不起”、“拜托了”、“给您添麻烦啦”之类的词句。

二要说些对方中听的话，使其高兴，以奠定交谈的心理基础。

三要有幽默感，让对方感到你谈吐高雅，富有风趣，以创造轻松活跃的交谈气氛。

四要有感情色彩，人情味浓，使人乐于接受。

五要使用简明的话语，尽量少用书面语言，使人一听就懂。

六要生动委婉，侃侃而谈，娓娓动听。

七要有新内容，富有吸引力使人听有教益。

八要用谦虚、平等的口气，便于彼此思想感情交流。

九要掌握分寸，说话恰到好处，不要夸大其辞，言过其实。

十要留有余味，订好后约，表示加强联系的愿望。

“十戒”为：

一戒说粗话、脏话，出口伤人，让人感到没教养。

二戒用命令口气说话，使人感到不平等待人。

三戒讽刺挖苦，使对方感到尴尬难堪。

四戒开过火的玩笑，以免伤害对方自尊心，伤了感情。

五戒揭对方伤疤，以免引起不愉快的痛苦回忆。

六戒触及对方忌讳，以免对方不高兴。

七戒涉及对方生理缺陷，以免使对方恼火。

八戒使用对方听不懂的语言，以免妨碍互相沟通

九戒轻诺寡信，以免被人认为不可靠、不可信。

十戒封门，以留有余地。

参见张荷英：《现代公共关系学》，首都经济贸易大学出版社，2001 年，第 315 页。

二、相关公众状况调查

公众是公共关系工作的客体，也就是开展公共关系工作的对象，构成公共关系工作的微观环境。要想获得公共关系工作的成功，除了“知己”之外，更要“知彼”。“知彼”就是要了解、掌握公众的详细情况。具体的调查内容有：

（一）公众构成情况调查

任何一种公共关系活动都很难全面地影响所有的公众。开展公众构成情况调查有利于确定公共关系工作的基本范围和重点对象，避免盲目开展公共关系

工作。公众的构成情况主要包括：第一，内部公众构成情况。如组织成员的数量构成、专业构成、年龄构成、性别构成、角色构成、能力构成、文化程度构成、职称职务构成、需求层次构成、劳动态度构成思想素质构成等等。第二，外部公众构成情况。如外部公众的数量构成、空间构成、特征构成、需求构成、观念构成、与组织结构状态构成、对组织的重要性构成、对组织的依赖性构成等。

（二）公众需求情况调查

社会组织是为人的需要而存在，为人的需要而发展的。社会组织要有效地开展公共关系工作，必须做好对公众需求情况的调查工作，以掌握公众需求信息，不断设法满足公众的合理需要。公众需求情况调查主要涉及两个方面：第一，公众的物质需求情况。如公众对改善物质生活环境的需求，公众对获得优质物质产品需求，公众对获得各种有形服务的需求。第二，公众的精神需求情况。如公众对组织接纳的需求，公众对合法权益的需求，公众对获得满意服务的需求，公众对获得重要信息的需求，公众对获得组织重视的需求等。

（三）公众评价情况调查

任何公共关系工作的开展，必须基于对组织实际社会形象的清楚认识。所谓组织形象，实际上是公众对社会组织各种评价的综合。因而，社会组织开展公共关系调查，必须着重收集公众对组织的评价性信息。公众对组织的评价主要有：第一，对组织产品的评价。如对产品的内在质量的评价，对产品外型的评价，对产品价值的评价等。第二，对组织服务质量的评价。如公众对组织服务项目、服务方式、服务措施、服务水平的评价等。第三，对组织管理水平的评价。如公众对组织管理机构及其办事效率评价，对组织经营创新和管理革新的评价，对组织管理效益的评价等。第四，对组织人员素质的评价。如公众对组织领导人、中层管理人员、专业技术人员、一般员工、公共关系人员及特殊人物的评价等。第五，对组织外向活动的评价。如公众对组织外向宣传活动、社会公益活动的评价等。

三、传播媒介状况调查

公共关系工作的本质是社会组织与相关公众之间的双向信息交流活动，它需要有效地利用传播媒介来进行。而要有效地利用传播媒介来开展公共关系工作，必须以对传播媒介状况信息的把握为基础。传播媒介状况调查的主要范围是：

（一）大众传播媒介情况调查

大众传播媒介是公共关系信息传播的支柱性媒介，它们跨越空间大，影响范围广，传播效率高，深受社会组织的重视。对大众传播媒介情况进行调查的基本内容范围是：第一，大众传播媒介的分布情况。如地域分布情况、行业分布情况、类型分布情况、数量分布情况等。第二，大众传播媒介的功能作用情况。如涉及大众传播媒介功能作用的传播范围、传播内容、传播特色、传播效果、传播者的威信等方面的情况。第三，大众传播媒介所需信息的情况。如一定时期内大众传播媒介的报道中心，新栏目的开辟，编辑和记者需要的内容等方面的现实状况。

（二）专题活动媒介情况调查

在现代社会中，专题活动已成为一种重要的社会信息交流通道，是现代公共关系工作中一种具有特殊作用的信息传播媒介。掌握有关专题活动媒介的情况可以决定组织是否参加某种专题活动，或参考某种专题活动自办有关专题活动。专题活动媒介情况调查的内容主要有：第一，专题活动筹办情况。如某次专题活动是由何种组织机构主办的，将在何时何地举办，拟办活动的主题、内容、规格、规模、参加活动的人数、估计影响等。第二，专题活动效果评价情况。如某次专题活动的经验教训与利弊得失，经济效益与社会效益，主办单位的自我评价，参与活动者的印象，权威人士的看法，局外人士的见解，新闻媒介的报道情况等。

四、社会环境状况调查

社会环境是指与社会组织生存和发展相关联的外部社会条件的总和。社会环境对社会组织的经营发展具有制约作用，同时也对社会组织的公共关系工作具有重要影响。因此，在公共关系工作中，必须重视做好社会环境状况的调查。

社会环境状况调查一般着重以下内容：

（一）基本社会环境状况调查

基本社会环境一般是指社会组织所处的一个国家或地区的政治、经济、文化等因素构成的宏观社会环境系统。基本社会环境状况调查的一般内容范围是：第一，人口环境状况。如现有人口的总数、增长速度、年龄结构、性别比例、地理分布、婚姻状况、教育状况、就业状况、流动状况、国家的人口控制政策与管理措施等方面的情况。第二，政治环境状况。如国家或地区的政治体制及其改革情况，国家或地区的方针政策和法令条规的提出、制定、颁布、实施等方面的情况，以及其他方面的政治性因素存在与变化情况等。第三，经济环境状况。如国家或地区的经济体制及其政策情况，国家或地区的产业结构、分配结构、交换结构、消费结构、技术结构及其调整变化情况。第四，文化环境状况。如国家或地区的民族特征、文化传统、宗教信仰、教育水平、社会结构、风俗习惯、价值观念、生活方式、社会道德规范与精神文明建设等方面的情况。

（二）具体市场环境状况调查

具体市场环境是指与社会组织公关活动相关联的市场因素组成的中观社会环境系统。在现代市场经济条件下，对具体市场环境进行调查，是社会组织特别是企业组织环境状况调查的一项重要课题。调查的主要内容有：第一，市场需求状况调查。如市场容量、社会的购买力、居民的消费结构与消费水平、现有的和潜在的购买人数、近期需求与长远需求及其需求变化趋势、国家是否鼓励某项消费、银行是否贷款支持某类消费等。第二，消费者状况调查。如消费者的总体数量、消费者的构成情况、消费者的消费欲望与购买动机、消费者的偏好及造成消费者偏好的原因等方面的情况。第三，市场竞争状况调查。如市场是否形成竞争态势，竞争对手的生产能力、产品特色、销售政策、服务措施、在消费者中的印象、与中间商和消费者的关系、广告宣传的力度、公关促销的措施等方面的情况。

（三）所属行业环境状况调查

所属行业环境是指由社会组织所在特定行业的各种组织构成的微观社会环境系统。开展所属行业环境状况调查，可以搜集同行组织的信息，把握本行业的发展动向。所属行业环境状况调查主要包括：第一，所属行业基本情况调查。如所属行业各种组织的数量、所属行业的整体发展水平、所属行业在国民经济和人民生活中的地位与作用等。第二，所属行业特定组织情况调查。所属行业特定组织的经营方针、人员素质、技术力量、资金占有、经营管理水平、产品与服务方面的情况、在公众心目中的形象、在同行业中的地位等。第三，所属行业横向协作情况调查。如所属行业各种组织之间的协作意向、协作项目、协作类型、协作可能取得的效果，有无同行组织愿与本组织开展协作等。第四，所属行业竞争对手情况调查。如竞争对手的历史、竞争对手的优势、竞争对手的横向联系情况、竞争对手的公共关系状态、竞争对手的关键技术和关键人物、竞争对手原本已有的竞争对手或合作伙伴等。

五、社会组织与公众关系现状调查

公共关系即社会组织与公众的关系，它是社会组织与相关公众在一定社会环境条件下结成的一种社会关系。社会组织与公众关系的现状，实质上就是社会组织公共关系状态的现有状态，它是社会组织公共关系调查的重要内容。如果说前述有关公共关系状态的四大影响因素状况的调查是一种分立项目调查的话，那么，这里所讲的社会组织与公众关系现状的调查则是一种综合项目的调查。社会组织与公众关系现状调查的具体内容，可根据公众关系的三大指标项目确定为：

（一）认知度调查

认知度是衡量社会组织与公众关系现状的一个重要指标。它表明一个社会组织在社会公众中的影响大小，说明一个社会组织为社会公众关注的程度。认知度由两大维度构成：一是知晓度，即一个社会组织为社会公众知晓的广度；二是熟悉度，即一个社会组织为社会公众知晓的深度。在公共关系调查中，对认知度的调查可以区分为两个方面：

1. 知晓度调查

知晓度调查侧重反映一个社会组织的名声在多大范围内为多少社会公众所知晓，其主要的调查内容包括三项：第一，相关公众的总体数量；第二，相关公众的区域分布情况；第三，一定区域的相关公众中知晓公众的数量。通过这些方面的调查，便可测算出一个社会组织在某一区域内的知晓度。其计算公式为：

社会组织在某一区域内的知晓度＝（某一区域内知晓公众数/某一区域内公众总数）×100%

2. 熟悉度调查

熟悉度调查侧重反映社会公众对社会组织不同内容层次的各种因素的认识情况。根据公众对社会组织认识内容层次由低到高也即由不够熟悉到很熟悉的一般顺序，熟悉度调查的内容则涉及公众对社会组织名称、所处地理位置、行业归属、规模档次、发展历史、取得业绩、所具交换物、组织领导人、个性概念、深层文化等多方面的熟悉情况。通过对这些不同层次的认识内容为公众熟悉程度的调查，即可把握社会公众对社会组织有多深的认识，或社会组织的哪些方面在社会公众中有多大的影响。

（二）美誉度调查

美誉度是衡量社会组织与公众关系一个具有决定性意义的关键指标。一般来讲，一个社会组织要获得社会公众的赞誉，必须具有符合社会公众需要的优良的组织行为及行为结果，否则，就不可能获得社会公众的赞誉。因而一个组织获得公众赞誉的程度,实际上就决定了一个社会组织与公众关系现状的性质。美誉度从某种意义上讲，它是社会公众对社会组织的行为及行为结果的一个评价性指标，因此，对美誉度的调查一般要通过态度测量方式来进行，且往往同认知度的调查和测度结伴而行。可以这样认为，美誉度即指对社会组织具有一定认知程度的公众中，对社会组织持好感、信任、欢迎、赞赏态度人数的百分比。其计算公式为：

社会组织在一定区域内的美誉度＝（一定区域内对社会组织持赞赏态度的公众人数／社会组织在一定区域内的知晓公众人数）×100%

美誉度调查也可以区分为不同的具体内容，一般来讲有以下几个方面：第一，公众对组织理念的赞誉程度。如对组织经营宗旨、经营价值观、经营哲学的赞誉程度等。第二，公众对组织行为的赞誉程度。如对组织的行为机制、行为规则、行为模式、行为过程、行为结果的赞誉程度等。第三，公众对组织视听标识的赞誉程度。如对组织名称、组织标志、组织标准色、组织标准字、组织广告、组织特定歌曲和音乐的赞誉程度等。第四，公众对组织产品的赞誉程度。如对产品设计、产品质量、产品功用、产品价格的赞誉程度等。第五，公众对组织服务的赞誉程度。如对组织服务方式、组织服务保障体系、组织服务的完备性和方便性、组织服务的环境、组织服务的态度、组织服务的绩效的赞誉程度等。

（三）和谐度调查

和谐度也称协调度，它是衡量社会组织与目标公众关系现状的一个重要指标。这一指标的重要性在于：第一，它是对前述公共关系状态四大影响因素状况调查以及认知度和美誉度调查在较高程度上的一种概括；第二，它能比较综合地反映社会组织与公众关系的互动特性；第三，它能较好地说明社会组织公共关系工作的协调目标。和谐度调查一般涉及利益协调、目标协调、态度协调、行为协调等多种内容，并且涉及社会组织与公众之间的“交互式”调查问题，这就决定了其调查内容的复杂性。就公众对社会组织的取向讲，具体调查内容可分为：第一，公众对社会组织态度赞同的情况。如公众中对社会组织经营观念、经营政策、经营措施、经营发展目标等持支持、中立、反对态度公众的比率等。第二，公众与社会组织情感亲和的状况。公众对社会组织存在的冷漠、敌视、怨恨等情感障碍的状况。第三，公众为社会组织做言语宣传的状况。包括宣传的次数、宣传的性质、宣传的力度等。第四，公众与社会组织行为合作的状况。如公众对组织融资的合作状况、公众对社会组织产供销和技术合作的状况、公众对社会组织产品与服务的接纳情况，以及公众对社会组织采取其他特殊行动的状况等。

就社会组织的公众的取向而言，具体调查内容则包括：第一，社会组织对公众合理需求的承认情况；第二，社会组织对公众合理需要的满足情况；第三，社会组织对公众意见和合理化建议的接受采纳情况；第四，社会组织与公众的情感沟通情况；第五，社会组织对公众或公益事业给予和赞助情况。在公共关系调查中，和谐度的调查要将行为记录、事实调查和态度测量三者结合起来进行，方能有效把握社会组织与公众关系的协调状况。

通过“三度”的调查，便能掌握社会组织与公众关系的状态，即组织形象的级别，这就为公共关系活动提供了依据。

第三节　公共关系调查的一般程序

公共关系调查是一种社会组织的公共关系现象进行科学考察的科学认识活动，它必须根据人的认识过程和认识规律，科学安排运作程序。所谓公共关系调查的程序，一般地讲，指的是对社会组织客观存在的公共关系现象进行科学调查的基本过程。具体地说，它是根据人的认识过程和认识规律而确定的几个具有严密逻辑关系的和最佳运作效率的实施阶段。公共关系调查的一般程序可以分为以下五个基本阶段：

一、调查准备阶段

调查准备阶段是公共关系调查的基础阶段和首要环节。公共关系调查能否达到满足公共关系工作所需公共关系信息的要求，在很大程度上取决于调查准备阶段的工作内容与工作质量。调查准备阶段的工作内容主要包括三项：

（一）确立调查任务

公共关系调查的内容范围是十分广泛的，公共关系工作中所需的公共关系信息也是千头万绪的，任何一次公共关系调查都不可能包罗万象。况且公共关系调查的具体内容总是由社会组织公共关系工作的具体目标、具体对象、具体内容和具体要求规定的，它也没有必要面面俱到。如果眉毛胡子一把抓，不仅会使公共关系调查没有重点，没有针对性，而且会使公共关系信息的冗余度增加，影响人们对公共关系现象的正确认识。正因为如此，公共关系调查应该首先确立调查任务。也就是说，在公共关系调查实施前，公共关系调查者要通过对社会组织面临的现实的公共关系问题的探讨，根据社会组织公共关系工作对公共关系信息的实际需要，确立具体、实在的公共关系调查任务，使公共关系调查真正做到有的放矢。

（二）开展调查设计

调查任务的确立，实际上是对整个公共关系调查研究工作提出了所要达到的目标。目标提出后，怎样去达到这一目标便成为公共关系调查者所要思考的一大问题。公共关系调查是要使人们对公共关系现象的认识从模糊转变为清晰，使人们对公共关系状态的认识从不确定到确定，因此靠蛮干是不行的。要有效地完成公共关系调查的任务，首先必须进行周密的公共关系调查设计，而不是急于到社会环境中去搜集资料。公共关系调查设计的任务较多，主要包括调查课题设计、调查指标设计、调查样本设计、调查问卷设计、调查过程设计、调查方案设计等。其中一个完备的调查方案应包括八项内容：第一，调查的目的、意义和研究课题；第二，调查研究范围和分析单位；第三，研究类型和调查方式；第四，调查对象的选择方案或抽样方法；第五，调查内容、调查指标和调查项目；第六，调查的场所、时间和进度；第七，调查所需的经费和物质手段的计划与安排；第八，调查人员的选择、培训和组织。调查方案的设计必须全面考虑这些问题。

（三）准备调查条件

公共关系调查在考虑到社会组织公共关系工作的实际需要的同时，还必须以一系列的条件作保证。因此，准备调查条件也是公共关系调查准备阶段的一项重要工作。调查条件主要涉及三个方面：一是人员条件。公共关系调查的人员条件不仅包括数量要求，而且包括知识、能力、素质等方面的质量要求，社会组织要根据本次公共关系调查的需要，有针对性地开展调查人员的培训工作。二是经费条件。公共关系调查活动需要经费的支持，要做好经费预算，确保经费到位。三是物质条件。公共关系调查往往需要一些物质技术手段的支持，如录音机、录像机、摄像机、摄影机、电话机、电传机、计算机等，这些都应尽量做好准备。

二、资料搜集阶段

资料搜集阶段也称为具体调查阶段，是整个公共关系调查过程中最为重要的阶段。公共关系调查能否按照调查准备阶段所确立的调查任务的要求和所设计的调查方案的规定有效地进行，关键是看资料搜集阶段或曰具体调查阶段的实施情况。资料搜集阶段的主要任务有两项：一是实际搜集资料，二是争取多方支持。

（一）实际搜集资料

资料搜集阶段是公共关系调查唯一的现场实施阶段。因此，根据公共关系调查方案的要求，采取各种调查方法，实际搜集各种资料是资料搜集阶段的根本任务，资料搜集阶段的其他工作都要围绕这一根本任务的完成来进行。在公共关系调查中，搜集资料的方法是多种多样的。根据搜集资料方式的不同，可以划分为直接搜集和间接搜集；根据搜集途径的不同，可以划分为正式途径搜集和非正式途径搜集；根据调查者的显隐特征的不同，可以划分为公开搜集和秘密搜集等等。但无论采用上述哪一种资料搜集方式，都始终离不开以下搜集资料的基本方法，即科学观察法、询访调查法、问卷调查法、量表测量法、文献调查法等，公共关系调查者必须熟悉且灵活运用。公共关系调查中所要搜集的资料可分为两种，一是原始资料，二是现成资料。原始资料也称为第一手资料，即调查者深入现场实地调查所搜集的资料，它是公共关系调查资料搜集的重点。现成资料也称为第二手资料，即经过他人搜集、记录或业经整理的资料，有时为了减轻调查负担，避免重复劳动或校核原始资料，也要适当搜集一些现成资料。在公共关系调查过程中，无论搜集何种资料，也无论采用何种方法搜集资料，都应以保证资料的真实、准确、全面、丰富为原则。

（二）争取多方支持

资料搜集阶段是公共关系调查者在一定的社会环境中与被调查者正式接触的阶段，是公共关系调查者接受种种外部因素制约而无法完全控制自己的工作进程的阶段。为了确保资料搜集工作的顺利进行，真正搜集到真实、准确、全面、丰富的资料，公共关系调查者必须有效协调各种关系，争取多方支持。具体的工作内容有：第一，要协调好与被调查者的关系，努力争取他们的支持与合作。在公共关系调查中，被调查者不是消极的被反映，而是能动的被反映。每一个被调查者在接受调查中，也在对调查者进行“调查”，并根据自己的“调查”结论来决定对调查者的态度和与调查者的合作程度。因此，调查者必须特别重视协调好与被调查者的关系，求得被调查者的大力支持与通力合作。第二，协调好与那些和被调查者有关的组织及人士的关系。这是公共关系调查实施过程中的一支不可忽视的力量，他们有可能影响和阻碍调查者向被调查者采集信息，也可能支持与帮助调查者向被调查者采集信息，甚或还可能向调查者提供被调查者的有关信息。因此，调查者很有必要协调好与他们的关系，争取他们的积极支持与具体帮助。

三、整理分析阶段

整理分析阶段也称研究阶段。它是运用科学的方法，对资料搜集阶段搜集得来的各种调查资料进行提纯、整序，并加以分析、研究的信息处理过程。整理分析阶段是公共关系调查从感性认识到理性认识的飞跃阶段。它不仅能为解答社会组织的公共关系问题提供理论认识和客观依据，而且能为公共关系理论的发展做出贡献。整理分析阶段的主要任务有两项：一是整理调查资料，二是分析调查资料。

（一）整理调查资料

一般来说，经过资料搜集阶段从现场搜集得来的调查资料具有三个特点：第一，这种资料多是原始状态的资料，它们真伪不分，良莠并存，真实度和准确度都有待于确认；第二，这种资料多是零乱无序的资料，内容分散，形式各异，有序度和完整度都比较低；第三，这种资料多是平列粗糙的信息资料，它们无主次，冗余性强，概括度和有效度都比较低。因此，靠这样一些调查资料很难清晰地测度社会组织的公共关系趋势。因此，经过资料搜集阶段搜集得来的公共关系调查资料，必须进行细心的整理。公共关系调查资料的整理是公共关系调查资料分析研究的基础性工作，是公共关系调查从调查阶段过渡到研究阶段、由感性认识上升到理性认识的一个必经的中间环节。公共关系调查资料整理的工作内容主要包括：第一，按照真实性、准确性、完整性、标准性的要求对调查资料进行审核；第二，按照科学性、实用性、渐进性、相斥性的原则对调查资料进行分类；第三，按照条理化、系统化、精练化、规范化的要求对调查资料进行加工。

（二）分析调查资料

公共关系调查资料的整理，解决了公共关系调查资料的表层次和形式上的某些不规范、不实用的问题，为公共关系调查资料的利用打下了较好的基础。但是，要使公共关系调查资料中的某些重要信息充分显现出来，以作为社会组织公共关系工作的依据，单纯对公共关系调查资料进行整理是不够的，还要对公共关系调查资料做出科学的分析。公共关系调查资料的分析是指调查者运用一定的科学分析方法，对公共关系调查资料的内容进行深度加工的过程。这一过程所运用的分析方法很多，一般可以概括为定性分析方法和定量分析方法两类。在这一过程中，调查者可以通过对已经整理的公共关系调查资料进行由此及彼、由表及里、由浅入深的测算、比较、推理、判断，发现隐匿于大量的调查资料之中的某些重要信息，揭示隐藏在大量的调查资料背后的某些关键问题，并以此提出社会组织公共关系工作的若干对策措施，形成公共关系调查的科学认识成果。公共关系调查资料的分析是公共关系调查的深化和提高过程，公共关系调查能否真正出成果，以及公共关系调查的成果究竟具有多大的作用，在很大程度上取决于这一过程的工作。

四、报告写作阶段

在公共关系调查中，当完成了调查资料的整理分析后，一般还要写作调查报告。所谓调查报告是指用以反映公共关系调查所获得的主要信息成果或初步认识成果的一种书面报告。它是公共关系调查成果的集中体现，也是公共关系调查成果的重要形式。通过调查报告，调查者可以将调查过程中获得的信息成果和认识成果集中地表现出来，以方便社会组织的领导者或公共关系部门的负责人参考利用，使他们免去全面查阅所有原始信息资料之累，有利于将公共关系调查成果尽快地应用于公共关系科学运作过程中，求得公共关系科学运作的良好收效。调查报告写作实质上是公共关系调查者对调查所获信息资料的一种高级处理工作过程。这一过程的具体工作内容包括：第一，综合分析经过审核和加工处理的信息资料，确定调查报告的主题；第二，全面汇集有关信息资料，概括出相应事物存在与变化的一般情况；第三，综合研究相关信息资料，提炼出有关观点；第四，选择有关信息资料，具体地说明社会组织公共关系工作中应注意的有关问题等等。

写作一个好的公共关系调查报告，不仅能体现公共关系调查者的调查能力和写作水平，而且能体现出公共关系调查的重要价值和巨大作用。因此，公共关系调查必须按照一定的要求，认真写好调查报告。第一，确保调查报告内容的客观性和真实性。在调查报告中，确保调查报告内容的客观性和真实性是最起码的要求。这一要求的实质涵义，是调查报告写作必需以调查所获得的信息资料为依据，包括要以信息资料为依据提炼观点，要以信息资料为依据说明问题等，决不能弄虚作假。第二，确保调查报告体例的系统性和完整性。系统性是指调查报告的内容体例应有系统，能全面地且合乎逻辑地安排和表述；完整性主要指调查报告的形式体例应当完备，一般来讲，应包括题目、目录、概要、正文、结论、建议和附件等要件。第三，确保调查报告表述的准确性和便读性。调查报告的语言表达与一般文体的表达有所区别，它主要要求准确、便读。准确指行文要把握分寸，恰到好处地将事实表达出来；便读即指行文要简洁朴实，通俗易懂，无须拐弯抹角，装饰美化。

五、总结评估阶段

总结评估阶段是公共关系调查的最后阶段。在公共关系调查过程中，公共关系调查者经过精心策划准备、广泛搜集资料，并对资料进行认真的整理分析，可以说已经付出了艰辛的劳动，取得了实际的成果。至此，公共关系调查便要转入总结评估阶段。总结评估阶段是公共关系调查的一个必不可少的重要步骤。通过总结评估，公共关系调查者至少可以取得三种新的收获：第一，可以了解到本项公共关系调查的完成情况如何；第二，可以了解到本项公共关系调查所取得的成果怎样；第三，可以了解到本项公共关系调查的经验教训何在。总结评估的内容较多，通常集中于以下两个方面。

（一）评估调查成果

评估调查成果主要是指评估调查成果的价值。评估调查成果的价值一般通过两个指标来进行，一是调查成果的学术价值，二是调查成果的应用价值。在学术价值方面，主要应对公共关系调查所提供的事实资料和数据资料的完整性、真实性、可靠性等做出客观的评价，以及对所提出的理论观点和研究结论的科学性、合理性、创新性等做出客观的评价。在应用价值方面，一般要根据公共关系调查成果被采用的情况、公共关系调查成果对公共关系科学运作的实际指导作用和所取得的实际效益来做出具体的评价。评估调查成果从参与评估者来看，大致有四种情况，即调查人员自评、成果应用者评估、同行专家评估、组织领导评估。公共关系调查工作应尽可能实施上述的四种评估，或者有上述四类人员参加的综合评估。评估的具体方法则有多种，定性的、定量的、集中的、分散的、面对面的、背靠背的等等，都可选择使用。

（二）总结调查工作

总结调查工作实际上是对整个公共关系调查活动的工作过程和有关情况进行回顾检讨。其内容主要包括：第一，公共关系调查工作的完成情况。如，是否按时完成了调查任务，是否真正达到了调查目的，是否需要补充调查或重新调查等。第二，公共关系调查所取得的经验教训。如，本次公共关系调查的成功之处和不足之处有哪些，公共关系调查各阶段取得的工作成绩和具体收获有哪些，公共关系调查的目的、任务、范围、过程的确定是否妥当，公共关系调查的条件、方法、手段是否合用等。总之，总结调查工作主要是为了积累成功经验，吸取失败教训，为下一步的公共关系调查工作提供参考与借鉴的依据。

第四节　公共关系调查的基本方法

所谓公共关系调查方法，是指用以保证公共关系调查目的得以顺利实现的途径、方式、手段、措施等。公共关系调查方法对于公共关系调查任务的顺利完成具有重要的作用。

公共关系调查方法是多种多样的，可以从多角度、多方面进行分类。基本的分类主要有两种，即基于调查对象范围变量的分类和基于资料搜集方式变量的分类。

一、基于调查对象范围变量的分类

基于调查对象范围变量的分类，是指固定其他变量，而以调查对象范围变量作为依据的公共关系调查方法分类。依此，公共关系调查方法可以区分为普遍调查、抽样调查、典型调查、重点调查、个案调查五种方法。

（一）普遍调查

普遍调查简称普查，又称为全面调查或整体调查。它是指公共关系调查者对调查对象总体中的全部单位逐一地、全面地进行调查，以搜集有关总体对象情况信息的公共关系调查方法。普遍调查有着许多类型，按照调查的范围，可分为大范围普查和小范围普查；按照调查的时间性，可分为常规普查和快速普查；按照调查的方式，可分为发送调查问卷的普查和填写统计报表的普查等。普遍调查的主要作用是对社会组织的某一公共关系现象的一般情况做出全面的、准确的描述，其主要目的是在于把握某一公共关系现象的总体情况，得出具有普遍意义的结论。普遍调查有着自己的一些特点，其优点在于：第一，普遍调查获得的公共关系信息资料全面、准确，精确性和标准化程度均较高；第二，由于普遍调查是对所有的调查对象进行全面的、无一例外的调查，因此，通过汇总和归纳可以得到具有很高概括度和普遍适用的调查结论。普遍调查的缺点在于：第一，普遍调查对调查对象总体内的各单位都要逐一调查，因而它所需要的人力、物力、财力和时间均较多。第二，普遍调查不可能对每一个调查对象都进行深入细致的调查，因此，它的调查项目较少，资料缺乏深度。在社会组织的公共关系调查中，普遍调查一般限于在调查对象总体规模不大的情况下采用。对于调查对象总体规模较大的社会群体，一般社会组织往往不具备进行普遍调查的能力。

（二）抽样调查

抽样调查是指公共关系调查者借助于一定的抽样方法从调查对象总体中抽取一部分单位作为样本进行调查，并以从样本那里获取的信息资料来推论调查总体一般状况的公共关系调查方法。抽样调查是为既保持普遍调查的优点又克服普遍调查的缺点而创立的一种新型调查方法，其目的是从许多“点”的情况来概括总体“面”的情况。与普遍调查相比，抽样调查具有许多优越性，这就是：由于抽样调查只是对调查对象总体中的一部分单位作具体调查，因而调查费用低、调查进度快、调查项目多、调查精力相对集中，这样，一方面可相对容易地获得内容丰富且准确度高的资料，另一方面其应用范围也相对较广。进行抽样调查的关键在于抽样，其基本过程有三：第一，界定研究总体和调查总体，建立抽样框；第二，设计和抽取样本；第三，多样本进行评估。抽样方法主要有概率抽样和非概率抽样两种。概率抽样主要指调查对象总体内所有单位具有相同的被抽作样本的概率的抽样方法。其操作方法有：简单随机抽样、等距随机抽样、分层随机抽样、整体随机抽样、多段随机抽样等。非概率抽样则是指调查对象总体内所有单位不具有相同的被抽作样本的概率的抽样方法。其操作方法有：偶遇抽样、主观抽样、配额抽样、滚雪球抽样等。抽样方法的不同和所抽取的样本的容量大小都对抽样调查的结论具有重要影响，调查者在调查中必须高度注意。

（三）典型调查

典型调查是调查者从调查对象总体中选择有代表性的少量单位作为典型，并通过对典型的调查来认识同类公共关系现象的本质及其发展规律的调查方法。典型调查的认识过程是从抽象到具体，从特殊到一般。它的主要作用在于通过少量典型来真实迅速地了解调查对象全局的情况。典型调查的优点在于：调查少量典型，其时间、人力、物力、财力占用较少；可以细致地剖析某一具体调查对象，调查内容比较深入、全面；调查的具体方式和实施过程都比较灵活。典型调查的缺点是：选择典型易受调查者主观意志左右，很难避免主观随意性；典型的代表性和结论的适用性难以用科学的手段准确测定；典型调查局限于定性研究，难以进行定量研究。典型调查的关键是选择好典型，也就是选择那些具有代表性的单位。因此，它要求调查者对调查对象总体有比较全面的了解，并以实事求是的态度来选择典型。

（四）重点调查

重点调查是调查者从调查对象总体中选择具有某种集中特性，对全局具有某种决定作用的少量单位作为具体调查对象，并通过对这些具体调查对象的调查来掌握调查对象总体的基本情况的调查方法。重点调查的目的是通过对具有某种集中特性的少量具体调查对象的调查来迅速掌握一定范围内对全局具有决定性影响的事物和现象的情况。其优点在于：具体调查对象的确定比较容易；调查比较省时省力；调查结果可反映全局情况。其缺点是：适用范围较小；调查项目较少且缺乏广度；一般只能作定量调查，用于掌握调查对象的数量状况。

（五）个案调查

个案调查也称个别调查，它是为了了解或解决某一特定的问题，对特定的调查对象所进行的深入调查。个案调查的目的是通过深入“解剖麻雀”来描述各个“点”的情况。其优点在于：首先，个案调查的调查单位少，能作详尽深入的了解；其次，个案调查的具体方式灵活多样，能搜集全面、完整、系统的个案资料；再次，个案调查时间安排较长，适用于边调查边研究，对个案做出具体诊断。个案调查在公共关系调查中主要适用于：第一，了解某一特定公众对象的形成和发展过程；第二，具体详细地分析公众对象的行为方式与社会组织公共关系工作之间的关系；第三，了解某些独特因素或事件对公众特定行为的影响；第四，具体研究某一特定公众对象对社会组织的需要、动机、兴趣；第五，开展对特别重要的人物研究。个案调查一般按确定个案、登记立案、访问案主、搜集资料、分析诊断五个步骤进行，通常通过现场观察或深入访谈搜集调查资料。在个案调查中，值得特别注意的是个案调查的具体调查对象属于个别的案主，对其所作的调查只能反映个案的具体情况，不能用于推论其他个案和公众的一般情况。

二、基于资料搜集方式变量的分类

基于资料搜集方式变量的分类，是指固定其他变量，而以资料搜集方式变量作为依据的公共关系调查方法分类。照此，公共关系调查方法可以区分为科学观察法、询访调查法、问卷调查法、量表测量法、文献信息法等几种主要类型。

（一）科学观察法

科学观察法是指公共关系调查者根据一定的调查目的和调查任务的要求，亲临现场，具体观察调查对象的行为表现和所处状态，以搜集所需公共关系信息资料的公共关系调查方法。科学观察法有多种类型，根据观察者是否参与被观察者的活动，可分为参与观察与非参与观察；根据观察内容是否有统一设计的有一定结构的观察项目和要求，可分为结构观察和无结构观察；根据观察对象所处环境特征状态，可分为自然状态中的观察与人为情境中的观察等。在实际的公共关系调查中多种调查方法可以综合使用。科学观察法大多是在观察对象没有察觉的情况下进行的，因此调查结果比较客观。但采用往往只能了解被观察者的表面现象和行为活动，而不能看出其内部特征，尤其不能发现被观察者的内心世界，了解他们的行为动机、态度、打算等，因而调查深度显得不够。

（二）询访调查法

询访调查法是公共关系调查中常用的信息资料搜集方法之一，它是指公共关系调查者根据一定的调查目的和调查任务的要求，通过向调查对象提问、与调查对象交谈而搜集所需的公共关系信息资料的公共关系调查方法。询访调查法按其所采用的信息媒介与手段区分，可分为面谈询访、书面询访、电话询访、电子邮件询访等；按其有无固定的询访内容结构区分，可分为有结构询访和无结构询访；按其询访意图的隐显性区分，可分为公开的询访和隐秘的询访；按一次询访的人数的多寡区分，可分为个体询访和集体询访。各种询访方法各有长短，各具利弊，有一定的适用范围。如，面谈方法主要适用于较为复杂的信息的搜集，可对各种相关因素做细致的了解，但这种方法花费时间多，对询访者的语言表达能力和综合分析能力要求高，还需要询访者具有一定的临场经验和丰富的相关知识。因此，究竟采用哪种方法，应根据具体情况确定。一般来说，搜集简单的、时间性强的信息资料，以电话询访为好；搜集涉及面广、深度要求高的信息，则以面谈为佳；涉及不便当面谈的内容信息，则以书面询访为宜。

（三）问卷调查法

问卷调查法是指由公共关系调查者向调查对象提供问卷并请其对问卷中的问题作答搜集所需的公共关系信息资料的公共关系调查方法。问卷是用于搜集信息资料的一种重要工具，它的形式是一份精心设计的问题表格。问卷依其问题的构成特点可分为封闭式问卷和开放式问卷两种。封闭式问卷的提问是在提出问题的同时，还给出若干个备选答案，要求被调查者选择其中一个或几个作为回答；开放式问卷的提问是只提出问题，不提供具体答案，而由调查者自由填答。此外，问卷还可依发送方式分为邮寄问卷和送达问卷两种。从问卷的结构来看，一般地说，各种问卷往往都包括封面信、指导语、问题、答案、编码等几个部分，其中问题和答案是问卷的主体。在问卷的设计过程中，关键是要设计好问卷的问题和答案。问卷调查法有着许多不同于其他调查方法的特点，其优点在于：可以节省时间、经费和人力；具有较好的匿名性，有利于搜集真实的信息；所获得的信息资料便于定量处理和分析；可以较好地避免调查者的主观偏差，减少人为误差。其缺点在于：回收率一般较低；不适于对文化水平低的人作调查；由于被调查者填写问卷时调查者一般不在场，因而所获得的信息资料的质量往往难以保证。尽管如此，问卷调查法却不失为现代公共关系调查的一种科学规范的调查方法。

（四）量表测量法

量表测量法是指公共关系调查者根据一定的调查目的和调查任务的要求，借由测量量表对调查对象的主观态度和潜在特征进行测量，以搜集公共关系信息资料的公共关系调查方法。量表是适用于较精确地调查人们主观态度和潜在特征的调查工具，它由一组精心设计的问题构成，用以间接测量人们对某一事物的态度、观念和某一方面的潜在特征。人的态度、观念和潜在特征都具有隐匿性和模糊性，有时连自己也难以发现或进行精确地描述，因而，调查人们的态度、观念和潜在特征并非易事，尤其以直接的方式很难达到目的，这就需要采取量表测量法这种间接的方式。量表也具有多种类型，按其测量内容分，主要有态度量表、能力量表、智力量表、人格量表、意愿量表、人际关系量表等；按其作用分，主要有调查量表和测验量表；按其设计方式和形式分，则有总加量表、累积量表等。公共关系调查者可以根据不同的目的、要求，结合实际情况选用。

（五）文献信息法

文献信息是指公共关系调查者根据一定的调查目的和调查任务的要求，通过对现有文献的搜集来获取公共关系资料的公共关系调查方法。文献是指以文字、图像、符号、声频、视频等为主要记录手段的一切知识载体。根据文献的物质载体和记录技术的不同，可把文献分为手书型文献、印刷型文献、音像型文献、缩微型文献、机读型文献五种；根据文献的加工程度及在信息交流过程中作用的不同，可把文献分为一次文献、二次献、三次文献等；根据文献的编写方法和出版方式的不同，可把文献分为图书、期刊、报纸、政府出版物、会议文献、科研报告、学位论文、专刊文献、档案和内部资料等。文献中包含社会组织公共关系工作所需要的信息资料。利用文献信息法搜集公共关系信息资料，具有简单、快速、节省调研费用、不受时空限制等特点，尤其适用于对历史资料和远程区域信息资料的搜集。它既可作为一种独立的调查方法运用，也可以作为实地调查等方法的补充。利用文献信息法进行公共关系调查一般有两个特定步骤：一是文献载体的采集，二是信息资料的摄取。文献载体的采集主要可以采用借阅、购买和交换等方法来进行。信息资料的摄取则分为两条途径：一是通过浏览、阅读各种文献，从有关文献中摘取信息资料；二是通过检索工具从有关信息文档中查检信息资料。在当今社会，由于计算机技术和通信技术的飞速发展，人们已能通过高速信息网络检索各种文献信息资料，这可以说是文献信息法在当今社会的有力延伸和巨大进步。

阅读材料

长城饭店的日常调查

北京长城饭店是 1979 年 6 月由国务院批准的全国第三家中外合资合营企

业。1983年12月试营业，是北京6家五星级饭店中开业最早的饭店，是北京第一座玻璃大厦，北京80年代十大建筑之一。随着改革开放的深入发展，北京新建的大批高档饭店投入运营，饭店业竞争日益加剧。长城饭店之所以能在激烈的竞争中立于不败之地，成为京城饭店的佼佼者之一，除了出色的推销工作和优质服务外，饭店管理者认为公共关系工作在塑造饭店形象上发挥了重要的作用。

一提到长城饭店的公关工作，人们立刻会想到那举世闻名的里根总统的答谢宴会、北京市副市长证婚的95对新人集体婚礼、颐和园的中秋赏月和十三陵的野外烧烤等一系列使长城饭店名声鹊起的专题公关活动。长城饭店的大量公关工作，尤其是围绕为客人服务的日常公关工作，源于它周密系统的调查研究。

长城饭店日常的调查研究通常由以下几个方面组成。

（一）日常调查

1. 问卷调查。每天将表放在客房内，表中的项目包括客人对饭店的总体评价，对十几个类别的服务质量评价，对服务员服务态度评价，以及是否加入喜来登俱乐部和客人的游历情况等等。

2. 接待投诉。几位客务经理24小时轮班在大厅内接待客人反映情况，随时随地帮助客人处理困难、受理投诉、解答各种问题。

（二）月调查

1. 顾客态度调查。每天向客人发送喜来登集团在全球统一使用的调查问卷，每日收回，月底集中寄到喜来登集团总部，进行全球性综合分析，并在全球范围内进行季度评比。根据量化分析，对全球最好的喜来登饭店和进步最快的饭店给予奖励。

2. 市场调查。前台经理与在京各大饭店的前台经理每月交流一次游客情况，互通情报，共同分析本地区的形势。

（三）半年调查

喜来登总部每半年召开一次世界范围内的全球旅游情况会，其所属的各饭店的销售经理从世界各地带来大量的信息，相互交流、研究，使每个饭店都能了解世界旅游形势，站在全球的角度商议经营方针。

这种系统的全方位调研制度，宏观上可以使饭店决策者高瞻远瞩地了解全世界旅游业的形势，进而可以了解本地区的行情；微观上可以了解本店每个岗位、每项服务及每个员工工作的情况，从而使他们的决策有的放矢。

综合调查表明，任何一家饭店，光有较高的知名度是远远不够的，要想保持较高的“回头率”，主要是靠优质服务，使客人满意。怎样才能使客人满意呢？

经过调查研究和策划，喜来登集团面对竞争提出了“宾至如归方案”。计划中提出在3个月内对长城饭店上至总经理，下至一般服务员进行强化培训，不准请假，合格者发证上岗。在每人每年100美元培训费基础上另设奖金，奖励先进。其宗旨就是向宾客提供满意的服务，使他们有宾至如归的感觉。随着这一方案的推行，饭店的服务水平又有了新的提高。

（参见国英主编:《公共关系与现代礼仪案例》，机械工业出版社，2004年，第234页。）

[材料分析]

当今社会已经步入了信息时代，信息对于一个企业来说至关重要。企业的决策离不开信息，而信息质量的高低又直接影响着企业决策的好坏。那么，企业应如何去获得高质量、高精确度的信息呢?最重要的一点，就是企业应高度重视和开展周密系统的调查研究工作。从公共关系的工作过程来看，公共关系始于调查研究，只有收集了大量信息，汇集了大量的资料和事实，才能进行有效的公共关系活动。长城饭店在这方面为我们提供了成功经验。长城饭店在信息来源、采集方式、如何处理等方面都有自己的特点，形成了一个全方位的信息系统。信息的收集不仅仅局限于每天住宿的客人身上，而是注意到了信息在空间上和时间上的发展变化。在立足于全市、全国、全世界范围的信息采集与分析的同时，对全年、半年、月、日等不同时段的情况都加以监测，形成了全方位立体交叉的信息网络，既保证了信息来源的广度，又保证了信息的时效性和正确性，从而保证了较高的科学预测能力和科学决策能力。所以，在竞争日益激烈的市场经济条件下，企业要生存、要发展，就要重视日常的公关工作，重视信息的收集与整理，重视调查研究。

思考题

一、名词解释

1. 公共关系调查
2. 抽样调查
3. 个案调查
4. 问卷调查
5. 普遍调查

二、简答题

1. 简述公共关系调查的意义。

2. 试述公共关系调查的内容范围。

3. 试述公共关系调查的一般程序。

4. 试述公共关系调查的方法。

三、案例分析

先搞清楚这些问题

有一家宾馆新设了一个公共关系部，开办伊始，公共关系部就配备了豪华的办公室，漂亮迷人的公关小姐，现代化的通讯设备……但该部部长却发现无事可做。后来，这个部长请来了一位公共关系顾问，向他请教“怎么办”，于是这位顾问一连问了以下几个问题：

“本地共有多少宾馆?总铺位有多少?”

“旅游旺季时，本地的外国游客每月有多少，本地游客有多少，港澳游客有多少？国内外地游客有多少？”

“贵宾馆的‘知名度’如何?在过去二年中，花在宣传上的经费共多少?”

“贵宾馆最大的竞争对手是谁?贵宾馆潜在的竞争对手将是谁?”

“去年一年中因服务不周引起房客不满的事件有多少起,服务不周的症结何在？”

对这样一些极其普通而又极为重要的问题，这位公共关系部部长竟张口结舌，无以应答。于是，那位被请来的公共关系顾问这样说道：“先搞清这些问题，然后开始你们的公共关系工作。”

（参见张岩松：《公共关系案例精选》，中国社会科学出版社，2006 年，第53 页。）

案例思考

1. 你是如何理解公关顾问的“先搞清这些问题，然后开始你们的公共关系工作”这句话的?公共关系调查对组织有何意义和作用?

2. 公关顾问所提的五个问题体现了公关调查的哪些内容?

第七章　公共关系策划

本章重点

1. 公共关系策划的含义、意义与原则
2. 公共关系策划的程序与方法
3. 公共关系策划的创意技法

公共关系理论的奠基者爱德华·伯纳斯曾说："我们是经过审慎的考虑后才使用策划这个词的。在我们的社会里，有着无以计数的利益集团和传播媒介。要解决协调、信息传播和说服等问题，只有通过策划这种途径才能取得有效的成果。"[①]通过调查与情报分析，确定公共关系问题之后，必须设计解决问题和利用机会的方法。这就要求我们在制定战略决策的基础上，进一步研究与确定行动计划。它包括将调查获得的情报运用于组织的政策和计划的制定过程中，确定直接涉及和影响组织各种利益的公众对象、公关战略、程序和目标。这一步骤既是公关策划的过程，是公关运作的升华，是公关程序的核心，也是公关成败的关键。西方管理学者认为，策划是与决策紧密相连的，在本质上是一种运用脑力的理性行为。

公共关系活动的中心内容——有效的沟通，应该建立在一个完善的计划基础上，因此计划是公共关系活动成功的关键。制订公关计划的过程，就是公共关系策划。

① 转引自周晓红：《走向社会的名片》，中国社会科学出版社，1993 年，166 页。

第一节　公共关系策划概述

一、公共关系策划的涵义

要理解公共关系策划的涵义，应先从策划讲起。“策划”一词从字面上解释，即深谋远虑的规划，或深思熟虑的计划，也叫谋划。策划的思想源远流长，从原始人捕猎挖陷阱就有了策划思想的萌芽。随着社会的发展，竞争的日益激烈，策划就越来越受到人们的重视。可以说人类社会的发展史，就是人类进行策划并实施策划的历史。策划在本质上讲是一种运用脑力的理性行为，所有的策划都是关于未来的事物，它以未来的目标为指南，以现有的信息资料为依据，就是用什么方法、在何时何地、用何人去实现那个既定的未来目标。

公共关系策划，是策划理论在公共关系中的具体运用。其中一方面包括了公共关系理论的成分，另一方面也包括了策划理论的成分。概括地说所谓公共关系策划，就是公共关系人员为塑造社会组织形象或改善社会组织环境这一根本目标，在分析整理现有信息的基础上，遵循科学的原则和方法，凭借自身的知识和经验，充分发挥创造力和想象力，设计出旨在影响特殊公众行为的最佳方案的过程。公共关系策划包含着四个基本要素：策划主体（公共关系人员）、策划依据（信息）、策划方法（手段）、策划对象（公众）。公共关系策划也有其特定的内涵：第一，策划具有一定的目的性，而且是组织的目的性。第二，策划必须基于对现实情况的了解；第三，策划有一个研究分析的过程；第四，策划是一个制定行动方案的过程。只有具备了上述四点，才能称之为公共关系策划。

二、公共关系策划的特征

为了增强公共关系策划的科学性，有必要认清公共关系策划的性质。作为公关工作程序的一个重要环节来分析，公共关系策划具有以下特性：

（一）综合性

公共关系策划是一门综合性学科，它需要掌握和运用诸如运筹学、决策学、心理学、控制学、系统论等多方面的知识。尤其是现代策划被视为一项知识密集、技术密集、人才密集的高新技术产业，策划者只有充分利用现代科学技术成就，采用现代科学技术方法，才能策划出适应社会潮流的公共关系活动。

（二）创造性

公共关系策划的思维过程是一种创造性的思维。公关人员必须遵循公共关系和策划理论的基本原则，努力打破传统思想观念的束缚，追求标新立异，别具一格，开拓一种全新的境界，使公关活动不断发出耀眼的光芒，给公众留下难忘、深刻、美好的印象。求同只能是模仿与跟随，求异才能有创新与超越。全球首富、微软公司总裁比尔·盖茨的成功经验已受到全球的瞩目，在他的取胜之道中，最重要的是他把公司定位在不断创新上，在这种定位策略的思想指导下，不断地超越过去，创造了辉煌成就。

（三）目的性

公共关系策划具有明确的目的性。每一次策划活动都是为了达到某一个或几个明确的目标。或为了提高组织的知名度，或为了提高组织的美誉度，或是为树立组织的整体形象，或是为了树立产品的形象。没有目的的策划是不存在的，策划本身就是一种把无序变成有序、把混乱变成条理的过程和活动，把握了目的性原则，组织在战略设计、具体操作上才有一个明确的目的，或者说很强的针对性。

（四）弹性

公关策划方案应具有一定的弹性，以便随着环境的变化适时调整。要使策划方案富有弹性，首先，方案不能繁琐冗杂。繁琐冗杂会限制执行者的主动性和创造性。其次，方案的执行切忌生搬硬套。公关方案是行动的指南，而不是绝对套用的东西。否则，一旦情况有变，执行者就会感到措手不及或无所适从。有弹性的策划方案是成功的保证，没有弹性的方案往往是导致失败的陷阱。

（五）可行性

在公共关系策划的过程中，没有什么最佳方案，只有最合适或最满意的方案。这里所强调的就是策划方案应该是可操作，具有实践意义的。

（六）超前性

公共关系策划要考虑的问题很多，环境又是瞬息万变的，针对环境的多变性，公共关系策划就必须超前。公共关系策划是一项立足于现实，面向未来，对未来发生的公共关系事件过程的谋划活动，把握未来的公共关系活动过程是公共关系策划的重要特征之一。需要注意的是，超前性是对现实的一定限度的延伸，不是脱离现实，凭空想象的游戏。

三、公共关系策划的作用

由于公共关系策划在公共关系工作程序中处于核心的地位，发挥着承上启下的功能，其作用就显得特别重要。围绕公共关系工作的特性，公共关系策划的作用大致包括以下四个方面：

（一）公共关系策划是公共关系活动中最高层次

公共关系活动可粗分为三个层次，即初级、中级、高级。初级公共关系活动是指接待、布置、召集一般会议，进行日常联络等工作；中级公共关系活动是指需要有一定的主动性、创造性的活动，如新闻采编、广告理论、问卷设计与分析等；高级公共关系活动即公共关系策划，凭借公共关系人员丰富的专业知识、实践经验与创造思维，构思并推出有影响的公共关系活动。公共关系策划通常也分为三个层次。总体公共关系战略的策划即策划的最高层次，涉及组织的公共关系方针；专门公共关系活动的策划是针对某方面的专题活动开展的，是总体公共关系战略的实施和细化；具体公共关系操作的策划则是对那些为了完成某一公共关系的活动，推行某一公共关系方案而进行的具体策划。

（二）公共关系策划集中体现了公共关系的价值

公共关系策划是公共关系价值的集中体现，公共关系活动是连续不断的过程，在重大情况下，不搞公共关系策划是绝对不行的。公共关系策划最集中、最明显地体现了组织在危难关头公共关系所起的作用。世界上公共关系活动开展得好，认知度、美誉度高的组织，主要在于公共关系策划的多次成功。

（三）公共关系策划使公共关系运作产生质的飞跃

公共关系策划是公共关系运作中的飞跃。大量的调查工作、基础工作，通过策划加以提炼升华，设计出新的形象，再将形象传播到公众心目中去，要经过一系列从无到有、从旧到新、从分散到系统的形象塑造过程，不经过飞跃，公共关系目标就无法实现。对任何社会组织来说，从日常活动到专题活动，从量变到质变，从序曲到高潮，都离不开策划。

（四）公共关系策划是公共关系竞争的法宝

公共关系竞争是组织竞争的重要组成部分，公共关系竞争，就是组织形象的竞争、组织实力的竞争。竞争日益加剧，对任何社会组织来说已不再是“人无我有”的问题，而是要做到“人有我优”、“不求唯一，但求第一”、“欲与天公试比高”的境界，不断出新，因此公共关系策划是组织在竞争中取胜的法宝。

四、公共关系策划应遵守的原则

所谓公共关系策划的原则，即是指导我们进行公共关系策划的思想认识基础和行为规范准则。在公共关系策划的实践中，我们应去遵循这些从千百次公共关系策划的经验和教训中总结出来的原则，使之成为我们进行有效公共关系策划的行为依据和思想指南。公共关系策划的基本原则包括下列五点：

（一）组织利益和公众利益兼顾的原则

公共关系是一种协调组织和公众的双方利益、最大限度地实现双方利益的管理艺术。兼顾组织和公众双方的利益是一条公共关系的根本原则，也是公共关系策划的根本原则。在现代社会，组织和公众是彼此依存的一个整体，任何有损公众利益的策划，都是为组织的事业设置陷阱。因此，组织的公共关系策划必须在活动目标上考虑公众的利益，在策划的方案上体现公众的利益，在实施过程中落实公众的利益。把是否兼顾公众的利益，作为评价公关策划成败的重要标准。

（二）公共关系策划与组织整体计划相一致的原则

公共关系人员应清楚地认识到，策划是在组织整体计划的约束下进行的。所策划出的行动方案应纳入组织的整体计划，并与组织的整体计划相一致。否则，与组织的整体计划相悖，再好的行动方案也只能是一种空想，再好的策划也是劳而无功。所以，公共关系人员在进行策划时，应遵循所策划的行动方案与组织的整体计划相一致的原则。

（三）真实性与艺术性相统一的原则

公共关系策划是一门充满智慧的学问，策划的核心是谋划，要成功地改变组织形象，在坚持客观真实的基础上，公关人员要讲究策划的技巧和艺术，通过丰富的联想和巧妙的组合来设计公共关系活动。既对事物进行多侧面、多内涵的审视，又要不囿于一端，善于辩证，敢于变通，要做到在不同事物的联系点上巧妙思维，奇妙构思，只有坚持真实性与艺术性统一，才能获得新知，使策划有突破性成果。

公共关系之父艾维·李倡导“说真话，讲实情”、“公众必须被告知”原则。这也是公共关系活动的一条最基本的准则。公众作为公关活动的诉求对象，有权利知晓与其正当利益相关的组织信息。任何社会组织都不能隐瞒事实真相，更不能弄虚作假，欺骗公众。1986 年，前苏联切尔诺贝利核电站发生核泄漏，新闻媒介在事故发生 3 天后才对外发表正式消息，此前各方猜测不断，人心惶惶，西方国家对之纷纷责难，影响极坏。前苏联政府不仅因为核泄漏蒙受了重大损失，其国际形象也受到了严重损伤。1988 年澳大利亚墨尔本第 11 届公关世界联盟大会上，一位前苏联教授作了题为《切尔诺贝利核电站事故以来的两年》的报告，报告中他沉痛地总结了切尔诺贝利的教训——违背了尊重客观事实的原则，事发后公布消息过晚，致使人们产生“前苏联政府是不顾公民死活的政府”的坏印象。“切尔诺贝利”已成为过去，但忽视“公众必须被告知实情”的公关行为仍不鲜见，有的组织甚至借公关做幌子，混淆视听，欺瞒公众，其结果是骗得了一时，骗不了一世。骗人者最终都脱不了以害已而告终的下场。

参见熊钟琪：《公共关系教程》，国防科技大学出版社，2006 年，第 147 页。

（四）独创性与连续性相统一的原则

严格说来，不会有两个完全相同的公共关系策划。这是因为，不同组织的主体客体条件不一样，就是同一个组织其自身条件和环境也是在不断变化的。所以，公共关系策划必须具有一定的独创性。公共关系人员要根据社会条件的变化、公众心理状况的变化、组织内部的变化进行新的策划，使之不仅与自己的组织过去的活动有所不同，更要与竞争对手的策划有所不同，使组织策划的活动能够先声夺人、标新立异，取得更好的效果。如同写文章一样，千篇一律是公共关系策划的大忌。只有具备创新性，才能使公关策划具有生命力，每一次策划必须是一次创造性劳动。值得注意的是组织的形象并不是靠一两次成功的活动就能得到迅速改善并保持不变的，组织的形象效果具有一定的累积性，也就是说公众是通过多次参与对组织形象的评判，才建立起对组织较为确定的评价。因此，公关人员在进行公共关系策划时，不仅要考虑本次活动的独创性，还要考虑本次活动与前后活动的连续性，使独创性和连续性统一起来。只有坚持公共关系策划的独创性和连续性的统一原则，才能更科学地进行公关策划。

（五）计划性与灵活性相统一的原则

经公共关系策划所形成的行动方案，将列入组织的整体计划中，构成组织整体运行计划中的一部分。因为行动方案涉及组织各方面工作的协调，涉及人、财、物的配备，具有较强的计划性，所以，行动方案一旦确定，在通常情况下，是不能轻易改变的。只有这样，才能保证整个行动方案得以贯彻执行。但是，由于组织的主观条件和外部环境随时都在发生变化，公共关系人员在策划时，应使所选定的行动方案中有充分的回旋余地，针对可能发生的变化，考虑灵活的补救措施，使所策划出的行动方案具有一定的灵活性。只有使所策划的行动方案既具有较强的计划性，又具有一定的灵活性，坚持公共关系策划的计划性和灵活性相统一的原则，才能保证策划目标的实现。

第二节　公共关系策划的程序与方法

按照英国著名公共关系专家弗兰克·杰夫金斯（Frank Jefkins）提出的策划公共关系工作方案的六点模式（即（1）评价现状；（2）确立目标；（3）确定公众；（4）选择传播媒介和方法；（5）预算；（6）估价结果），结合卡特利普和森特的“四步工作法”，我们拟将公共关系策划程序定为：（1）确定目标；（2）设计主题；（3）分析公众；（4）选择媒介（5）经费预算；（6）审定方案；（7）形成策划书。本节将分析公共关系策划的程序与方法。

一、公共关系策划的程序

公共关系策划的程序一般包括确定目标、设计主题、分析公众、选择媒介、预算经费和审定方案、形成策划书七个步骤。

（一）确定公共关系工作的目标

将公关调查阶段收集的信息进行加工整理，从中找出有价值的信息进行汇总分析，针对组织形象现状，开展有关组织形象的研究，然后在此基础上确定公共关系工作的目标。

公共关系工作的具体目标的确定是公共关系策划的前提。公共关系工作的具体目标是与调查分析中所审定的问题密切相关的。一般来说，需要解决的问题往往就是公共关系工作的具体目标。公共关系工作的具体目标是公共关系策划的现实依据，它既有别于公共关系总目标和组织的总目标，又要与这些总目标相一致，为这些总目标服务。

公共关系目标实际上就是社会组织通过公共关系策划和实施所希望达到的状态和标准。它是指导和协调公共关系工作的依据，同时也是评价实施方案效果的标准。

1．公共关系目标的类型

按照组织的不同发展时期，公关目标可分为以下四种：

（1）建设型目标。在组织的初创阶段或某项产品、服务的初创、问世阶段，组织要通过开展有效的公关活动，引起媒体和各方面公众的关注，使公众对该组织及其产品、服务产生兴趣，提高组织的知名度或其产品、服务的知名度，进而取得目标公众的信任与了解，为组织塑造良好的社会形象。

（2）维系型目标。在组织顺利发展时期，为了维系组织已享有的声誉，稳定已建立的良好关系，保持组织与公众的沟通，加深理解，增强信任感，组织应对公众进行强化宣传，采取一些持续不断的传播方式，对公众施以不知不觉的影响，保持一种潜移默化的渗透力。

（3）矫正型目标。在组织的公共关系严重失调，组织形象受到严重损害的时期，为了调节纠纷、处理危机、化解敌意、改变偏见，组织应在弄清危机发生的原委后，有针对性地矫正组织行为，以获得公众的重新评价，使坏事变好事，向好的方面扩大自己的知名度，重塑组织形象。

（4）进攻型目标。在组织有了一定的基础，需要乘势拓展事业，或是组织发生"形象"危机的时候，为了摆脱被动局面，开创新局面，组织应抓住有利时机和有利条件变换决策，采取以攻为守的战略，制定事业拓展的新目标，主动开辟新的有利于组织发展的环境和机会。

2．确定公共关系目标应注意的问题

公共关系目标是公共关系策划的依据，可分为以下两点：

（1）要做到目标明确、具体。所谓明确，是指目标的内容要清楚、明晰，不能让人们产生多种理解或误解。具体是指可操作性，具有确定的内容和要求。那些大而无当的目标使人无从着手，势必流于空泛，没有任何实际意义。

（2）目标的确定要有可行性和可控性。可行性是指提出的目标要切合实际，不能脱离现实，既不能好高骛远，也不能目标过低。可控性是指确定的目标应有一定的弹性，留有一定的余地，在出现意外情况时能够随机应变。

（二）确定公共关系活动的主题

公共关系活动的主题是对活动内容的高度概括，是整个公关活动的"灵魂"，它对整个公共关系活动起着重要的指导作用。主题设计得如何，将直接关系到公共关系活动的成效。

公共关系活动的主题表现形式可以多种多样，它可以是一个口号，也可以是一句表白或陈述。无论是口号，还是表白、陈述，在拟定时，都应对公共关系目标、信息个性、公众心理给予充分的考虑。

1. 根据公关目标，确定活动主题。公共关系活动的主题必须与公共关系目标相一致，以充分表现目标。也就是说，公共关系活动可有不同的主题，但都是围绕着组织目标而开展的，都体现着公共关系目标。

2. 用来表达公共关系活动主题的信息要简明、新颖、独特、亲切、中肯，能够突出本次活动的特色，给人留下深刻的印象。

3．公共关系活动主题的设计要适应公众心理的需求，做到雅俗共赏。

（三）确定公关活动的对象

任何一个社会组织必有其特定的公众，任何一次公关活动都是针对特定的公众而开展的。不同的组织由于性质任务不同，它所面对的公众也不完全一样，这就需要分析公众，确定哪些公众是主要公众，哪些公众是次要公众，各类公众的信息接受能力与方式是怎样的，以便有针对性地拟定活动主题，选择适当的传播媒介和方法，提高公关活动的绩效水平和实现目标的能力。

确定公众一般分为两个步骤：

1. 明确公众的权利要求。公共关系在本质上是一种互利的关系。一个成功的策划必须考虑到互利的要求，因而在策划时，必须明确公众的权利要求，将其作为策划的依据之一。

2. 对公众形象的各种权利要求给予分析与概括，找出哪些是公众的普遍要求，哪些是公众的特殊要求，哪些与组织的理念和发展目标是相一致的，哪些与组织的理念和发展目标是不一致的，从而分出轻重缓急，区别对待，确定公关活动的对象。

（四）选择传播方式

为了有效地实现目标，在制订计划时还必须对传播方式进行选择。选择传播方式包括选择传播时机、传播类型、传播渠道和传播媒介。

传播时机有时是可以预先选定的，有时却是偶发的，公关人员必须善于捕捉。

不同的主题，需要采用不同的传播类型。按照公关活动的功能划分，公关类型有矫正型、防御型、进攻型、维系型、建设型五种。按照公关活动的工作方式划分，公关类型有宣传型、交际型、服务型、社会型、征询型五种。

为了最有效地实现公关活动目标，必须选择最佳传播渠道。传播渠道包括人际传播、群体传播和大众传播。

选择传播媒介应遵循以下原则：

1. 根据公共关系工作的目标、要求来选择媒介，充分发挥其特有的功能。如果组织活动的目标是为了提高知名度，那就选择具有广泛性的传播媒介；如果活动目标是促销某一产品，且该产品有明确的适应人群，就可以通过人际传播与群体传播的方式来进行。

2. 根据不同对象来选择传播媒介。要想使组织信息有效地传达给目标公众，就必须考虑到他们的经济状况、受教育程度、职业、生活方式及接受信息的常用方式等等。

3. 根据传播内容来选择传播媒介。每种传播媒介都有其鲜明的特点和一定的适用范围。选择媒介应将组织信息内容的特点和不同媒体的长处结合起来。例如，内容简单的信息应选择广播、电视、互联网等电子媒介；而内容比较复杂，需要反复思索的信息，最好选择报纸、图书、杂志等媒介，可以仔细品味，慢慢研读。

4. 根据经济实力来选择传播媒介。社会组织的公共关系活动经费一般都很有限，传播媒介的现代化程度越高，费用也就越大。因此，公共关系策划应量体裁衣，恰当选择媒介。

（五）经费预算

进行公共关系活动经费预算，既可从财力上保证公共关系工作的顺利开展，又可为以后评估公共关系工作取得的效益提供科学的依据。

1. 公共关系活动经费的构成

公共关系活动经费通常包括以下几大类：

（1）劳务费用。包括公共关系工作人员、外聘的公关专家的工资、奖金和各种补助，礼仪人员、名人嘉宾以及临时聘用的工作人员的劳务费等。

（2）办公费用。包括房租、电费、保险费、维修费、折旧费、接待费、交通费、办公文具费、通讯费用等。

（3）器材费用、包括购置的摄影设备与材料费、工艺美术器材费、视听器材费、展览设备及展品费等；

（4）实际活动费用。如广告费、赞助费、交际活动费、专项调研费、宣传品制作费、纪念品的购置费等。

2. 公共关系活动经费预算的方法

对公关预算进行成本概算是最理想的。实际上，公关经费预算有多种多样的方法。常用的方法有：

（1）固定比率法。是按照一定时期内经营业务量的大小来确定预算的一种方法。经营业务量既可按销售额计算，也可按利润额计算。这种方法主要适用于企业，通常按其年度销售总额抽取一定的百分比作为年度公关预算经费，这种方法只能匡算出年度公关活动经费的总额，因此，只适用于年度公关预算。如，某公司的全年销售额为 1 亿元，按 1%的比率提取全年的公共关系费用，则总经费为 100 万元。该公司现需举办一次大型公共关系活动，且确定这项活动的比重为全年公共关系活动计划的 15%，那么，此次活动的总金额即为 15 万元。这种方法的突出优点是便于计算、简单易行；缺点是最佳比率不易确定，缺乏弹性，难以满足特殊需要。

（2）目标先导法。即先确定公共关系活动所期望达到的目标，制定出公关项目计划，然后将各项公关活动项目费用详细列举出来，核定单项公关活动预算，最后将年度内各个公关项目汇总使可得出今年公关预算经费总额。同时还应准备一定比率的风险基金，以备偶然事件发生时，能够留有适当的余地。这种方法的优点是目标明确、项目具体，具有主动性和伸缩性，可以根据公共关系活动的自身需求和环境变化进行预算，便于充分发挥策划者的主观能动性。因此，策划者往往将此种方法与其他方法结合使用。

（3）随机分摊法。如果预算的制定不用仔细分析的方法，而是根据项目负责人或公关部主管的经验来决定，便称随机分摊法。这只适用于一些小型企业或小型公关活动。

（4）平均发展速度预测法。即运用历史资料计算出公关经费实际开支总的发展速度，然后计算出平均发展速度，按照这一平均发展速度确定计划期公关活动经费预算数额。这种方法，适合重视公关活动并已积累了一定活动经验的组织，它可以保证公关活动经费每年都有适当的增加。

（5）量入为出法。是指按照组织的财务状况、经济实力，根据财政上可能支出的金额来确定公共关系活动经费总额，有多少钱办多少事。一个生产能力和经济实力小的企业，一般就不应投入高额资金进行大规模的公共关系活动。

（六）审定方案

公关活动是创造性的活动，公关策划是公关人员才华的施展。他们常常可以针对不同的公众，选用不同的公关模式，选择不同的传播媒介，提出各种不同的方案，做出各种形式的公关活动设计。不过，这些方案未必都适宜，很难尽善尽美，并被同时采用。因此，必须通过优化和充分的论证才能最后选定。

公共关系活动方案优化过程是提高其合理价值过程。一般从三个方面去考虑，即增强方案的目的性，增加方案的可行性，降低耗费。通常采用以下方法：

1. 重点法。对一个方案进行优化时，可先分析在目的性、可行性、耗费三个方面，哪个方面的增加或减少对该方案合理性影响最大，即把影响最大的方案确定为重点，在重点地突破薄弱环节过程中使方案整体优化。

2. 移植综合法。在基本确定某一方案后，将其他方案可以移植的优点部分综合到被选定的方案中，达到最优化。

选定某一方案后还要对方案进行充分的可行性论证。一般是由有关领导、专家和实际工作者对方案的可行性提出问题，由策划人员答辩论证。方案论证包括以下几方面：

（1）对目标进行分析。即分析目标是否明确以及实现的程度如何。

（2）对限制性因素进行分析。即方案在哪些条件下可以实行，在哪些条件下不可能实行。

（3）对潜在问题进行分析。即预测方案实施时可能发生的潜在问题障碍，分析防止和补救的可能性。

（4）对预期结果进行综合效益评价。判断该计划是否付诸实施。

方案进行过论证后，必须形成全面的报告。报告内容包括：综合分析介绍、公关活动的计划书和方案论证报告。然后，提交相关领导审核批准。公关策划方案最后由组织领导审核批准，目的在于使公关计划与组织总体目标相一致，使公关活动与组织其他部门的工作互相协调，互相配合，取得预期效果，最终实现其目标。

（七）形成策划书

策划人员在设计好方案之后，必须将方案的内容写成公共关系策划书，以便于组织领导进行审批和下一步组织实施方案。从方案设计完毕到具体实施，策划书是一个中介点。公共关系策划文案的基本格式，大致包括下列五项：

1. 封面

策划方案的封面不必如书籍装帧那样去考虑其设计的精美，但文字书写及排列应大小协调、布局合理，纸张只要比正文略厚些即可。

封面内容一般包括：(1）题目。题目必须具体清楚，让人一目了然。(2）策划者单位或个人名称。方案如系群体或组织完成，可署名“某某公共关系公司”、“某某专家策划团”或“某公司公共关系部”，对其中起主要作用的个人也可在单位名称之后署名，如“总策划某某某”、“策划总监某某”等。方案如系个人完成则直接署名：策划人某某某。(3）策划文案完成日期。写明年月日甚至时。(4）编号。比如根据策划方案顺序的编号，根据方案的重要性或保密程度的编号或根据方案管理的分类编号等。(5）在需要的情况下，可考虑在封面上简洁地加上说明文字或内容提要。(6）如策划方案尚属草稿或初稿，还应在标题下括号注明，写上“草案”、“送审稿”、“讨论稿”、“征求意见稿”等字样。如果前有“草稿”，决策拍板后的策划方案就应注明“修订稿”、“实施稿”、“执行稿”等字样。

2. 序文

并非所有策划方案都需加序，除非方案内容较多较复杂，才有必要以简洁的文字作为一个引导或提举。

3. 目录

这也如序一样，除非方案头绪较多较复杂，才有作目录的必要。目录是标题的细化和明确化，要做到让读者通过看标题和目录后，便知整个方案的概貌。

4. 正文

正文即是对前述 8 个要素的表述和演绎。其主要内容有：（1）活动背景分析；（2）活动主题；（3）活动宗旨与目标；（4）基本活动程序；（5）传播与沟通方案；（6）经费概算；（7）效果预测。

正文的写作需要周到，但应以纲目式为好，不必过分详尽地加以描述渲染，也不要给人以头绪繁多杂乱或干涩枯燥的感觉。

5. 附件

重要的附件通常有：（1）活动筹备工作日程推进表；（2）有关人员职责分配表；（3）经费开支明细预算表；（4）活动所需物品一览表；（5）场地使用安排表；（6）相关资料：这主要是提供决策者参考的辅助性材料，不一定每份方案都需要，例如完整的或专项的调查报告、新闻文稿范本、演讲词草稿、相关法规文件、平面广告设计草图、电视片脚本、纪念品设计图等；（7）注意事项。即将策划方案实施过程中应当注意的事项作一重点集中的提示。比如完成活动需事前促成的其他条件、活动实施指挥者应当拥有的临时特殊权限、需决策者出面对各部门的协调、遇到特殊情况时的应变措施等。

二、公共关系策划的主要方法

（一）制造新闻

制造新闻是社会组织或个人在尊重事实、不损害公众利益的前提下，有目的地策划、组织、举办具有新闻价值的事件，制造新闻热点，争取报道机会，通过新闻媒介向社会传播，以达到吸引公众注意力，扩大组织知名度和影响力的目的。

1. 制造新闻的原则

（1）以事实为依据。说真话是公共关系的信条，对于组织制造新闻活动具有指导意义。制造新闻中的新闻事件不是自发产生的，而是社会组织或个人在具备确凿事实的前提下，有目的的精心策划安排，目的是在真实可信的前提下，使策划出来的新闻事件更富有戏剧性和吸引力。

（2）有较高新闻价值。新闻界流传着一句话叫“狗咬人不算新闻，而人咬狗就成新闻了”。社会组织或个人策划的新闻事件要具有较高的新闻价值，能够明显引起公众注意和兴趣，也就是说策划制造的新闻，越具有新闻性，越容易吸引新闻界的报道。

（3）抓住公众心理。组织或个人策划的新闻事件要具有新奇性、普遍性、趣味性，这样才能吸引公众广泛关注，才能产生轰动效应。

2．制造新闻的类型

根据切入点的不同，制造新闻可分为四类：

（1）传播媒介新闻。传播媒介新闻是社会组织通过与新闻媒介联袂举办智力竞赛、社会活动等形式，引发新闻媒介的报道，借以传播组织影响的一种方式。这种活动形式由于直接搭上了新闻媒介的快车，被报道的机会大，容易收到预期的效果。

（2）名人新闻。社会组织与知名人士建立某种能引发社会关注的联系，借以吸引新闻界报道，引发公众注意。诸如请名人参观、发表见解，对名人表示关注、慰问、感谢、奖励等。

（3）公众新闻。公众新闻就是社会组织通过与公众建立新联系来显示自己的价值观和经营观念，从而赢得公众的瞩目和好感。

（4）事物新闻。抓住某些初露端倪的事物，巧加点化，制造出轰动性新闻。

（二）借冕增誉

借冕增誉指社会组织在策划公共关系活动时，将组织及其产品与声望高、权威性强的名人、知名组织、有影响的事物事件联系起来，借助他们的名望、声望及权威来扩大组织的影响及知名度，从而达到事半功倍的效果。

1．借冕者必须具有较高的信誉度。公共关系专家卡特利普和森特在《有效公共关系》一书中指出：沟通者的信誉度取决于他的动机、信用历史和专业水平，因为这种品质标准为目标公众所掌握。沟通者较高的信誉度增加了公众态度向有利于组织一面转化的可能性；相反，较低的信誉度则缩减了这种可能性。沟通者的知名度越高，他的目标公众就愈有可能倾向于将自己的信仰朝沟通者所倡导的方向转化。

2．权威应具有较强的影响力和说服力。常言道：人微言轻，人贵言重。一个人或组织的权威性直接关系着它的影响力和说服力。权威性越高，其说服力和影响越大。权威性包括两个方面的因素：一是专业性，诸如受教育、受训练的程度、常识水平、资历条件、专长、专业身份等；二是可信性，诸如社会地位、名望、个人品质等。

（三）小题大做

小题大做指在与公众交往中，社会组织要注重小节，在小事上发掘大道理，在小事上展示自己的大观念，从而有效地强化自己的形象。

1．小题大做的原则

（1）从小事做起，树立形象。一滴水能折射太阳的光芒。事情的价值往往不是以其规模的大小来衡量的，小中有大道理，小中能透视出大观念。因此社会组织要树立起美好的形象，必须从一点一滴的小事做起。

（2）一丝不苟、精益求精。小题大做，并不是只在做表面文章，捞取廉价的信誉，而是在体现一种意识，向公众昭示一丝不苟、精益求精的理念，使组织内的每一个成员都注重一点一滴的小事，从我做起，为塑造组织美好的形象而努力工作。

2. 小题大做举例

美国有家超级市场一次当众把成桶的牛奶倒入污水沟里，有人询问他们为什么这么做，回答说牛奶已经过期，为保障顾客健康必须这样做。卫生部门对这些倒掉的牛奶进行化验，发现这些牛奶并未过时，仍可继续销售，公众得知后对这家商场赞赏不已，第二天当地报刊又对此事进行了报道。从此以后，这家商场的牛奶以及其他的商品销售量直线上升。

（四）以攻为守

以攻为守指当组织与社会环境发生矛盾，环境对组织的生存发展构成严重威胁时，社会组织不应消极观望等待，而应主动出击，对环境积极施加影响，从而变被动为主动，化不利为有利，以攻为守应把握以下两个原则：

1. 抓住有利时机。社会组织与环境发生冲突时，社会组织要运用一切可以利用的手段密切关注环境的变化，抓住一切有利的时机和条件以积极主动的姿态调整自身的行为。改变周围环境，创造有利于组织发展的新局面。

2. 主动出击。社会组织在遇到环境挑战和威胁时，切不可消极等待，要抓住有利条件，变换决策，迅速调整、改变对原有环境的过分依赖，开辟新的环境和新的机会，借机来抚平公众心中的不满情绪。

（五）以诚换诚

以诚换诚是指当公众对社会或个人产生不满、误解、抱怨之时，社会组织或个人要首先摸清情况，对社会、公众做出善意的解释，提出相应措施，以实际行动换取公众的谅解。

1. 以诚换诚的原则

（1）真诚地对待公众。当社会组织与公众产生分歧和矛盾时，社会组织不能辩解，更不能态度强硬、无视公众，否则就会陷入“指责—解释、反指责—指责”的恶性循环之中。要知道经营企业也是在经营人生，希望别人以什么样的力式对待自己，自己必须以同样的方式对待别人。社会组织只有经过充分的调查，搞清事实真相，对公众做出善意的解释，虔诚地对待公众，才可得到公众的理解和支持。

（2）积极行动，勇于承担责任。当公众对社会组织提出不满之时，社会组织要积极主动行动起来，调查事实真相，如果责任在组织自身，组织要尽快提出改进措施，将公众的不满情绪降低到最小的范围之内，并提出以后保证不犯类似错误的承诺，如果责任在别人，社会组织应宽大为怀、得理让人，主动分担相应的社会责任，与社会公众联手解决危及社会的问题，赢得公众好感与支持。

2. 以诚换诚的举例

美国一家化工厂位于一条污染严重的河边，附近居民组织反污染委员会，要求治理这条河，新闻媒介支持这一行动，并发表数篇社论批评这家化工厂，化工厂公共关系部在听取公众意见后，请一家独立机构对这条河流的污染情况进行调查，结果证实化工厂是较为次要的污染源。在此基础上，化工厂召集居民会议，散发调查报告，并表示愿意出资治理污染。化工厂坦城的态度和积极沟通产生了积极的效果，几乎所有人都对化工厂予以好评。

（六）宁为鸡头

宁为鸡头是社会组织在进行形象定位和产品定位时所运用的一种策略，即在实施名牌战略时，企业要想方设法使自己的产品成为世界一流的产品。正像韩国三星集团董事长李健熙在确立公司战略目标时提出的："创世界一流产品，不是第一位也是唯一。"

1. 宁为鸡头的原则

（1）不做第一也是唯一。心理学研究表明，人们对待首次出现的事物和刺激强度大的事物比较敏感，而重复出现的、刺激强度较小的事物不易引发人的注意。在传播过程中独一无二的事物出现的概率小，使公众不易混同；名列第一的事物比随其出现的事物刺激强度大，也较容易被人选择接受。因此社会组织在开展公共关系活动时，应树立宁为鸡头不做牛尾的意识，不做第一也做唯一。

（2）选择好目标市场。社会组织可借鉴市场细分策略，根据人口、地理、社会文化等标准对市场进行细分，把消费者的需求划分为诸多子市场，然后把组织的资源、目标与消费者子市场交合，选出既能发挥自己优势，又有开拓价值的子市场作为自己的目标市场，在此基础上塑造出自己的第一、唯一特色，如质量最好、价格最低、独家经营、行业第一等。

2. 宁为鸡头举例

美国七喜汽水起步较晚，竞争不过实力雄厚的可口可乐和百事可乐，但它却独辟蹊径，在定位时把自己说成是非可乐型饮料，强调"七喜汽水从来不含咖啡因，也永远不含咖啡因"，从而把自己与可乐型饮料区分开来，并确立了自己在非可乐饮料市场上独一无二的至尊地位。

第三节　公共关系策划的创意技法

在公共关系策划的各项要素中，创意乃是最为关键的要素。所谓创意，即创造性的意念，有策划的灵魂之称。面对复杂多变的社会环境、充满竞争的当今世界，要使策划能有较高水平，没有独特创新之意、灵活应变之策、出奇制胜之道，是万万不可能的。公共关系工作必须为社会提供切合实际而又高效优质的服务，公共关系工作必须创造出自己的精品才能真正证实自己的力量。我们可以断言，未来社会发展离不开公共关系，公共关系发展又离不开创造。将来公共关系行业的竞争，必定是创意的竞争。下面介绍公共关系策划中常用的四大创意技法。

一、运势

“势”，是一个意蕴精微、涵义丰厚的词。就现代社会对“势”的运用看，主要集中在三层涵义上：其一，指事物赖以生存发展的客观环境诸因素运动变化及形成格局的情状，即我们常说的“形势”；其二，指形势对事物运动变化进行推动或制约的一种无形的作用力，即我们常说的“势力”；其三，指作用于事物的无形之力的方向，即我们常说的“趋势”。

任何组织都是在特定的“势”中存在的。“势”有消长、有逆转，“势”的运动变化对组织的影响巨大，组织置身于“势”中，被“势”那种无形却几乎不可抗拒的力量所左右、所推动，在一种“不得不这样”的格局中去做相应的运动演变。组织必须积极敏锐全面观察了解预估“势”运动变化的趋向和力度，使自己的行为跟上形势、顺应形势、适应形势。这就是“审时度势”。

“审时度势”的另一层含义，则在于认清自我的优势和劣势。在同一个时空下，“势”对于所有的对抗或竞争的组织，并不厚此薄彼，只是由于组织自身条件的要求和差异，决定了“势”在某些组织看来是优，某些组织看来是劣。要学会在“势”面前把握机会，能主动地蓄势、融势、借势、造势和导势。

（一）蓄势

蓄势就是在对抗和竞争行为中，通过积蓄准备，造成双方在实力对比、心理状态、舆论倾向、士气斗志等方面的反差。它通常体现为对主客观条件的逐步完备和对成熟时机的等待。例如，组织重视内部公共关系，加强内部成员之间的交流沟通和理解，增强组织成员的责任心和归属感，创造出内部上下一致、相互配合、共同奋斗的工作状态，就是一种蓄势的做法。蓄之愈厚，发之愈速。组织的公共关系策划，理当深思组织形象长期的稳步增进，以达到厚积薄发的功效。

（二）融势

融势即把组织自身的力量，融人社会大潮之中，以此增强组织社会形象的做法。关心社会大趋势、大热点，是组织融势的前提。组织是社会的细胞，组织亦是社会的主人，关心社会、关心人类共存的问题，是现代组织应有的责任。一个组织要想仅凭自己有限的资源来完成一些人类关注的事业，以求惊天动地的效应，是很难做到的。但它却可将自己有限的资源，融入到众所瞩目的事业中，在万众的合力中呈献上自己的一份心力，在整个事业耀眼的光芒中，折射出组织形象的一道明亮来。

（三）借势

借势即借助已有的形势，顺风张帆、顺路搭车、别人搭台我唱戏的方法。组织要想在公众心目中塑造自己的良好形象，总是希望提高自己的认知度、美誉度和和谐度，总是希望能借助现代传媒而美名远扬。但是，要做到这一点，我们常常面临两个困惑：一是组织资源有限，要想在传媒上进行广告轰炸经费不支，要自己搞有影响的大型活动，又感力不从心。二是自己好不容易开展一些活动，想请媒介予以报道，却又常常因为缺乏新闻价值，记者们找不到报道“由头”而无法实现。在此情况下，借势是解决上述困惑的最好办法。在国内外大量的公共关系活动案例中，借势之举比比皆是。或借节日之势、或借名人之势、或借文化之势、或借政府之势、或借舆论之势。总之，举凡借风使舵、借船下海、借花献佛、借题发挥之类，均属借势之为。“君子生非异也，善假于物也。”（荀子语）

假势之举，要在择势。就是说必须事前对所借之势有所选择。

第一，通过联想，看组织的目标是否能与所借之势联系得上。如无内在联系，生拉硬扯连在一起，只会给人牵强附会之感。

第二，事前研究势的发展变化趋向。势头看好，形势发展有利于己，借势才有意义。一味地跟潮逐浪，不去辨析势头走向，是很危险的。

第三，所借之势，本身必须有较强的影响。不是说所借之势都要惊天动地，而是说要借势就要达到为我所用，如所借之势还不如自己的影响大，借势便无多大价值。

第四，借势的一个重要原因是为了少花钱多办事，花小钱办大事。如果借了半天，还是需要自己的高投入，这样的势就没有必要借了。

（四）造势

造势不同于借势，它是凭借自己的智慧和力量，去积极主动地创造出一种有利于己的态势、格局和趋向。

在公共关系工作中，组织并非总能找到可资利用的形势和机会，要塑造良好的组织形象，建立、维系和矫正组织与公众之间的关系，常常需要通过制造新闻、发动舆论、拓展形象、渲染气氛去人为地创造出提高实力、扩大影响、增进优势的形态与格局。《孙子兵法·兵势篇》说："故善战人之势，如转圆石于千仞之山者，势也。"意思是善于指挥军队打仗的人，善于造成有利的态势，就像推圆石从八百丈的高山陡坡上飞滚而下，形成高速运动引发的强大冲击力。公共关系策划中的造势，也就是去创造设计出突出组织形象的舆论影响力和感官冲击力。

（五）导势

导势即当形势发展使组织处在不利境地或面临形象危机时，改变和引导形势朝着有利于组织的方向转变的方法。我们知道，客观形势的发展变化，总是不以人的意志为转移的。人们在很大程度上只能去设法适应客观形势的发展变化。但人的主观意志要始终跟上客观形势的步伐而不出一点差错，却是不可能的。我们在处理与客观环境的关系时，难免出现因为无知、偏见、疏忽、判断失误、信息交流受阻等原因造成的错误，致使组织处于不利的境地。这时，如何变被动为主动，及时迅速地控制形势的发展，扭转形势，十分重要。导势，就是在形势变化不利于己时的以变应变，夺取主动权的行为，通常称之为危机公共关系。组织在发展过程中，常常会遇到许多意外，以及由于这些意外而引起的组织危机。现代传播业的迅猛发展，使得组织的危机以极快的速度在本地区、本国甚至在全球范围传开，引起社会各类公众极大关注，进而在相当程度上给组织的声誉带来损害。因此，研究和运用导势之术，就很有必要了。

二、用奇

"奇"一般内含两层意思：一是罕见、特殊、非常；一是出人意料、令人难测。公共关系策划如同军事谋略，要在公众每天接到的纷繁信息中突出有关本组织的信息，要在形象竞争中立于不败之地，没有点独出心裁、超凡脱俗的主意和办法，不采取出奇制胜的谋略，成功是难以实现的。

公共关系策划中的"出奇"，可表现在诸多方面。比方说，也许是目标选择新奇，即视角独到，不去跟风追潮，而独钟大家忽视的冷点，人弃我取，攻其不意；也许是思维方式新奇，即突破约束、跳出常规、不循老路、八面出击；也许是手段新奇，敢为常人之所忌；也许是功效新奇，意料之外却又情理之中。总之一句话：不按牌理出牌。

1．谋为天下先

公共关系难就难在既要达到预期效果，又要有独创。公共关系既要出奇，就要超出常情、突破常识、冲出常规，去匠心独运。要独创，就要谋为天下先，去创造第一。在竞争中比别人多走一步，哪怕一小步，就会抢占先机。

2．想别人所不敢想

要出奇，首先就要敢想。某种意义上可以说，只有想不到的没有做不到的。想是做事的主观前提。策划中创意的产生，通常就在于想别人所不敢想。其实，人类发展到今天，乃是大胆设想创造的结果。试想一下，有哪一件事我们追根溯源，最早它是事先标明了“可能”的呢？只有我们冲破思维的樊笼，去自觉主动变不可能为可能，世界才会进步。前面我们说过，公共关系策划应当遵循一些基本原则。但是，原则是为目标服务的，为现实服务的。如果原则失去了对现实的指导意义，也就是说：如果现实的发展证明这个原则已不适用，或者说原则已成为一个僵死的框框，策划者们唯一的选择就是毫不犹豫地抛弃它，去用生活和工作的实践总结出新的原则。

不破不立，只有敢想，才能出奇。我们常常习惯于千军万马去争过独木桥，为什么就不能想点别的办法，找到别的途径呢？天下之大，哪里会没有一点别的“路子”或“空子”呢？可能与不可能，是以常规来界定的。敢于突破常规，变不可能为可能，方为非常之举，才称得上是“奇”。

3．反其道而行之

公共关系策划要出奇，不仅要敢想，而且还要善于想。善想之法有很多，其中常见功效的就是不按正常思路走，偏偏喜欢打破思维定势的逆反思维法。

世界万物都是处在矛盾运动之中，对矛盾双方由此及彼或由彼及此的思考，即互为反向思维。故在公共关系策划中，反向思维的切入点很多，只要善于采用反向思维，往往会收到意想不到的效果。

（1）冷点中求热点。热点是大家关注的焦点，冷点是无人问津的角落。在大家都对热点趋之若鹜之时，反其道而行之，留心冷点，常会在被人遗忘的角落引发出新的热点。

（2）平凡中出新奇。很多人都认为所谓新奇，就一定是脱俗超凡的佳作，结果是大家都刻意去追求新奇，又不免落入俗套。就拿广告词的制作来说，每逢某组织向社会征集广告词时，反馈回来的应征稿常犯的毛病多是对仗、押韵、谐音、蕴意和文辞华丽之类的“新八股”。其实，“奇”并不等于玄奥，大家都去求工求玄之时，一句平淡之语，反见功力而令人称奇。

（3）共性中求个性。人们的思维习惯总是喜欢追求共性的东西，从而就有了追风逐浪的行为，大轰大嗡，一拥而上。这些年办“节”风靡一时，你有时装节、风筝节、恐龙节、梅花节，我也千方百计在本地找点什么土特名产，也来办个节，一味地攀比跟潮，不去很好地琢磨自己究竟优势特长在哪里，结果是劳民伤财而效果平平。我们不反对为开发利用自己的资源而办节，以达到文化搭台、经济唱戏的目的，但效果是关键。如果只是形式上模仿别人，是没有意义的。我们希望在追求共性时，反过来多想想自己的个性，在突出个性的活动中，去追求显效。

三、求变

公共关系强调组织与公众环境的动态和谐，说到底就是为了增强应变能力。公共关系策划犹如良医诊病，病人病史病因不一，病情病征各异，诊断开药自然不能千篇一律，而应对症下药，对不同的病人病情开不同的处方。从这个意义上看，“变”既是公共关系策划的基本原则，也是基本的手段策略。公共关系策划要运用求变思维去创新，主要应从知变、应变、改变、促变四个方面入手。

（一）知变

即对环境变化和自身变化的了解和判断，它表现为组织对环境信息的灵活反应度。公共关系策划首先应从变化中去发现和抓获时机，以求创新。创新就是利用变化。“系统的创新在于有目的、有组织地寻找变化，在于系统地分析这种变化可能为经济或社会方面的创新提供的机会。”

（二）应变

即在知变的情况下采取相应的变化策略。应变又分为有准备的应变和无准备的应变。有准备的应变即在事情发生变化之前，通过调查、分析和预测，对未来可能发生的变化，以及一旦发生这些变化应当采取的对策，作一个谋划。例如公共关系工作中，公共关系战略计划的设计和制定，实际上就是一种有准备的应变。无准备的应变则指事前并无预测准备或预测准备始料未及的变化一旦发生，临时采取的对策。公共关系工作中许多战术性或具体操作性的策划，都属于这种情况。无论如何周密的策划，进入实施阶段后，都难免碰到一些临时冒出来的、事前没有想到的问题或变化。应变能力的强弱在这时便会得到充分的表现。但是，应变能力不是凭空掉下来的，没有平时知识和经验的积累，没有应变的思想准备，在猝不及防凌空而降的变化面前，也会束手无策。

（三）改变

即当环境或自身条件已经发生变化时，如何采用与原有方式不同的策略。造成不同，即为改变。改变有量变和质变之分。量变的积累最终产生质变。质变之后，又开始一轮新的量变。公共关系策划中，既需要考虑事物的量变，也需要考虑事物的质变。例如，我国著名的公共关系杂志《公关世界》开始创刊时，还是一个类似普及知识型的读物，随着公共关系事业的发展和杂志本身的不断成熟，文章的分量逐步提高，成为公共关系传媒中专业化程度和专业品位较高的一份杂志。近年来又从过去较多务虚转向较多务实，更加增强其对公共关系实际工作的指导和顾问作用。这一系列的改变，就是一个从量变到质变的过程。正是杂志社的同志们在知变的情况下，采取了应变的策略，不断地改进杂志的内容和形式，才有了这份深受业内外人士喜爱的期刊。

（四）促变

即指运用主观能动的力量，去促使事物向着有利于组织的方向转变的策略。事物的变化是一种客观存在，但变并不一定都对组织的生存发展有利。它既包含了向积极方向的转化，也包含着朝消极方向的转化。所谓促变，就意味着促使事物向着对组织来说是积极方向的转变。公共关系策划，说到底都是在考虑如何促使环境变得对组织更为有利。变是个过程，变需要条件。创造条件即是促变。公共关系工作实际上就是为使组织适应社会变革，通过组织形象塑造去创造组织应变的条件。因此，公共关系策划必须破除头脑呆板、思想僵化、死搬教条、墨守成规的弊端，去积极创造，锐意求变。

四、谋合

日本的创造学家、千叶大学多湖辉教授曾说过："策划内容里的 96.6%是任何人都知道的、非常常见的普通的东西，当他们被一种新的关系体系重新组合起来，具有相当的有效性时，就能发展成为策划。"美国著名的广告大师詹姆斯·杨在《产生创意的方法》一书中也说过：创意完全是旧元素的新组合。公共关系策划中，经常需要考虑如何去运用组合这一法则。比如，目标、需求的组合，传播媒介的组合，传播交流形式的组合，时间与空间的组合，组织资源利用的组合，形象因素的组合，营销、广告、公关的组合等。利用联想思维方式，考虑借组合产生综合效应，或将一些看似不相关联的事物经过有序的思维碰撞去产生组合的创意，这都是公共关系策划争取事半功倍的途径。

阅读材料

长城托起长城饭店

长城已成为中国古代文明和中华民族的象征。许多外国朋友和国内游客都把登上长城作为一种骄傲。为了缓解八达岭长城游客拥挤之苦，北京市修整了保存完好的慕田峪长城。当慕田峪长城刚刚修复，准备向社会开放游览之际，长城饭店不失时机地向慕田峪长城管理处提出：举办一次招待外国记者的活动，由长城饭店负担一切费用。慕田峪长城管理处认为这是求之不得的好事，双方立即达成协议，安排好了时间。

记者游长城那天，长城饭店在慕田峪长城脚下准备了一批小毛驴，毛驴是中国古代传统的代步工具，既供人骑，也能驮东西。这次他们除了准备一批毛驴供愿意骑驴的记者之外，主要是在毛驴背上驮饮料和食品。当记者们陆续来到山顶之际，主人从毛驴背上取下法国香槟酒，在长城上开香槟，太富有诗意了。长城、毛驴、香槟，记者们觉得这个对比太鲜明新颖，纷纷举起相机，照片发回编辑部，也使编辑们甚为动心。于是，第二天世界各地的报纸几乎都登出了慕田峪长城的照片。慕田峪长城成了旅游热点，同时，这家以长城命名的饭店的名声也飞遍了五洲四海。

（参见康永明：《公共关系学》，现代教育出版社，2006 年，第 193 页。）

[材料分析]

在公共关系策划方面，长城饭店在树立自身形象时，注意扩大知名度与提高美誉度的统一。这次专题性的公共关系活动巧借长城的巍峨和新景点的开发，抓住记者们的兴趣热点做文章，妙在设计的高水平，把古老的文化与现代的文明，友好的沟通与媒体的传播有机地结合起来，这是长城饭店策划的可贵之处。

思考题

一、简答题

1. 公共关系策划的含义和基本原则是什么？
2. 公关策划中涉及哪些内容和要求？
3. 公关策划中一般会经过哪些基本程序？
4. 简述公共关系策划的主要方法。
5. 如何制定一份公关计划？

6. 公关经费预算的目标导向法和固定比率法各有什么特点？

7. 公关预算一般会包括哪些项目？

二、论述题

1. 试述公共关系策划的作用。

2. 试述公共关系策划的创意技法。

三、案例分析

超越自我 跨越2000——IBM PC 300GL新产品上市公关案例

一、项目背景

PSG部门是IBM公司个人电脑事业部，负责IBM公司PC机的全球研究、生产和市场开发，并为各行业用户开发基于IBM PC的解决方案。PSG在中国开拓市场的短短几年内，市场份额迅速上升成为中国市场最受欢迎的国际品牌之一。为了满足国内中小企业转变核心业务向电子商务时代过渡，挤占低端商用台式机市场。IBM决定在1999年9月推出其PC300G 6288系列和6563系列商用台式机上市。使其成为跨越2000年低端商用台式机的主流产品。

二、项目调查

当前国内的商用台式电脑市场，品牌机、兼容机品种繁多，产品竞争日益激烈。我们从市场调研入手，通过直邮、专业知识问卷调查和利用IBM公司网页进行网上调查的方式。了解到：人们认为IBM公司商用机为第一品牌，品质好、售后服务好，价格也高。消费者消费心理和行为并不成熟，不了解自己所需机型和必要的功能。对IBM电脑所提供的其他解决方案知之甚少。由此我们分析出，目前消费者对IBM公司产品并不十分了解，同时消费行为也有待指导。我们的市场活动应从此着手，突出产品特性，打消消费误解。

三、项目策划

（一）公关目标

1. 在全新的会议形式和氛围中，全面了解体会到两款新机型的性能特点，体会到IBM公司专业的服务和物超所值的价格。

2. 通过此款跨世纪产品的市场促销，展示出IBM公司在新世纪的市场营销战略。

（二）公关策略

1：突出产品的优越性，PC 300G作为IBM商用台式机跨越2000年的主打产品之一，符合最新的PC 99标准，通过了国家计算机质检中心2000年符合性测试，在系统配置、3D性能、主频速率、可管理性以及降低总体拥有成本（TCO）等诸方面比其较早型号有了显著的提高和改善。因此确定活动的主题为超越自我，跨越2000。

2. 强调IBM产品价格并不高，具有最佳性价比和配置灵活性。此次推出的PC 300G是商务型的台式电脑，在行业中属于低端产品，同时他还有非常诱人的价格。

3. 我们通过独特的活动形式，来增进IBM公司的市场亲和力，并拉近客户与商家的距离。

4. 类似产品的市场推广活动一直是墨守成规，没有新奇和精彩的创意，会议形式安排上也都基本上大同小异没有创新，几乎都是台上侃侃而谈，台下却气氛沉闷的场景。

（三）具体安排

1. 将整个会议过程策划成为一个现场抢答竞赛综艺节目的形式。

a. 用必答题和抢答题的方式，充分地调动起每位客人的参与积极性。

b. 来宾以行业区分，安排不同方阵竞争。

c. 在优胜方阵中抽出幸运来宾，从而增加活动的紧张刺激。

2. 会场布置

a. 会场外周边悬挂海报和挂旗，布置来宾签到处。

b. 会场内搭建的形象背景板，两侧安排产品介绍区和现场演示区。

c. 搭建专用舞台和舞台灯光架。

3. 设备安排

a. 专业多媒体投影仪、巨型银幕和音响设备。

b. 采用专业舞台灯光器材和整套电子计分设备，突出抢答竞赛活动时的真实感觉。

4. 设计制作大量的宣传印刷品，全部活动印刷品的设计风格都以大会形象为主线，主题形象贯穿始终。并在印刷品明显位置标出产品价格，强调价格在行业中并不高。

5. 设计、制作促销卡并在活动期间发放，再次突出产品价格优势，为整体市场宣传活动起到推波助澜的作用。

6. 针对此次活动的受众人群并配合上市广告的宣传，分别邀请《北京晨报》、《解放日报》等大众新闻媒体，《上海证券报》等不同行业媒体和《信息产业报》等IT专业媒体。

7. 聘请知名电视台栏目主持人担当司仪，邀请电视台节目现场乐队，以增加现场效果邀请电脑行业专家和IBM公司PSG部门产品经理作专题演讲。

8. 邀请IBM代理商前来助兴，并安排展台区域，展示IBM PC 解决方案在实际工作中的应用。

9. 新产品发布会要求北京、上海和广州三地同时举办，并且要同样规模和效果，为保证活动的顺利进行，成立专门的项目小组，成员为：

项目总监1人：负责此次活动整体的运作和与客户保持联系；

项目协调6人：负责与公司内部、会场协调，布置现场装饰；

服务支持8人：各种器材、会议资料的筹备和运输；

设计创意3人：会议整体形象会议装饰品、印刷品的设计；

设备工程师9人：灯光、音响设备的安装调试和现场控制；

接待人员8人：现场引导客人签到、入场、分别落座于不同方阵以及来宾签到、发放会议资料。

四、项目实施

（一）时间安排：

1999年9月15日北京、9月21日上海、9月28日广州

（二）日程安排：

09：00-09：30 签到

09：30-09：50 致辞

09：50-10：20 新产品发布

10：00-10：30 必答题时间

10：30-11：00 抢答题时间

11：00-11：20 媒体记者提问

11：20-11：30 抽奖

（三）前期准备：

1. 会场布置时间预留和前期协调。

2. 新闻媒体和来宾的邀请及确认工作。

3. 全部会议资料印刷品的设计和制作。

4. 主持人发言稿和现场提问材料的撰写。

5. 运输会议资料、物品，保证三地活动用品及时到位。

（四）现场实施：

1. 氛围营造

a. 会场内的形象布置同样围绕会议主题形象，用造型宏伟的背景板来衬托气氛。

b. 用不同形状和颜色的材质制作成展板，并悬挂在特制的展架上摆放在会场内两侧。

c. 整体设计制作的签到台和一组大会形象的指引牌。

d. IBM代理商和经销商的展台布置在会场两侧。

2. 来宾区分

a. 会场内所有来宾根据不同行业组成客户方阵、媒体方阵和合作伙伴方阵。

b. 来宾分别佩带红色、黄色和蓝色的胸牌，并用红色、黄色和蓝色的灯光来区分三个方阵。客人依据自己胸牌的颜色来对号入座，分别安排礼仪小姐指引。

c. 以方阵为单位选出发言代表，经过选答题和必答题选出优胜队。

3. 主持人安排

a. 经过主持人修辞润色，将原本单调乏味的专业论述，变为五彩缤纷的综艺活动。

b. 在一系列与此次会议相关的产品知识提问当中，主持人用诙谐幽默的问题来调节紧张气氛。

c. 避免讲演者与观众的尴尬，拉近台上同台下的距离。

d. 在广州市举办会议，特别安排讲广东话的主持人作司仪。

4. 现场乐队助兴。

a. 邀请中央电视台《实话实说》栏目乐队。

b. 在大会中，特别是在主持人、嘉宾抢答问题和抽奖时，制作效果并烘托气氛。

5. 新产品亮相

a. 快速变幻的灯光、震撼逼真的音效配合烟雾，表现出紧张神秘的气氛。

b. 利用特殊制作的旋转舞台，展出新产品。

6. 奖品筹备

a 用玩具小熊作为计分的筹码，以增加趣味性。

b. 抽奖奖品选择信息时代的代表产品——IBM 公司出产的掌上电脑和移动电话

7. 其他和促销

a. 活动结束时响起节奏轻缓的乐曲恭送客人散场。

b. 发给每位来宾纪念品和此次新产品的促销热卖卡。

8. 发挥专业会务组织经验

a. 准备签到时所需要的文具物品，保证数百名来宾分别签到。

b. 确保会议流程上每个细小环节连接的顺畅。

c. 对会场整体进行协调部署。

五、项目评估

1. 来宾感受

a. 此次活动使与会来宾感受到了IBM企业文化，客户对会场内外形象鲜明的布置装饰和生动刺激的新鲜组织方式表示认同。

b. 会议现场主持人话语与乐队的即兴发挥相配合。

c. IBM公司专家的细致讲解和来宾争先恐后的回答提问，都达到活跃现场气氛的目的，并能够让与会者印象深刻。

2. 活动资料筹备

a. 在活动筹备时间不足一个月的情况下，我们压缩设计制作时间，超时加班完成印刷品和装饰品的制作工作。

b. 保证会议资料运输按时到位。

3. IBM公司企业文化

a. 此次活动体现出IBM公司的精神风貌、未来的市场策略和发展方向。

b. IBM在本次发布会上充分展示了国际化大公司的工作作风，在很多方面体现了大公司特有的水平。

4. 媒体评估

a. 此次发布会共出席媒体49家，记者50人，其中大众媒体18家，行业媒体2家，专业媒体28家，网站媒体2家，电视台2家。

b. 各个媒体对此反应都很积极，截止到1999年10月底，已经有47家媒体为此做了51篇专题报道，其中《中国计算机用户》、《电脑商情报》、《PC Shopper》《北京经济报》还从不同的角度连续刊登了两篇文章，并附上了图片。

c. 总之，IBM PC300G的发布在今秋成为媒体和用户关注的焦点，并在公众媒体和IT媒体获得了很好的传播效果。

5. 代理商评估

a. 活动过后此次推出的新款机型，在行业市场上一度呈上升热销势头。

b. 此款机型比以往的产品要畅销很多。

c. 合作愉快，将会大力推动产品销售。

（参见《第四届中国最佳公共关系案例大赛》http://www.chinapr.com.cn）

案例思考

分析该产品发布会策划的成功之处。

第八章　公共关系的实施与评估

本章重点

1. 公共关系实施、意义、特点与原则
2. 公共关系实施的运作模式
3. 公共关系评估的内涵和意义
4. 公共关系评估的分类和内容
5. 公共关系评估的方法

公共关系工作方案的实施和公共关系工作效果的评估是公共关系“四步工作法”中的后两步。通过公共关系调查和公共关系策划确定方案后，结束了公共关系活动前期的准备工作，实施方案进入了公共关系活动的具体实施阶段，效果评估将是公共关系活动后的总结工作。

第一节　公共关系实施

所谓公共关系实施，就是社会组织为了实现既定公共关系目标，充分依据和利用现实公共关系实施条件，按照公共关系创意策划方案，进行公共关系实施策略、手段、方法设计并据此进行实际操作与管理的过程。通过公共关系实施，经由选定的传播渠道，把必须、应该向公众传播的信息传递给公众，进行必要的反馈调整，加强与公众的联络、联系、沟通，影响或改变公众对社会组织的态度和行为，从而创造对社会组织有利的舆论环境，在公众中树立起社会组织的美好形象。

一、公共关系实施的意义、特点与原则

（一）公共关系实施的意义

公共关系工作过程的第三个步骤是将公关计划和方案付诸实施，为组织塑造、推销良好的社会形象，影响公众舆论，优化组织环境。这是公关过程中最复杂、最多变的环节。公共关系实施具有重要的意义。

1．公共关系实施是解决问题的中心环节

公共关系工作的终极目的不是研究问题而是解决问题。公共关系计划的制定是研究问题的过程，计划的实施才是直接地、实际地、具体地解决问题的过程。认为一项公共关系计划在确定之后就会自动地、必然地成为现实，这是一种不切实际的幻想。即使是完美无缺的公共关系计划，如果不付诸实施，而是束之高阁，那么，它无论是对社会组织还是对公众都是毫无意义的“纸上谈兵”。

2．公共关系实施决定着计划实现的程度和范围

有人说，在公共关系计划制定以后，公共关系实施无非是按部就班地将公关计划的内容变为公关声音向外发射就是了。似乎公关实施人员只是起着录音带或放像机的作用，其实这是一种误解。公共关系的实施传播既是一门科学，又是一门艺术，要求有较高的技巧。在实施过程中，公共关系人员创造性的工作，富有独创性的传播，可以圆满地完成公共关系计划目标和任务，甚至可以锦上添花，取得意想不到的成果。反之，在实施过程中如果公关人员能力有限，在工作方法上缺乏创新，可能使整个公关活动不能吸引公众的注意，难以取得预期的效果，甚至完全与计划目标背道而驰。这好比演员的表演与电影剧本一样，一个优秀的演员可以把一个平凡的剧本演活，一个拙劣的演员会把一个精彩的剧本表演得毫无生气。所以，公共关系实施情况对公关计划的完成及对后续方案的制定都具有重大的意义。

（二）公共关系实施的特点

公关策划的实施状况，决定了公关目标实现的范围和程度，有效地实施推进，可以圆满地完成行动方案中确定的任务，甚至还可以由实施人员创造性的努力来弥补方案的不足。为了确保公关策划方案的顺利实施，我们有必要了解实施过程的基本特点。

1．过程的动态性。一项公关方案，无论制定得多么周密，总免不了与实际情况存在这样那样的差异，加上随着时间的推移，环境的变化，实施过程中还会遇到新情况，这就要求我们适时调整实施方案、程序、方法和策略等，以适应复杂且多变的公关环境。

2．实施者的创造性。也正是由于公关环境的复杂且多变，公关方案的实施决不是一个简单的照章办事的过程，实施人员应根据整个方案的目标和原则，充分发挥主观能动性和创造性，对公关方案进行不断地丰富和再创造。

3．影响的广泛性。公关方案的实施会对组织甚至社会产生广泛的影响。一方面，方案实施会对众多的目标公众产生深刻的影响。成功的实施，常常会使社会组织的异己力量变为自己的合作者和支持者；另一方面，公关实施有时会对整个社会的文化、习俗产生深刻的影响。如德国“金龟子”车成功“登陆”美国，改变了美国汽车消费者多年来喜好车体阔、大、长的消费习惯。

（三）公共关系实施的原则

1．控制原则

控制原则有两层含义：一是社会组织确保公共关系实施的活动围绕着公共关系计划的目标进行，不使其偏离既定的目标或超越特定的范围；二是社会组织根据整个公共关系计划和目标的需要，按照一定的程序，掌握工作的进展速度，使公共关系实施中的各项工作同步进行。前者又称目标控制原则，即社会组织利用目标对整个实施活动进行了引导、制约和促进，以掌握实施活动的方向；后者又称控制进度原则，即社会组织对整个实施活动中的各项工作的进度经常检查，及时发现超前或滞后的情况，通过协调使各方面的工作平衡发展。

2．协调原则

协调原则就是公关方案实施的过程中“使工作所涉及的方方面面达到和谐、合理、配合、互补、统一的状态的原则”。[①]它强调实施过程中的各个环节之间、部门之间及实施主体与其公众之间相互配合，不发生矛盾或少发生矛盾；当矛盾发生时，也能及时加以调节解决。实际工作中常见的协调主要有两类：一类是纵向协调，即上下级之间的协调；一类是横向协调，即同级部门或实施人员之间的协调。为了保证纵向协调的效果，上级部门要对下级部门有充分的了解，上级部门的行动方案在实施之前须经下级部门的酝酿，实施计划中的主要目标和措施须告知下级部门及全部实施人员，下级部门必须如实反映情况。横向协调往往采用当面协商、文件往来等形式沟通信息，从而达到协调的目的。无论是纵向协调还是横向协调都要依赖信息的沟通。沟通应该在彼此信任的气氛中开始。这种气氛应该由社会组织创造，并使公众相信社会组织的诚意、所传递的信息和在解决他们共同关心的问题上有足够的能力，社会组织所传递的信息要通过畅通的渠道清楚明确地表达出来，并能在实施人员的心目中形成清晰的、

---

① 熊源伟主编：《公共关系学》，安徽人民出版社，1990年，第256页。

持续的、深刻的印象。上海正泰橡胶厂以黑板报的形式创办了“正泰每日新闻”，向全厂职工准确地报道上级领导部门和横向协作单位传入本厂的外部消息，迅速地传播厂部领导及各职能部门流向车间、班组和职工的下行信息，真实地传递基层职工群众流向厂部领导决策层的上行信息，促成了工厂领导和职工群众上下信任、互相理解、彼此信任的局面，为搞好生产、办好企业创造了良好氛围。

3．调整原则

调整原则是指公关人员在实施方案的过程中，往往由于目标公众和公众环境的变化而不断地把公关方案在客观环境中实施的情况与公共关系目标相对照，并针对出现的偏差及时调整计划、目标、方案和行动的原则。公关人员要善于依靠各种形式的信息反馈渠道，把方案实施的各种信息及时、准确地搜集汇总上来，把信息的数量特别是发送信息的数量、信息被传播媒介所采用的数量、接收到信息的目标公众数量和注意到信息的公众数量统计上来，经过研究分析，作为采取调整行动的依据。这里应该说明的是，公共关系实施需要经过多次循环往复的反馈、调整，使实施方案不断地得到完善，直至完成公关计划。一般地说，调整有两种情况：一种是对方案中的某些局部加以调整，但近期目标和大的方向并不改变；另一种是对方案进行较大的手术，就是说，不仅要对方案的主干进行调整，而且还要对近期目标进行调整。有一家跨国公司在实施一项公关宣传方案的过程中，通过舆论调查得知，客户对该公司的印象远远不及对其他公司的印象，大出该公司总经理所料。公司根据这种情况立即调整了公共关系实施方案，避免了可能出现的麻烦。

4．时机原则

所谓时机，是指人们对事物发展过程中呈现出来的特殊态势和情况的认识和利用。任何时机，都处在特定的时间和空间之内。就实施公关方案的过程而言，时机是指在一定的时间和空间内，所出现的有利于组织传播信息的各种客观条件的综合运用。对于一个公关人员来说，时机可以说是命运之神。善于识时机者，能充分利用有利条件，往往可以获得“事半功倍”之效。因此，明智的公关人员总是善于择机而从，无机则造机，有机则乘机，见机则借机，审时度势，运筹帷幄之中，决胜于千里之外。实践证明，凡是同重大节日没有任何联系的公关活动都应该避开节日，以免被节日活动冲淡；凡是同重大节日有直接或间接联系的公关计划则可以考虑利用节日烘托气氛，扩大公关活动的影响。凡是需要广为宣传的公关活动都应避开国内外的重大事件，以免被重大事件所冲淡；凡是需要为大众所知，又希望减少震动的公关活动则可选择在重大事件发生之时，以借助于重大事件的影响来减少舆论的压力。还应该注意不宜在同一天或同一段时间内同时开展两项重大的公关活动，以免其效果相互抵消。

二、影响公共关系计划实施的因素分析

影响公共关系计划实施的因素是众多而复杂的。一般来说，主要来自三个方面，即方案本身的目标障碍、实施过程的沟通障碍以及突发事件的干扰。

（一）公共关系计划中的目标障碍

所谓公共关系计划中的目标障碍就是指在公共关系计划中由于所拟定的公共关系目标不正确或不明确、不具体而给实施带来障碍。在公共关系计划的实施过程中，无论实施的动态性多么突出，但是实施的过程基本上是要根据计划方案所规定的内容进行的，否则，它就不是公共关系计划的实施了。因此，公共关系计划的实施必然要受到计划方案的多方面影响。如果计划目标不正确或不明确具体，那么，尽管实施人员尽心尽力，也得不到预期效果。例如，公共关系计划目标不符合公众利益，那么，在实施过程中必然会受到目标公众的抵制。又如公共关系计划目标过低，往往不能唤起目标公众的合作热情；目标过高，则会使实施人员望而却步。因此，要想有效地开展实施活动，就必须排除各种目标障碍。

排除目标障碍的根本途径是要求计划的制定者尽量使计划目标正确、明确和具体。实施人员在开展工作之前应该从以下五个方面检查一下公共关系计划的目标是否正确、明确和具体。

第一，检查计划目标是否切合实际并可以达到；第二，检查计划目标是否可以进行比较和衡量；第三，检查计划目标是否指出了所期望的结果；第四，检查计划目标是否是计划实施者在职权范围内所能完成的；第五，检查计划目标是否规定了完成的期限。

如果这五个方面有疏漏，实施人员应主动与计划制定者取得联系并促使其重新修订。计划目标不明确或用宣传口号式的语言来表达计划目标，都会使实施工作无法有效地开展。实施人员可能因不明确计划目标的具体要求，或所得到的指令笼统含糊，从而引起误解，产生错误的行动。这就是实施人员排除目标障碍的意义所在。正确的、明确的、具体的计划目标是实施人员行动的依据，也是对计划实施进行控制监督和评估的基础。

（二）计划实施中的沟通障碍

公共关系计划的实施过程实际上主要是进行传播沟通的过程。实施过程中的传播沟通并不是一帆风顺的，它常常会因传播沟通工具运用不当、方式方法

不妥、渠道不畅等而使实施工作不能如愿以偿。难怪一些传播沟通的实践者不得不发出感叹：我们面对着的仍是一个难以沟通的世界。美国的一位生态专家奥尔多·科奥波尔德（Aldo Ceopold）在他的早期著作中提出，如果能够把使用土地不当的恶果提前告诉人们，他们就会改变自己的方式。在暮年，他认识到这一结论是建立在三个错误假设的基础上的。这三个错误假设是：公众能够听从劝告或者能使他们听从劝告；公众能够做出反应，或者出于对受到伤害的恐惧而能够使他们作出反应；在公众本身没有发生任何重大改变的前提下，也可以改变土地使用方式。这位生态专家的良好愿望不能实现的主要原因来自于社会沟通的障碍。研究社会沟通的障碍并排除之，是有效地开展实施活动不可缺少的环节。

在实施过程中，常见的沟通障碍大致有以下几种：

1. 语言障碍

语言是以语音为物质外壳、以词汇为建筑材料、以语法为结构条理而构成的符号体系。语言与思维不可分离，为人类所独有，是一种特殊的社会现象。人们只有借助语言才能表达情感、交流思想、协调关系。因而，语言是人类最重要的沟通工具。

但是，语言又是一种极复杂的工具，掌握运用语言的技能决不是一件轻而易举的事。由于语言方面的原因而引起的沟通麻烦到处可见。例如，一位非洲国家的朋友来到中国民航的一家宾馆，他用法语说，他要求住一个单间客房，并说“我是部长”。我们的服务员只懂得几句常用的法语，对“我是部长”这一关键词语不熟悉，因而闹得很不愉快。这是语言差异造成的隔阂，影响了人际交往。不同国度、不同民族之间的沟通会遇到语言上的障碍是自不待言的，而在同一国度里的同一民族因地区的不同造成语音的不同也往往会使人们饱尝语音不通之苦：问路走错路，乘车乘过站，购物听不懂话，甚至因语言误会而引起纠葛。

语义不明同样也会使沟通出现障碍。一次，一位公安人员在侦查专案过程中发现一个青年人有嫌疑，立即向科长汇报。科长指示：“可以搞来审查一下。”于是公安人员立即把那个青年铐来了。审查的结果，证明被铐对象与专案毫无牵连。放人难啊，这个公安人员又请求科长怎样处理？科长发火了：“谁叫你把他铐起来的？”公安人员回答：“你不是说‘可以搞来审查一下’吗？又没说过不能铐来。”科长顿时语塞。发出“搞来”这样一个令人可以这样理解、也可以那样理解的指令，是造成沟通失误、导致被动局面出现的直接原因。

2. 习俗障碍

习俗即风俗习惯，是在一定文化历史背景下形成的具有固定特点的调整人际关系的社会因素，比如道德习惯、礼节审美传统等。习俗世代相传，是经过长期重复出现而约定俗成的习惯法。虽然习俗不具有法律一样的强制力，但通过家族、邻里、亲朋的舆论监督，往往迫使人们入乡随俗，即使圣贤也莫能例外。忽视习俗因素而导致沟通失败的事例也屡见不鲜。

不同的礼节习俗常常造成沟通中的误解，以致使沟通受挫。一位德国工程师到日本磋商合作问题。在日本期间，他受到热情的接待。当他提出自己的意见时，日本对手微笑着频频点头。他回家后满怀希望地期待了三周之后，却得到了完全出乎意料的回音——他所提的意见，半数以上遭到否决。他实在不知道，日本人的礼貌，决不是同意的表示。

不同的审美习俗也会导致误解。一位英国男青年为了取悦他的中国女友，特意买了一束洁白的菊花送到女友家中。不料女友的父亲一见便大为不悦。结果这位青年被轰了出来，还不知道原因所在。在他看来，白色象征纯洁无暇，他选择白菊花完全是一片好意。他根本不会想到，在中国，白花是吊唁死者用的。现在他将白花送给活人，在他未来的岳父看来，那是诅咒他短寿，当然是不能容忍的。因此，在沟通中必须注意到沟通双方是否有不同的审美习俗。

3. 观念障碍

观念属于思想范畴，由一定的经验和知识积淀而成，是一定社会条件下人们接受、信奉并用以指导自己行动的理论和观点。观念本身是沟通的内容之一，同时又对沟通有巨大的作用。有的观念是促进沟通的强大动力，有的观念则会阻塞沟通。因此，在消除语言和习俗障碍的同时，有必要认真地对待观念障碍。

（1）封闭观念排斥沟通。封闭观念源于小农经济。自给自足的小农经济只需要从事简单劳动，简单劳动只凭经验和力气，不需要分工协作，没有丰富的社会联系，“鸡犬之声相闻，老死不相往来”。在此基础上，形成了自我封闭观念。这种封闭观念到了现代社会还存在，有时会使一些沟通受阻。

（2）极端观念破坏沟通。在日常生活中我们经常遇到这种情况：争论双方都只是抓住对方沟通过程中的某一环节、方面或特点，各执一端，彼此否定，谁也听不进对方的意见，结果常常闹得不欢而散。1986 年，杭州某饭店来了一位风尘仆仆的美国客人。客人说，他的旅游代理商在一个月之前已为他在这家饭店订了一个单间。服务员经过反复查找却一直没有找到订房单。于是双方各执一端，一方说订好了，一方说没有，争论不下。这时，前厅的经理走过来用一句巧妙的话排除了双方因极端观念所造成的沟通障碍。这位经理说，既然客人说预订了，而饭店又确实没收到，那么肯定是通讯出了毛病。于是双方都找到了台阶。

观念障碍并非仅此两种，在这里我们只举例说明观念障碍是影响沟通的不可忽视的一个因素。

4. 心理障碍

心理障碍是指人的认知、情感、态度等心理因素对沟通造成的障碍。例如，在谈判中，常常由于一方误解了另一方的意图或没有弄清事实真相而浪费大量时间。曲解的原因，就在于一方或双方钻进了隐蔽假设的牛角尖而不能自拔，而且又毫无觉察。陷入困境的谈判有时就是这样造成的。日常生活中的意见冲突也往往是由于隐蔽的假设不同在作怪，而调解者的有效作用，往往就在于准确无误地使双方了解事实真相，消除偏见。在沟通过程中，时时注意检查自己的各种假设的真假并对对方的假设作出正确预测是十分必要的。

除了认知方面的障碍之外，情感的失控也会导致沟通受阻。例如，感情冲动时往往听不进不同意见；不能摆脱心情压抑状态的人大多数表现出孤僻、不愿与人交往的倾向，对一些信息有厌恶感。态度欠妥也不能取得理想的沟通效果。例如，迷信权威有时会使判断产生错误。美国某大学心理学系对大学生做了这样一个实验：在开始讲课前，教授给学生们介绍一位客人。他说："这位是翰斯·斯密特先生，他是世界著名的化学家，我们特邀他来美国研究某些物质的物理和化学性能。"然后，这位斯密特先生用德语向学生说，他正研究一种新发现的物质的性能，这种物质的扩散非常快，以至于人们刚刚嗅到它的气味就立刻消失了。尔后，他从皮包里拿出一个装有液体的小玻璃管，说道："我一打开试管，这种物质立即会蒸发出来。这是一种无害气味，你们很容易嗅到。请大家一闻到气味就立即举起手来。"他打开试管后不一会，从第一排到最后一排，所有的学生都举起手来。事后，心理学教授向全班同学讲，这位"斯密特先生不是别人，他是德语教研室的一位教员。所谓具有强烈刺鼻气味的物质，不过是普通的蒸馏水而已。"实验证明，迷信权威往往会使人接受虚假信息。这是沟通的大忌。研究沟通过程中的心理障碍其目的是为了了解它、掌握它、排除它，进而实现公共关系的沟通目标。

5. 组织障碍

"组织"这一概念在这里是指由若干"系统"所组成的、开放的社会技术系统。合理的组织能够有效地进行内外沟通。反之，不合理的组织结构则会成为束缚沟通的绳索。沟通过程中的组织障碍主要表现在以下四个方面：

第一，传递层次过多造成信息失真。有人做过这样的实验，拿一张图给第一个被试者看，然后让他根据记忆重新画出。接着再将重画图给第二个被试者看，也让他根据记忆再画一张。以此类推，传到第四个人时，画出的图与原样相差甚大。这表明信息在传递过程中，中间环节越多，保真率越低，甚至有时最后的信息与原来的信息相比已面目全非。因此，在组织机构上减少层次，减少信息传递环节，尽量作到“一竿子到底”，是保证沟通准确无误的有效措施。

第二，机构臃肿造成沟通缓慢。这就好像一个过分肥胖的人，由于心脏承受着重压，血液循环与新陈代谢必然受阻。

第三，条块分割造成沟通“断路”。条块分割的组织结构，使信息很难畅通无阻。有时，只要有一关通不过，就不能实现沟通。

第四，沟通渠道单一造成信息不足。这种沟通中的组织障碍主要是指信息的传递基本上是单方向的——上情下达。组织结构的安排不大考虑便于从下往上提建议、商讨问题，因而送达决策层的信息量明显不足。

由于障碍的类别不同，特点各异，排除的方法自然也是不同的。在这里我们概要介绍一下排除沟通障碍时应注意的问题：

第一，注意缩小传播者与其公众之间的差异。解决这一点的方法有：

利用与公众所处的社会位置最接近的媒介；利用公众心目中信誉较高的传播媒介，这一点是相对于具体问题而言的；尽量减少与公众在态度方面的冲突；用公众可以接受的语言或事例来说明所要沟通的问题；确定大多数公众的立场，表明自己的立场与这些人的立场一致；发挥“公众细分”的作用，公众细分将会帮助沟通者得到积极的反应；根据形势需要随时调整反映组织要求的信息。

第二，沟通者必须牢记以下基本事实：

公众是由许多受到各方面影响的个体构成的；公众乐于接受与他们的切身利益密切相关的信息和与他们原有认识、态度相一致的信息；各种大众传播媒介创造了他们的公众社区；大众传播媒介所产生的社会影响并非都可以测量出来。

（三）公共关系计划实施中的突发事件

对公共关系计划的实施干扰最大的莫过于重大的突发事件。这里所说的重大突发事件包括两大类：一类是人为的纠纷危机，诸如公众投诉、新闻媒介的批评、不利舆论的冲击等事件；另一类是不以人的意志为转移的灾变危机，诸如地震、水灾、火灾、空难等等。这些重大的突发事件一般具有以下几个特征：发生突然，常常令人始料不及；来势迅猛，常常令人措手不及；后果严重，危害极大；影响范围大，易给整个社会带来恐慌和混乱。一个社会组织如果不善于处理突发事件，那么不但会使整个公共关系计划难以实施，甚至会影响到本组织的生死存亡。面临突发事件应当保持头脑冷静，防止感情用事，认真剖析原因，正确选择对策。面临突发事件时，在传播沟通时应注意以下六个问题：

1. 实事求是地发表消息。不清楚的情况要坦率地告诉对方，不要把主观臆测混在其中。

2. 发表的时机很重要。不能因过于慎重而贻误时机，以致使流言、谣言产生，引起混乱。

3. 发表消息时尽量统一形成文字，因为口头讲话容易被误传。

4. 为防止外界误传，宣传中要统一口径，不能随便发表言论。

5. 有些社会影响大的问题发表消息越早越好。

6. 一旦事故出现，应有专人联络新闻界，把情报工作抓起来，尽快平息混乱。

三、公共关系实施的运作模式

（一）公共关系实施的目标模式

1. 建立性目标模式

当一个社会组织创办或开业时，它还未能与社会各界建立广泛的联系，未能被社会所认识，为同行所接纳，在社会上基本上没有什么声誉。这就要求社会组织借创办或开业之机进行自我介绍、宣传和推销，通过公共关系实施与潜在公众和公众环境建立广泛的联系，特别要接触新闻界、政府各部门、投资商、供应商和销售商等，以使社会组织自身及其产品或服务在公众头脑中留下印象，提高社会组织的知名度。美国芝加哥体育中心酒店在这方面做得比较成功。这家酒店的管理决策人员和公关人员在酒店刚刚破土动工时，就及时向新闻媒介宣传酒店的设计规划，以后，每隔两个月就有计划有目的地给一些企业寄信，或介绍酒店施工情况；或邀请参加酒店举行的联谊活动；或征求意见等。通过多方面的宣传，酒店在公众心目中树立起了良好形象。因此，酒店一开业，就已经拥有了一大批顾客了。该酒店利用开业之机，大力开展公关活动，很快就为酒店的服务打开了销路。

2. 维系性目标模式

在社会组织稳定发展阶段，为维护自身已有的信誉，开展多方面的经常性的公关活动，这对公众能够起到一种潜移默化的作用，维系、稳定与公众原有的关系。郑州亚细亚商场经常举办一系列社会活动，如“亚细亚花卉展”、“妇女服装设计大赛”、“打字员技术比武赛”、“著名摄影家摄影作品展”、“儿童电子琴大赛”、“好妈妈—好爸爸故事大赛”等。这些活动参加人数多，影响范围广，起到了广告宣传、增进了解、吸引顾客、促进销售的作用。

3. 建设性目标模式

一个社会组织的形象，大体上可以用其知名度和美誉度来衡量。建设性的公共关系目标模式就是大力提高社会组织的知名度和美誉度。提高社会组织知名度的主要途径是强化公众对社会组织的印象和增进公众对社会组织的了解。公众作为一个社会组织的相关环境中的重要制约力量，对社会组织的了解和认识有一个由浅入深、由表及里、由偏到全的深化过程，强化公众对社会组织的印象和增进公众对社会组织的了解，对于一个社会组织赢得公众和市场、增强市场竞争能力格外重要。提高社会组织美誉度的主要途径是改善公众对社会组织的态度和加深对社会组织的感情。因此，社会组织要通过开展公关活动，不断向公众提供新证据、新观点，证实其原有的认识和看法的正确性，引导公众感情的倾向，增进公众感情的深度，并提供感情的效能。

4. 矫正性目标模式

当公共关系状态恶化，社会组织形象已受到严重损害时，及时采取措施，做好善后工作，可以挽回影响，重振声誉。雀巢公司是一家大型跨国公司，它所生产的食品，在世界各地拥有稳定的市场。然而，饮誉国际的“雀巢”咖啡，也险些信誉扫地“一命呜呼”。世界上曾出现一种舆论，说雀巢食品的竞销，导致了发展中国家母乳哺育率下降，从而导致了婴儿死亡率上升，最终导致了一场世界性的抵制雀巢奶粉及其他食品的运动，雀巢公司面临着严重的危机。在严酷的事实面前，“雀巢”的决策者不得不重金礼聘世界著名公共关系专家帕根来商量对策，请帕根帮助公司度过这一危机。帕根接此重任后，立即开始调查研究。结果，发现形成这场抵制雀巢公司产品的根源，在于该公司以大企业、老牌子自居，拒绝听取公众的意见。同时，雀巢公司的推销行为，对公众是保密的。这使得公司与公众之间的信息传播严重受阻。这一切，都犯了公共关系的大忌。帕根根据调查所得材料，制订了周密详细的公共关系计划。他把重点放在抵制最强烈的美国，虚心听取社会各界的舆论批评，开展大规模的游说活动，组织有权威的听证委员会，审查雀巢公司的销售行为等，使舆论逐步改变态度；建议雀巢公司总经理，开辟发展中国家的市场，把它作为雀巢产品的最佳市场。在开拓市场过程中，吸取以往的教训，不是把第三世界国家单纯看作雀巢市场，而是从建立互利的伙伴关系着手。比如，雀巢公司每年用 60 亿瑞士法郎从发展中国家购买原料，每年拨出 8000 万瑞士法郎来帮助这些国家提高农产品质量。此外，还聘请 1000 多名专家，在第三世界国家举办各种职业培训班。这一系列活动，使雀巢公司在发展中国家树立起良好的形象，因而销路大增，营业额雄居世界食品工业之首。这一案例告诉我们：公共关系必须以事实为依据，查清事实、正视事实、揭示事实、加强沟通是解决问题的关键；说明真相、挽回影响是解决问题的必要条件；承担应负的责任是解决问题的前提。

（二）公共关系实施的活动模式

1. 宣传型活动模式

宣传型公共关系是指社会组织运用大众传播媒介等手段，向社会公众作自我介绍，以期吸引公众，获得公众的信任和支持的活动模式。一个社会组织要想生存和发展，就要让公众了解自己，以求在公众的心目中树立起自己的良好形象；并让公众了解自己的产品，进而形成有利于社会组织发展、产品销售的社会舆论、获得公众的青睐。宣传型活动模式的特点是：主导性强，时效性强，传播面广，推广组织形象效果快。从许多社会组织的经验中可以归纳出宣传型公共关系活动模式常用的三种宣传方式：公关广告、新闻发布、展览会。

2. 服务型活动模式

服务型活动公共关系是一种以提供优质服务来密切社会组织与公众之间关系的公共关系模式。目的是以实际行动来获取社会的了解和好评，建立自己良好的形象。优质的服务不能仅靠公共关系部门的工作，而是需要依靠社会组织中所有成员、所有部门的共同努力来实现。因此，它是一种最实在的公共关系。公众往往把一个社会组织提供的服务，作为评价这个社会组织的重要标准；社会组织提供的服务，往往成为公众对这个社会组织的首要印象。美国国际商用机器公司（IBM）经过多年努力，享有世界上最讲究以服务为中心的公司殊荣，以一种鲜明的形象出现在公众面前。

3. 社会型活动模式

社会型公共关系是社会组织利用举办各种社会性、公益性、赞助性活动来塑造组织形象的模式。其目的是通过积极社会活动，扩大社会组织的社会影响，提高其社会声誉，赢得公众的支持。其活动形式主要有邀请社会各界参加社会组织自身的重要活动；赞助社会福利、慈善事业，资助公共服务设施的建设等；资助大众传媒举办各种活动等。其效果从近期看，往往不会给社会组织带来直接的经济效益，而且使社会组织付出了额外的费用；从长远来看，它却为社会组织树立了较完善的社会形象，使公众对社会组织产生好感，为社会组织创造了一个良好的发展环境。

4. 征询型活动模式

征询型公共关系是以采集社会信息为主的公共关系模式。其目的是通过信息采集、舆论调查、民意测验等工作，了解社会舆论，为组织机构的经营管理决策提供咨询，使组织行为尽可能地与国家的总体利益、市场发展趋势以及民情、民意一致起来。其活动形式很多，如民意测验、意见征集、建立信访制度、设立热线电话、处理举报和投诉等。征询型公共关系的特点是长期、复杂、艰巨，需要公关人员具有智慧、耐力和诚意。一旦能够获得公众的配合，那么社会组织就有了“千里眼”、“顺风耳”，能够及时地对民意和舆论的变化作出反应，保持社会组织与社会环境之间的动态平衡。

第二节　公共关系评估

公共关系评估是对公共关系工作作全面深入的研究，是公共关系“四步工作法”中的最后一步。它在公共关系实践活动中起着不可低估的作用。公共关系评估是改进公共关系工作的重要环节，是开展后续公共关系工作的必要前提，同时，它可以使组织的领导人看到开展公共关系工作的明显效果，从而更加自觉地重视公共关系工作。公共关系评估涉及公共关系全过程的所有内容，复杂程度和难度比较大，要取得成功，应该对以下问题进行较深入的研究：评估的意义、评估的内容、评估的程序、评估的方法和评估总结报告的撰写。

一、公共关系评估的内涵和意义

（一）公共关系评估的内涵

所谓公共关系评估，就是社会组织采用各种形式和各种方法，对阶段性公共关系活动进行调查研究、分析评价，总结成功的经验，估价所取得的成绩，寻找工作中的失误或不足，发现新的问题，以便不断调整社会组织的公关目标、公关决策和公关行为，使社会组织的公共关系工作走上健康的可持续发展的轨道。

（二）公共关系评估的意义

1. 总结经验，以利再战。任何社会组织开展公共关系活动，都不可能是短期的、一次性行为，而是一项比较长期的、相对连续的活动。要增强连续不断的公共关系的有效性，必须不断地总结、借鉴既往公共关系的经验和教训。公共关系评估，正是为了这个目的。公共关系评估既是上一轮公共关系活动的总结，又是下一轮公关活动的起点，它实际上起着承上启下的作用。公共关系活动实施完成后应及时进行总结，包括公共关系活动过程中取得的成效和经验，以及应当吸取的教训，工作中的优点和存在的不足，以供继续开展公共关系活动时参考和借鉴。公共关系评估得越充分，成绩与不足也就越明显。评估得越客观，对今后将要开展的新一轮公共关系活动的方向就越明确，对现存的差距和不足改进得就越彻底。评估的结果具有效果“导向”的作用。

2．收集资料，提供决策。每次公共关系活动，公关人员都可以收集到许许多多、方方面面的信息和资料。比如，公共关系活动实施后，在社会上造成了什么样的影响，产生了什么样的效果，内部员工的反应如何，已经解决了什么问题，又出现了什么新的问题等等。通过评估，通过总结，可以将这些信息和资料汇总起来，撰写成工作报告，提交给社会组织的决策机构，为社会组织决策提供可靠的信息。

3．鼓舞士气，激励干劲。公共关系评估工作不仅可以为决策机构提供信息和资料，还可以将公共关系活动的成果向组织内部成员展示和介绍，使社会组织内部员工比较清楚地认识到外界对自己组织的评价，了解社会组织在公众心目中的形象和地位，以及公共关系活动给他们带来的利益。这有助于鼓舞内部员工的士气，激励他们的干劲，并有助于增强社会组织内部员工的凝聚力、向心力，使他们能够自觉地将实现本组织的战略目标与自己的本职工作紧密地联系起来，并积极支持、主动参与公共关系工作。

4．宣传报道，扩大影响。公共关系评估总结出来的成果和经验可以及时提供给新闻传播媒介进行宣传报道，这样可以进一步扩大社会组织在社会上和外部公众中的影响。如果新闻传播媒介没有作报道，公共关系部门也可以利用公共关系评估总结出来的成果和经验自己制作情况通报、简报，或印发宣传资料，利用恰当的渠道对外宣传，以扩大影响。

二、公共关系评估的分类和内容

全面的公共关系效果评估工作，可以分解为诸多方面分别加以研究，然后具体分析各自的绩效，最终形成评估成果报告。

（一）公共关系工作程序评估

公共关系工作程序评估，就是要对公共关系工作的各个步骤的合理性作出客观的估价。公共关系评估是一个连续不断的活动，一旦进入公共关系工作过程，评估活动也就开始了。评估研究内容及要点如下：

1．调查研究过程评估

评估要点有：（1）公共关系调研的设计是否合理。（2）公共关系工作信息资料的搜集是否充分、合理。（3）获得信息资料的手段是否科学。（4）公共关系调研对象选择是否具有典型性、代表性。（5）公共关系调研工作组织实施的合理程度。(6)公共关系调研的结论分析是否科学。(7)信息的表现形式是否恰当。

例如，在政治活动中，公共关系活动的策划者要研究竞选者在电视辩论中的发言以及各种新闻媒介对他的讲话及其本人的评论，并通过选举过程中选民们对这个竞选者的反应看公共关系活动是否成功。评估这一活动时则要分析：公共关系活动中准备的信息资料是否符合问题本身；目标及媒介的沟通活动是否在时间、地点、方式上符合目标公众的要求，有没有对沟通信息和活动产生对抗性行为，有没有制造事件或采取其他行动配合这次公共关系活动；相对任务而言，人员与预算资金是否充分，等等。这种评估分析的结果，可以作为进一步审定或调整计划与战略、改进方案实施过程的重要参考资料。

2. 计划制订过程的评估

评估要点包括：(1)各项准备工作、沟通协调工作是否充分。(2)计划目标是否科学。(3)计划实施的总体安排、步骤是否可行。(4)日程安排如何？

3. 实施过程的评估

评估包括：(1)信息内容准确度如何，信息表现形式如何，信息发送数量如何。(2)信息被传媒采用的数量如何，质量如何。(3)接收到信息的目标公众有多少，成分如何，和组织关系有多大。(4)注意到该信息的目标公众数量。

公关评估的调查活动中，有时所得到的结果是令人吃惊的。一位调查人员调查一家医院，发现医院的员工接收到院方的新闻公告材料不到50%。另外那些员工根本没有收到任何公告材料。这就是说，组织在传播信息时不能仅仅注意信息的内容，还必须在信息传递方式上加以改进。调查“注意到信息的公众数量”，可以明确哪些人在阅读组织发出的信息材料，他们的数量是多少，他们读到了什么，读了多少内容。阅读程度测定法的创始人丹尼尔·斯塔奇(Daniel Starch)认为：人的阅读理解程度可分为三个层次：第一，注意。被测验者只是注意到有这样一则广告，或者说他们已经见到这样一则广告。第二，认知。被测验者对广告的内容略有了解，但是不能够回忆起广告人的名字。第三，熟知。被测验者能够回忆起广告内容的50%以上。我们可以根据这三个层次不同标准检测“注意到信息的公众数量”已进入的层次。

4. 实施效果的评估

评估要点包括：(1)了解信息内容的公众数量。即对开展公共关系活动前后公众对组织的认识、了解和理解等变量进行比较。例如，在公共关系活动开展前后，对同一组公众进行重复测验。或者在一组公众当中开展公共关系活动，而在另一组公众当中不开展这项活动，然后将两组测验结果加以比较。这种方法也可用于所有实施效果评估的项目之中。另外，在沟通活动结束后，了解公众观点和态度的变化也可采用这种方法。

（2）改变观点、态度的公众数量。这是评估实施效果的一个更高层次的标准。因为“态度”所涉及范围很广，内容丰富而复杂，而且不容易在很短时间内发生变化。例如，煤气电气公用事业公司的节能宣传活动，可能使用户增加了“使用隔热天花板可节省空调电费”的认识，但这并不意味着他在态度上成为能源保护者。评价一个人的态度，要根据一段时期内他在所有有关问题上的立场和观点，而不能仅凭一时一事判定一个人的态度发生变化与否。态度与观点和知识的关系大致是这样的：态度的变化可能随着知识与观点的变化而变化；在一个人知识与观点未发生变化的情况下，也可能发生态度变化。

（3）发生期望行为与重复期望行为的公众数量。人们行为的改变受到多种因素的影响，如同态度与知识、观点的关系一样，行为同知识和观点之间也在一定条件下发生联系。这里有一点是可以肯定的：行为发生变化的人们在行为发生改变之前，肯定接受了某些信息或在某些方面被说服了。在掌握了发生期望行为的公众数量之后，还应该注意了解重复期望行为的公众数量。例如，对戒烟运动，我们不能单纯计算在开展这一运动的第一天的戒烟者的总数，因为这并不能充分地说明这一运动的影响效果。一天或一下午有戒烟行为并不能表明这些人将永远根除吸烟的习惯。对这些运动的影响效果的评估要根据运动开展以后几个月甚至几年的持续观察数据。评估一项公共关系活动在改变人们长期行为方面取得的效果，需要较长时期的观察，并取得足以说明人们行为调整后不断重复与维持期望行为的有力证据。

（4）达到的目标与解决的问题。这个评估标准是公共关系活动效果评估的最高标准。公共关系计划目标的实现，可以表现为取得理想的选择结果，筹措资金的数额达到预期指标，立法方面取得胜利，等等。有时，公共关系活动产生的结果并非完全与计划目标相一致，但是这些结果同样是积极的，可以认为是达到计划目标的其他表现方式。在这种情况下，这些结果也应该作为评估公共关系活动效果的根据。例如，前面提到的节约能源宣传活动，其目标是为了减少总的能源消耗。其结果却表现为人们增加了对节约能源的兴趣，增长了这一方面的知识，甚至改变了使用煤气与电器设备的习惯。从表面看来，这次运动的结果与既定的目标不完全吻合，但是这些结果也是可以说明这次宣传活动是成功的。当然。其中也包括结果与目标的部分吻合。

（5）对社会经济与文化发展产生的影响。这种影响要同其他因素一起共同起作用，并在较长时间里以复杂的、综合的形式表现出来。因此，对这种影响效果的评估并非是公共关系人员所能完成的。这是留给社会学家和心理学家的题目。我们这里涉及这个问题，主要是为使公共关系活动效果评估的理论体系完整化，并引起人们在思想上认识这个问题。对于那些通过自己的职业行为履行社会责任，并对社会经济及文化的发展产生积极作用的公共关系人员，后人将给他们以公正的评价。

（二）公共关系活动类型评估

按公共关系活动形式可把公共关系划分为日常公共关系活动和专项公共关系活动。按公共关系计划制定时间的长短，可把公共关系划分为年度公共关系活动、长期（三年至五年）公共关系活动。评估内容及要点如下：

1. 日常公共关系活动效果评估

评估内容要点包括：组织的全员公共关系运作；领导者内外部公共关系活动的开展情况；全体员工的公共关系意识和行为表现；组织的各部门在经营管理各环节上的公共关系投入；公共关系网络；内部公共关系协调状况；日常的组织沟通；人际协调；组织的外部公共关系；知名度、美誉度；公共关系人员的工作状况；公共关系人员与领导工作配合和沟通等方面。

2. 专项公共关系活动效果评估

评估内容要点有：项目的计划是否合适；其目标与组织总目标、公共关系战略目标是否一致；项目的目标是否已经实现；传播沟通策略、信息策略是否有效；公共关系协调状况如何；对公众产生哪些影响；组织的形象有何改变；项目预算是否合理；组织管理工作成效如何。

3. 年度公共关系效果评估

包括如下内容要点：年度公共关系计划目标是否实现；年度公共关系计划方案是否合理；实现状况如何；年度内日常公共关系工作成效如何；年度内单项公共关系活动的类型、数量及成效分析；年度公共关系经费预算使用情况及合理化研究；内外部公共关系的开展和成效；公共关系机构与公共关系人员的绩效；组织的公共关系应变能力等。

4. 长期公共关系活动效果评估

包括某一长期公共关系项目及公共关系长期工作的成效分析，它是一个总结过程，需要将日常工作评估结果、专项活动评估结果、阶段性工作评估结果一并吸收进来，进行系统分析，从而获得一个总的结论。另外，还包括对公共关系活动的经历进行客观评估。同时，应将前几种公共关系活动效果评估的内容要点加以归纳整理和分析研究。但是，要特别注重公共关系战略的得失问题、公共关系变动规律问题、公共关系与经营管理的关系问题等。

（三）公众关系状态评估

对主要公众关系状态进行评估研究，旨在通过各类公众关系的变化来评估以往公共关系工作的成效，公众关系状态分析应分两步进行：内部公众关系与外部公众关系。

1. 内部公众关系评估

内部公众关系评估的内容要点是：组织的政策在沟通中被全员接受的程度；员工的士气；组织的凝聚力；组织中的各种工作关系处理情况和趋势；双向沟通带来哪些生机和活力；影响员工关系的因素测评；沟通渠道需做哪些改进；传播策略及目标有何欠缺；公共关系贯通于各种经营管理活动的各个环节中有无障碍等。

2. 外部公众关系评估

外部公众关系评估的内容要点：消费者关系评估，看清消费者的态度、行为变化特点，评估组织对消费者关系的传播沟通及人际协调方面的工作成效；媒介关系评估，看其态度冷漠还是热情、积极支持与否，采取何种沟通策略及成效；社区关系评估，了解各类社区公众对自己及有关活动的看法；政府关系评估，了解政府的支持情况、组织与政府的沟通效果、政府关系的沟通协调策略等。

（四）公共关系机构工作绩效评估

对公共关系活动分项评估与对机构的工作绩效进行评估，便于清点公共关系机构人员的工作效率、实际能力、策略手段等。定期对此做出评估分析，对改进机构工作效率和提高水平很有帮助。评估主要包括以下几个方面：市场营销分析；广告研究；新闻宣传；专题活动；管理绩效。上述公共关系评估类型，在内容上互有交叉，区别只是评估的角度不同。公共关系评估工作可视需要，选取其中一类或几类进行。

三、公共关系评估的程序

一般情况下，组织的公共关系评估程序可以分解为十个步骤：

（一）设立统一的评估目标

统一的评估目标是检验公共关系工作的参照物。有了参照物才能通过比较来检验公共关系计划与实施的结果。即使这一评估目标更多的是定性的而非定量的，仍需订出一个统一的评估目标。这需要评估人员就有关问题，比如评估重点、提问要点形成书面材料，以保证评估工作顺利进行。另外，还要详细规定调查结果如何运用。如果目标不统一，则会在调查中搜集许多无用的材料，影响评估的效率与效果。

（二）取得组织最高管理者的认可并将评估过程纳入公共关系计划之中

评估不是公共关系计划的附属品或计划实施后的事后思考和补救措施，而是整个公共关系计划的重要组成部分。因此，对评估应该给予足够的重视，对评估的方法、程序等方面予以充分的考虑和周密的筹划。

（三）在公共关系部门内部取得对评估的一致意见

这一部门的负责人要认识到，即使是公共关系人员本身也不能一下子就把公共关系活动没有实物性结果的性质和它的可测量效果联系起来。要给他们足够的时间认识效果评估的作用和现实性，并允许他们通过自己的亲身体验加深这一认识。

（四）从可观察与测量的角度将目标具体化

在项目评估过程中，首先应该将这项目目标具体化。例如，谁是目标公众。哪些预期效果将会发生以及何时发生等等。没有这样的目标分解，项目评估就无法进行。同时，目标分解还可以使公共关系计划的实施过程更加明确化与准确化。

（五）选择适当的评估标准。目标说明了组织的期望效果

如果一个组织将“让公众了解自己支持当地福利机构，以改善自己的形象”作为公共关系活动的目标，那么，评估这样的公共关系活动的标准就不应是了解公众是否知道当地报纸上哪一个专栏报道了这一消息，占用了多大篇幅，而应该了解公众对组织认识情况以及观点、态度和行为的变化。

（六）确定搜集证据最佳途径

调查并非总是了解公共关系活动影响的最佳途径，有时组织活动记录也能提供这一方面的大量材料。在有些情况下，小范围的试验也是十分有效的。在搜集有关评估资料方面，没有绝对的唯一最佳途径。在这一方面，方法选择取决于评估的目的、提问的方式以及前面已经确定的评估标准。

（七）保持完整的计划实施记录

这些资料能够充分反映公共关系人员的工作方式和工作效果，尤其重要的是反映计划的可行性程度，哪些策略是有效的，哪些策略是无力的或者无效的，哪些环节衔接比较紧密，哪些环节还有疏漏或欠缺。

（八）及时、有效地使用评估结果

公共关系活动的每一个周期都要比前一个周期表现出更大的影响力，这是运用前一个周期评估的结果对后一个周期进行了调整的缘故。由于对评估结果的运用，问题确定及形势分析将会更加准确，公共关系目标将会更加符合组织

发展的要求。

（九）将评价结果向组织管理者报告

这应该成为一项固定的制度，它的作用一方面可以保证组织管理者及时掌握情况，有利于进行全面的协调；另一方面也可以说明公共关系活动在持续地保持与组织目标相一致及其在实现组织目标过程中的重要作用。

（十）提高对公共关系的理性认识

公共关系活动的科学组织与准备效果评估导致人们对这一活动及其效果有更多的理解与认识，效果评估的成果又进一步丰富了公共关系专业知识的内容。通过具体项目效果评估所得到的资料，经过抽象化分析，可以得到对指导这一活动有普遍意义的思想、方法与原则。

四、公共关系评估的方法

公共关系效果评估的方法很多，按照评估实施者的不同可以分为自我评估法、专家评估法、实施人员评估法、公众评估法等四种；按评估所需材料来源可分为新闻媒介推断法、外部信息反馈法等。

（一）自我评估法

指开展公共关系活动的组织对自己所开展的公共关系活动效果所进行的评估。可通过计划与实绩对比进行评估；通过观察公众言行举止变化进行评估；通过搜集对比各种统计数字进行评估。这种方法的运用，有利于提高公关人员专业技术水平。这种方法的缺点是，有时可能产生不真实的测量结果，尤其是向调查对象提出一些比较敏感的问题时更是如此。因此，采用自我评估法要特别注意问卷提问的方式，对敏感的问题宜采用灵活、委婉的方式进行调查。

（二）专家评估法

即邀请有关专家对组织开展公共关系活动的效果进行评估。采用专家同时评议、开座谈会等方法，来审定公共关系计划，观察计划的实施，鉴定公共关系活动的成效。专家评估法的价值，完全取决于专家是否具备专门的知识，如果他们对公共关系活动所涉及的某些领域的知识不足，那么他们也无法做出正确的评估。因此，采用专家评估法时，一定要聘请那些知识丰富、熟悉情况的专家。这种方法有利于组织对自己的公关效果做出较为客观、准确的评价。

（三）公众评估法

即通过公众意见调查来间接推断公共关系活动的效果。可通过科学的舆论调查技术来展开调查研究，提出评估问题、进行问卷设计、对公众进行大规模的抽样调查，可以召开公众代表座谈会，深度访问有关公众，还可以通过互联网搜集网上公众的观点和意见等形式进行评估。在调查的基础上，进行分析、取得充分的数据资料，从而确认公共关系活动在影响特定公众方面取得的效果。这种方法有利于多方面检测公关效果，但一般耗费较大。

（四）实施人员评估法

即公共关系计划的实施人员自行对公共关系计划和实施的情况进行评估。这种评估能够及时地、充分地利用实施过程中的实际情况对该项活动的影响效果进行判断。实施人员的评估也有缺点，主要是实施人员对其实施的计划可能会尽量隐恶扬善，从而无法看出公共关系活动的真实影响。另外，实施人员忙于实施任务，没有更多的时间和精力进行评估研究。

（五）新闻媒介推断法

即通过新闻媒介的报道和传播来间接评估组织开展公共关系活动的效果。具体方法是通过统计新闻报道的数量，推测新闻界对本组织的重视程度；通过分析新闻媒介的级别层次，推测本组织的影响范围；通过研究新闻报道的方法，推测所产生的社会效果；通过了解新闻报道后的反响程度和方向，推测组织在各类公众中的知名度和美誉度。

（六）外部信息反馈法

即通过外部环境对组织的信息反馈来评估公共关系的效果。如利用公众意见簿、采访记录、电话访问登记记录、外部公众行为变化等途径反馈对组织公关活动的评估。

在进行实施效果评估时，应该注意到：一项公共关系活动总是处于一定的社会环境之中的，它所产生的影响，可能是公共关系活动本身引起的，也可能是其他社会因素的作用。理想的科学的评估，最好能尽量排除公共关系活动以外的因素，显示出公共关系活动真正的影响力。总之，公共关系评估应根据公共关系效果评估要求，采取灵活多样的评估方法。对各种方法既可以有所侧重，又可以多种并用；既要注意定性评价，又要强调定量分析；既要肯定成绩，又要找出差距，并分析原因；既要总结过去，又要面向未来，明确今后的努力方向，使公共关系效果评估成为推进公共关系工作的动力，为组织开创公共关系的新局面。

阅读材料

“双汇”广告巧入天安门

天安门广场历来被视为圣地，它的一举一动时刻为世人所瞩目。

1994年6月28日一大早，首都天安门广场彩旗飘扬，锣鼓震天，数百人组成的锣鼓队、秧歌队、高跷队的精彩表演，引得很多人驻足观看，把天安门广场围了个水泄不通。上午9时整，当北京市和国家有关部门的领导同志宣布“逛北京、爱北京、建北京”大型旅游文化活动正式开幕时，数千只信鸽同时飞起，把人们的目光引向天空。这时，人们惊讶地看到：十多个巨大鲜艳的彩色气球下面拖着一条长长的布幅，微风吹来，布幅上红艳艳的大字格外醒目——华懋双汇集团漯河肉联厂祝逛北京活动圆满成功！

率先报道这一消息的是“双汇”所在地的《漯河内陆特区报》。之后，包括《河南日报》、河南广播电台在内的河南很多新闻媒体都争相报道了这件事。《河南日报》的评论文章把它誉为“河南省最成功、最典型的一次企业公关活动”。《河南商报》在7月15日星期刊头版头条的位置上，以硕大的标题、足够容纳3000字的版面刊登了一则仅800字的新闻：《双汇高扬天安门》。很快，这一消息重返北京，得知消息最早却顾虑重重的首都新闻界不再“沉默是金”了。先是《中国青年报》的《社会周刊》刊登了一幅照片，图片下的文字说明中有这样一句耐人寻味的话：能否在天安门广场做广告，这个话题争论了好久，如今却被来自河南的一家火腿肠厂定论了。8月5日的《中国经营报》把《广告首入天安门广场》这条新闻放在了四版头条。特别值得一提的是，这则不足千字的短文同时配发了足有1200字的评论。这则题为《中国广告史上的新一页》的评论称:“中国广告史上较为成功的广告是西泠电器花百万元在报纸头版做整版广告，其轰动效应至今仍在继续，此广告可称为我国公关广告史上第一个成功案例。之后是KENT将广告做到武汉电视发射塔上，后来又让广告上了运载火箭。而能称为继西泠电器之后更为轰动的广告策划活动，还是在南京长江大桥这一具有历史意义的建筑物上做广告。虽然这一举措争论了很久，但最终得以圆满解决，广告成功地上了南京长江大桥。而广告首入天安门广场这一既成事实告诉中国的企业家——请再大胆一些！天安门广场以‘双汇’做广告，将作为一个极成功的企业公关策划活动写入中国公关广告史、中国CI史中。”

在新闻媒介爆炒“‘双汇’登上天安门”这一事件中，“双汇”的拥有者——华懋双汇集团漯河肉联厂无疑是最大的受益者。这个1991年产值、利税仅分别为1．7亿元和463万元的名不见经传的企业，自1992年上马“双汇”牌火腿肠以来，其经济实力迅速膨胀壮大，如今已是年产值15亿元。利税1．2亿元的国家大型一类企业了。“双汇”的急遽崛起，很大程度上得益于该企业对广告公关活动的一贯高度重视。据悉，双汇集团每年的广告费支出达2000万元以上。

说起来您也许难以相信，双汇集团把自己的广告攻入天安门广场，仅仅破费 12 万元，尚不及《人民日报》半个套红广告版面的花费。当初，精明的双汇人得知“逛北京、爱北京、建北京”大型旅游文化活动将在天安门广场隆重举行开幕式时，就已经酝酿着要制造一起轰动全国的特大新闻了。于是，“双汇”派出最得力的公关人员，终于以 1 个气球 1 万元的价格，成功地赢得了北京市有关部门的审批通过。当领导同志还在为组委会人员“反正开幕式活动需要动用气球助兴，何不在气球下面挂个企业名字的条幅而多收入 12 万元”的做法深为赞许时，并没有意识到建国以来企业广告首次进入天安门广场将既成事实。从某种意义上说，如果没有新闻界的渲染，参加“逛北京、爱北京、建北京”活动开幕式的人们，最多只能回忆起当时有彩色气球飘扬在天安门广场上空。

据说，“双汇”闯入天安门广场做广告的消息传出之后，不少企业纷纷找天安门广场委员会，提出愿不惜数百万元的重金购买寸土做广告，却均被婉言谢绝；当企业以“双汇”何以能入天安门广场做广告相质问时，答曰：是“双汇”钻了空子，一不留神巧做了广告。

华懋双汇集团公关部负责人说：“虽然我们耗资十多万元仅能换得广告气球在天安门广场飘扬 3 天，但我们作为第一个吃螃蟹者，这本身就是新闻，我们所要的就是这份轰动效应，它所产生的意义已远远大于广告本身的价值……”

（参见曾琳智：《新编公关案例教程》，复旦大学出版社，2006 年，第 17 页。）

[材料分析]

这是中国公关广告史上一则非常轰动的案例，从这则案例中我们可以得到这样的启示。

（1）敢想巧为

天安门广场历来被视为圣地，是中央政府举行国家级重大政治活动、文化活动、外交活动的特殊场所，它的一举一动时刻为世人瞩目。许多国内外企业都看到了天安门广场的特殊性和重要性，但建国以来直到 1994 年 6 月份以前，虽然有的企业广告曾打过“擦边球”，但始终没有任何一家企业能堂而皇之地在此做成广告。然而，华懋双汇集团漯河肉联厂成了第一个敢吃螃蟹的人，他们不仅敢于突破传统的“禁地”观念，敢于在“禁地”上做文章，更重要的是他们懂得如何在“禁地”上做文章。试想，如果双汇集团打的是推销“火腿肠”的广告，则很难获得有关领导的审批通过。而他们设想的做法不仅能为游园活动增加气氛，为组委会提供资金，又能为自己赢得更大的知名度和美誉度，可谓敢想巧为的典范。

（2）巧择时机

双汇集团目光敏锐，看准时机，利用大型旅游文化互动将在天安门广场隆重举行开幕式之机，借祝贺之名，行公共关系广告之实，巧妙地使广告在有关领导不留神之间“钻”入了天安门广场。

（3）借助媒体

从某种意义上说，如果没有新闻界的渲染，人们最多回忆起当时有彩色气球飘扬在天安门广场上空。但精明的双汇人的确具有高度的新闻敏感性，他们知道，大型旅游文化活动节必将有众多媒体去进行报道，而建国以来，企业广告首次进入天安门广场，绝对是一件具有轰动效应的新闻，这不仅是中国 CIS 史中最大胆、最成功的企业策划，更从观念上颠覆了大多数人一惯的想法，众多新闻媒介争相爆炒定将成为必然。而企业形象与声望也将在众多新闻媒体的竞相报道中急速升温，并深入人心。事实果然如此，出奇制胜的双汇集团成为这场公关活动中最大的受益者。

思考题

一、名词解释

1. 习俗障碍
2. 专家评估法
3. 心理障碍

二、简答题

1. 简述公共关系实施的意义、特点。
2. 简述公共关系实施的原则。
3. 简述公共关系评估的程序。
4. 简述公共关系实施的运作模式。
5. 简述公共关系评估的方法。

三、论述题

1. 论述影响公共关系计划实施的因素。
2. 试述公共关系评估的分类和内容。

四、案例分析

老字号 新辉煌——全聚德 135 周年店庆大型活动

一、项目背景

“全聚德”作为我国餐饮业驰名中外的老字号企业，自清朝同治三年（公元

1864 年）创立至今已有 135 年的发展历程，经过几代人努力，“全聚德”形成了以烤鸭为代表的系列美食精品和独特的饮食文化。“全聚德”这家百年老店已成为国家领导人宴请国际友人的主要场所，成为国际国内朋友了解、认识北京的窗口。面对 21 世纪，全聚德品牌的发展同中国的餐饮业，乃至中国商业、服务业一样，需要发展知名品牌，使企业更具有竞争力，创造具有中国文化底蕴、实力雄厚、品质超凡、市场表现卓越、享誉全球的餐饮业世界级名牌，集团公司决定以 1999 年全聚德建店 135 周年为契机，全年推出多层次、一系列的企业形象公关活动。

二、项目策划

（一）公关目标

发扬“全而无缺，聚而不散，仁德至上”的企业精神，（对外）弘扬全聚德民族品牌，树立全聚德老字号的崭新形象，以店庆造市场，以文化兴市场；（对内）强化全聚德烤鸭美食精品意识，丰富全聚德企业文化内涵，激励全聚德集团的全体员工以百倍的信心迎接新世纪的挑战。

（二）公关策略

为了达到这一目标，准备举办“全聚德杯”有奖征集对联、全聚德烤鸭美食文化节、全聚德品牌战略研讨三项大的活动。这些公关活动的媒体选择上主要以报纸为主，兼有电视台、电台，并辅以本公司宣传刊物。

（三）具体计划

全年系列公关活动分为三个阶段，从序曲到高潮：

第一阶段：在含有元旦、寒假、春节、元宵节等节假日的第一季度与《北京晚报》、北京楹联研究会联合举办“全聚德杯”新春有奖征集对联活动（以下简称征联）；面向全社会（包括集团员工）开展《我与全聚德》征文，征集店史文物活动；着手整理资料，编辑、出版《全聚德今昔》一书。

第二阶段：在农历六月初六，即全聚德创建日的 7 月 18 日举办“全聚德建店 135 周年店庆暨首届全聚德烤鸭美食文化节开幕式”。

第三阶段：在金秋的 10 月份，借新中国五十华诞举办全聚德品牌战略研讨会。

三、项目实施

年初，集团公司在工作会上针对全年公关系列活动进行动员。针对每一活动分别成立了由总经理或副总经理牵头的、由不同业务部室有关人员组成的专门工作组负责具体实施。

（一）序曲

“全聚德杯”新春有奖征联活动（1998年12月至1999年3月）

下面是此次活动期间《北京晚报》五色土版的媒体宣传报道：

1. 1998年12月22日 刊登“本报副刊中心、全聚德集团、北京楹联研究会联合举办‘全聚德杯’新春有奖征联活动”通知。这个通知的主要目的是为了引起注意。

2. 1999年1月10日 “‘全聚德杯’新春有奖征联评委会名单”，这个报道是为了突出权威性，以引起读者重视并参与。

3. 1999年1月16日、1月22日、1月26日分别刊登了作品，目的在于提示公众征联活动正在进行中，并提示活动截稿日期。

4. 1999年2月15日（农历除夕）公布“‘全聚德杯’”新春有奖征联活动获奖作品及名单”，选在大年三十这一天公布，一来读者比平日多，二来也算给广大读者送上新春文化礼物，以示祝福。

5. 1999年3月12日 刊登“全聚德杯”新春有奖征联颁奖会消息，宣布活动圆满结束。

6. 1999年3月16日 北京人民广播电台《企业文化》栏目播放“全聚德杯”新春有奖征联颁奖会记者现场采访录音。

第一阶段征联活动结束后，为更好地开展第二阶段店庆活动，集团公司及时进行总结，并于1999年3月30日以书面形式正式下发《关于庆祝全聚德建店135周年系列活动的安排》的通知，将每项活动进一步分解落实。向全社会开展《我与全聚德》征文，征集店史文物活动；着手整理资料，编辑《全聚德今昔》一书，在全聚德135周年店庆日当天举行首发仪式；请具有权威的资产评估机构对全聚德无形资产价值进行集团成立以来的第二次评估。以1999年1月1日为基准日的全聚德无形资产价值为7.0858亿元人民币，是1994年第一次评估的2.63倍（不仅使全聚德国有有形资产保值增值，而且使无形资产也增值）。这一消息放在全聚德135周年店庆日当天通过新闻媒体向社会公布。

（二）主旋：全聚德建店135周年店庆暨首届全聚德烤鸭美食文化节开幕式

1999年7月18日上午9：30-11：30在前门全聚德烤鸭店一楼大厅举办了隆重的开幕仪式。来自国家内贸局、北京市委、市政府有关委办局、所辖区委、区政府的领导和负责同志、新闻单位的记者及全聚德成员企业代表200余人出席了本次活动。具体安排：

1. 开幕仪式

（1）唱《集团歌》；（2）集团董事长致辞；（3）北京市商业联合会致贺词；（4）向集团总厨师长、副总厨师长、各企业厨师长授聘书、绶带以展示全聚德雄厚的技术力量；（5）新编《全聚德今昔》一书首发式，传播全聚德历史文化；（6）第135号全聚德冰酒珍藏仪式，展示全聚德品牌延伸产品；（7）请有关方面的领导讲话；（8）"打开老墙，重现老铺"，全聚德老墙揭幕仪式，向现场来宾再现历史，追溯往昔，给人留下深刻印象；（9）第1亿只全聚德烤鸭出炉仪式；（10）第1亿只全聚德烤鸭片鸭仪式。

为了报道这次活动，中央电视台还对集团董事长进行了独家采访。出乎预料的是，还有一些国外的新闻记者不邀自来。如当天上午活动期间，南斯拉夫电视台闻讯赶来，进行现场拍摄；在活动结束后，《香港商报》的记者对未能进行现场采访而深感遗憾，事后专门来公司进行了追访。

2. 全聚德特色菜品推出仪式

1999年7月18日下午15：00-18：00在和平门全聚德烤鸭店208房间由集团公司领导、各成员企业代表、有关部室负责人等主持全聚德特色菜品推出仪式。主要由集团主管副总介绍推出全聚德特色菜，由集团总厨师长讲解全聚德特色菜品的制作、口味特点，并由来宾观摩特色菜品制作过程，并品尝用餐

3. "美食文化节"活动期间的其他活动

7月18日－25日，举行了精品烤鸭优惠销售，真诚回报消费者；国际烹饪大师巡回献艺；亚洲大厨、获奖名厨精彩绝活表演；发放"全聚德会员卡"；赠送全聚德135周年纪念品；开展由顾客参加的趣味性烹饪、服务技能、全聚德知识竞赛活动。

（三）提升：全聚德品牌发展战略研讨会

1999年10月16日上午9：00-12：00在和平门全聚德烤鸭店500会议室邀请中国商业经济学会、中国商业文化研究会、中国社会科学院、中国人民大学、首都经贸大学、北京工商大学、北京工业大学、北京财贸管理干部学院的专家、教授、副教授与集团全体领导及有关部室负责人就全聚德品牌战略进行研讨。

四、项目评估

1999年全聚德集团企业形象公关活动达到了预期的公关目的。

第一，"全聚德杯"新春有奖征联活动，历时两个月，共收到应征楹联作品3954.5副，它们来自北京、河北、辽宁、内蒙、山东、江苏、安徽、江西、湖南、贵州、广东、海南等12个省市自治区，使全聚德的品牌遍及大江南北，长

城内外。此次活动把迎春与商业宣传融合为一，把树立全聚德品牌形象与中国传统楹联文化有机地结合起来，营造了“以文化树品牌”、“以文化促经营”的新闻热点，弘扬了全聚德饮食文化、品牌文化，在社会上引起较大反响。

第二，提高了全聚德品牌的知名度和美誉度。众多新闻媒体都对“全聚德建店135周年暨美食文化节”做了全面报道。报道的形式有新闻、照片、侧记、专访。“全聚德”成为人们普遍谈论和关注的话题，使“全聚德”品牌的知名度和美誉度进一步提升，强化了“全聚德”品牌形象。

第三，全聚德集团通过135周年店庆活动取得了良好的经济效益。由于全聚德135周年店庆暨首届全聚德烤鸭美食文化节活动的拉动作用，国庆节期间（10月1日-7日）集团公司10家直营店共完成营业收入703.5万元，接待宾客76325人次，日平均营业额达100.5万元。到1999年11月底集团公司营业收入、利润均已提前完成全年的计划任务。其中利润达到全年计划指标的110%。1999年下半年和平门店、前门店日均营业额均比上年同期增长了20%左右。

第四、全聚德品牌发展战略研讨会明确了全聚德品牌战略目标，即以全聚德烤鸭为龙头，以精品餐饮为基业，通过有效的资本运营，积极审慎地向相关产业领域延伸，创造具有中国文化底蕴、实力雄厚、品质超凡、市场表现卓越、享誉全球的餐饮业世界级名牌。

（参见《第四届中国最佳公共关系案例大赛》http://www.chinapr.com.cn）

案例思考

1. “全聚德”如何针对不同目标公众，巧妙设计公关活动，并与传播手段相结合，取得了良好的公关效益？

2. 全聚德借135周年店庆的契机组织了一次大型的专题活动，试分析它是如何策划和有效实施的？

第九章　企业公共关系

本章重点

1. 企业内部公共关系
2. 企业文化建设
3. 企业外部公共关系
4. 企业形象战略策划

企业是社会生产力和科技进步的主导力量，企业公共关系是现代公共关系学研究的重要领域，也是公共关系实务运用最广泛的领域。企业公共关系是指运用合理的原则和方法，通过有计划而持久的努力，协调和改善企业内外部关系，使企业各项政策与活动符合社会公众的要求，树立起良好的企业形象，以谋求公众对企业的了解、信任、好感与合作，并获得共同利益，是一种内求团结、外求发展的经营管理艺术。企业公共关系是现代企业一项独立的管理活动，它的发展与应用，受到现代企业管理思想的影响，体现企业的经营理念和文化特征。本章主要介绍企业内外部公共关系的基本内容与企业形象战略体系CIS。

第一节　企业内部公共关系

企业公共关系工作应从内部做起，企业内部公共关系工作是企业总体公共关系工作的基础，外部公共关系工作则是内部公共关系工作的延伸。企业内部公共关系的突出作用就是上情下达，下情上达，建立和完善企业内部的传播沟通渠道，使企业内部全体员工在双向交流、信息共享的基础上获有共担责任、共赴风险的主人翁精神，发挥参与管理积极性，增强企业的向心力。

一、企业内部公共关系的内容

企业内部公共关系主要是指员工关系，因为对企业而言，员工不仅是财富的创造者，而且员工本身就是财富。企业内部公共关系就是如何妥善协调各级员工之间的关系，使得企业全体员工在一种团结和协作的气氛中工作，时时处处为企业的生存和发展着想。员工关系是企业最基本的公众关系。

（一）员工关系的特征

所谓员工关系是指企业内部管理过程中形成的人事关系，其具体对象包括全体职员、工人、管理干部。员工是企业最重要的内部公众，是内求团结的首要对象。它具有以下三个方面的突出特征：

1. 稳定性。在一定时期和一定条件下，企业员工队伍总是保持相对稳定的，不像外部公众那样富于变化。

2. 可控制性。如，企业可以利用行政管理关系来控制和调节内部员工的活动，特别是企业内部上下级之间是一种领导与服从的关系，因此相对于外部公众来说，内部公众具有较强的可控制性。

3. 密切性。员工与企业是部分与整体的关系，他们的利益与企业的利益和目标息息相关，员工的态度与行为最直接、最密切地关系到企业的利益，决定着企业的成败。

（二）员工关系的重要意义

员工关系是企业最基本的公众关系。能否搞好员工关系，直接关系到企业自身的生存与发展，这是因为：

1. 员工是企业各项政策和措施的具体实施者，是企业存在与发展的基础。员工是企业的主人，是企业生产经营活动的主体。只有充分调动广大员工的积极性、主动性和创造性，才能增强员工的向心力、凝聚力、战斗力和创新力，才能创造出优质产品和服务，企业卓越的成就只能来自于全体成员的共同努力。因此，企业内部各成员之间和谐、友善的关系是企业生存与发展的根本保证。

2. 员工是树立企业形象和声誉的重要媒介。企业对外树立良好的形象、扩大企业的社会影响，有赖于全体成员的努力和配合。因为每个员工都是企业与外部公众接触的触角，都处在对外公共关系的第一线，企业的形象通过他们在生产、服务等各个岗位上的实际行动体现出来，他们的一言一行都代表着企业的形象。因此员工在对外交往中是非常重要的公关行为主体。这就要求企业的公共关系必须首先立足于内部员工，培养员工对企业的认同感和归属感，增强员工对企业的向心力和凝聚力，从而使员工在各自的工作中能时时处处自觉维护企业的形象。

马斯洛理论把需求分成生理需求、安全需求、社交需求、尊重需求和自我实现需求五类，依次由较低层次到较高层次。

生理需求：对食物、水、空气和住房等需求都是生理需求，这类需求的级别最低，人们在转向较高层次的需求之前，总是尽力满足这类需求。一个人在饥饿时不会对其他任何事物感兴趣，他的主要动力是找到食物。即使在今天，还有许多人不能满足这些基本的生理需求。管理人员应该明白，如果员工还在为生理需求而忙碌时，他们所真正关心的问题就与他们所做的工作无关。当努力用满足这类需求来激励下属时，我们是基于这种假设，即人们为报酬而工作，主要关心收入、舒适等等，所以激励时试图利用增加工资、改善劳动条件、给予更多的业余时间和工间休息、提高福利待遇等来激励员工。

安全需求：安全需求包括对人身安全、生活稳定以及免遭痛苦、威胁或疾病等的需求。和生理需求一样，在安全需求没有得到满足之前，人们唯一关心的就是这种需求。对许多员工而言，安全需求表现为安全而稳定以及有医疗保险、失业保险和退休福利等。主要受安全需求激励的人，在评估职业时，主要把它看作不致失去基本需求满足的保障。如果管理人员认为对员工来说安全需求最重要，他们就在管理中着重利用这种需要，强调规章制度、职业保障、福利待遇，并保护员工不致失业。如果员工对安全需求非常强烈时，管理者在处理问题时就不应标新立异，并应该避免或反对冒险，而员工们将循规蹈矩地完成工作。

社交需求：社交需求包括对友谊、爱情以及隶属关系的需求。当生理需求和安全需求得到满足后，社交需求就会突出出来，进而产生激励作用。在马斯洛需求层次中，这一层次是与前两层次截然不同的另一层次。这些需要如果得不到满足，就会影响员工的精神，导致高缺勤率、低生产率，对工作不满及情绪低落。管理者必须意识到，当社交需求成为主要的激励源时，工作被人们视为寻找和建立温馨和谐人际关系的机会，能够提供同事间社交往来机会的职业会受到重视。管理者感到下属努力追求满足这类需求时，通常会采取支持与赞许的态度，十分强调能为共事的人所接受，开展有组织的体育比赛和集体聚会等业务活动，并且遵从集体行为规范。

尊重需求：尊重需求既包括对成就或自我价值的个人感觉，也包括他人对自己的认可与尊重。有尊重需求的人希望别人按照他们的实际形象来接受他们，并认为他们有能力，能胜任工作。他们关心的是成就、名声、地位和晋升机会。这是由于别人认识到他们的才能而得到的。当他们得到这些时，不仅赢得了人们的尊重，同时就其内心因对自己价值的满足而充满自信。不能满足这类需求，就会使他们感到沮丧。如果别人给予的荣誉不是根据其真才实学，而是徒有虚名，也会对他们的心理构成威胁。在激励员工时应特别注意有尊重需求的管理人员，应采取公开奖励和表扬的方式。布置工作要特别强调工作的艰巨性以及成功所需要的高超技巧等。颁发荣誉奖章、在公司的刊物上发表表扬文章、公布优秀员工光荣榜等手段都可以提高人们对自己工作的自豪感。

自我实现需求：自我实现需求的目标是自我实现，或是发挥潜能。达到自我实现境界的人，接受自己也接受他人。解决问题能力增强，自觉性提高，善于独立处事，要求不受打扰地独处。要满足这种尽量发挥自己才能的需求，他应该已在某个时刻部分地满足了其他的需求。当然自我实现的人可能过分关注这种最高层次的需求的满足，以至于自觉或不自觉地放弃满足较低层次的需求。自我实现需求占支配地位的人，会受到激励在工作中运用最富于创造性和建设性的技巧。重视这种需求的管理者会认识到，无论那种工作都可以进行创新，创造性并非管理人员独有，而是每个人都期望拥有的。为了使工作有意义，强调自我实现的管理者，会在设计工作时考虑运用适应复杂情况的策略，会给身怀绝技的人委派特别任务以施展才华，或者在设计工作程序和制定执行计划时为员工群体留有余地。

（三）员工关系的基本内容

企业的员工关系必须着眼于增加凝聚力，培养认同感和归属感，使员工能够与企业有机地凝结在一起。因为一个企业只有得到内部员工的认可和支持，才有可能获得社会的承认，从而立足于社会；只有培养员工的认同感、归属感，才能增加员工对企业的向心力，使企业具有凝聚力，才能为企业的对外发展奠定坚实的基础。因此，员工关系主要应注意做好以下几个方面的工作：

1. 关心员工的利益，是建立良好员工关系的基础。关心员工利益必须首先满足员工的物质利益要求。这不仅包括建立合理的工资制度，还包括改善员工的福利待遇，为员工解除后顾之忧，改善工作条件和工作环境等。员工关系工作不仅要协调好企业与员工之间的利益分配关系，而且要努力使员工的物质要求保持在现实、合理的期望水平上，以保证企业的后续发展。除了物质利益的满足，企业还应重视员工精神方面的需求。

2. 承认和尊重员工的个人价值，努力为他们实现自身价值创造条件。一般来讲，员工不仅希望企业满足他们在工作、待遇、安全等方面的需要，更希望企业能尊重他们的个人价值，满足他们的成就感、事业心、自尊心等方面的要求。因此，企业应努力寻求企业目标与员工目标的一致，并将个体价值与团体价值辩证地、有机地结合为一体，使企业中的每个成员都能在企业的环境中追求和实现个人的价值。

3. 加强企业内部的各种沟通。加强内部沟通是企业内部公共关系活动的重要内容。通过对企业运行情况的信息沟通和有关企业内部员工心理状况的信息沟通，不仅可以增加企业工作的透明度，激发员工的参与意识，而且可以提高企业决策的科学性，增强企业的凝聚力和向心力，激发员工们的主人翁意识。加强内部沟通，首先是办好企业公共关系内刊，做到上情下达、下情上达、横向联系、分享信息；其次是完善合理化建议制度，鼓励广大员工直接参与企业管理，使企业内部的各种意见能够以公开、正面、肯定的形式表达或宣泄出来，从而提高企业内部信息沟通的水平；再次是充分利用企业内部的传播媒介（包括墙报、宣传栏、告示牌、标语、简报、手册、内部信函、有线广播、闭路电视等），组织发动内部传播沟通活动（如座谈会、联欢会、协商对话会及棋牌竞赛、体育运动会等），为企业的干部和职工提供跨部门、跨层次的面对面的沟通机会，以交流意见、增进感情、活跃气氛。

4. 建立良好的企业文化，并将其内化为员工共同的意志、意愿。建立良好的企业内部公共关系，最为根本的是从价值观上影响员工的思想观念，并使企业的价值观成为每个员工生活价值的一个重要部分。企业文化是企业以价值观念、经营管理哲学为核心的思维方式和行为规范的总和。企业文化的渗透力很强，在整个企业的生存和发展中无处不在、无时不在，它能够将员工的个性和潜能与企业的价值和利益联系起来，通过对员工信念的培养、理想的建树、个性的塑造、心灵的满足、精神的训练，建立起个人对企业整体的认同感和凝聚力，形成强烈的“团队精神”。因此，企业文化建设是企业内部公共关系最重要的一项内容和基本途径。

二、企业文化建设

（一）企业文化的内涵

一个成功的企业，在其不断进取、开拓市场、调整自我、树立形象的过程中，会形成一整套管理、营销、公关等方面的独特风格，这种风格被企业所认识和培养后，即形成了企业文化。所谓“文化（culture）”，是指人类群体或民族世代相传的行为模式、艺术、宗教信仰、群体组织和其他一切人类生产活动、思维活动的本质特征的总和。企业文化则是指在一定的社会大文化环境影响下，经过企业领导者的倡导和全体员工的认同与实践所形成的整体价值观念、信仰追求、道德规范、行为准则、经营特色、管理风格以及传统与习惯的总和。

20 世纪 80 年代，美国学者提出了企业文化理论，强调企业精神、全体员工的价值取向以及在此基础上形成的凝聚力和向心力。企业文化可以帮助管理者团体改善他的信息沟通、人际关系和决策的制定，可以帮助企业创造新的气氛，以适应竞争日趋激烈的企业环境，形成高度灵活的应变能力。它内在地产生于企业自身，得到全体管理者和员工的认同与维护，并随着企业的发展而日益强化，最终成为企业进步取之不尽、用之不竭的精神源泉。一个优秀的企业，就是要创造一种能够使企业全体员工衷心认同的核心价值观念和使命感、一个能够促进员工奋发向上的心理环境、一个能够确保企业经营业绩的不断提高、一个能够积极地推动企业变革和发展的企业文化。

企业文化的性质，决定了其外在表现十分广泛，基本上涵盖了企业的企业精神、经营战略、经营宗旨、人才观念、指导思想、质量意识、质量方针、人际关系、职工教育等各个方面，其中最主要的是培养和树立优秀的企业精神，以塑造企业的卓越形象。

（二）企业文化的构成要素

1. 企业环境。企业环境指企业文化生成的背景和条件，包括企业内部环境和外部环境，内部环境指行业性质、经营宗旨、发展历史、人员素质、技术力量等；外部环境指企业所处的地域、社会文化、政治制度及社会道德规范等。企业环境是形成企业文化最大的影响因素，企业环境培养了企业文化，而企业文化反过来又影响和改善企业环境。

2. 企业精神。企业精神是企业全体员工在长期的生产劳动和经营管理实践中逐步建立起来的共同的价值观念和行为规范。企业精神包括坚定的企业追求的目标、强烈的集体意识、正确的激励原则、鲜明的社会责任感、卓越的企业价值观与方法论等，倡导和树立优秀的企业精神，是企业内部公共关系活动的中心环节，是企业文化的核心成分，也是实现企业管理现代化的重要内容。企业精神主要包括以下内容：

（1）以人为本的价值观。价值观念是指企业全体员工对事物意义的某种一致的看法，它是企业经营的基础与核心，亦是企业文化的核心所在，它规定着全体员工的行为难则，指导着企业整体的活动与形象。以人为本，就是把人视为管理的主要对象和企业最重要的资源，企业只有持续地以人为本，不断创造满足员工、股东、顾客及其他各类社会公众之相关需要的新的途径，才能取得更高的效率和效益。

（2）参与、协作、奉献的精神。参与管理是调动员工积极性与创造性，并兼顾员工需要与企业效率、效益要求的基本方法。团队协作是现代企业精神中的一个基本内容，一个企业只有富于协作精神，才能不断取得进步。奉献精神是与企业的社会责任相联系的一种精神，企业在其经营过程中必须关心整个社会的进步与发展，积极参加或支持文化、教育、社会福利、公共服务等社会公益事业，树立注重社会责任的形象，提高企业的美誉度，强化企业的道德责任感。

（3）讲求经营之道。作为经济主体的企业，其最根本的东西是搞好经营，因此，一个企业的文化首先是要求企业要按照经济规律来确立经营活动的宗旨、方针、目标和战略，即讲求经营之道。

3. 规章制度。企业的规章制度对全体员工的长期约束会产生一种无形的潜移默化的力量，对企业的效率、竞争力产生影响。

4. 企业英雄。英雄模范人物是企业精神和价值观念的“化身”，树立英雄模范人物，可以体现企业的价值取向，弘扬企业精神和企业文化。

5. 文化仪式。文化仪式是企业内部特有的、已经成为习惯、约定俗成的一系列文化活动的总称，包括人际交往的基本形式、日常工作仪式、表彰仪式、庆典仪式等。仪式是保持文化持久性的最重要的手段之一。

6. 企业形象。企业形象是社会公众和企业员工对企业的整体印象和评价。良好的企业形象对外可以扩大企业的认知度、美誉度与社会和谐度，对内可使职工产生强烈的凝聚力与向心力。

（三）企业文化的特征与功能

1. 企业文化的本质特征。由于历史的、社会的原因，不同的企业有不同特征的企业文化。

（1）个异性。不同社会、不同民族、不同地区以及不同历史时期的不同企业，企业的文化风格会各有不同，即使两个企业在环境、设施、管理组织、制度手段上可能十分相近甚至一致，在文化上也会呈现出不同的特色和魅力，这是由企业生存的社会、地理、经济等外部环境以及企业所处行业的特殊性、自身经营管理的特点、企业家素养风范和员工的整体素质等内在条件决定的。

（2）共识性。企业文化无疑是共同的价值判断和价值取向，即多数员工的“共识”。优秀的企业文化特别强调集团和群体思想，追求“一体化”，反对把“个识”强加于企业全体员工身上，用个别人的意识取代整体意识，不过，企业文化只能追求相对的“共识”，即多数人的“共识”，这种“共识”开始往往比较集中地体现在企业少数代表人物身上，因为任何一种积极的企业文化的形成，总是以少数人具有的先进思想意识为起点向外发散，通过领导者的积极倡导和身体力行，使之渗透到企业每一个员工的行动、每个产品的制造过程和经营管理的每一个环节之中，进而逐渐成为多数人的“共识”。

（3）非强制性。企业文化不是强制人们遵守各种硬性的规章制度和纪律，而是强调文化上的“认同”，强调人的自主意识和主动性，通过启发人的自觉意识达到自控和自律。

（4）相对稳定性。文化的生成呈现长期性，文化的作用具有绵延性，一旦形成，它就会成为企业发展的灵魂，不会朝令夕改，不会因为企业产品的更新、组织机构的调整和领导者的更换而发生根本性的变化，会长期在企业中发挥作用。

2. 企业文化的主要功能。企业文化在企业公共关系中的主要作用体现为导向功能、约束功能、凝聚功能、激励功能和辐射功能。

（1）导向功能。导向功能是指企业文化能对企业整体和企业每个成员的价值取向与行为取向起导向作用，使之符合企业的发展目标。这一功能的发挥不是纪律或制度的强制，而是通过企业的一系列文化教育活动，塑造和引导企业成员的行为，使之在一种文化的潜移默化中接受共同的价值观念，自觉地把企业目标和个人目标结合起来。

（2）约束功能。企业文化的约束功能是指一种优秀的企业文化确定以后，对企业每个成员的思想和行为具有约束和规范作用，企业文化的约束与管理制度的硬性约束不同，它强调道德的自觉，是通过群体意识、社会舆论、企业的传统习惯及人们的内在信念来实现的。

（3）凝聚功能。企业文化的凝聚功能是指企业文化所提供的共同的企业宗旨和经营理念，从各方面把企业员工团结起来，达成共识，这种由共同的价值观所产生的吸引力是企业活力的基础，是企业发展生产力的动力。同时它把企业成员的前途和命运与企业的发展紧密相联，保证了个人目标与企业目标的一致性，个人行为与企业行为的协调性，从而使企业员工自觉地为企业的发展贡献智慧和力量。

（4）激励功能。激励功能是指企业通过一种文化效应及员工对这种文化的认同，进而使员工产生一种甘愿为企业奉献的精神。企业文化的中心目标是尊重人、尊重人的价值，倡导和建设企业文化的过程就是帮助员工寻求工作意义、建立行为与社会动机和文化功能，从而是一个全方位调动积极性的过程。

（5）辐射功能。辐射功能是指优秀的企业文化不仅在企业内部发挥作用，对本企业产生影响，而且也会通过各种渠道对社会产生影响。这种辐射作用可分为两个方面：一是企业在经营过程中通过与其他社会组织及个人发生的经济联系，把企业文化辐射到社会公众和目标公众中去，使其感受到该企业的精神品质、道德风尚和社会责任感，树立良好的企业形象，从而带动和影响整个社会的文化进步；二是企业职工的文化传播，在优秀的企业文化氛围中，员工精神饱满、充满活力，通过与外部社会的接触，他们必然把企业文化带到社会公众中去，对其产生积极的影响，传播企业的良好形象。

（四）建设企业文化的原则与程序

1. 建设企业文化的基本原则。企业文化的建设在当今企业中已成为一种趋势，成功地营造企业文化以后，员工就会全身心地投入到企业的各项工作之中，以主人翁的积极姿态完成生产与经营任务，推动企业的持续发展，为企业创造出最大的社会与经济效益。企业文化建设必须遵循以下原则：

（1）目标原则。在企业文化建设中坚持目标原则，可以有效地引导企业员工的认识与行为，激励人们的工作热情和创新精神，为考核与评价企业员工的工作业绩和文化行为提供依据。

（2）共识原则。“共识”即共同的价值判断。企业文化建设强调共识原则，就是为了使企业中全体员工具有共同的价值取向，对事物达成共识，使企业产生凝聚力。

（3）一体原则。即坚持企业管理层和一线员工之间的关系一体化。在企业文化建设中，坚持一体原则，能够有效地建立起企业内部人与人之间相互支持、相互信赖的关系，为实现价值体系的“一体化”创造条件。遵循一体原则建设企业文化，有助于打破管理层和一线员工之间的人为“界限”，使二者融为一体，建立共同的目标和相互支持、相互信赖的关系。

（4）卓越原则。卓越是一种心理状态，作为一种动力，促使一个人或一个企业去努力学习、努力适应环境、努力创造事业上的佳绩。在企业文化建设中贯彻卓越原则，首先要善于建立标准，建立反馈和激励机制。其次，要造就文化楷模，在具有文化楷模的企业中，人们自觉不自觉地受到文化楷模卓越精神的感染，进而仿效文化楷模的行为。

（5）绩效原则。绩效是一项工作的结果，也是一项新工作的起点。在企业文化建设中坚持绩效原则，不光是要善于根据人们工作绩效大小进行奖励，鼓励他们以更好的心理状态、更大的努力投入到下一轮工作当中，而且目的还在于人们的着眼点从“过程”转向“结果”，避免形式主义、教条主义。

（6）亲密原则。在企业文化建设中坚持亲密性原则，是企业谋求融于社会、与社会同步发展的需要。企业作为社会的一个开放的经济组织，每天都与供应商、经销商、顾客及其他社会公众打交道，因此要求企业与社会公众之间保持亲密性，这不仅有助于企业经营活动的通达顺畅，而且有助于从社会文化中吸取营养，提升文化品位，提高文化竞争力。

2.建设企业文化的基本程序。建设企业文化是一项复杂而艰巨的系统工程，需要企业有意识、有目的、有组织地进行长期的总结、提炼、倡导和强化。企业文化建设操作一般分为酝酿准备、调查研究、提炼设计、推广实施和完善提高等五个阶段：

（1）酝酿准备阶段。主要是分析客观形势的发展趋势，掌握本企业的文化现状，初步确定企业文化建设的目标，在企业领导班子中统一认识，在职工中做好思想酝酿。刚刚起步的企业需要把分散在职工中的、隐藏在企业日常经营管理活动里的优良传统发掘出来，作为提炼设计的基础和依据。

（2）调查研究阶段。主要是对与企业文化有关的方面进行调查，包括；企业的经营领域、企业领导者的个人修养和风范、企业员工的素质及需求特点、企业的优良传统及成功经验、企业现有的文化理念及其适应性、企业面临的主要矛盾、企业所处地区的环境及企业文化建设现状等，做到心中有数。调研方式包括，查阅企业资料，召开不同方面（领导、骨干、员工、客户、协作单位）人员代表座谈会，听取意见。

（3）提炼设计阶段。企业文化的定格设计，是指根据形势的发展，从企业历史和现状出发，结合企业文化建设的总体目标，用确切的文字语言，提炼出企业的价值观、经营理念、企业精神等，成为固定的理念体系。企业文化提炼设计应遵循以下原则：从实际出发与积极创新相结合；创造个性与体现共性相结合；领导组织与群众参与相结合。

（4）推广实施阶段。企业文化的推广实施就是把企业文化所确定的价值观全面地体现在企业的一切经济活动和员工行为之中，把广泛宣传和深入细致的工作相结合，强化新理论，使之在实践中得到员工的进一步认同，使新型的企业文化逐步得到巩固。需要具体做好以下工作：积极创造适应新的企业文化运行机制的条件：加强精神灌输和舆论宣传；企业领导者以身作则、积极倡导；利用制度、规范、礼仪、活动等进行强化；鼓励正确行为。

（5）完善提高阶段。企业文化定格并在实践中得到巩固以后，随着企业经营管理实践的发展，内外环境的改变，企业文化还需要不断充实、完善和发展。企业要依靠全体员工，积极推进企业文化建设，及时汲取社会文化和外来文化的精华，剔除本企业文化中沉淀的消极成分，不断对现有文化进行提炼、升华和提高，从而更好地适应企业变革与发展的需要。

第二节　企业外部公共关系

企业外部公共关系是企业市场经营功能的一部分，即运用各种有效的传播媒介，体现“亲善、至诚、敬业”的企业形象，在此基础上，促进公众对企业的了解、好感和信任，提高企业的市场竞争力。

一、社区关系

社区是社会学中的一个概念，意指一种区域性社会，即人们以共同或相近的区域、制度、利益、文化等为基础，形成保持互动关系的社会共同体，它是人们共同活动的生存空间。任何一个社会组织的存在都离不开具体的社区，也必然要与社区发生这样或那样的关系。社区公众包括当地的管理部门、地方社团组织、左邻右舍的居民群众等。社区关系亦称区域关系、地方关系、睦邻关系。

（一）社区关系的意义

社区是一个企业赖以生存与发展的基本环境，是企业的根基。发展良好的社区关系会为企业的存在与发展创造一个良好的外部环境。

1. 社区关系是企业生存与发展的基础。首先，社区是企业扎根的土壤，没有良好的社区关系，企业就失去了立足之地。地方性企业的活动直接受社区的制约，在水、电、气等方面都需要社区为其提供后勤保障，同时，企业还需要依靠本地的资源来发展自己。跨地区性的企业不能脱离特定的社区，甚至要善于同各种不同背景的社区公众打交道，以争取社区提供各种地方性的服务和支持，促使其在各种社区环境下生存并不断发展壮大。其次，社区公众是企业特别是以生产与经营生活必需品的企业的首要公众，处理好社区关系，有利于企业的生存与发展。发展良好的社区关系首先是为了争取社区公众对企业的了解、理解和支持，为企业创造一个稳固的生存环境。

2. 良好的社区关系有利于企业树立良好的对外形象。社区公众涉及当地社会政治、经济、文化、教育等各个方面和阶层，对企业客观上存在着各种不同的感受、要求和评价，由于处在同一社区，对企业的某一种评价和看法又极易相互传播，形成区域性的影响，从而形成企业的某种公众形象。这一具有区域性影响的形象将可能成为企业走出社区向外发展的第一形象。

（二）社区公共关系技巧

在一个社区内，企业一般具有人力、物力、财力方面的优势，企业社区公共关系的重点，应着眼于发挥自身优势，尽可能满足该社区对它的基本要求。这方面的工作具体有：

1. 为社区服务。社会组织可以利用自己的各方面资源优势，为社区提供力所能及的服务。如捐助或修建公共设施，维护社区治安，提供义务性的专业服务等，这样做，不仅能服务于社区居民、社区组织，同时也可提升自己的社会形象。

2. 经常与社区沟通。在公共关系领域，我们一直强调沟通的重要性。在社区关系处理上，同样要重视与社区的沟通。组织在运行中的一些做法，可能会引起社区公众的不理解和不满。这时，组织应设法让公众了解其有关政策和行动，借以消除误解；另一方面及时改进不符合公众利益的做法，以满足公众的需求。

3. 尽可能避免或减少自身活动对社区的负面影响。如做好“三废”（废水、废渣、废气）的控制与治理、减少噪音、安全生产等等，为社区成为一个良好的活动区域负起应负之责。

二、政府关系

政府关系是一种非常重要的公共关系。任何一个组织作为社会的一个单元，都必须接受政府对社会实行的统一的管理和制约，政府的特殊地位与特殊职能决定了政府关系是任何组织都必须重视的重要关系。

（一）政府公共关系的意义

与政府的有关职能机构和管理部门保持良好的关系，是企业生存与发展的重要保障和条件。

1. 政府的认可与支持能够为企业发展提供强有力的保障。政府是代表公众的意志来协调各种社会关系的，掌握着制定政策、执行法律、管理社会的权力职能，具有强大的宏观调控力量。一个企业的政策、行为和产品如果能得到政府官方的认可和支持，无疑将对社会各个层面产生重大影响，甚至使企业的各种渠道畅通无阻。为此，企业应该把握一切有利时机，加强与政府关系的协调，扩大本企业在政府部门中的信誉和影响，使政府了解本企业对社会、对国家的贡献和成就。特别是企业在处理失实报道所引起的公共关系危机时，良好的政府关系会为企业提供有力的支持，并为企业展开全面公关提供坚实的保障。

2. 良好的政府关系能够为企业创造有利的管理环境。政府的政策、法律和管理条例是一个企业决策与经营活动的依据和基本规范，企业与政府及监管机构紧密接触，建立起友好的工作关系，能够使企业及时了解到有关政策的变动，较方便地争取到政策性的优惠和支持，甚至能够就有关问题在进入法律程序或管理程序之前参与意见，为企业的发展创造有利的政策和管理环境。

（二）政府公共关系实务

政府公共关系主要从以下几个方面着手：

1. 自觉接受政府的管理和指导，遵守政府有关政策、法律、法令。组织在具体的运行过程中，应妥善处理国家利益与组织利益的关系，切实按有关规定上缴利税。

2. 及时、全面、准确地掌握与研究政府所颁发的有关政策、法律、法令内容，注意按照其内容变化相应地调整本组织的决策方向及实施计划。

3. 主动给政府部门提供信息。政府根据所掌握的基层情况制定政策，若组织能在提供信息方面主动做好沟通工作，就能充实政府的信息资料库，促使政府所订政策法令更客观、合理。同时，求得政府的指导和帮助。

4. 在处理政府关系时，企业专职公关人员一方面要与政府部门的具体工作人员保持良好的关系，同时要熟悉政府机构的内部层次、工作范围和办事程序，提高行政沟通的效率。

三、媒介关系

媒介是指社会上的新闻机构或工具，主要包括报纸、广播、电视、通讯社等。媒介公众是组织的重要公众。对于组织来讲，媒介是一种特殊的公众，也具有双重性质。它一方面是组织必须努力争取的重要公众，即对象性。另一方面，它是组织赖以实现公关目标的重要手段，即工具性。负有将组织的有关信息扩散、传播到社会上去的责任。由于新闻媒介具有的信息传播功能直接关系到组织的信息扩散及组织在公众舆论中的形象，因此，媒介关系是企业公共关系中传播性最强、操作意义最大的一种公共关系。

（一）媒介公共关系的意义

良好的媒介关系有利于形成对本企业有利的舆论气氛，增强企业对整个社会的影响。具体体现为：

1. 有利于企业获得良好的公众舆论环境。新闻媒介具有公开性的特点，其受众多，信息可以大量复制，因而具有广泛的影响，不仅可以引导舆论、控制舆论，甚至可以制造舆论，是影响和引导民意的主要力量。因此，企业与新闻媒介建立良好关系，有助于新闻界增进对企业的了解、理解和支持，更有效地帮助企业与公众进行沟通。特别是在企业处理危机公共关系时，如果能够得到新闻媒介善意、公正的对待，可以为企业消弭不良影响发挥重要作用。

2. 有利于企业及时有效地向公众传递信息。新闻媒介拥有最广大的接受者，具有强大的渗透力和影响面，是现代社会最有效的信息传递工具，企业要实现大范围、远距离的沟通必须借助于新闻媒介。公共关系部门或人员向广大的受众传递信息，必须通过面向大众的新闻媒介才可能实现。与新闻媒介关系越近，企业有关信息的报道数量就越多。媒介关系的这种强大的公关传播性，是其他公共关系对象难以比拟的，特别是像新闻报道之类的“免费”传播。良好的媒介关系会发挥巨大的作用。

3. 有利于企业在处理危机事件时发挥重要的作用。企业在其经营管理过程中，面对着复杂的内外公众和不断变化着的内外环境，可能会因为组织行为的不当、突发事件及失实报道等而遭遇公共关系危机。良好的媒介关系则会帮助企业将其处理危机的积极态度传达给公众，并从正面角度进行宣传和报道，从而消弭公众的顾虑和怀疑，帮助企业重新塑造形象。

（二）媒介公共关系的基本要求

媒介公共关系要求企业必须同新闻界保持并发展良好的关系，具体从以下方面着手：

1. 要针对新闻媒介的特点，采取不同策略。一是要仔细研究新闻媒介的特点，不仅要研究其性质、风格、受众，而且要研究其影响力和影响面，以及各种媒介的报道方针、侧重内容与报道手法等，选择最有效的传播工具。其次要善于区分不同媒介与本企业的关系及其所持的态度，对不同的新闻媒体，企业要注意采取不同的策略，有针对性地开展工作，争取新闻界更多的支持。

2. 要保持与新闻界的经常性联络，建立与新闻媒介之间的信息沟通。一方面，企业通过新闻传播能够有效、迅速、及时地形成有利的社会舆论，扩大企业的知名度和美誉度；另一方面，新闻界只有与社会各界建立广泛的联系，才能保持新闻来源渠道的畅通，这种相互的需要和依存，要求企业要善于与新闻界保持正常的信息沟通，这不仅有利于企业本身，也是争取新闻界注意与好感的重要途径。为此，企业一是要主动向新闻界提供本企业的有关新闻信息；二是企业的公共关系人员要在平时注意保持与新闻界人士的经常联系，与新闻媒介主动配合，以争取他们对本企业的了解与支持。另外，在设计、刊登广告时，也应虚心听取新闻媒介的意见，以便合理地设计广告的内容与形式，以及选择最佳传播媒体，从而获得较好宣传效果。

3. 要尊重新闻工作者，正确对待新闻报道。尊重新闻工作者要以诚相待，首先是尊重新闻记者的职业道德，要以严肃负责的态度向新闻界提供真实、及时的新闻信息，尊重记者采访、报道真相的权利；二是对记者要一视同仁，摆正与各家新闻单位的关系；三是以情相待，注意培养与新闻工作者之间的个人友谊，让记者们感受到本企业的"人情味"。正确对待新闻报道，是指对有利的传播应冷静、谦虚，忌头脑发热、忘乎所以；对于不利的传播应持"有则改之，无则加勉"的态度，及时、主动地将本企业对传播的积极反应提供给新闻媒体，消除不良影响。

4. 面对失实报道，尤其需要冷静处理。失实报道所造成的危机是企业公关危机处理中非常敏感的问题，企业面对这类危机的公关措施，不仅要冷静果断，更要注意有理有节的公关技巧的巧妙运用。首先是要清醒冷静地分析舆论失实的起因、损害程度的深浅、企业所处环境的动向，以确定公关方向；其次是主动及时地介绍事实真相，争取新闻媒介公众的理解、同情和支持，必要时召开记者招待会，然后是采取条件许可的各种措施，增强透明度，让真实情况为广大公众所知，扭转不利的舆论状态。对严重失实报道并造成恶劣后果的，应注意争取政府公众的理解和支持，必要时动用法律手段来保护企业与公众的利益。但无论如何企业都应遵循沟通、理解的原则，致力于双向沟通，努力使媒介舆论朝有利于企业的方向发展。

四、顾客关系

顾客是指购买、消费某一社会组织的产品或服务的个人、群体或组织，顾客是企业外部公共关系中最重要、最直接的目标公众，企业本身目标的最终实现与否取决于它与顾客的关系如何。顾客关系亦称消费者关系。"顾客至上"可看作顾客公共关系的原则，它不但典型地概括了企业与顾客关系状态的最佳境界，而且直接反映了企业在处理、调节与顾客的关系时应处于主动地位。

（一）顾客公共关系的意义

顾客是企业在对外联系、发展过程中遇到的最重要的公众，其产品或服务得到顾客的认可与接受是企业生存与发展的根本，良好的顾客公共关系对企业的发展具有多方面的重要作用。

1. 顾客关系是企业生存与发展的基础。顾客关系是企业市场经营的生命线。一个企业的存在价值，很大程度上取决于其产品或服务能够得到顾客的接受和欢迎。良好的顾客关系，能够促使顾客形成对企业及其产品的良好印象和评价，为产品的销售营造一个良好的气氛与和谐的环境，提高企业及其产品的知名度和美誉度，增强对市场的影响力和吸引力，从而为企业的生存与发展奠定基础。

2. 顾客关系是企业经营理念的体现。企业的性质决定了它必须通过经济活动去赢得利润，公共关系的经营思想认为，只有获得顾客信任与好感的企业，才可能赢得较好的利润。这就要求企业将顾客的利益和需求摆在首位，通过满足顾客的需求和权利来换取企业的利益。因此，企业界提出了“顾客至上”、“顾客第一”、“顾客即是上帝”等口号，这种以顾客的利益和需求为导向的经营观念和行为正是良好的顾客公共关系的体现，能够帮助企业在市场中树立良好的声誉和形象，并赢得更为广大的顾客。

3. 良好的顾客关系有助于积极地影响和引导消费者，形成合理的消费意识和行为，培育成熟的消费者群体和市场。“市场的成熟和消费者的成熟是同步发展的，没有成熟的消费者就没有成熟的市场，没有成熟的市场就没有成熟的企业”，企业与成熟的消费者之间的相互作用，构成了成熟的市场。某种意义上，销售正是企业面向顾客公众所进行的一项长期的公共关系活动，它更多地运用信息传播和情感交流的方法，在为企业赢得稳定的顾客和市场的同时，也促进了社会消费文化的发展。

（二）顾客公共关系实务

“顾客至上”可看作组织对消费者关系的原则，它不但典型地概括了组织与消费者的关系状态的最佳境界，而且直接反映了组织在处理、调节与消费者关系时应处主动地位。在我国企业界开展的“CS”，即让顾客满意活动，正是这一思想的具体体现。具体而言从以下五个方面着手：

1. 了解顾客的心理和需求，提供优质的产品和服务。随着社会的不断进步，以及顾客本身经济、文化、阅历等状况的变化，人们对消费品无论是品种、款式还是性能、内容等都会产生新的需求愿望，如果企业能够准确地把握顾客的心理和需求，不断开发顾客所需要的新的产品或服务方式，就会为建立良好的顾客关系打下坚实的基础。

2. 根据顾客特点，创造最佳消费环境。比如，服装不同于食品、书籍、家电等其他消费品，有关企业就要制订相应的服务措施，如设立男女各式服装专柜、代人剪裁、定制特制服装等，并布置模特儿、穿衣镜、试衣间等设施，为顾客选购创造相宜的服务环境。

3. 以消费品为桥梁，与消费者建立长期而稳定的关系，开发消费潜力。比如出版社或书店，不应把卖出书籍看作与顾客关系的终结，而应与购书者建立长久而良好的往来，如主办座谈会，听取他们对图书出版、发行工作的看法。

举办该书征文活动，扩大影响与宣传，开发潜在顾客等。

4. 尊重顾客，保护消费者权益。以电器产品为例，企业应对消费者的安全负责，顾客有了解（知晓）有关商品的性能、效用、保管等情况的权利，顾客有选择该消费品以及陈述其意见的权利与自由，如果某项家电产品不能解决安全、陈述、选择和知晓这四个方面的问题，该企业是不可能搞好顾客关系的。

5. 妥善处理与顾客纠纷。企业与顾客之间的纠纷可能源于企业本身，也可能源于顾客，但在处理与顾客的纠纷时，企业必须遵从“顾客就是上帝”的基本原则，妥善处理，否则有可能引起不良后果。

五、竞争对手关系

竞争对手关系也就是同行关系。为什么这样说呢？因为一般说来，同一种行业所面临的原料、市场、技术、设备、信息等情况基本是一致的，彼此间有着密切相关的利害关系，相互间很自然地会产生一种竞争关系。过去中国有句俗话“同行是冤家”就典型地概括了这一现象在历史上的表现特点。

与自然界的竞争性质一样，社会上同行间的竞争法则也是“优胜劣汰”、“适者生存”，这就使得同行关系显得比其他对象公共关系更为复杂一些。在西方国家或旧中国，同行关系在很大程度上表现为你死我活的竞争，有时为了压住对手或击垮对手，同行间不惜采取尔虞我诈、勾心斗角的不正当手段。这方面的事例可谓不胜枚举，当代美国“柯达”与日本“富士”彩色胶卷间的竞争，为许多人所了解。但同行间没有根本的利害冲突，其利益是相通的，故同行间首先应看作是伙伴关系，其次才是对手关系。组织在处理同行竞争关系时应遵循以下原则：

1. 应切实把握正确的竞争目的。同行间竞争的最终目的应该是你追我赶，友谊竞赛，以谋求相互促进、共同发展。尽管彼此间竞争都是为了提高各自的经济效益，但他们的基本目的仍是为社会多作贡献。因此，应在竞争中牢牢把握正确的目的，而不能单从本位主义或小集团的利益出发，倾轧对手，搞垮同行。

2. 竞争的手段应光明正大。同行组织间的竞争决不能违背社会公德，采取尔虞我诈、互挖墙脚、损人利己的伎俩，这种竞争即使取胜也是不光彩的。应该提倡以科学经营管理、改进技术设备、提高产品或服务质量等正当方式展开竞争，从而能使胜者心地坦然而成为表率，败者心悦诚服而奋起直追。

3. 竞争不忘协作交流。同行间虽是竞争对手，但由于彼此根本利益一致，最终目的一致，因此，竞争对手同时又是伙伴关系。双方完全可以在共同目的的基础上，既竞争，又合作，具体如相互交流技术成果与经验、支援人力与物力、共同研究解决专业难点等等。这一点表面看来与竞争不相干，其实这是另一种意义的竞争，或者可说是提高了竞争的层次，因为能主动协作交流的一方最起码在形象、精神竞争上占了上风。

“狼鹿共生共存”的故事

动物学家曾经做过这样一项有趣的实验：在一个天然的国家动物园中，生存着鹿和狼。为了保护鹿群的繁衍生长，动物园的管理部门消灭了园中的狼群，但以后的几十年里，狼消失了，鹿群却萎缩了。

科学家们在研究中发现，正是狼群的消失，鹿群才升始萎缩。在狼这种天敌存在的日子里，病弱的鹿成为狼的美餐，强壮健康的鹿却生存下来；狼不存在了，鹿的优胜劣汰的机制也不存在了，鹿群的本身也就开始退化了。从生存的意义上看，有强壮的狼，才有强壮的鹿，“有了天敌与对手才有自己”。

“狼鹿共生共存”的故事寓意深刻：它启发人们正确对待竞争，应当树立“有对手才有自已、有对手才有发展”的新观念。

参见巴文华：《企业公共关系新编》，中山大学出版社，2006 年，第 115 页。

第三节　企业形象战略策划

企业形象是公众对一个企业综合认识后形成的最终印象，它是企业在正确的公共关系的指导下，通过企业上下有计划、有步骤的长期努力建立起来的符合社会整体利益、体现企业特征的形象，如海尔的“真诚到永远”，万宝路香烟“真正的男子汉”，飞利浦电器的“让我们做得更好”，中国移动通信的“沟通从心开始”等等，这些业界巨擘之所以让人们铭记在心，不仅源于其产品的质量、性能与服务，还与他们鲜明的企业形象有极大的关系，因为，有特色的企业形象是产品最贴切的也是“唯一”的代表，是企业的“金字招牌”。企业形象包括三个方面的基本要素，即外表要素，包括企业规模、产品结构、建筑物和厂房外观、企业名称、职工制服等能从外观上表现企业形象的要素；人的要素，包括企业职工的精神面貌、价值观、行为规范、企业的人才和技术状况等；体制要素，包括企业的经营机制、行销渠道、组织机构、生产方式以及企业的经营理念、企业哲学和企业的精神文化等。

一、CIS 内涵、功能与特征

（一）CIS 内涵

企业形象在企业经营管理中占有极其重要的地位。对企业形象作战略策划的理论被称为“CIS 理论”，又称“CI”，它是 Corporate Identity System （企业形象战略体系或企业识别系统）的简称。CIS 理论主张将企业理念、企业文化、企业行为及企业视觉标志通过统一设计加以整合，强化其传播效果，使组织迅速提升自己的知名度、美誉度和公众的认可度。

CIS 是构建一个企业有别于另一个企业的识别系统，主要通过企业理念识别系统 MIS）、企业视觉识别系统（VIS）、企业行为识别系统（BIS）三个子系统体现，这三者之间各有其特定的内容，相互联系，相互制约，共同作用，有机配合。企业通过形象策划，可以强化内部管理，拓宽市场，提高市场占有率，增强企业整体竞争能力。

CIS 主要有三大基本要素构成，即理念识别系统（MIS）、行为识别系统（BIS）、视觉识别系统（VIS），这三部分合起来构成了 CIS 的战略系统。

理念识别系统（Mind Identity System）即企业的经营理念，是 CIS 战略运作的原动力和实施基础，是 CIS 的灵魂，被称为企业识别系统的“心”。其主要内容包含有企业的事业领域、价值观、企业精神、企业使命、经营宗旨（信条）、企业风格（品格）、行为准则、座右铭等内容。完整的企业识别系统的建立，有赖于企业经营理念的确立。

行为识别系统（Behavior Identity System）是企业经营理念的动态化体现，被称为企业识别系统的“手”，包括企业内部的行为识别系统和企业对外的行为识别系统。

视觉识别系统（Visual Identity System）是企业形象的静态表现，也是具体化、视觉化的传达形式。它与社会公众的联系最为密切，影响面也最广，从而使其成为企业对外传播的一张“脸”。其主要内容包括基本要素和应用要素两大部分。

（二）CIS 的功能

1. 识别功能。识别功能是 CIS 最基本的功能。CIS 的基本功能，就是将企业本身及其产品、品牌与竞争对手区别开来。CIS 识别的优势在于将整个企业作为行销对象，将企业的理念、文化、产品等形成统一的形象概念，借助视觉符号表现出来，全方位传播，可以让社会公众从多视角、多层面地对企业加以鉴别，决定取舍，而不管从哪个角度，哪个方面，都能感受到相同的、一致的信息，最终形成统一的形象评价结果。CIS 的识别功能主要是通过语言、图像、色彩三个识别要素发挥作用。

语言识别是指用象征企业特征的精神口号、产品与品牌广告语等达到识别目的。其中，最具勉力、最具鼓动意义的是企业价值观，称之为“关键语”，即用言简意赅的语句表达企业形象、经营理念，代表企业的思想行为。比如，“IBM 就是服务”、润华的“诚心润中华”、海尔的“真诚到永远”、太阳神的“我们的爱天长地久”等。

图像识别是指用象征本企业的图形，如标志、辅助图案、吉祥物等图案，形象地达到识别的目的，是建立企业知名度和塑造独特企业形象最有效的方法，这正是中外企业导入 CIS 普遍重视企业标志等的原因所在。比如麦当劳大写的“M”标志、太阳神用人字托起太阳的标志等，都产生着巨大的视觉冲击力而具有良好的识别功能。

色彩识别是指企业用象征自己特征的色彩（企业标准色）达成识别。它利用了人们对色彩普遍具有的审美心理，并能引起愉悦、联想、美好的印象效果，设计出符合企业理念个性特征的标准色，起到强烈的区别性识别效果。如海尔蓝、太阳神红黑反差标准色等。

2. 管理功能。CIS 不仅在对外传达企业形象方面发挥强烈的识别功能，同时在规范企业内部管理方面发挥有力作用。

企业制定的《CIS 手册》就是一部从思想、行为到传播，进行全方位标准化管理的企业内部法规。其中理念系统更像企业“宪法”一样，不可随意更改。所以我们说，CIS 手册的主要功能之一，是规范企业内部的管理系统，使之统一化、标准化、规范化、系统化。因此，导入 CIS 是推动企业实现管理创新的有效途径。

CIS 的管理功能，还体现在给管理者确定了一个明确的企业形象塑造目标，提供了一本处理纷繁杂芜的既定原则，使管理人员迅速准确地做出正确的决定。但是，CIS 的管理功能不是独立存在的，它是同企业原本的质量管理、成本管理、财务管理等结合，相辅相成，才能有效发挥作用。

3. 传播功能。导入 CIS 塑造企业形象的过程，主要是通过传播予以实现。正是因为 CIS 设计系统具有准确、有效、经济、便捷传播的功用，才能达到树立优良形象之目标。

4. 协调功能。企业导入 CIS 有助于信息传播的可信性、真实性和统一性，使企业的公共关系活动得到顺利发展，达成企业同社会各方面的协调与平衡。企业的公共关系包括员工关系、顾客关系、金融界关系、合作关系、竞争关系、政府关系、新闻界关系、社区关系等，各种关系形成不同，但CIS均能发挥独特作用。CIS的贯彻能进一步改善与发展企业同政府的关系、社区的关系、新闻界的关系，创造企业同社会协调一致的外部经济环境。这便是CIS发挥的协调功能。

5. 导向功能。企业CIS战略所倡导的价值目标和行为方式引导着企业员工的追求。因此，CIS战略可以长期引导员工们为之奋斗，这就是CIS战略导向力。CIS战略导向功能主要表现在两个方面：一方面是直接引导员工的人格、心理和行为；另一方面是通过员工的整体价值认同来引导员工的观念与行为。CIS战略可以使员工在潜移默化的过程中形成共同的价值理念，并通过企业理念的认同，共同朝一个确定的目标去奋斗。

6. 激励功能。CIS战略既包含企业的经营宗旨、经营方针和价值追求，也是企业员工行为的最高目标和行动准则。因此，CIS战略与员工价值追求上的认同，就构成员工心理上的极大满足和精神激励，它具有物质激励无法真正达到的持久性和深刻性。

7. 文化教育功能。CIS具有很强的文化教育功能，因为导入CIS战略的企业能够逐步建立起卓越而先进的企业文化和共享价值观。而一个拥有强大的精神文化和共享价值观的企业对其员工的影响是极其深远的。员工不仅能体会到工作的价值，而且会因成为企业的一分子而倍感自豪，从而更加主动地认同企业的价值观，并将其内化为个体价值观的一部分，从而提高员工士气，增强企业的凝聚力。同时，CIS的导入还可以为企业吸收最新的理论、科学、技术、人才等，从而在运转有序、协调统一的基础上，加速企业的发展。

（三）CIS的特征

1. 客观性。CIS具有客观性。企业形象虽然反映的是社会公众对企业的主观认识，但这种认识，是企业各方面的实绩在人们头脑中长期积累的结果。社会公众对企业的评价是根据企业的实际表现，评价的标准是客观的。企业先进的技术、优良的产品、周到的服务、幽雅的环境、漂亮的外观都客观地给公众留下美好的印象，这决不是企业一厢情愿宣传的结果。因此，CIS的导入和推广必须建立在严格的市场调查和科学评估的基础之上，实事求是地从企业的实际出发，不能脱离现实，凭空想象和虚构。CIS导入产生效果的大小，在相当程度上取决于企业自身的实际状况和企业长期形成的个性形象。

2. 统一性。CIS的统一性具体表现在两个方面：一方面是CIS的理念识别系统（MIS）、行为识别系统（BIS）和视觉识别系统（VIS）的统一性。CIS应以企业理念为灵魂、精髓、核心，向行为规范、视觉传达设计扩展，三者形成一个有密切内在联系、不可分离的整体。企业的理念、行为规范和形象传达三者之间要协调一致，不能相互矛盾。另一方面是企业内外活动的统一性。因为CIS导入的过程是对企业形象进行调整和再创造的过程，它必然引起企业内思想观念的更新，企业理念的重新整合和定位。CIS导入使企业文化客观化、感性化、视觉化，使企业理念以行为和视觉的形式传达出来。而这些都必须取得企业内部职工的理解、支持和合作，并依靠他们积极向社会传播，最终获得社会公众的广泛理解、支持和认可，使企业以统一的整体形象矗立在公众的心目之中。总之，CIS系统工程的实施就是要将企业的理念、文化、组织管理、经营方向、发展战略、生产规模、技术实力、产品、服务、社会责任等各种信息统一整理，并将这些信息与企业标志、企业标准字、品牌标准字、特定标语等形象化信息相结合，进而把这些统一的、多层次的、多方面的信息经过系统的、科学的全面策划，并在灵敏有效的集体监控之下通过企业内外的各种媒体，以各种形式和各种活动，对社会公众做统一性的传达，以便获得社会共同的认同、信赖和支持。

3. 一贯性。CIS的应用实施是一项长期性的工作。树立一个成功的企业形象，固然要靠成功的设计，同时也要有一个较长的时间让消费者了解、认知和体验，没有多年的努力，是难以形成良好的企业形象的。CIS是企业长期发展战略的重要组成部分。CIS以公司远景规划为依据，是立足长远、立足公众的社会福利，而不是自身的短期利益。因此CIS一旦确定，不应轻易改变，即使是企业领导人更换，CIS的基本内容也应尽可能保持一贯性和稳定性。一个游移不定、变化莫测的CIS是不可能在社会公众的心目中塑造出一个稳固的企业形象的。

当然，时代是变化的，市场也是变化的，CIS系统工程的导入和实施不能不处在一个稳中求变的动态发展过程之中。在这个过程中，企业所处的环境、经营规模以及消费者的认识结构都会有所改变，企业形象的内涵也是不断发展、充实或者发生微妙的变化。如何在“变”与“稳”中寻求平衡点，达到内外、前后的“对应”和“同一”，正是CIS策划与设计的一项重要任务。

4. 独创性。当今世界是一个个性化的世界，不仅个人的生活，而且组织的运行都在不断地塑造个性特征。只有独创的、有个性的东西，才有存在的价值，才有生命力。相反，雷同的、千篇一律的东西缺乏生命力，没有存在的价值。CIS就是要突出企业与众不同的个性，使其在茫茫商海中脱颖而出。因此企业无论是在企业经营理念识别系统（MIS）方面，还是在企业行为识别系统（BIS）方面，或者是在企业视觉识别系统（VIS）方面都要有自己的独创性。市场竞争激烈，对手如林，企业如果不能因势利导，标新立异，就可能被淘汰，在商战中永远处于劣势，甚至被开除出局。企业与竞争者离得越远，就越能获得更多的社会公众的注意。

5. 社会性。企业形象只有得到社会公众的认同，才能发挥其效力。企业是社会的一分子，企业的存在和发展都要依赖和仰仗社会的理解、合作和支持。企业的根本利益和社会的整体利益是一致的。企业的宗旨和目标应有强烈的使命感和社会责任感。因此，企业的CIS必然有社会性的特征，以便于CIS在更广泛的范围内被社会认知和传播。CIS的社会性体现在企业把社会利益、公众利益摆在首位。如可口可乐公司在公益事业上锁定教育，仅从1998年至1999年两年的时间就共投资1500万人民币在全中国兴建了50所希望小学，为贫困地区的100所农村小学各捐赠了一套希望书库。企业对社会做出卓越贡献，必然会得到加倍的回报。可口可乐的品牌价值已经达到831亿美元，在全球所有品牌中名列第一。因此，CIS理念的表达，必须建立在企业的目标与社会需求的完美综合上。企业形象塑造的最终目的也是在促进企业与社会的理想和谐共处。只有企业目标紧扣社会需求，它才会拥有无穷的生命力。

6. 战略性。“战略”一词本是战争用语，后应用于各个领域，泛指具有全局性、长期性和关键性、重大性的谋划。CIS及其导入的本身也具这一特征。企业的理念是企业的指导思想，本来就事关企业的全局，是企业的关键之所在。大到一个国家必须有一个指导思想，小到一个人也要有自己的一套处世哲学，企业更应有自己的经营理念。理念错，行为定错，目标将不能实现；而理念好，若能贯彻，行为端正，目标将有望实现。因而，企业应将CIS的实施及所要树立的良好形象，从战略的高度来认识，它是一项长期而艰苦的任务。

二、CIS的设计原则

企业识别系统就是企业识别标志的系统化。它的开发是以视觉化的设汁要素为计划的中心，但是VI的构成要素标志、标准字、标准色、图形等视觉符号中，标志又是核心要素和发动所有视觉要素的主导力量。设计企业标志就是将企业的各种要素综合成一种简明的视觉符号，反映出企业特点和体现企业的个性，并为社会公众所接受。因此，在设计时应遵循以下原则：

（一）以MI为核心的原则

CIS作为一种现代企业管理规范，是将现代设计观念与企业管理理论相结合的系统工程，它不仅对外传达规范化的视觉形象，更是广泛传播企业理念、企业精神等企业文化的重要载体。因此，只有把形式上的东西跟内容结合在一起，通过企业的视觉形象体现出独有的精神内涵，设计才具有持久的生命力。而脱离了企业理念、企业精神的符号，只能称作为普通的商标而已。优秀的VI设计无不是在表达企业理念方面取得成功的。以敢创世界一流著称的康佳公司，其“KK”标志在电视机外形和地球图案环绕下，艺术地构成两个“OK”，形象地传达了“建设一流环境、培养一流人才、生产一流产品、提供一流服务、创造一流效益”的康佳文化。再如太阳神的标志，也是传达企业理念的范例。以圆形、三角形的几何形状为设计基本定位，圆形是太阳的象征，代表抛洒光明、温暖、生机、希望的企业经营宗旨以及代表健康、向上的商品功能，三角形的放置呈向上趋势，既是APOLLO（APOLLO在古希腊神话中是赋予万物生机，主宰光明的保护神）的首写字母，又象征“人”字的造型，显现出企业向上升腾的意境和以“人”为中心的服务及经营理念，以红、黑、白三种代表色彩组成强烈的色彩反差，体现企业不甘现状，奋力创新的整体心态。

（二）识别原则

识别原则，就是要求容易引起注意，便于辨认和易于记忆，为了达到这些要求，在设计时就应做到：

1. 根据视觉设计原则，讲究鲜明，使图形简洁，便于引起注意和瞬间辨认，公众观后能留下深刻的印象。如，上海大众有限公司的厂徽及其拳头产品桑塔纳小轿车的标志，就很容易被公众所辨认和记忆。

2. 通过合理的图形处理，使之具有独特性，能表示企业或产品的特色。一个好的企业识别标志，其最大特点是与众不同，富有企业的个性，给人以强烈的视觉印象。

3. 企业识别标志设计要讲究通俗。由于人们的阅历、素养、文化等方面的情况不尽相同，这就要求设计能被多种层次人群所接受，主要措施就是使企业识别标志通俗化。

（三）同一性原则

20世纪50年代初，美国IBM公司总经理华特逊采取公司名称=商标名称的策略，首次推出一整套企业标志系统。这一措施使IBM公司获得了极大成功。由此可见，设计企业识别标志时要遵循同一性原则，具体要求是：

1. 如果企业标志是文字标志，要求企业标志=企业名称（简洁的）=商标名称；如果企业标志是图形或图文标志，企业标志的图案与商标图案一致。

2. 要求在较长的时间内，企业标志应保持一定的稳定性，使社会公众容易识别企业的整体特征。事事时时处处都要严格遵循基本标志设计规范，不任意更改其文字、图案、结构、色彩等，否则，会破坏企业标志的一贯性，不能给人以深刻的印象。如“可口可乐”这个由红色海洋簇拥着变形的“Coca Cola”一组英文字母的企业标志，一百年来外形基本上没有很大变化，只是作了在原设计的文字标识上增加一条波纹线的小改进。

（四）联想原则

联想原则要求识别标志适合企业特点，含义深刻，且易于引起公众的联想并理解其内涵。在设计标志、图案或命名时，应该考虑这种标志能否诱发社会公众对企业诸要素的联想。为此，许多化工企业的企业标志常用原子结构或分子链的图案，机械制造企业常用齿轮、锤子等图案。美国迪斯尼公司以米老鼠和唐老鸭为其企业标志，就是成功的一例，因为美国电影家迪斯尼创作的著名动画片《米老鼠和唐老鸭》风靡全球，经久不衰。因此，人们一旦见到印有米老鼠和唐老鸭标志的产品，就自然会想到迪斯尼公司和有关的信息。

（五）人性化原则

人性化原则就是要求企业标志能切合公众的心理需要，引起公众的情感共鸣，使人感到被关心的亲和感。唐代诗人白居易说：“感人之心，莫先乎情。”企业标志正是这样、有了情感的介入，就能够打动人、感染人、激发人的内心需求，缩短企业与公众之间的心理距离，使人们在情感体验中不知不觉地接受企业标志，留下深刻的印象，并引起亲近该企业的行为。

（六）美学原则

由于 VI 的识别是通过视觉传达完成的，从一定意义上，视觉识别符号是一种视觉艺术，艺术是追求形式完美的，而接收者进行视觉识别的过程实质则是一个审美的过程。因此，在设计时应遵从美学的秩序、对称、平衡、比例、调和等原则。

（七）民族习惯原则

随着我国对外贸易不断扩大，商品交换日益广泛，因而对标志、商标的名称、形象、美术设计的要求也各不相同；由于社会制度、民族文化、宗教信仰、风俗习惯等不同，在不同的文化区域有不同的图案及色彩禁忌。因此在设计过程中要兼顾视觉识别符号在发展过程中形成的民族习惯原则，慎重选择构成商标的材料及其组合，力求文字或数字的读音、谐音、韵律和译音，图案的结构、形状、色彩等方面具有善良美好的含义，以吸引消费，促使其做出购买决策。

日本小丰田广告触犯禁忌

日本丰田小吨位卡车，为着显示行车稳当，制作了一幅诙谐的广告画——在汽车的轮子下面装上了猪蹄。这种汽车出口到澳大利亚，销量很好，可是运到了南非却遇到了麻烦。

原来，南非的黑人中许多人信奉伊斯兰教，是禁猪的穆斯林。他们愤怒地聚集起来向丰田公司提出抗议，迫使公司花费巨额资金重新制作广告，将猪蹄换成了鸡脚。

参见巴文华：《企业公共关系新编》，中山大学出版社，2006 年，第 115 页。

民族性蕴涵着四种结合：

1. 传统与现代的结合。在浓缩、提炼企业核心理念的时候，应秉承民族的优良传统，并将其发扬光大；也应具备勇于开拓、创新的现代意识，寻找未来之路。

2. 文化与战略的结合。企业 CIS 战略形成的首要元素是企业文化。企业文化是一个企业长期以来培养并形成的一种被企业所有员工共同认同与遵守的习惯性的生活态度和生活方式。它是企业理念形态文化、制度形态文化和物质形态文化的复合体，文化要服务于战略，战略也要建立在文化的基础之上。

3. 商业化与人性化的结合。国际化管理的本质是人性化与商业化，人性化的本质是尊重人、相信人，商业化的本质是制定双方均能确认的“游戏规则”，并自觉遵守，而企业文化的作用是既要满足人性化的需求，又要满足商业化的需求。

4. 国际化与本土化的结合。中国独特的文化背景，独特的发展阶段和市场竞争格局，意味着中国民族企业发展不可能照搬任何模式。中国企业导入的 CIS，应该是符合国际商业规范、融合中国传统文化和企业实际情况的战略服务体系。

塑造能跻身于世界之林的中国企业形象，必须弘扬中华民族文化优势，灿烂的中华民族文化，是我们取之不尽，用之不竭的源泉，有许多我们值得吸收的精华，有助于我们创造中华民族特色的企业形象。

（八）法律原则

由于视觉识别符号多用于商业活动，因而所有视觉符号必须符合、遵守商业规则，如《保护工业产权巴黎公约》、《中国商标法》等。我国《商标法》规定了某些文字和图形不得作为商标使用。如，同中华人民共和国的国家名称、国徽、军旗、勋章相同或相似的；同外国的国家名称、国徽、国旗相同或相似的；同国际组织的旗帜、徽记、名称相同或相似的；同“红十字”、“红新月”的标志和名称相同或者相似的等等。

三、CIS 的策划程序

企业形象策划是一项甚为复杂的系统工程。从系统上讲，它涉及企业理念、行为和视觉三大识别系统。从策划涉及人员范围来讲，它涉及从企业总经理一直到普通的基层员工，企业全体人员在策划中必须予以考虑。从导入实施程序上来讲，它涉及策划前的调查研究、形象分析、具体设计直到组织实施与控制等众多步骤。

（一）提案阶段

导入 CIS 的首要阶段，即提案阶段，该阶段工作处理的好坏直接影响 CIS 导入的开端能否成功。提案阶段的主要任务是提出导入 CIS 的协议，并获得通过。首先是明确导入 CIS 的动机、目的，这是制定基本方案和落实人力、财力方面的必要条件，并启动 CIS 计划。

企业导入 CIS 的动机主要有两个方面：企业内部自觉的要求与市场经营外在的压力。

1. 企业内部自觉的需求

在瞬息万变的市场战当中，企业追求的首要目标是开拓市场的占有率、企业内部人的教育、物的管理等组织与制度的问题，这些都是不可忽视的，因为企业经营的成功与否，是与企业内部人、事、物息息相关的。为了适应时代走向，具有前瞻性的企业对于企业经营策略的统一作业，均会发出自觉的需求。

2. 市场经营外在的压力

由于来自竞争厂商的直接对立、消费大众的购买习惯、物料成本的管理运用等各方压力，使得企业面对艰难的经营环境。其中最令企业感到挑战的至少包括：成本的挑战、竞争的挑战、传播的挑战、顾客的挑战、消费主义的挑战等。一般来讲，企业导入 CIS，旨在树立企业形象，谋求长远的发展，提案者必须根据企业的现状，确认导入 CIS 的目的。CIS 的导入不外乎分为长期、中期、近期目标。长期目标：建设企业统一标准化的识别系统，提高企业的社会知名度；中期目标：树立企业个性，增强市场竞争力，创立国际国内名牌；近期目标：统一识别、鼓舞士气、扩大市场占有率，提高商品的知名度，增加销售额。

（二）调研阶段

1．设立调研体系

CIS 专案人员在调研工作开始时，应首先设立调研体系。调研体系包括以下因素内容：调研对象、调研方法、调研项目、调研程序与期限、调研成果形式。

（1）调研内容。调研内容主要包括：企业营运状况的调研和对企业形象识别系统的调研。

（2）调研对象。调研对象分为企业内部与外部两方面：内部对象有企业领导人、股东、企业职工。外部对象有销售对象（包括销售商与直接顾客）、交易对象、经销商、有业务往来的企业、顾问公司与广告公关公司、工商行政与税务管理人员、新闻机构与有关研究人员。

（3）调研方法。调研采取的方法主要是以下三种形式：①采访形式：选择采访企业，了解内外部情况，并采访有一定见解的有关人士，在采访资料基础上进行分析研究。②问卷形式：设计具有明确项目的问卷，选择问卷对象，派发、收集、综合、统计、分析。③现有信息资料统计分析：包括企业年度财务报表、市场调查书、广告策划书等。

（4）调研项目。调研项目可分两大类：一类是营运方面，一类是企业识别方面的。营运方面包括收益指标、成长指标、稳定指标。企业识别方面包括企业总体形象、视觉形象项目。

2. 调研的具体工作

一是对企业营运状况的调研；二是对企业形象识别系统的调研。

（1）企业一般营运状况的调研。主要包括以下四个方面：

①企业经营理念与战略是否明确、合理；是否符合当前行业与市场状况的要求；是否具有现实可行性；是否能够体现出企业的行业特色与存在个性。

②企业生产管理是否科学，生产过程实效如何，全面质量管理推行与落实的情况如何，生产设备与环境设计先进与否。

③市场营销是否引起企业的足够重视，企业是否了解市场，是否根据市场状况制定了明确的营销计划，该计划的执行情况与效果如何，该企业产品的竞争潜力如何等等。

④企业行为管理是否规范化，领导者、职能人员、岗位人员是否按照规程行事，企业员工的录用是否合理，员工的工作积极性与出勤率如何，工资结构是否能够全面调动工人的工作热情与职责。

（2）企业形象识别系统的调研，主要包括以下三个方面：

①识别一体化调研，企业的理念与行为，各设计要素间，诸如企业名称、品牌、商标是否统一。

②企业总体形象如何，企业知名度、美誉度、广告接触度如何。我们将这一部分调研称为形象调研。

③企业具体形象。诸如技术形象、市场形象、发展形象、企业风气形象等方面的调研。

3. 调研报告书的完成

系统的调查，深入细致的分析完成之后，有关调研成果应该形诸文字。调查基础扎实，这是最重要的，否则没有事实说服力，如果不能发现问题，提出独到的、合理的见解，调研工作就是徒劳，有了调研实务的充分的准备，调研报告书的写作就是个规范化问题了。一般而言，调研报告书的结构通常由标题、导语、正文、结尾四部分构成。

（1）标题

CIS 专案调研报告书的标题，一般要求标明调查对象、内容范围或报告的主旨，采用单标题或双标题均可。单标题只有一行，比较严谨，如《XXX 公司 CIS 调研报告书》或《关于 XXX 公司营运与形象识别状况的调查》，后者用得较为普遍，因为这种表述方式更为明确、具体。当然，也可以采用双标题，一个正题，一个副标题，借设问、对偶、比喻等修辞手法以增强标题的形象性。如《识别系统的问题何在?XXX 公司 CIS 状况调研》。无论采取哪种标题形式，都必须具体、明确、简约、醒目。切不可题不对文，切不可华而不实，否则就会弄巧成拙。

（2）导语

导语亦称引言、前言或内容提要。它由两部分内容构成：

①简述调研活动的一般情况，包括调研的动机、目的、时间、地点、调研单位、内容范围、调研方法与步骤。

②概述本报告书的主要内容、核心观点，可按现状总结主要问题与解决总设想结构，表明调研人的观点、结论。

导语有导读效果，为理解报告打下基础，并增强报告的真实感，强调核心内容。不管怎么样，导语以言简意赅为本，忌罗嗦空泛。文字要简洁，内容富于概括力，条理清晰。

（3）正文

正文是调研报告书的主体。着重反映调查研究的成果，包括典型的事例、确凿的数据、合理的分析、明确的判断。正文部分要求对调查资料进行科学的分类与合乎逻辑的组合安排。正文可分两部分，一部分是营运调研成果的综述，一部分是形象识别系统调研成果的综述。两部分既要各自条理清晰，又要相互联系、相互照应。

①企业营运调研情况叙述。首先应该从财务管理情况入手，按收益性、成长性、稳定性三方面的会计报表中提供的基础数据进行定量的数据间的分析，也可制作线谱图明确三项财务指标体系，揭示企业的营运状况，发展趋势与薄弱环节。

②企业形象识别系统调研内容的陈述要相对较为详尽一些，它与下一步的企划工作的关系更为直接，更为重要。该部分内容主要包括以下几个方面：企业认知度；品牌认知度；元形象与基本形象；特殊形象；设计因素。

这部分的报告内容应该根据事实描述、统计分析、提示问题与提出建议四个层次逐层展开，调研报告一定要条理清晰。

（4）结语

结语是上述调研报告陈述内容的一种结论，要做到总结全文，深化主旨，提出问题，引发思考。调研的结束是企划的开始，创意的灵感往往就产生在调研过程中。所以，调研报告书的结语经常采取开放形式，提出富于启发性的问题。

写好调研报告书，有多方面因素，最重要的是坚实的调研作业基础，增强调研报告书的表述效果有三种最基本的方法：

①总叙与分述相结合，个案分析与总体把握相结合。

②纵横比较相关因素，在典型环境中分析问题。

③善于将文字与数据相结合，用图表说话，增强叙述内容的真实感与形象感。

调研报告完成之后，要提交企业主管人员、顾问人员审阅，听取他们的意见，并准备进入开发设计阶段。

（三）开发设计阶段

开发设计阶段是 CIS 导入的重要阶段。首先在调研的基础上进行总概念定位并完成总概念书。总概念书是 CIS 的战略规划。从总概念出发，逐一进行企业名称、商品品牌、行为标准、视觉项目的设计，最后编制完成 CIS 手册。

1．CIS 总概念的企划

调研阶段结束后，CIS 专案人员将按计划进入开发设计阶段。这一阶段的首要任务是总概念的确立。总概念是企业识别系统的核心，它以充分的调研成果为基础，重新考察、评估企业理念内容，确定新的经营战略与 CIS 总方针，设计重点，为CIS的实施管理指定了方向。总概念的内容大致如下：调查结果的要点；本公司的CIS概念；具体可行的策略；CIS设计的开发要领；与CIS有关的补充计划。CIS专案人员首先应对总概念的构成内容有明确的理解，然后根据这些内容按计划、有步骤、讲究方法地进行工作。

（1）调研要点的整理

为了准确有效地把握总概念创意的目标与方向，CIS专案人员应根据调研结果稽核问题，开设稽核问题表。问题稽核作为总概念企划这一创造工程的第一步。

（2）CIS理念设定与表现

CIS概念是CIS系统的核心，它应该明确企业的理念、形象特征、有关CIS开发的重要概念与方针、企业理念的定位，应考虑到三方面的内容：经营宗旨；经营方针；经营价值观。

企业理念的企划包括以下四个步骤：

①全面细致地进行企业调研，了解经营者的意图、行业特征、营运现状、发展前景与社会期待来确定理念的诉求方向。

②在调研基础上寻找理念突破口，进行基点定位，并在相近意义域间提供若干可选择的语言表达式。

③在广大员工与专业技术人员中广泛征求意见，经营研判后确定一种富于表现力的口号标语式的理念表达式。

④用简明的文字解释理念各个层次的意义，构成总概念书中的核心内容。

企业理念设计应注意遵循三个基本原则：个性化原则；民族化原则；概括化原则。企业理念是企业整个经营思想的内核，企业主管应该直接对理念的设定负责，CIS专案人员可提出创意参考意见，亦可向广大员工征集理念，群策群力。总之，CIS创意中设定的理念，必须包括企业的存在意义、经营方针和行为基准三大类内容。

（3）导入CIS的基本策略

不同的企业，根据调研了解的情况，导入的重点也不同。塑造一流的企业形象，是CIS建设的总目标。落实明确的企业理念，制定导入CIS的基本计划与重点，都离不开形象策略问题。

根据行业特征，强调某一方面的形象特征，是形象策略的基础。根据该企业CIS导入重点、理念定位、形象特征，展开创造性的设计，运用企业名称、标志、商标与一系列形象的有效传达系统。

（4）开发设计要领

开发设计要领是设计规范的要点。它遵循的是传播原则与视觉设计的美学原则。例如，确定标准色、标准字体的联想范围与象征意义、色彩计划、标志色彩、字体计划、标准字体、新标志、新商标的风格特征等。

（5）传播计划

CIS 基本方针与设计概念明确之后，总概念中对新设计系统的发布应该有所考虑。对外发布可能在社会公众与同行业环境中塑造企业的新形象，对内发布则增强企业的内聚力，激励广大员工的创业精神与敬业精神。传播计划的制定应考虑到基本项目发布的对象、范围、媒体选择、活动安排、发布日程等。

（6）总概念书的写作

总概念形成之后，CIS 专案人员应写出书面报告，呈交企业的高级主管和有关人员审议。这份总概念书应该简明扼要地说明企业的理念体系、导入 CIS 的基本方针与形象策略、CIS 设计开始要领等。CIS 专案人员在总概念企划与总概念书的创作过程中，一定要严肃认真，不仅富于创意，还要思路清晰，具有可行性。总概念的叙述项目主要有八项：对于调查结果的意见；经营上的问题点；本公司今后的活动及形象构筑方向；新形象概念；基础设计的开发；公司今后的识别系统；CIS 有关的设计项目；今后的具体推进作业。CIS 设计应该以总概念为基准，体现总概念中规定的方针与精神。

2．行为识别的设计

行为识别是企业 CIS 系统中的“做法”。行为识别几乎涉及企业管理领域的各个部分。行为识别同样具备 CIS 系统中的两个基本要素，即识别的统一性与差异性。所谓统一性，即要求企业在统一理念的指导下，各部门机构协调运作，全体员工按企业“教义”行动，步调一致。所谓差异性，即要求 CIS 传播必须本着 CIS 的基本精神，差异就是信息，CIS 旨在表示企业的个性与“独立精神或价值”。行为识别设计可以分为对内对外两方面。

对内方面：干部教育；员工教育、服务态度、电话礼貌、应接技巧、服务水准、敬业精神与福利；工作环境；内部营缮；生产设备；废弃物处理、公害对策；研究发展。

对外方面：市场调查；产品开发；公共关系；促销活动；流通对策；代理商、金融业、股市对策；公益性、文化性活动。

3．视觉识别项目设计

视觉识别因素的设计开发是 CIS 导入作业中关键的一环。视觉形象是企业理念的感性显现，是 CIS 概念的物化形式。CIS 视觉要素的设计，遵循的是传播学与工艺美学原则，但在具体的设计中，也要时刻参照 CIS 总概念中确定的方针与策略。下面我们将从一般意义上介绍 CIS 设计项目的有关要领。

（1）企业名称。企业名称是企业的第一人称。企业名称不管是以地名、人名、品牌名或吉祥字眼命名，都应该注意响亮、简明、吉祥，有识别性，易被人记住，还要与企业的实质相符。企业命名是一项体现创意的工作，可以提供大家讨论、审议。也可以用征集办法，调动众人的创造力与智慧。

（2）企业标准字。中国企业一般以中文及英文两种文字命名。标准字的设计应该具备两种文字的形式。企业名称有法定全称与略称，还可省略“股份有限公司”或“有限公司”之类字眼略称。标准字设计应提供各种名称形式的字样。

（3）企业标志。企业标志指公司的标章，通常与产品的商标图案一致，使公司的整体标志具有统一性。企业标志一般是在总概念的企划阶段就基本确定的。企业标志的设计要求具有鲜明的识别性与直观的象征意义。CIS 设计手册必须规定企业标志的固定形式，其中包括形状、线条，伸缩比例尺寸以及使用规范等。使用时不得破例，如果当作商标，还须注册。

（4）企业名称与企业标志。CIS 手册要明确企业名称与企业标志的组合表现形式，并规定组合表现形式的使用规范。

（5）企业标准色。指在视觉传播中象征企业的指定色彩，用于企业名称标准字、品牌商标，各应用设计要素等。标准色一般以 1—3 种色彩为主，也可搭配其他几种颜色。但 CIS 手册中必须规定标准色使用系统中色彩搭配与具体使用的形式。

（6）品牌。指企业产品对外传播的情报形式。包括品牌标志、品牌名称、标准字、标准色、标准造型等因素。品牌设计涉及广告、促销、招牌、包装应用设计要素，品牌设计不仅要注意到品牌视觉形式在形与色上的识别性、规范化，还应注明它与企业标志、企业名称标准字、标准色、商标设计的组合使用规范。

（7）商标。商标经常与品牌混用，商标也是标示产品个性的文字、名称、符号或图案。商标更为具体与独立。品牌设计明显具有装潢性、宣传商品的质量、原料、功能、用途与其他特征，称为品牌标语，商标则不能进行直接宣传。

（四）实施阶段

1. 员工内部的动员与推行

企业形象策划方案制定后，方案的实施阶段开始启动。首先，也是最重要的，是在员工内部宣传这种新战略，造成员工的意识革新和行为规范化，将企业理念贯彻到员工的日常行为之中，从内部开创企业的新面貌、新形象。在员工内部传播的方针的拟定中，CIS 专案人员应从整体上把握内部传播工作的性质、意义、对象、方法及预期效果与目标。就性质与意义而言，CIS 专案人员自己应明确内部传播是 CIS 导入和推行成败的关键。只有使员工认识到 CIS 的重要性和必要性，才能调动员工的积极性，从而投入到 CIS 的实施管理中来。就对象和方法而言，CIS 专案人员需考虑周全。企业员工的工作职别不同，对 CIS 的看法也不尽相同，CIS 的教育与宣传应对不同的对象采取不同的方法。就预期效果与目标来说，CIS 专案人员应注意明确性与切实可行性。CIS 的推行作为一项长期的工作，需有系统、明确的计划和目标，同时对目标的管理实施效果进行不断的测试与评估。

内部传播的内容一般包括以下几项：

（1）CIS 导入的意义和原因。通过介绍 CIS 的基本理论、历史发展和企业导入的成功案例，说明 CIS 导入的重要意义，并对企业自身状况进行分析，说明导入 CIS 的原因。

（2）本企业的 CIS 计划。向全体员工说明导入 CIS 的目的、基本程序、设计开发状况和实施管理计划，动员全体员工成为 CIS 运动的积极参与者，使其意识到其一言一行都在塑造着企业形象。

（3）宣传新理念。详细介绍企业的新理念体系和建立新企业理念的重要性。

（4）企业标志说明。对企业标志、标准色和标准字的象征意义进行说明，使员工对其产生认同感。

（5）设计的应用说明。对企业产品的商标设计意义及相应的品牌战略作充分解释，详细介绍各个应用设计项目的意义与使用方式和推广方式。

（6）行为识别准则。宣传企业职工对内对外活动和市场行为的准则，将企业理念在言行中予以贯彻。对于 BI 系统的行为准则都应介绍，使员工在行动中遵守。

（7）统一对外的 CIS 说法。为员工制定一套介绍企业导入 CIS 情况的说明方式，如有人询问有关情况，企业员工的说法应一致。

内部传播的媒介形式有广告说明书、企业内部公关或 CIS 刊物、视听教育用具、宣传海报和例行会议、讲座及仪式等。

2. 企业形象的对外传播

企业形象的对外传播，是指通过广告、公关与新闻等形式，宣传导入企业形象策划后新的设计系统、理念体系以及有关企业形象的重大活动，让社会广泛知晓企业形象的全新面貌。企业形象对外传播所针对的对象应该是企业形象传播中所涉及的所有对象。一般说来应该包括：消费者；社会大众；大众传媒；

政府；金融机构；同业人士；希望就职者；销售代理商；原材料供应商；股东。

对外传播可通过广告、新闻及公关活动等各种形式来进行，具体的媒体形式有：电视广告、广播广告、互联网广告、报刊广告、户外广告、直邮广告、广告宣传册；电视新闻、广播新闻、互联网新闻、报刊新闻；发布会或记者招待会、企业公关赞助活动、社会义务活动等。

（五）效果测试与评估阶段

对 CIS 导入效果进行评估，了解 CIS 导入所取得的成效，可以从中发现导入中的不足，对下一步的推行工作进行改进，以求得更好的效果，所以效果评估是 CIS 推行中极其重要的一环。CIS 导入的效果评估可从四个方面进行。

1. 企业内部。CIS 导入和实施人员应对 CIS 的推行情况进行随时的了解，对企业员工进行随时的或定期系统的询问调查，询问的内容包括总体评价和具体作业两个方面的问题。如企业在导入和推行 CIS 以来，各方面是否有了明显改观？新的企业理念是否能顺利贯彻？CIS 制度是否只是形式主义？对新的标志是否满意？等等。对于企业内部的调查应及时对询问结果进行整理分析，同时注意信息的真实性问题。

2. 外部环境。外部环境测试评估须选择与企业有直接关系的组织或个人进行，导入效果评估应在调研阶段的调研基础上进行，所以选择对象应尽量选择原有被访者或回答问卷的人，这些人对企业形象状况有一定了解，而且经过调研阶段，会对企业 CIS 的导入情况比较关注，提供更多的信息。

对于评估的内容而言，应集中在视觉设计项目的传播效果和企业总体形象上。视觉项目传播效果的评估可就一个基本设计项目进行专项评估，也可对几个设计要素的组合应用效果进行评估，进行评估时所提问的问题应全面、系统，主要针对认知度与识别功能、视觉印象和设计品位三个方面。企业总体形象的评估问题可采用调研阶段的关键语作为问题，根据肯定回答者占接受测试总人数的比例，与调研阶段的结果相比较，分析企业的导入 CIS 后企业形象的优化程度和在哪一方面取得了明显的改观。

3. 根据企业营运资料进行的 CIS 效果评估。企业导入 CIS，提高企业知名度，建立企业高度识别性、统一性的形象系统，最终目的在于企业经济效益的提高。CIS 导入的实际效果直接体现在企业产品的市场占有率、销售额及利润的提高和营销费用的降低上。导入 CIS 效果评估的一个重要方面即对企业营运业绩进行评估。

从企业的经营业绩考察企业导入 CIS 的效果，一般的做法是在企业营运报告中选取导入 CIS 前后几年的数据进行统计分析，从市场占有率、销售额、利润的增长率中看出导入CIS的效果。该方法的基本原则是，销售额和利润的增长高于因导入CIS的费用增长，说明CIS导入的效果良好，反之，则导入效果不佳。

4. 目标检讨。CIS的导入效果是与导入所确定的目标相对而言的，企业导入与实施CIS过程中的所有作业项目，都是根据目标确立的，而导入效果的评估，也应根据CIS的目标而定。

根据企业导入CIS的战略目标，可以确定评估内容的重点与评估标准。如，杉杉集团导入CIS战略目标是定位并提升企业形象，创建一流的企业经营文化系统，其评估重点放在了集团品牌的认知率上。

企业导入CIS的目标在实施推进过程中逐步具体化，不仅有长期目标，还有中、短期目标，在不同的期限到来时，应及时对CIS导入的效果进行评估，从而得到阶段性的效果评估结论。

阅读材料

我的地盘听我的：中国移动通信“动感地带”的CIS战略

“动感地带”（M-Zone）是中国移动的第一个为年轻市场量身定做的移动通信品牌。有关统计资料显示，自2003年在全国推出之后到2004年9月，“动感地带”以每3秒新增1名户的速度迅速拥有了近2000万年轻客户，创造了中国移动通信市场的奇迹。从某种意义上说，“动感地带”成功塑造了时尚、前端的品牌形象，在青少年消费群体中占有了绝对领先的市场地位，成为中国移动通信市场如何通过细分、目标市场选择和定位来开展公关活动，并塑造独特品牌个性的经典案例。

（1）品牌创立阶段

“动感地带”刚出生的时候，名字叫“一起玩”，是中国移动通信集团公司2000年最先在广东开展的一个试点项目，当时为移动梦网下的M-Zone、M-office、M-group系列数据业务品牌中的一个。经过两年多的试用，中国移动发现最先尝试数据业务的以年轻人居多，短信、游戏催生了全球的“拇指一族”。而在当时中国的通信领域还没有专门针对年轻人的细分市场，公司高层出于战略上的考虑，果敢下令从2003年3月1日起，向全国推出以“新奇、时尚、探索”为主要元素，面向社会15—25岁年轻人的通信业务品牌“动感地带”。

由于原来“一起玩”的标识较复杂，体现的品牌特征也不够明显，难以树立品牌的领导者地位，故中国移动负责品牌营销的人员动手对标志做了大胆的改变，使其变得简洁明快、颜色更鲜艳，并提出了“我的地盘听我的”响亮口号，中国移动立志将其做成一个未来代表年轻人文化的时尚品牌，并策划了以“动感地带”为主题的平面、立体系列的整合传播方案，在全国大面积铺开。在业务的设计上，动感地带也以“新颖、丰富、有趣”为主要出发点，同时具有漂亮、创新、信息量大的特点。例如，在专门为“动感地带”（M-Zone）制定的 STK 上直接内登了星座运势、娱乐新闻等菜单，随时将偶像的最新动态、演艺界的头条新闻发送到时尚前卫的少男少女手机上，对年轻人具有极大的吸引力。

（2）品牌强化阶段

2003 年 4 月 15 日至 9 月份为“动感地带”品牌的强化阶段。经过前一阶段的市场推广活动，中国移动的品牌公关人员发现品牌的引领作用较弱，故开始寻找领跑“动感地带”品牌的时尚、年轻明星，并创造性地提出了“玩转年轻人的通信自治区”的年轻人语录。在芸芸众星中经过反复研究讨论，随即选中在国内人气极旺的素有“小天王”之称的台湾著名新锐歌星周杰伦。理由是周杰伦的形象、人气和追随者都代表了时尚的年轻人，他不仅够酷、够时尚，而且还有才华，反映了现代年轻人积极向上的个性形象，而非一个传统意义上的时代跟随者。更因为据市场调查显示“动感地带”的客户中 50%多为女性，按照异性相吸的自然法则，周杰伦无疑是这些女性客户的最爱。中国移动首开先河地选取了一位带有很强个性的明星做形象代言人，不仅向客户交出了一份满意的答卷，更为中国的通信史留下了经典的成功案例。

（3）品牌巩固阶段

虽然周杰伦的出现带动了 1100 万的年轻客户，但中国移动人很快发现一个新问题，即大量的年轻消费者还不清楚“动感地带”究竟能够带给他们什么，于是本阶段强调“新奇、时尚、有特权尽在动感地带”，共推出话费节约权、手机常新权、业务任选权、联盟优惠权四大“特权”，话费节约权向动感地带提供各类资费套餐，可以为客户节约不少话费，如针对学生族的学生套餐有不同标准的短信包月服务；手机常新权指中国移动提供专属动感地带的手机；业务任选权指动感地带客户可以任意选择多彩的数据业务，如包括游戏、娱乐、商务和生活四大方面在内的百宝箱、音信互动等；联盟优惠权指动感地带与演艺、餐饮、商业各行业的商家展开广泛合作，使客户在吃穿玩用各方面享受到购物优惠、消费打折等等活动，如 11 月起，“动感地带”与麦当劳结成联盟，在渠道、产品、市场等方面陆续合作展开一系列充满活力和新意的活动，由动感地带客户通过短信、彩信、WAP 等方式投票组合每个季度麦当劳的动感套餐。“动感地带”还赞助了“CCTV—MTV 音乐盛典”和“第十届全球华语音乐榜中榜”，使对时尚流行音乐喜爱参加的动感一族可以亲身参与这次盛大的流行音乐盛典，通过发送短信就有机会获得动感地带明星见面礼、亲临歌迷见面会现场，得到周杰伦送出的神秘私人物品。特权文化迎合了当今青年“特权”的心理需求，再一次得到了年轻人的追捧。

“动感地带”品牌于 2003 年 3 月正式推出以来，其充满年轻朝气和活力的橙色随即渗透到年轻人生活的各个方面，几千万客户毫无争议地打造出一个全新的“橙色特区”。调查显示，虽然“动感地带”在 15—25 岁的目标受众中品牌知名度和美誉度分别达到 80%和 73%，但是其品牌忠诚度却略有下降，保证目标客户的品牌忠诚度成为不容忽视的问题。在此形势下，“橙色特区”不仅仅满足于时尚、前卫形象，在社会责任上也做出了同样势力，比如近期“动感地带”在世界地球日推出的环保志愿者行动等系列活动。“橙色特区”的公益进阶完善并进一步丰满了“动感地带”的品牌形象，从一个单纯的时尚青年变成了时尚与社会责任感兼具的青年。这种方式有效地提升了动感地带客户群的品牌忠诚度和品牌自身的美誉度。

2003 年 12 月 20 日，广受关注的“2003 年度中国十大公关事件”评选结果揭晓，在通信营销领域赢得普遍好评的中国移动“动感地带”品牌营销事件，因成功营造了未来年轻人的通信生活而入选，一举成了通信行业唯一入选的公关事件。口号“我的地盘听我的”更成为了 2003 年度十大广告用语之一。媒介称 M-Zone 是一场“新文化运动”，“M-Zone 的诞生意味着一种新的通信文化的出现”，“M-Zone 不仅仅是一种新的服务或者运用，它还创造了一种独特的生活方式”。

（参见曾琳智：《新编公关案例教程》，复旦大学出版社，2006 年，第 78 页。）

[材料分析]

抓住年轻人心态的“动感地带”，以其独特的公关战不仅成为千万年轻人喜爱的通信业务品牌，且至成为了当今社会的时尚符号。分析“动感地带”的品牌策略及其成功历程，我们可以发现其中有颇多可圈可点之处。

（1）大胆独特的创新手段开创了我国通信市场品牌竞争时尚化、个性化的先河

面对市场残酷的竞争，以资费为标准对产品进行细分是这一时代的经典做法：而 M-Zone 的出现，却摆脱了价格竞争，建立起了客户细分品牌。在此之前，还没有哪一家通信供应商按年龄细分通信市场，更不用说针对 15—25 岁人

群的"只局限于年轻人"的通信品牌了。这一大胆独特的举动，将无线通信和时尚生活融为一体，为追求个性、创新的年轻人营造了一个心灵的家园。贯穿于整个公关活动始终是"新奇、时尚、探索"的公关理念（MI）。

（2）不断跟进的公关活动使品牌顺利地完成了其成长发展过程

在品牌形象塑造上，"动感地带"大胆选择特立独行的周杰伦作为形象代言人，利用周杰伦在年轻一代中的巨大号召力，推动"动感地带"时尚品牌形象的提升。此后，"动感地带"的时尚化路线一发而不可收，先后与麦当劳合作推出"动感套餐"、赞助华语音乐榜和在年轻人中享有盛誉的时代广告金犊奖；开展寻找"M-Zone人"系列活动、举办大学生街舞比赛直至与NBA签订市场合作协议。

面对不断成熟发展的客户群体，"动感地带"的品牌形象也不断地追求与时俱进，为了增强客户的品牌归属感。"动感地带"在品牌形象中加入了富有社会责任感的社会公益元素。当然，从另一方面来讲，社会公益本身也是更高品位的时尚。

"动感地带"品牌的产生，据悉当时中国移动邀请了世界著名的调研公司，在此阶段对该品牌做了详细的测评工作，得到的反馈是：动感地带的标志（VI）好识别，口号好延展。时至今日，在年轻人的心目中：我的地盘＝动感地带。

（3）精心打造品牌文化为动感地带形象塑造带来了深远的影响力

品牌的根基是品牌文化，中国移动通信的品牌管理者们深谙此道。因此，他们的品牌目标不仅仅在于营造"动感地带"的时尚形象，更在于营造以"动感地带"为引导的M-Zone文化。M-Zone文化代表着一种新的流行文化，用不断更新变化的信息服务和更加灵活多变的沟通方式来演绎移动通信领域的"新文化运动"。这种文化一旦形成，将会对"动感地带"产品的销售带来持久的影响。从这个案例中，我们可以看到CIS对于一个品牌形象塑造的确具有举足轻重的作用。

思考题

一、名词解释

1. 员工关系
2. 企业文化
3. CIS
4. 理念识别系统
5. 行为识别系统

6. 视觉识别系统

二、简答题

1. 简述社区公共关系技巧。
2. 简述企业文化的主要功能。
3. 简述政府公共关系的意义。
4. 简述 CIS 的功能。
5. 简述 CIS 的设计原则。

三、论述题

1. 试述 CIS 的策划程序。
2. 试述建设企业文化的原则与程序。

四、案例分析

杉杉集团的 CIS 导入

从 1989 年杉杉(当时的宁波甬港服装总厂)创西服品牌,走名牌战略之路,一直到 1993 年,杉杉西服的销售额达到 2.54 亿元,五年时间杉杉创成了一个中国西服名牌。与此同时,企业和品牌如何向更高层次发展,企业到底该确立什么样的发展模式,企业如何才能获得新的动力,作为一个新的重要课题,摆在了企业的面前。

一、背景:调查与启动

市场调查显示,在大众印象中,“杉杉”只是西服的一种品牌,缺少整体丰满的集团概念以及缺乏鲜明的形象和口味,因此没有强烈的号召力,尚未形成公众的偏爱或认牌购买心理。

从竞争品牌来看,国外如皮尔·卡丹、鳄鱼等,皆挟洋自威,无论是广告策划还是形象塑造都先声夺人,在中国市场上抢占了较大份额。而国内的一些品牌在市场竞争中的营销策略和手段,尚处于价格竞争等低层次的水准。因而,杉杉集团在广告和公关策略上应突出体现企业的整体化形象,突出企业自身的文化意蕴,使企业性格、品牌性格和产品性格得以统一、升华并广为人知。

一个偶然的机会,杉杉找到了一家资深策划公司——台湾艾肯形象策略公司。1994 年初,杉杉的决策层经过对 CIS 的深入研讨,确立了导入 CIS 的计划,并由总裁郑永刚作为 CIS 决策委员会召集人,企业形象策划部部长王仁定担纲此计划的总干事。经过杉杉 CIS 委员会与艾肯公司的共同规划,把杉杉导入 CIS 的目标确定为:

1. 定位并提升企业形象，创建一流的企业经营文化系统。

2. 创造第一，系统科学地进行有形资产和无形资产的经营，提高综合竞争能力。

3. 以CIS为载体，与世界先进企业经营惯例接轨——创立中国的世界级服装品牌。

至此，杉杉集团斥资200万元人民币，整体导入CIS。

二、导入CIS：组织精神、品牌宗旨和商标标志等的确立

杉树，伟岸挺拔，英俊潇洒，生命力极为旺盛，它与中化民族五千年文明史积淀下来的坚忍不拔、蓬勃向上、生生不息、挑战未来的精神和谐一致。而面对迎接新世纪，体制转轨的企业发展的重要阶段，杉杉集团不仅要塑造恒久弥新的品牌，而且要营造涵义丰蕴的企业文化，建立起经营集约化、市场国际化、资本社会化的现代化国际化产业集团。正如总裁郑永刚所说："今天的杉杉已经超越以品牌宣传为第一要旨的阶段，未来的竞争更重在企业形象。"

据此，杉杉集团确立了"立马沧海、挑战未来"的企业精神和"奉献挚爱，潇洒人间"的品牌宗旨；确立了"我们与世纪的早晨同行"这一对外诉求标语。从而，从自身的品牌诉求出发，紧扣21世纪"环保、生态平衡、绿化"的世界性主题，把杉杉品牌提升到爱人类、爱地球并与人类生存环境息息相关的高度，确立了杉杉企业及品牌在社会中的位置和宣传定位。

杉杉集团标志以单译ShanShan及象征中国特有"杉树"CHINAFIRS作为设计题材，将大自然的意蕴融入设计，以"S"字体象征有如流水般生生不息，杉树则有节节高升之意。杉杉标志色彩采用自然沉稳的青绿色与象征现代清新的水蓝色搭配组合，视觉上令人耳目一新、生动有力。结构上以两个作S阴阳曲线之拓展变化，意谓杉杉集团迈向多元化发展。而耸立挺拔的杉树图形，令人联想到杉杉从传统到现代的串联，更象征集团创新突破的成长。

三、执行：杉杉CIS的推广和深化

1994年6月28日，杉杉集团有限公司正式成立，并举行了盛大的杉杉集团CIS标志发布会，向社会公众广泛告知新的集团标志。同时，通过建立CIS走廊和全体员工的CIS知识培训，使广大员工深深感受到企业发展的新动力和即将进入一个新的高峰，员工们的凝聚力和积极性进一步被调动起来。中短期企业发展战略因为有了CIS工程系统的指导也在紧张地筹划和确立。在很短的时间内，全国范围内的电视、报纸广告、灯箱、霓虹灯等都换成了统一的全新

的杉杉标志和企业精神用语，专卖店（厅）外观和内部布置也经过重新装饰，以焕然一新的面貌出现，企业形象的推广宣传全面启动。

1995 年 3 月初，杉杉推出了精心设计，由四个环节组成的 BI 行动。首先，3 月 11 日在北京香格里拉饭店举行了以“我们与世纪的早晨同行”为主题的 CIS 发布会，全面大规模地向公众推介 CIS 开展的成果，同时还进行了体现杉杉理念和标准色彩的时装表演。第二个环节是当晚杉杉集团和中央电视台联袂推出“95 植树节大型文艺晚会——‘我爱这绿色家园’”，紧扣 21 世纪人类危机问题——绿化、环保主题，把关心人类生存这一企业行为特征告知公众。第三个环节是杉杉独家赞助以绿化为主题的全国性海报张贴。第四个环节是在上海、南京、杭州、苏州、青岛、合肥、武汉、南昌、西安等城市的分公司，在杉杉企业形象策划部配合下，同时推出“让大地披上绿装"的绿化宣传活动。赢得了广泛良好的口碑。

四、评估：CIS 之于杉衫

杉杉集团的 CIS 导入使企业受益匪浅，这具体表现为如下几个方面：

1. 确立了杉杉在社会和公众中的绿化环保代言人的地位，表现了杉杉企业一种现代、清新、富于社会责任感的美好形象，极大的丰富了杉杉品牌文化的内涵，提升了社会美誉度。

2. 通过 CIS 导入及深化推广行动，促进了企业发展战略的完善，使杉杉集团逐步建立起富于特质的企业经营文化系统，并以此为依托走上了有形资产与无形资产相结合的企业发展新路。据“中企资产事务中心”的审慎评估，导入 CIS 后，杉杉品牌的无形资产价值迅速升值，至 1995 年末已达到 2.654 亿元人民币，成为企业自身的又一笔巨大财富。

3. 据调查资料显示，杉杉集团和品牌的认知率，在华东和华中市场已从 1994 年初的 50%上升到 1995 年末的 92%；在华北和东北市场，从 1994 年初的 6%迅速上升至 1995 年末的 23%左右，使这两个原来薄弱的市场迅速得以开辟，并辐射到更为广阔的西北、西南等市场，从而使杉杉品牌作为全国性品牌的地位进一步确立。与此同时，杉杉集团的销售额从 1993 年的 2.54 亿元迅速上升至 1995 年的 8.5 亿元和 21.7 亿元，实现了持续跳跃式发展。

4. 凭藉导入 CIS 的扩张效力，杉杉集团以服装服饰为基础产业，迅速向金融、期货、证券、广告、房地产、高新技术和文化出版等产业拓展。目前已在全国建立分、子公司 48 家，遍及各大中城市的专卖店（厅）近 500 家，营业面积 3 万平方米，形成了自成一体的强大的市场网络。

5. 杉杉集团的CIS导入，富于鲜明的民族特色。纽约全美平面设计艺术研究院院长、伦敦皇家学术学会皇家工业设计师柯林弗贝斯先生对杉杉集团的CIS导入与推广做出评价："作为亚洲企业之新锐，在成功地完成了VI设计的同时，也体现了该领域的系统化、科学化的共同特性——具有鲜明的BI个性特征，成功地塑造和提升了优美的企业形象，表现了亚洲企业在CIS领域的独创性和成熟性。"

（参见张岩松：《公共关系案例精选精析》，经济管理出版社，2000年，第93页。）

案例思考

1. 鲜明独特、富有内涵的视觉标识对组织形象塑造有怎样的作用？
2. 结合本案例谈一谈组织标识设计为什么要反映组织精神。
3. 试对杉杉集团推出的BI行动进行评估。

第十章 政府公共关系

本章重点

1. 政府公共关系的涵义与特征
2. 政府公共关系的职能、内容与原则
3. 政府内部公共关系与政府外部公共关系

在当今社会的政府工作中，公共关系已经被日益广泛应用，这不仅是它充分发挥社会作用的一个重要方面，也是公共关系职业地位确立的根本保障。在公共关系发达的国家和地区，政府公共关系已成为政府的一项重要工作。政府公共关系的充分开展不但有利于一个国家的长治久安，而且可以促进和改善世界各国的关系。对于我国而言，大力开展政府公共关系工作，不仅是市场经济发展的内在需要，也是扩大对外交流和合作的必然要求。本章主要介绍政府公共关系的涵义与特征、职能、内容与原则等。

第一节 政府公共关系概述

一、政府公共关系的涵义

政府公共关系，是指政府通过各种传播、沟通手段与社会公众之间形成相互理解、支持、信任的环境的活动和职能。它的根本目的是使政府的各项职能得以有效实现，使政府在社会上树立良好的形象。它是政府机构与社会公众建立相互了解、相互信任，以谋求共同利益的合作过程。政府公共关系，既区别于个人的社会关系又区别于以人际沟通形式体现的人际关系，它是政府机构赖以存在和发展的社会网络机制。

政府公共关系具有三层含义：

第一，它是—种传播、沟通手段，是沟通政府与社会公众之间关系的一种手段。

第二，它是一种社会活动，是促进政府与社会公众相互理解、支持及相互信任的活动。

第三，它是一种管理职能，是政府管理中的一项重要职能。

从公共关系的角度看，政府也是一种社会组织（公共关系主体），人民是它服务的公众（公共关系客体），政府运用传播沟通手段促进自己与人民群众的相互了解、相互适应（公共关系内容）。很显然，政府公共关系活动中同样存在着公共关系的三要素：政府、人民群众以及传播沟通手段。

二、政府公共关系的研究对象

一般来说，政府公共关系的主要研究对象大致可以归纳为以下三个方面：

首先是研究政府与社会公众之间的“关系”。政府的行政管理活动以整个社会为服务对象。行政管理活动是否有利于树立政府在社会中的良好形象，在很大程度上取决于政府与社会公众之间“关系”的融洽程度。如果一个国家的政府在广大公众和各种社会组织中具有良好的形象，它的各项政策和措施能得到社会各方面的充分理解、支持和信任，那么政府的各项活动也就能得以顺利实现。因此，政府与社会的各个方面的关系已成为政府公共关系必须研究和解决的问题。

其次是研究正确运用各种传播沟通手段的方式方法。传播与沟通的实质，是指信息、思想和观念的传递交流过程。政府的各项政策和措施要得到社会各个方面的充分理解，在很大程度上取决于传播沟通的方式和技能。因此，怎样有效地利用各种传播工具和沟通方式，创造出形式多样的交流手段就成为政府公共关系应该研究的重要问题之一。

最后是探求公共关系的各种现象和活动规律。在政府与各种社会组织和公众的关系中，必然存在着各种各样的现象；而在政府公共关系主体与客体相互交流的活动过程中，必然有其特殊的传播、沟通规律和技巧。只有正确地把握政府公共关系中的各种现象，才能不断地发现规律、掌握规律。同时也只有充分认识公共关系活动中存在的规律，才能正确处理好主、客体关系，才能正确使用各种传播沟通手段，树立良好的政府形象。

三、政府公共关系的特征

公共关系所处理的是一个社会组织与它的公众之间的关系。组织是公共关系的主体，因此，公共关系实质上是一种组织行为。政府也属于社会组织的范畴，但它又是一种特殊的社会组织，因此，政府公共关系是一种特殊组织类型的公共关系。这就决定了它一方面具有一般公共关系的基本属性和基本特征；另一方面它又具有不同于其他类型公共关系的特点。这些特点主要表现在以下几个方面。

（一）公众的特殊性

与其他类型的公共关系相比，政府公关的公众范围是相当广泛的。政府机构的主要公众是与之相关的人民大众，包括社会的各个阶级与阶层、各个民族、各个党派、各种团体和社会组织等各种社会力量。一句话，政府所面对的实际上是整个社会公众。除此之外，由于政府承担并履行着外交、国防、外贸等涉外职能，它还必须面对国际公众。所以，政府公众的广泛性是其他任何组织所无法与之相比的。同时，政府公众的特殊性还表现为公众结构上的复杂性。政府面对的公众是以利益关系为基础的，他们分为各种不同的利益群体。这些利益群体，既有公共的社会利益，又有各自不同的特殊利益。因此，对政府制定的有关政策和法令，不同的利益群体会持不同的态度，产生不同的意见。不仅如此，由于个体公众与组织公众交错在一起与政府发生关系，政府所面对的公众在结构上呈现出相当的复杂性。这是其他任何组织在开展公共关系时都不曾遇到的。

（二）主体的特殊性

政府作为一种社会组织，其特殊性表现在：首先，政府拥有极大的权力，具有权威性。它可以制定政策，颁布法令，垄断并合法地使用暴力。这些都是其他任何社会组织所望尘莫及的。其次，政府在整个社会中是独一无二的。一个国家或地区不可能出现几个政府。政府的独占性使其超然于其他任何社会组织之上，并且不受竞争规则的制约。

在表现形式上，政府作为公共关系的主体也有其“不同凡响”之处：其一，体系巨大，从中央到地方直至基层。政府机构形成一个完整的体系，其规模之大是绝大多数社会组织所无法相比的。其二，结构复杂。政府的行政管辖范围可谓包罗万象。从居民的衣食住行到社会的经济发展、文化教育、国防外交、环境生态，几乎人类生活的各个方面部已被纳入到政府的行政管辖范围之内。与此相适应，政府机构也就成了一个严密而全面的系统网络，分布于整个国家、各个领域，上下对口，层次分明，纵横交错。

（三）任务的特殊性

任何组织开展公共关系工作的任务都是为了提高组织的知名度和美誉度。其中，提高知名度是首要的任务。如果组织不为公众所了解，所谓组织形象也就无从谈起。对于政府这样一种特殊的社会组织来说，其公关工作中几乎不存在提高知名度的任务。一个国家或地区的人民，不可能不知道管辖他们的政府。所以，拥有较高的知名度是政府与生俱来的天然优势。这样，与企业公共关系相比，政府公共关系的任务主要是提高美誉度的问题，即树立“创新、强干、务实、高效、廉洁”的政府形象，争取公众对政府工作的理解和支持，以便为各项行政管理活动的顺利开展创造有利的社会环境和社会条件。

（四）传播条件的特殊性

任何组织开展公关工作都必须借助于传播工具。传播媒体是联结组织与公众的桥梁和纽带。政府公共关系的传播条件与众不同，它拥有其他任何社会组织都无法与之相比的巨大优势。

第一，政府本身掌握有大量的大众传播工具。在我国，主要的新闻单位及出版、电影事业都由政府管理，政府还有自己的报纸。这在客观上使得公共关系计划能够得到严格保证，使公共关系部门企围绕政府中心工作开展的公共关系活动中牢牢地掌握主动权，并且可以通过多种新闻工具从各个角度大量地、反复地进行信息轰炸，来加深公众的印象，提高公共关系工作的效率。

第二，政府的组织传播最为严密而迅速。许多社会组织在小范围内组织传播效率尚可，一旦组织过大则往往成为松散的集团，组织传播的效率就会降低。政府机构虽大，却组织严密，对组织传播无论是纵向的还是横向的都非常有利，可以使信息准确而迅速地在组织内部流动。

第三，政府公共关系经常综合、交叉使用各种传播渠道、传播手段和信息载体。政府的许多政策都是采取文件形式实施内部的组织传播，而后再采取大众传播方式。有时两种方式同时并用。这种多头并举的方法，在其他组织中比较少见。它是政府公共关系有效沟通的优势所在。

第四，在一些实行新闻审查和书报检查的国家里，媒体所传载的信息预先要经过政府的筛选。这种通过控制信息以调整形象的做法，也是其他任何社会组织所无法办到的。

（五）目标的特殊性

政府是一种非营利性组织，是为社会大众服务的机构。因此，与企业不同，政府开展公共关系追求的不是经济效益，而是社会效益。政府公共关系活动正是围绕这一目标而展开的。任何公共关系活动都是为了求得公众对组织的理解和支持。但是，对于不同的组织，评价其公共关系工作成效的标准是不同的。企业公共关系活动成效如何，主要看它是否有利于提高企业的经济效益。政府公共关系的评估标准则是综合社会利益。只有从社会发展的综合状况才能看出政府工作的优劣，检验政府的各项职能，包括分散、渗透在各个具体职能中的公共关系工作的现状。

四、开展政府公共关系活动的意义

（一）是推动民主政治的重要手段

政府是国家权力的执行机构，行使国家最高权力机构给予的权力，而国家权力机构的权力是人民通过选举产生并赋予的，所以，从根本上说，政府的权力是人民赋予的。政府在行使合法权利的过程中，是否按照民众的要求，体现民众的意愿，保障民众的权利，是衡量一个政府是否是民众满意的政府的重要标志，也是衡量一个政府是否实施民主政治的重要标志。政府开展公共关系工作，是推动民主政治的重要手段。通过更加民主、透明的行政行为，增加工作的透明度，给民众以充分的知情权，以提高其参政、议政的自觉性；通过严格地按照规章制度办事，在程序上实行民主化，提高民众对政府工作的满意度；通过自觉地接受民众及其代表的监督，在工作中避免官僚主义、贪污腐败等现象，才能更好地用好民众所给予的权力。可以说，政府开展公共关系工作，既是政府主动地在推进民主政治的发展，也是民主政治的要求在政府行为中的具体体现，是顺应了历史潮流的。

（二）是稳定社会环境的重要手段

稳定才能发展，保持社会稳定是各国政府都努力在做的一件事情。社会环境的不稳定，主要是部分民众在物质、精神等利益因素方面不平衡、不满意造成心理的隔阂，从而在行为上不支持政府或与其他民众相对立的表现。政府开展公共关系工作，在于充分发挥好社会关系的核心地位作用，更加妥善地处理好各种社会关系，在物质上、精神上、信息上给予民众以满足，从而达到稳定社会的目的。政府公关能稳定社会环境，其实施途径主要有三条：通过充分的信息传递，让民众知道政府的工作情况，知道政府对社会未来发展所作的努力，也让政府知道民众所关心、所希望的社会环境状况，达到让民众理解政府、支持政府的目的；通过充分的信息传递，给民众以充分的知情权，让民众在心理上和精神上有所平衡，有受到尊重的心理满足，一定程度的心理满足也是稳定社会环境的重要因素；通过充分的信息传递，下情上传、上情下达，政府能充分知道民众的疾苦，减少工作中的盲目性，切实地为民众办实事，解决民众的生活困难，让民众在物质上获得满足。所以，开展政府公关工作，是一种增强民众对政府信任感的工作，是稳定社会环境的重要手段。

（三）是建立良好的国际交往环境的重要手段

政府公共关系既重视与国内公众的信息沟通，也重视与国际公众的信息沟通，因为没有哪一个国家是孤立地存在于地球之上的，良好的国际交往环境是几乎每一个政府所追求的目标。政府开展公共关系工作，尤其是国际公共关系工作，是政府进行国际交往的重要手段。一方面，拥有良好的国际交往环境，依赖于政府的良好形象，一个在国际事务中提倡“和平”、“平等”、“团结”的政府，一个不处处以武力威胁别国的政府，是没有理由不获得良好的国际环境的。反之，动辄以自己国家的行为标准去衡量别国行为的政府，以本国的文化模式去评论别国文化优劣的政府，动辄对别国实施经济制裁、挥舞“大棒”的政府，是不可能拥有良好的国际形象的。另外，一个国家政府对内的施政管理能力和对国内公众的态度，也会影响其在国际上的形象。政府的国际形象从来都不是片面的、单一的，一个对他国的态度与对本国民众的态度大相径庭的政府，要想树立良好的国际形象也是不可能的。所以，一个国家要拥有良好的国际环境，树立内外一致的良好的政府形象是最重要的条件之一。

第二节 政府公共关系的职能、内容与原则

一、政府公共关系的职能

政府公共关系的职能是公共关系在政府工作中所应发挥的作用和应承担的职责。政府公共关系最基本的职能，就是通过开展公共关系活动，实现政府机构与公众之间的信息交流、沟通、协调，为政府机构提供决策咨询，全方位地塑造政府形象，建立信誉，促进社会的全面发展。

（一）收集信息

1. 收集政策形象、管理水平的信息

按照美国学者查尔斯·沃尔夫的看法，政府政策的出台主要是由于市场机制产生的结果存在着经常的、无数的缺陷，也就是说每一个政府政策的制定，都是为了弥补市场机制的不足。国家出台的每项法令、法规，都是为了维持社会能够有序地发展。这种情况，从我国的人民代表大会提案中亦可见一斑。当

地的人民代表，针对社会政治、经济、文化等方面的问题，在充分地收集信息、调查研究的基础上，以提案方式提交给人民代表大会，大会经过审议，详细地调查研究、讨论之后，做出采纳或不采纳的决议。在出台相关政策时，一般是先草案，试运行，在听取各方面的反馈信息后，决定是否出台正式的政策法规。每一个政策的制定都有严格的规则和程序，它是否符合实际还要在运行过程中接受公众的考验。所以，在政策制定和实施的每一个阶段都离不开信息交流。

各级政府组织在贯彻执行上级政府下达的决议、政策的同时，都要结合自己政府各方面的实际情况，制定和实施自己对内对外的各种具体政策，面对这些具体政策的制定和实施，政府内外的公众是怎样评价、怎样议论的，是赞成还是反对，赞成的理由和根据是什么，反对的理由和根据又是什么，赞成和反对的比重各占多少，以及政策实施后的经济效益和社会效益如何等，这就是政策形象信息搜集的内容。

政府组织的管理水平包括多方面的内容，无论是政府外部各类公众，还是政府内部的全体员工都可能对此产生不同的反映。例如，对于某项改革措施的评价——决策方向是否正确，目标是否合理，方案有无创新精神；对人事管理的评价——用人是否得当，考察任免干部的程序是否科学、规范等。政府公共关系人员必须将了解和掌握的有关政策、形象和管理水平的信息，及时、准确地提供给政府的领导者，这对于进一步修改、充实、完善和更好地实施政府制定的政策，提高管理水平，是很有益处的。

2. 收集领导者形象信息

政府的知名度大小、形象的好坏，在一定程度上与政府领导者的形象有很大的关系。因为一个政府的领导者，对内他是这个政府的带头人，他的形象如何，对政府内部员工将产生直接的影响，也将影响到政府的凝聚力和向心力；对外他是这个政府的代表，在与其他社会组织的交往过程中，他的个人形象直接代表了他所在政府的形象。政府领导者的形象，对一个政府的形象影响是巨大的。

一般说来，公众对政府领导者形象的评价，主要包括组织领导能力、运筹决策能力、协调交往能力和管理水平、创新精神、工作作风等方面。政府公共关系人员应将这些来自公众的客观评价信息及时与领导沟通，以便使领导者及时调整自己的形象。除了需要了解外界公众的评价外，对于政府内部公务员的各种反映也必须认真对待，领导者只有通过他们的行动才能实现自己的愿望。

3. 收集机构设置和办事效率信息

政府外部的社会公众和政府的交往一般是在政府设置的相应机构中进行

的，在交往过程中，公众总是自觉不自觉地对这些机构的办事效率产生这样或那样的看法，形成这样或那样的议论。这些看法和议论或是赞誉肯定，认为机构设置合理、程序少、运转灵活，办事效率高；或是批评否定，认为机构设置重叠、人员多、程序复杂、办事效率低，或是建议，提出对现有机构设置进行调整、变动的方式和方法等。不管哪种类型的信息，政府公共关系人员都应搜集，并客观地反映到政府决策层，这是精简组织机构设置、完善政府工作职能、提高政府办事效率的有效途径之一。政府公共关系人员在搜集上述各方面信息的过程中，一定要做到准确、全面、及时。

4. 收集有关政府的其他信息

现代社会是一个错综复杂的、迅速发展的社会，使得政府的工作也置身于多变的动态环境中。政府公共关系部门和公共关系人员在开展公共关系活动中，应注意广泛收集有关社会、政治、经济、技术、文化等方面的信息和情报，监测外部环境的变化，分析和预测有关发展趋势，及时向政府决策层反映和反馈有关情况。

（二）决策咨询

在现代社会，任何一个社会组织面临的情况都是十分复杂的，作为政府的领导者、管理者，要有效地实施领导和管理，在政府内外享有较高的威信，工作要卓有成效，单凭个人的经验、能力和才智是很难适应的，这就需要组织各方面的专业人员提供咨询。由政府内部公共关系人员提供的公共关系方面的咨询就是其中一个必不可少的重要内容。从某种意义上说，政府公共关系部门也是一个“智囊机构”，在管理中起到政府决策“参谋”作用。

政府公共关系人员向决策层和各管理部门提供的咨询建议主要有以下几个方面的内容。

1. 政府形象咨询

政府形象是一个整体概念，它由以下一些具体要素构成：组织人员，由各级领导者和广大公务人员组成；目标，它是政府宗旨的直接体现，也是政府形象的具体化；政策，是政府为实现自己的路线和任务而规定的行为准则，包括各种法令、法规、纪律、制度等；效率，它是政府活动的综合体现，反映着政府的工作作风、人员素质等各方面的状况。一个政府在不同公众心目中的形象往往是不完全一致的，因为公众接触的事情因时间、地点而异，而且评价又因个人的环境、经历不同而带有各自的主观成分。同时，政府自己心目中的形象与在公众心目中的形象也常常相距甚远。一个政府形象的塑造往往要经历一个漫长的过程，特别是在塑造之前，如果不进行形象咨询，则极有可能会走许多弯路，公共关系部门正好可以担当此任。公共关系人员要提供政府形象的咨询，必须在广泛搜集社会公众对政府形象期望和评价的信息基础上，对新获取的有关政府形象的各种不同信息进行认真的、实事求是的分析和整理，去粗取精，去伪存真，形成一个比较准确的关于政府形象的评估。

2．公众心理咨询

政府公共关系人员要塑造好政府形象，提高政府声誉，一个重要的前提是了解自己的工作对象——公众。也就是说，要分析和研究、预测公众对政府制定的方针、政策和实施方案的心理需要、心理适应程度和心理承受能力，密切注意公众的各种态度和意向及其变化。公众的种类很多，公共关系人员应当细致地分析和研究、熟悉和掌握不同类型公众的心理需要各有什么持点，并及时为政府领导者和职能部门提供公众心理需要的咨询。如以农民为例，在生产新品种时，他们希望技术下乡；在农业喜获丰收时，他们渴望解决负担过重的问题。下岗人员急需的是再就业；青年人希望社会能给他们创造良好的条件和环境，让他们充分施展才华；老年人则希望社会公共福利事业有充分发展，以使他们晚年生活舒适、安逸。政府公共关系人员就是要清楚地掌握不同公众的心理需要，并研究和预测这些心理需要因客观环境的变化将发生什么样的变化，从而为政府领导者和有关职能部门制定、修改和完善方针、政策提供可靠、准确的依据。

3．领导决策咨询

政府的决策是政府领导者的主要职责。决策的正确与否，直接关系到政府的形象和事业的成败。公共关系人员对领导的决策有参谋作用，具体体现在决策的整个过程之中，包括决策目标咨询、决策方案咨询、评估和选择决策方案咨询。

（三）协调沟通

1．协调沟通政府内部的各种关系

（1）协调沟通政府内部领导者和一般公职人员的关系

政府公共关系人员如何协调处理好它们之间的关系呢?第一，应积极主动地在政府领导者与下属之间铺路搭桥，建立沟通渠道，经常提醒领导者抽出一定的时间，深入到下属中间倾听其意见和要求，及时解决下属中存在的一些具体问题和困难，如录用、晋升、工资、奖金等，加强彼此间的联系和信任，融洽双方的关系。第二，帮助领导者了解和掌握员工中的思想动态，注意搜集下属中较有影响的言论信息，便于领导者吸收下属的聪明才智，集思广益地进行指挥和决策。第三，积极宣传介绍政府的方针、政策，传达领导者的意见，解释一切可能发生的误会，使下属对领导的苦衷、难处表示理解，同时，还应让下属了解政府取得的成就，对社会做出贡献，从而使下属产生一定的成就感和荣誉感，以政府荣誉为重，做好本职工作。

（2）协调沟通政府内部一般公职人员相互间的关系

政府内部的人际关系，既包括领导者之间、领导者与被领导者之间的关系，也包括一般职员相互间的关系。协调公职人员关系最重要的一个方面就是要采用公平、公开的晋升机制。在政府部门中凭自己的能力面得到晋升，是对公职人员价值的最充分的肯定，没有得到晋升的公职人员，如果是因为能力和贡献的差距，他肯定会心悦诚服。要协调好关系，政府公共关系人员还要经常不断地了解公职人员心里在想什么，生活和工作上有哪些实际困难，出现了什么问题等，同他们做知心朋友，并在此基础上，要动之以情、晓之以理地对他们进行增强政府的凝聚力、向心力等方面的思想教育。除此之外，还应知难而进，力求使每位公职人员树立起公正、高效率、高素质的形象，调动内部员工的积极性。

（3）协调沟通政府内部各部门之间的关系

在现代社会中，各级政府要有效地执行党的路线、方针和政策，完成国家下达的各项任务，就必须使政府内部各部门协调一致、相互支持、积极配合地开展工作，如果各职能部门都从本部门的利益出发，就会出现相互推诿、办事拖拉的现象，甚至出现这样或那样的摩擦，造成各部门之间的关系不协调。因此，要求政府公共关系人员要能斡旋其中，明确各自的职责任务，同时安排消除误解，缓和冲突。通过沟通渠道，加强各部门之间的联系，造成一种相互支持、相互信任、相互谅解的团结合作气氛，使各部门成为高效能的办事机构。

2．协调沟通政府外部的各种关系

在复杂的社会现实中，由于各种原因，政府的工作计划或工作的具体方案，常常会发生与当时整个社会的经济政治环境不相吻合或与外界公众的需要相悖的情况，从而出现政府与公众、外界组织或外部环境不协调的现象。政府公共关系人员应当与领导者及其他管理部门一道，发挥自己“双向沟通”的特长。一方面，经常向政府领导者和各职能部门介绍和反映外部公众或外部组织的要求，使政府制定的计划、方案，既与国家的大政方针相适合，又与外界公众、外界组织的要求相适合；另一方面，经常向外界公众和有关组织宣传自己，使广大公众和有关部门尽可能了解和信任、帮助和支持本政府的工作，从而协调好政府内外的各种关系。

（四）宣传引导

1．对外部公众的宣传引导

公众舆论（Public opinion）直译过来就是“公众的意见”。公众对组织的评价和意见，既是组织在公众心目中的形象，又是组织所面临的舆论环境。公共关系工作既要向组织提供和解释公众对组织的评价和意见，又要通过有说服力的宣传来影响和引导公众的评价和意见。因此，分析和影响公众舆论是公共关系的重要工作。

组织所面临的环境是不断变化的。在不同的舆论环境下，组织的宣传引导的侧重点不同。一般来说，当政府推出新的政策或服务项目时，宣传的侧重点在于建立新政策或新服务项目的良好声誉，所以要加大宣传力度，吸引公众注意。当它处于顺利发展时，宣传的侧重点在于保持和维护对政府有利的舆论环境，同时寻找新的宣传契机，进一步扩大影响、提高声誉。当政府处于逆境或某服务项目遭受危机时，宣传的侧重点在于扭转不利舆论，形成有利舆论，争取公众支持。此时，应向公众坦诚说明事实真相，宣传危机处理或补救措施，树立政府负责任的形象，从而引导公众客观地、全面地、公正地评价政府，重塑政府形象。

2．对内部公众的宣传引导

公共关系是政府组织全体成员的公共关系。每个政府部门的成员都是政府的形象代表，每个组织成员都是政府对外宣传引导的窗口。因此，要做好对外的宣传引导，必须先做好对内部成员的宣传引导。平常要将政府的宗旨、文化、方针、政策等对员工进行宣传教育，使政府的理念变或政府组织成员的自觉、主动行为，甚至习惯行为；让组织成员知晓、理解、参与组织的重大活动项目，体会主人翁精神；对组织成员进行公共关系教育，增强公共关系意识，使组织从最高领导人到一般工作人员都养成自觉珍惜组织声誉和形象的职业素质。

（五）树立形象

在现代社会，组织形象是一个十分重要的问题。有了良好的对组织形象的理解和支持，就能增强组织的凝聚力，组织的目标就能得以顺利实现。政府部门组织形象是公众对政府部门组织的总体评价，是政府部门组织的表现与特征在公众心目中的反映。良好的政府形象是一笔巨大的无形资产。有人说，形象是继人、财、物、信息之后组织的第五大资源。良好的政府形象有利于维护组织的信誉，有利于拓宽组织的生存空间，有利于增强政府对公众产生强大的吸引力，大大提高社会效益。

树立政府部门的组织形象首先要准确定位。组织形象定位是组织在公众心目中确定自身形象的特定位置。这个特定位置通常是特定组织与其他组织相比较而确定的。因此，组织形象定位总是根据组织自身的特点、同类组织的情况、目标公众的情况等要素来确定的。政府部门组织形象的定位主要在于其目标、宗旨是否符合社会利益。相比来说，政府部门之间的竞争要比营利组织之间的竞争弱，生存空间要大。因此，政府部门的定位只要符合社会需要，就能立足。

政府公共关系是一门塑造政府形象的艺术。以上谈的五个职能，归结到一点都是为了塑造政府良好形象，提高社会效益，以赢得社会公众的信任和支持。而塑造政府形象、建立公众信誉是一个政府长期的战略目标，形象的总体工程设计和实施需要运用公共关系的手段与方法。

二、政府公共关系的内容

政府的公共关系工作是在国内外公众和政府机构之间架设桥梁的一项活动。其基本目的是求得国内外公众的合作与支持。

（一）各类信息的收集与沟通

为了提高政府决策的科学性，有必要认真听取公众对各级政府及政府各部门工作人员的意见、要求、评价，了解政府的各项工作进展和法令的实施情况，以及上级部门和他国、他地区对本国或本地政府的各项政策措施的看法与评价。这类信息经分析整理加工后，可以也应该成为政府进行决策的参考。政府有必要建立和健全各种收集公众信息的有效渠道，搜集人民群众和社会各界的意见、建议和要求，例如，各类公众对政府各项政策法规及其实施结果的意见，社会各界对政治、经济、文化等各方面见仁见智的看法和建议等等。此外，还需注意国际舆论对本国政府的施政方针、政策、措施的反映和评价以及其他意见。政府机关应始终保证人民群众和社会各界信息反馈渠道的畅通，做到下情上传。政府机构的公共关系实务在信息的收集方面通常采用的工作方式有：

1．民意测验。这是一种大规模的收集公众意见的形式，作为一种民主形式或民主手段，它也是政府机构开展公共关系、与公众进行沟通的重要对话渠道。

2．信访工作。这是我国政府工作的重要环节之一，对其给予充分重视，也是我国政府一贯的传统。在这方面，各级政府均有专门的办事机构，并积累了丰富的经验。据统计，1978 年以前，仅北京市寄给中央办公厅和国务院办公厅信访局的群众来信每天就近百封，内容既有要求落实政策的，也有反映生活困难的，还有关心改革开放的，等等。各级领导对信访工作也较为关心。很多中央领导同志都曾亲自阅读人民来信，不少省、市地方政府也制定了省长或市长必须阅读群众来信及接待群众来访的制度。

3．社会调查。这也是我国政府长期以来形成的一种了解民意和工作情况的好方法。近年来，有些领导将社会调查与日常办公结合起来进行，取得了诸多成效。

4．直接对话。这一方式不仅能够及时了解公民的意见与建议，而且由于其形式亲切、富于人情味，因而常为各国政府或地方政府领导人所采用。实践证明，直接对话有利于公众参政议政，有利于采纳公众的意见，有利于推动民主建设，也有利于社会的稳定与发展。

（二）有关信息的发布与解释

信息的收集与处理只是政府公共关系活动中政府与国内、国外公众双向沟通活动的一个方面，另一个方面则是通过各种信息传播媒介和渠道，采取各种方式将与政府活动有关的信息向外界公布并给予适当的解释。政府要利用现有的或新开发的信息传播媒介将政府各项活动、政策、计划、方案、决定以及其他各种信息（涉及国家安全的重大机密事务除外）传输给公众，尽可能最大范围和最大限度地向社会各界公众进行宣传、解释、说服和教育，使之及时了解情况并取得他们的理解、支持和配合。例如，各种法律法令的制定和颁布，国家及各级政府预算计划的制订及实施情况，各级政府领导层的选举和各级行政机构的人员变动和任免等政治、经济、社会、人口、能源、交通等各方面的问题，都可通过一定的媒介和渠道，进行信息发布，做到上情下达。

政府机构公共关系实务在信息的发布与解释方面通常采用的工作方式有：

1. 记者招待会。这是目前各国政府通用的一种信息发布形式。例如，美国政府的记者招待会有总统的记者招待会和新闻发言人的记者招待会两种主要方式。总统记者招待会的创始人是罗斯福总统。尽管当时的记者招待会是非正式的，但毕竟为后来历任总统接受新闻界的联合质询和直接诉诸民意的作法开了先河。其后的历届总统也都认为记者招待会是发布信息、改善关系、树立形象的好办法。我国自党的十一届三中全会以后也制定了新闻发言人制度，目前最主要的是国务院和外交部两家的发言人，他们经常就有关内政和外交的重大问题回答记者提问、发布有关信息。

2. 运用新闻媒体进行宣传。这是政府机构发布日常信息的主要方式。任何政府机构可以向新闻单位提供有关信息，再由新闻媒介告知公众；在举行重大会议和活动期间，可以让新闻记者采访、报道；也可以定期将政府有关政策、计划、法令的执行情况和数字资料通过新闻媒介向人民群众公布。

3. 政府公益广告。这是一种向公民宣传政府的政策、方针以影响公民言行的大众传播形式。美国政府的广告费每年达 2 亿美元，其中国防部和邮政总局花费最多。政府广告主要鼓励人民购买公债、号召青年入伍、提醒人们不要酒后驾车、告诫人们防止森林火灾等。这类广告一般没有营利目的，但具有较浓的公共关系色彩。我国各电视台播放的预防艾滋病公益广告、抗震救灾广告等是政府和民众沟通的重要桥梁，是传播优秀传统文化，促进良好社会风尚的重要手段。

在政府机构实施的公共关系工作中，尤其在美国那样的公共关系发达的国家，政府机构公共关系的内容与工作方式肯定要比我们这里论述得更为多样。比如，在美国的选举等政治活动中，公共关系就是不可缺少的，公共关系人员在竞选中往往扮演着“运动顾问”的角色。可以设想，随着社会生活的进一步民主化，公共关系在我国政府机构的工作中将会受到越来越多的重视，也会发挥越来越大的作用。

（三）塑造政府形象

所谓政府形象就是指出政府内外公众对政府的综合认识所形成的总体评价，是政府的表现或业绩在公众心目中的综合反映。政府形象对政府工作有着十分重要的意义：其一，政府形象决定政府的威信。其二，政府形象直接影响政府效能的发挥。其三，从长期来看，政府形象在一定程度上还能决定政府前途命运。

1. 政府领导人形象塑造

政府领导人的形象是政府形象的核心，也是评价政府形象的重要指标。公众对政府形象的认识和评价，主要包括以下几个方面：

（1）政治坚定。这是担任领导者必须具备的首要条件。作为一位领导者，在错综复杂的国内外形势下，要善于运用马克思主义、毛泽东思想以及邓小平建没有中国持色的社会主义的理论去观察、分析、认识和解决当前的问题。

（2）以民为本。这是领导者能否立身的重要条件。领导者要深入到群众中，真正下决心解决群众的实际困难，为群众办些实事好事，并以自己的品格、素质和能力去影响、团结和带领人民群众共同艰苦奋斗，勤恳创业。

（3）知识丰富。这是领导者担负领导职能的实际本质。一个领导者要在知识突飞猛进的时代不被淘汰，就必须熟悉和掌握本职工作所需要的专业知识。

（4）重德修身。这是新时期领导者公仆形象的重要体现，只有率先垂范，才能在公众中树立威信。领导者应从大处着眼，从小处着手，管好自己的行为，自觉抵制拜金主义、享受主义的影响，做到廉洁从政。

2. 公务员形象的塑造

（1）政府代表。政府是一个抽象的概念，对于广大公众来说，他们所见到的所接触的政府实际上是代表政府履行公务的具体人员。从这个角度上讲，所谓政府形象问题就是政府公务员的形象问题。同时，政府形象又往往带有整体性特征。一般来说，对于个人来讲，只要他对某一次所见到所接触到的某一位公务员印象极坏，就足以令他对政府的整体形象产生极差的记忆，即心理上所谓的晕轮效应。因此，每位政府公务员对于政府形象的塑造都具有重要的积极的作用。

（2）公仆本色。政府公务员树立良好形象要明确两点认识。其一，明确自己是受人民大众之托对社会公共事物进行管理，是服务人员，是人民大众的公仆，而不是统治人民大众的主宰。其二，必须以人民大众的意志和利益作为政府公共管理的出发点。

（3）勤政廉洁。勤政廉洁是构成政府形象的一个重要方面。由于政府公务员代表政府机构行使权力，因而在公众心目中，政府公务员是政府形象的具体体现，他们的一言一行都关系到政府的声誉。他们的思想品德、工作作风、办事能力如何，直接影响政府工作的效果和政府声誉的好坏。

需要指出的是，勤政与廉政是相互联系、相辅相成的。在公务员为公众服务过程中，既要为政清廉，又要勤政为民。加强廉政建设的目的是为了提高办事效率，改变公务员的工作作风，更有效地发挥政府机构的职能和作用。在保持廉洁的前提下，政府公务员应保持高度的责任感与强烈的事业心，踏踏实实地为人民群众做好事、办实事，提高人民群众“当家作主”的意识，并使人民群众自觉服从政府的领导，主动地配合政府的各项工作。

3. 形成良好的政府形象

（1）高效务实。政府代表国家和人民管理社会公共事务，必须深入实际调查研究，实事求是、扎扎实实地开展工作；为国家利益和集体利益着想，办事不拖拉，相互间不推诿，高效率地办实事、办好事。这样的政府在公众和舆论中就会形成一个求真、务实、高效的良好形象。

（2）开拓创新。政府的行政政策和行政行为，要有利于推动社会生产力的发展，有利于政治、经济、科技、文化、教育等方面的进步。这样的政府，在公众舆论中就会形成一个具有高瞻远瞩和开拓创新的良好形象。

（3）民主开明。政府如果广纳民言，吸收社会各方面的人士参政议政或协调行政，主动接受公众舆论监督，就会在公众和社会舆论中形成一个胸怀世界、民主开明的良好形象。

（4）廉洁奉公。政府的廉洁奉公主要表现在，政府本身的各项经济开支节俭而不挥霍；行政人员的数量控制适当，不人浮于事，不造成人力资源的浪费，做到人尽其才、物尽其用，办事高效；处理种种公共事务既遵守厉行节约原则，同时，又保持清正廉洁等。这样的政府，就会在公众舆论中形成一个廉洁奉公，精干高效的良好形象。

（5）法纪严明。一个社会、一个国家如果治理有力、管理有序，人民群众心情舒畅，工作热情高昂，社会进步较快。这样的政府，就会在公众及舆论中形成一个治国有章、有方、有道，办事有理、有力、有度的良好政府法纪形象。

（6）工作透明。政府公共关系的目标是要树立好的政府形象。政府在公众心目中形象如果模糊不清，公众对它采取一种若即若离、敬而远之的态度，那么它的美誉度也就不会高。广大社会公众只有对政府的活动看得清、摸得着、放得心，才会在全面认识的基础上与之保持良好的关系，对政府信任、理解和支持。要做到这一点，就必须提高政府工作的透明度。

三、政府公共关系的原则

政府机构在开展公共关系工作时必须遵循下列原则：

（一）真实公开原则

政府公共关系的真实公开原则，是指政府在开展公共关系活动中实事求是地传递信息，增加政府行政管理的透明度，使公众享有了解权和知情权。政府公共关系实质上是政府与公众之间关系的协调管理，要使这种管理行之有效，政府与公众之间建立良好互动的关系，那么政府公关传播的信息就必须是真实、准确的，这是建立良好公众关系的前提条件。公开与真实是紧密相连的，不公开，无法检验其真实性；不真实，公开也就没有意义。在政府公关活动中，信息传播必须以真实、公开为原则，否则，政府不可能收集到准确的公众信息，制定各项方针政策时就失去了可靠的科学依据。公众也不可能有效地获得政府信息，不了解政府的状态，从而对政府失去信任，政府与公众的关系恶化，政府的管理效果不理想。因此，政府公共关系活动强调真实公开原则，要求政府向公众传播信息的内容要真实，政府收集的公众信息也要力求准确、真实、全面；该公开的信息内容一定要公开，包括政府行政管理的方式、性质、程序、机构设置、人员配置、工作人员个人情况以及信息传播的过程等等，打造“玻璃屋”。真实公开原则，是构成现代民主政治制度的基础，也是增强民众监督，避免腐败的有效措施。

（二）协商原则

现代社会是民主的社会。随着政治体制改革的深入开展，我国社会的民主化进程大大加快。民主协商是我们生活中用来协商解决问题、排解纠纷的常用的有效办法。因此，在处理公众关系问题时必须坚持协商的原则。处理问题时，政府要真诚地沟通意见，摆事实讲道理，以理服人，求得思想认识的一致，使问题得到圆满解决。

良好的公共关系，必须建立在良好的信息沟通和相互理解、相互信任的基础上。政府机关要积极、主动地通过一切途径和渠道将政府的政策、计划、措施告诉社会公众，将社会公众的反应、意见、要求和建议反馈给政府，从而形成畅通的信息渠道。使政府及时了解公众的意愿和要求，制定正确的政策和措施。这样，社会公众才能更好地理解政府的政策，体谅政府的困难，支持政府的工作。

（三）平等原则

平等是建立和维持良好的公共关系状态的前提条件。离开了起码的平等和尊重，要建立和维持良好的公共关系状态是不可能的。

政府在国内公共关系活动中要贯彻平等原则，政府部门及其工作人员要一视同仁、有礼貌地对待各类公众。既要尊重他们的权利、意见和劳动，又不能官气十足，以“貌”取人。同时也不能对上面来的前呼后拥、盛情款待，对下面来的爱理不理、随便打发。我们的某些行政机关之所以干群关系紧张，部门之间、人员之间关系不协调，一个重要的原因就是彼此不尊重，不能平等待人、待事，影响了相互之间的良好关系。

在国际公共关系活动中要贯彻平等原则，在国际交往过程中，不同的政治主体中的政府及其领导人，不论国家大小或经济强弱，都应平等对待，尊重别国和别国的主权完整，在和平共处五项原则的基础上发展睦邻友好关系。否则，只能影响甚至恶化相互之间的关系。

（四）利益原则

利益是建立和维持良好的公共关系状态的基础。政府机关在处理国际、国内公共关系问题时都必须始终坚持利益原则。要从公众的利益出发，尽量谋求政府利益与公众利益的一致，执行既有利于政府又有利于公众的行动计划。这样才能建立和维持相互理解、相互信任、相互支持、相互依存的良好关系。

在国内公共关系活动中贯彻利益原则，要求政府机关在处理涉及公众利益、影响公共情绪的问题时，如在调整物价、税收、工资等，要尽量把国家利益与群众利益、长远利益与眼前利益、全局利益与局部利益、这个群体利益与那个群体利益结合起来。要兼顾国家、集体和个人的利益，协调各方面的利益，使政府的政策、措施获得全社会的支持和拥护。否则，要协调好各方面的关系是很困难的。

对国外的公众，要奉行互惠互利的原则，既要考虑本国的利益，又要考虑他国的利益。我国的外交政策历来奉行“互相尊重主权和领土完整、互不侵犯、互不干涉内政、平等互利、和平共处”五项基本原则，被世界上绝大多数国家接受。2001 年 6 月成立的上海合作组织（Shanghai Cooperation Organization，SCO），又将“互信、互利、平等、协商、尊重多样文明、谋求共同发展”作为成员国之间的行为准则。实践证明这种外交政策是非常成功的。

第三节　政府内部公共关系

一、政府内部公共关系的界定

政府围绕行使国家的行政权力、履行国家的行政职能，形成复杂的社会联系，形成权力与责任的种种关系，这就是所谓行政关系。行政关系可分为外部的与内部的两种。外部的行政关系包括政府与企业事业单位之间的行政关系，政府与社会团体之间的关系、政府与公民个人之间的行政关系等。内部的行政关系包括政府机构与政府公职人员之间的关系、政府上下级关系、同级部门之间的关系等。从外延上看，我们把围绕政府内部行政关系而形成的公共关系，称为政府内部公共关系。

政府组织为实施对社会公共事务的管理，要开展各种业务活动，这就是行政行为。这些行政行为，有的是针对全社会的，也有的是政府系统内部的活动。行政行为的特点，就是具有法定的执行力。下级机关对上级机关请示问题、报告工作，或同级机关之间商量事项，如上级或同级机关不予答复，亦是表明了上级或同级机关的态度，这也表明了行政行为的法定执行力。公共关系活动从本质上说是非强制性的，是一种沟通、传播和协调，显然这不是一种行政行为，但是开展公共关系，在许多情况下亦可达到与行政行为相同的目的。现代许多国家的各级政府一般都不采用强制的行政行为迫使下级干某一件事，而是事先采取沟通、宣传解释等办法，使要干的事上下达成共识，这是一种公关手段，用这种手段，有时效果还高于行政手段。把公共关系作为一种有效的管理方法加以应用，也是由于现代科技发展创造了条件。在古代，因为传播手段的落后和时空的限制，政府的行政管理难以建立在互相沟通的基础上。因此，政府内部公共关系，从内涵上看，是政府为达到特定的目标，充分运用现代传播手段所进行的，重视与行政行为对象在思想、感情等方面达到理解和交流，从而更有效地提高行政效率的管理方法。

二、政府内部公共关系的构成

（一）政府机构与公职人员的关系

政府公职人员是政府机构的组织基础，是构成政府公共关系的内部公众。政府公共关系的首要对象就是政府的公职人员。他们作为政府机关的成员，不仅与政府的利益、目标息息相关，而且是政府运行发展的基础力量，还是政府机构与外部公众联系的触角，因而他们是政府内部公共关系的首要对象。协调政府机构与内部公职人员关系的目的，是培养公职人员对政府的认同感和归属感，形成向心力和凝聚力，充分调动他们的积极性、主动性和创造性，圆满完成各项任务。

（二）政府上下级关系

上下级之间的关系既是领导与被领导的关系，又是合作、互助、平等的关系。认识处理好上下级关系的重要性，遵循科学的原则与方法，建立健康、密切的上下级关系，是政府公共关系部门和公关人员协助领导层认真做好的一项重要工作。

（三）政府同级部门之间的关系

同级职能部门之间是一种没有行政隶属关系的平行关系。这种平行关系既相互协作、相互制约，又在管理业务上各自独立地发挥其职能作用。它们在具体的管理活动中可能经常发生某种矛盾或不协调现象。处理好各平行职能部门之间的关系，是政府内部公共关系的一项重要任务。

三、政府内部公共关系的特征

要进一步理解政府内部公共关系还必须了解它的本质特征，只有这样，我们才能更好地认识开展政府内部公关的必要性，更有效地组织开展政府内部公共关系。政府内部公共关系有以下特征：

1. 从行政组织系统特点来看，政府内部公共关系既有一般内部公共关系的特征，又有某些外部公共关系的特征。

政府组织系统是一个庞大的系统，对整个社会而言，政府系统本身是一个单位，是一个利益一致、目标相同的单位，由于政府系统十分庞大，为了对全社会进行有效管理，必须划分为条条和块块，这些条条和块块又形成一个个独立的单位，它们之间由于管辖的地方不同，管理的对象不同，又形成一个个互不相干的单位。面对整个社会，政府系统的利益是一致的，而政府的各个具体单位之间，则常常会发生各种各样的利益冲突。

2. 从行政手段和公共关系手段的关系来看，一方面，任何行政手段都显示出公共关系的特征；另一方面，公共关系手段越来越成为行政管理的重要手段之一，它们相互影响，相互作用。

3. 从政府内部公共关系的组织与公众来看，公共关系学意义上的组织和公众的界限不明显，组织既是公共关系主体，又是公共关系客体，是公众。同时，政府内部公共关系具有全员公共关系的性质。

政府系统每一个组织之间，公共关系活动是相互的。不仅上级对下级要开展公共关系，下级对上级也要开展公共关系，即使部门与部门之间，不同级别的政府之间也要开展公共关系。这一点，不像企业公共关系，外界永远是公众，即使是企业内部，一般都是企业管理者向职工开展公共关系。也不像政府的外部公共关系，主体永远是政府机关自身。

政府内部公共关系还表现出全员性质。政府系统内部的公共关系活动往往与行政业务活动紧密相连，每个执行公务的公务员都或多或少地要进行公共关系活动。这一点与企业的一些职工不同，企业一些岗位职工只要做好自己的事就行了，许多工作上的事不涉及他人，也不必与他人打交道。行政活动的开展往往涉及许多人和单位，即使是一个具体岗位，也很少是只涉及一个人的，每个公务员要把自己的工作搞好，必须要注意与他人合作，这就需要具备一定的公共关系知识和能力，需要树立自己各方面的形象才能更好地完成自己的工作任务。

四、开展政府内部公共关系的必要性

公共关系在我国还是一项新的事业，目前主要在企业中发展较快，在政府系统，虽然实际工作中有应用，但还处于自发阶段。开展政府外部公共关系，以求得政府行为与社会环境的一致，其必要性尚能为人们所理解，对政府内部公共关系，则有许多人不以为然。政府系统内部的事，完全可以运用行政手段来处理解决，似乎没有必要借助于公共关系，这种看法是片面的。开展政府内部公共关系，对于更好地实现政府意志，提高政府工作效率，树立政府在公众中的良好形象，都有积极的意义。

（一）有助于更好地实现政府意志

目前我国正处于改革开放时期，许多旧的与形势不相适应的体制正在被打破，新的机制有的已经建立，有的正在建立，有的还需要逐步完善。无论是搞经济建设还是搞改革开放，总会涉及利益的调整，由于行政手段从本质上说是刚性的、强制性的，对一些涉及面大的措施，一下子实施就可能出现副作用。

一项重大行政措施的推行，行政系统自身首先必须理解、认识和行动一致。因此，围绕一些重大措施的出台，开展内部公共关系，使政府系统之间上下沟通、协调一致，是十分必要的。

（二）有助于提高行政工作效率

政府系统的工作效率如何，很大程度上取决于政府内部的协调一致以及政府工作人员对每一项工作的理解和支持程度。目前，由于种种原因，我国一些政府机构之间互相扯皮的现象还比较严重，有些事长期议而不决，决而不行。这除了要在转变作风上下功夫外，在行政管理上，也应当采取多种办法。积极开展内部公共关系，及时地进行沟通和协调，可以使政府系统的上下级之间、部门之间关系融洽，人与人之间团结互助，从而提高工作效率。此外，工作效率与人的积极性关系极大，通过开展公共关系，增强每个政府工作人员对工作的支持程度，将有利于发挥每个人的主观能动性，加快工作节奏，减少消极因素和摩擦力，最终使工作效率得到提高。

（三）有助于树立政府机关威信

政府行政行为是严肃的、具有法定效力的行为。采取行政行为，应当建立在符合实际、可操作性的基础上。在决策时，除了要做深入细致的调查研究、充分发扬民主外，还需要切实了解下级机关和其他机关的情况，他们对某项行政行为的态度，执行中有何难处，以及应当为下级或其他执行机关创造什么条件等。开展政府内部公共关系，不仅可以减少决策的失误，而且也有助于随时解决执行中出现的问题，确保某项行政行为的落实。这对于维护决策的严肃性、树立政府的权威是大有帮助的。

第四节　政府外部公共关系

政府组织为实施对社会公共事务的管理，要开展各种公共关系活动，要与各种外部公众发生关系。政府公共关系活动的外部公众极其广泛，包括政府与党、政府与人大、政府与政协、政府与企事业单位、政府与社会团体等。

一、政府与执政党的关系

中国共产党是中国工人阶级的先锋队，是中国各族人民利益的忠实代表，是中国社会主义事业的领导核心。宪法规定中国共产党是唯一的执政党。中国是以共产党为领导核心的社会主义国家。共产党对政府的领导主要表现在以下三个方面：一是政治领导。它是通过国家权力机关把自己的纲领和路线变成国家法律和政策；二是组织领导。它是在国家机构中建立党组织，并派自己的政治领袖担任政府首脑、大批党员担任行政领导干部和工作人员；三是思想领导。它是教育广大党员和干部以实现共产主义理想为目标，树立全心全意为人民服务的思想，用自己模范行动去带领各族人民建设社会主义国家。由此可以看出，党不是国家权力机关，不是行政机关和司法机关，更不是经济组织和文化组织，它不具有国家政权的属性和职能，不能直接给国家政权系统下达命令，也不能直接代替政府管理社会事务。政府作为国家权力机关的执行系统，则必须接受党的领导，按照宪法赋予的职权贯彻执行党和国家的路线方针、政策和法规，组织管理社会的公共事务。

政府要处理好与执政党的关系，从公共关系角度讲，实际上是指中央政府和地方各级政府及其工作部门如何协调与党中央和地方各级党组织及其工作部门的关系。

（一）政治上协调好关系

各级政府要自觉地、主动地接受同级党组织的政治、组织和思想领导，坚决贯彻党的路线及各项方针、政策，及时向党组织通报执行情况和存在的问题，自觉接受党组织的监督。

（二）政策上协调好关系

各级政府贯彻执行国家法律以及制定实施政策、措施，必须与党的纲领、路线、方针相一致，决不能出现原则性的矛盾。政府的规划、人事任免、财政预算等重大问题，应采取一定的方式与相关党组织协商，以求达成共识。

（三）工作上协调好关系

政府的性质和职能决定了它必须建立强有力的组织系统，以便正确行使政府职权、搞好行政管理工作，以利于党组织集中精力管好党务，管好大政方针，在工作任务上尽力避免党政不分的现象。因此，政府要加强与党组织工作上的沟通，建立党政之间的工作联系和协商制度。政府要积极支持同级党组织的工作，自觉维护同级党组织的威信，不允许在工作上扯皮甚至拆台。同级政府与党组织之间在某些问题上产生意见分歧时，都应顾全大局，从党、国家和人民的利益出发，相互理解和谅解，在不失大的原则的前提下求同存异，积极、妥善地处理好矛盾，不断加强团结共事。

二、政府与人民政协的关系

中国人民政治协商会议，是中国共产党领导的，有各民主党派、各人民团体和社会各方面代表参加的爱国统一战线组织，也是中国共产党领导的多党合作和政治协商制度的一种重要组织形式。中央至县级的行政区划单位都没有人民政协组织。与其他社会组织相比，人民政协在中国的政治、经济、文化建设和统一祖国问题上具有特殊作用。中国目前处在社会主义初级阶段，在政治上实行人民民主专政，在经济上是以公有制为主体的多种经济成分并存和以按劳分配为主体的多种分配形式并存，这就决定了在服从社会整体利益前提下各阶层、社会群体和个人利益的多元化。政府要协调各阶层、各社会群体和个人的利益、思想和行为，从根本上说，就是要靠科学的政策以及促进社会主义物质文明和精神文明建设，发展综合国力。而且还需要在爱国主义旗帜下，充分发挥人民政协所具有的团结、沟通、协调和自我教育的功能，联合各界群众，寻求政治上、思想上、精神上、道义上的团结一致，同心协力为社会主义建设事业而奋斗。

人民政协是与政府工作密切相关的特殊的政治权力性公众，也是具有广泛代表性的社会性公众，各级政府及其工作部门，必须与各级人民政协及其工作部门建立良好的关系。

（一）加强与人民政协的合作协商

政府对于国家的大政方针、地方重要事务、政策法令的贯彻、群众生活以及统一战线中的重大问题，都应主动与人民政协进行磋商，认真征求意见，保证政府与人民政协之间的及时沟通和理解。其具体做法有：（1）政府领导人直接或通过党组织与民主党派的负责人和无党派代表人士举行定期或不定期的民主协商会，共同讨论研究一些重大问题；（2）双方进行高层次、小范围的谈心，就共同关心的问题交换意见，沟通思想认识；（3）通过一定的会议形式，通报或交流重要情况，传达重要文件，听取政策性建议：（4）就某些合作中的问题或矛盾进行磋商和解决，等等。

（二）发挥人民政协的决策咨询作用

人民政协一般设有文化教育、科技卫生、经济、法律、文史、民族、宗教、妇女、青年、外事等专业委员会，其中汇集了许多高级知识分子、各行各业的专家、各阶层的代表人物，他们具有各种专业技术才能。政府部门与政协及有关专业委员会建立经常性的联系，能保证政府决策的科学化，避免决策的失误。其发挥政协决策咨询作用的方式有：（1）中央和地方政府召开会议讨论有关问题时，可根据需要请有关民主党派和无党派人士列席；（2）请其在政府及有关部门兼职，担任顾问或参加咨询机构；（3）就专业问题与政协对口协商；（4）就某些专题作政协调查研究，提出建议；（5）在政府参事室中可适当安排民主党派成员或无党派人士，发挥他们的参政咨询作用。

（三）发挥人民政协在统一祖国、发展生产和社会生活方面的作用

人民政协是维护祖国统一、实现祖国统一大业的“中介组织”，政府可通过人民政协的民主党派、无党派知名人士和有关人民团体，同“港、澳、台”的各种政治力量，民间组织进行多渠道多层次的对话、谈判、协商和斡旋。在人民政协中集聚了一批各行各业的专家和学者，政府应充分发挥他们的智力优势和广泛的社会信息联系优势，促进社会生产力的发展。人民政协的组成人员与社会的各个方面有着直接的或间接的联系，政府应充分发挥他们在社会生活各领域中的作用。

三、政府与权力机关、审判机关、检察机关的关系

（一）政府与权力机关（“人大”）的关系

我国实行人民民主专政的国体和人民代表大会制度的政体，是实行“议行合一”、单一制的社会主义国家。全国人民代表大会是国家最高权力机关，国务院即中央人民政府是其执行机关，也即最高行政机关。我国的权力机关由全国人民代表大会、地方各级人民代表大会和民族自治地方的人民代表大会三部分构成。政府与权力机关的关系，也就是从中央到地方的各级政府与国家和地方各级人民代表大会之间的关系。

1．正确处理政府与权力机关“议行合一”的关系

全国人大及其常委会行使国家立法权，讨论决定国家重大问题。地方各级人大是地方国家权力机关，讨论决定本行政区划的重大问题。国家权力机关由民主选举产生，对人民负责，受人民监督。各级政府作为各级人大的执行机关，其职能是贯彻国家宪法、法律，在各自的职权范围内制定实施行政法规，发布行政命令，组织管理国家事务。这种基本的政治权力关系说明，政府是由国家权力机关产生的，行政权力是由人民代表大会授予的，政府必须向“人大”负责并报告工作。权力机关是用立法的形式决定国家的大政方针，决定同级政府的组成人员，并根据社会发展的需要，从法律制定和基本原则上规定政府的机构设置、编制、职权和行政方式，而政府的作用主要是在职权范围内执行法律和政策。因此，政府的行政过程要受国家权力机关的领导、监督。政府和权力机关的“议行合一”的关系，是巩固和发展我国社会主义制度、实现国家管理科学化的基本条件，政府机关必须从执行职能的行为上正确处理与权力机关的关系。

2．正确处理“人大”与政府之间的领导从属关系

政府是由“人大”产生、政府的权力是由“人大”授予，这说明“人大”与政府之间是领导从属关系。政府应做到：（1）严格遵守宪法和法律规定，尊重人大及其常设机构。自觉主动地接受权力机关的领导、监督；（2）要定期如实地向权力机关报告工作，接受和办理人民代表的提案；（3）按程序答复或说明人民代表提出的质询和询问，支持和接受人大及其代表对政府工作的视察和检查；（4）主动配合权力机关的有关部门调查、处理公众对政府公职人员违法失职行为提出的申诉、控告和检举；（5）对权力机关组织的对特定问题的专门调查，政府要主动密切配合，等等。

3．加强与权力机关之间的沟通

政府在依法行政过程中所采取的重大措施及面临的困难和问题，要及时与权力机关沟通。要正确处理好与权力机关在某些问题上的意见分歧，沟通协调，消除误解，增进相互间的理解和支持。例如，当权力机关在选举、决定和罢免本级政府组成人员；权力机关要改变或撤销与法律相抵触的行政法规、命令、指示；政府与权力机关对本行政区划内重大问题的处理有分歧等等。政府要按照程序，及时与其沟通信息，以便求得圆满解决。

（二）政府与国家审判机关的关系

我国国家审判机关即人民法院。人民法院一般分为最高人民法院、地方各级人民法院和专门人民法院三种形式。人民法院内一般设有刑事、民事、经济、行政诉讼、交通运输等审判庭及其他根据需要设置的审判庭。其任务是审判刑事案件、民事案件和行政诉讼案件，并通过审判活动惩办犯罪分子，解决民事和行政纠纷，维护社会主义法律和社会秩序，保护国家、集体和公民个人的财产及合法权益，保障社会主义现代化事业的顺利进行。人民法院与政府之间具有法律监督关系。政府要在行政活动中正确处理与人民法院的关系。

1．工作上密切配合，相互支持

政府和人民法院都承担着不同的国家职能，分别向权力机关负责并报告工作，所以在工作上要密切配合、相互支持，共同贯彻执行权力机关制定的宪法和法律，贯彻党和国家的路线、方针和政策法令，加强国家的法律建设，教育公民和全体公职人员忠于社会主义祖国，自觉遵守宪法和法律，保卫社会主义制度，保障改革开放和现代化建设事业的顺利进行。

2．接受人民法院对政府实施的法律监督

政府必须严格遵守法律规定去行使对社会的管理职能，并积极支持和接受人民法院对政府实施的法律监督。人民法院对政府的法律监督，主要是通过审理与政府机关及其工作人员有关的刑事、民事和行政诉讼案件，处罚行政人员的违法犯罪行为而实现的。政府要尊重、维护人民法院法定的独立审判权，配合法院追究违法、失职、授权的行政人员的责任，杜绝或制裁其违法行为。尤其是在行政诉讼中，政府更应遵守行政诉讼法的规定，支持和遵守人民法院对具体行政行为是否合法所进行的行政判决，并按照行政诉讼程序和原则，追究行政人员违法、失职或侵权行为的行政责任，责成有关行政机关恢复公民被侵犯了的合法权益。

（三）政府与国家检察机关的关系

我国国家检察机关即人民检察院，它分为最高人民检察院、地方各级人民检察院和专门人民检察院。其内部分设刑事、经济、法纪、信访等专门检察厅，对各类社会组织和公民遵守国家宪法和法律的情况进行检察监督。各级人民检察院拥有独立的法律检察监督权，并向同级人民代表大会及其常委会负责并报告工作。政府要与人民检察院处理好关系。

1．处理好二者之间的法律监督关系

政府要尊重和维护人民检察院独立行使法律检察权，支持人民检察院对各类社会组织和公民所实施的法律监督。支持人民检察院对触犯刑律、已构成犯罪人员事件进行侦察、批捕和提起公诉。保证国家的宪法、法律、法令的贯彻执行，保障公民的合法权益不受侵犯。

2．自觉接受人民检察院的法律检察

人民检察院对于政府机关及其工作人员中的贪污、行贿受贿、责任事故、破坏国家法律和政策等触犯刑律的行为给予处理时，政府有关部门应严格遵守法律规定，自觉接受人民检察院的法律监察，积极主动地与人民检察院沟通，及时有力地打击犯罪行为，维护国家的法律尊严和政府形象。

3．进行法律咨询，改进政府工作

政府要充分利用人民检察院和人民法院的法律权威优势，在实施政策法令、进行决策、处理重大问题和各种管理活动中，应通过建立制度规范，进行法律咨询或协商，以便协调政策和法律之间、各项法令之间出现的矛盾，并运用法律手段解决好存在的问题，保证政府管理活动的法制化。

四、政府与企事业单位的关系

企业是指从事生产、建筑安装、交通运输、商品流通等经济活动的社会组织。目前我国的企业组织主要有：国有企业、集体企业、私营企业、个体企业、联营企业、股份制企业、股份合作制企业、外资企业、中外合资企业等形式。作为国家行政机关的政府与企业的关系：政府按照经济活动的规律和要求，运用经济杠杆、法律手段和行政手段综合管理经济，抓好市场宏观管理，制定和调整产业政策，提供信息咨询，协调各种关系，行使监督职能，使企业做到依法经营，照章纳税，执行合同；企业作为独立的经济实体，在市场经济和国家政策的调节下，自主经营、自负盈亏、自我完善、自我发展。

事业单位是指那些从事各种非生产性活动的非经济部门，包括教育、文化、体育、卫生、科研、城市公用、农林水利、环境保护、气象、社会福利等社会组织。它们的任务是为国家和社会创造或改善生活条件，发展科技事业，增进社会福利，满足人民文化教育卫生等需要。政府与事业单位的关系：政府从政策、法规和业务建设方面对事业单位进行宏观管理和业务指导，为事业单位的发展创造良好条件；事业单位则要在政府的宏观管理和业务指导下，主动向政府提供决策咨询，搞好有关的社会事务管理和服务。

政府在处理与企事业组织的关系时，应做到以下几点：

1．政企分开和政事分开

处理政府与企事业组织之间关系的基本点是坚持政企分开和政事分开。政企分开，就是企业与政府脱离行政隶属关系，建立现代企业制度，成为独立的商品生产经营者，拥有产、供、销和人、财、物等方面的自主权，从而实行政府对企业的所有权与经营权分开，改变政企不分、以政代企的状态。政事分开，就是对于与政府关系密切并行使一部分行政职能的事业单位，实行政事分开，保证其工作的相对独立性，让其独立行使行政职能，改变以政代事的状态。因此，政府应鼓励有条件的事业单位向企业化管理过渡，扩大经营自主权，逐步做到经费自理。通过政企分开和政事分开，使企业、事业单位独立组织经济生产和社会服务活动。政府不再包办社会各行各业的全部事务，更能充分发挥自己的宏观管理和调控的功能。

2．信息沟通和咨询服务

政府应加强对企事业组织的信息沟通和咨询服务。（1）政府向企事业组织提供关于党和国家的路线、方针、政策、法令信息，提供国内外科学技术发展和先进的管理信息，提供市场需求变化及影响企事业组织的经营管理和发展的信息；（2）与企事业组织的领导和公共关系人员建立和保持良好的关系，及时准确地掌握其经营管理状况和人员思想状态等方面的信息，为企事业组织的经营管理和社会服务提供咨询或指导；（3）政府在同企事业组织的沟通和对其咨询、指导的过程中，也会发现政府管理存在的问题，以利于及时纠正政府政策的偏差或工作的失误。

3．为企事业组织服务

企事业组织的工作涉及人民群众和社会生活的各个领域，其经济效益和社会效益如何，直接或间接地关系到社会的稳定和政府的形象。因此，政府要从社会整体利益和促进企事业发展出发，转变作风，克服主观主义、官僚主义、形式主义、不正之风和腐败现象，自觉为企事业组织服务，为其发展多干实事。协助企事业组织正确处理国家、集体和个人之间的关系，帮助协调企事业组织与其他组织之间的关系，努力办好与企事业有关的公共福利设施，维护企事业组织生产秩序和其他合法权益，从而为企事业组织的生存和发展提供良好的外部环境。

五、政府与社会团体的关系

社会团体，是指具有某种特定利益、目标和观点的人们组成的社会群体。我国的社会团体，又叫人民团体或群众团体，是指社会各界群众代表组成的社会群体。从社会功能的角度，我国的社会团体可划分为政治性社团和非政治性社团两大类。政治性社团，是指工会、共青团、妇联、工商联等组织。它们是党领导的工人阶级、先进青年、各族各界妇女、工商界人士的群众组织，是党和政府联系群众的桥梁和纽带。工、青、妇组织都有自己健全的组织系统，在社会生活中影响较大，列入国家行政编制。非政治性社会团体，是指属于学术性、行业性、福利性、公益性、娱乐性、联谊性的群众组织，主要是各种学会、研究会、基金会、联谊会等，它们有的直接依靠或隶属政府机构，有的相对独立，工作人员一般不列入国家编制。社会团体是国家民主政治体制的重要组成部分，也是群众进行自我教育、自我服务和自我管理的组织形式，党和政府要充分发挥它们联系群众的桥梁和纽带作用。

1. 发挥社会团体决策咨询、稳定政治局势的作用

现代政府决策的复杂性、民主性和科学性，客观要求各种社会力量参与到决策中来。由社会各界群众组成的各类社会团体，都各自代表着一定阶层或行业公众的利益，他们对于特定社会领域的现状和某些特定领域的政策、法规有较全面的了解和深刻的认识，可以向政府提供所需要的信息、资料和建议，协助政府进行问题的诊断和方案的设计、论证、评估、选择，甚至决策方案实施后的信息反馈、调整。在这个过程中，社会团体实际上是在代表部分人民群众参与了政府决策。同时，社会团体在政府与人民群众之间架起了联系和沟通的桥梁，可以使双方就面临的问题进行民主协商，共同参与解决问题，帮助党和政府改进工作。社会团体通过决策咨询和民主协商，也就在维护国家和人民利益的同时也维护了各自代表的群众的具体利益，政府也因此赢得了各界公众的

信任。

2．支持社会团体参与社会管理活动

现代社会政治经济生活的日益复杂化、开放化和专业化，使政府不可能也不应该包揽对社会一切事务的管理。政府要积极支持社会团体参与社会管理活动，通过社会团体管理社会某些方面的政治经济和文化生活。例如，可以通过工会、共青团、妇联组织调节管理部分社会政治生活；可以通过各类基金会、专业协会参与部分经济生活；可以通过宗教团体解决宗教纠纷；可以请社会团体为解决某些重大社会问题提出办法，制造有利的舆论；可以通过社会团体参与处理在公众中发生的突发事件；可以通过基层自治组织促进群众的自我教育、自我服务和自我管理等。

3．帮助社会团体改进工作

政府要保持与社会团体之间的沟通联系，听取意见，帮助解决其实际困难，不断改进工作。政府在充分发挥社会团体在国家社会事务管理中的民主参与、民主监督作用的同时，要帮助社会团体坚持正确的政治方向，根据自己组织的特点和所联系的那部分公众的特点，依据法律和各自的章程独立自主、生机勃勃地开展工作，进一步密切同广大人民群众的联系。

第五节　政府国际公共关系

政府国际公共关系是相对于政府对本国公众开展的公共关系活动而言的，它的对象是海外公众，是政府公共关系活动的一个重要的组成部分。

一、政府国际公共关系的涵义

政府国际公共关系是政府公共关系的重要内容，是每个现代民主政府对外活动的不可缺少的部分，尽管它与一般的公共关系具有相同的构成要素，但它却有着自己的特殊性。

（一）政府国际公共关系的定义

政府国际公共关系是一个政府为了在世界上塑造良好形象而针对本国以外的公众所进行的公共关系活动。政府国际公共关系与国内一般定义的公共关系有一定的区别，这种区别主要是国际公共关系的对象是国际公众，而后者的对象是本国公众。另外，政府国际公共关系不同于一般的国际关系，一般的国际关系指的是国家之间的政治、经济、军事、文化、外交等各种关系的总和，而政府国际公共关系与政府的国际关系活动紧密相联系，为政府的国际关系活动服务，有相当程度的外交，但也有自己的目标。政府国际公共关系则是在进行国际交往、处理国与国之间关系过程中所开展的一系列以树立政府良好形象为主要内容的活动，其中还包括了在国内开展的针对国外公众的所有活动。例如，在国内举办为某国儿童基金会的筹款义卖活动，参与某个国际组织在全球范围开展的预防艾滋病的活动。

（二）国际公共关系的主体与客体

政府国际公共关系的主体是政府组织，它的客体是国际公众。这些国外的公众有一般的社会公众和社会组织、外国政府，还有一些国际组织，如图 10-1 所示：

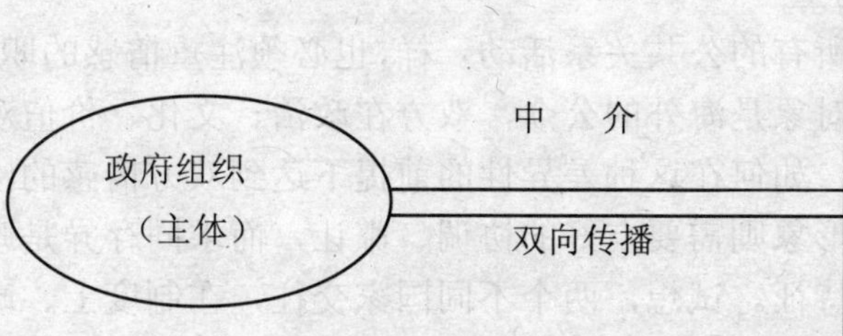

图 10-1

1. 外国个体公众：包括旅游者公众、消费者公众、拥有本国上市公司股票的股东、在本国银行存储外汇的个人公众等。

2. 外国社会组织：包括工商企业组织、社会团体组织（如卫生组织、体育组织、宗教组织等）、新闻媒介组织、金融组织等。

3. 外国政府：包括各个国家和地区的政府、友好城市等。

4. 国际组织：包括联合国、世界货币金融组织、世界贸易组织（WTO）、奥运会组织，还有欧洲共同体组织、亚太经济合作组织（APEC）等一些洲际组织。

二、政府国际公共关系的特点

（一）尊重为先　相互理解

相互尊重是政府开展国际公共关系活动的重要前提。在政府国际公共关系活动中必须时刻牢记，政府国际公共关系面对的外国政府、国际组织和国际公众是国家政府与国家政府、人民与人民之间的交往，因此，互相尊重对方，尊重对方的主权、风俗习惯、文化传统、人权这是必需的前提。因为，尊重别人，别人才会尊重你。政府国际公共关系是要建立在国际公众对自己的信任和理解基础上的。而一个不懂得尊重别人的政府，是永远得不到别人真正的尊重，当然也不可能在国际上树立起良好的形象。

国家、政府有大小、强弱之分，但在国际公共关系的活动中，相互间的尊重是不应有任何差别的。有时双方还需相互理解。20 世纪 60 年代初周恩来总理和陈毅副总理出访非洲，预访的国家中有一个国家发生了未遂政变，周恩来总理经过仔细地分析研究，决定继续访问，并主动提出，处于安全的考虑不要求对方政府首脑来机场迎接，可以在周恩来总理下榻的宾馆直接会面，这种充分谅解对方难处的做法深深地感动了对方。中国政府领导人良好形象在全非洲广为流传，中非人民、政府之间的友谊得以进一步增强。

（二）求同存异　情感为重

政府组织的公共关系与所有的公共关系活动一样，也必须注重情感的职能，但由于政府国际公共关系的对象是海外的公众，双方在政治、文化、价值观等方面有很大的差异性。因此，如何在这种差异性的前提下达到双方情感的沟通甚至给对方留下一个良好的形象则需要友好的协调、谦让，而求同存异是政府国际公共关系的一个显著的特征。试想，两个不同国家交往，在制度上、政治上、价值观、历史的长短上均存在很大的差异。那么，在这些方面是不可能一下子求得一致的。但从公共关系的角度来看，它们交往的时候，可以把这些差异放在一边，也不必谈双方的利益，只求给对方留下一个好的印象，建立一种联系即行。它不必像外交、外贸那样最终必须由利益来决定，而且会受到政治、经济、价值观，甚至时空等各种因素的直接制约。双方完全可以让差异存在而去寻求共同点，这个共同点就是在不损害对方利益的前提下，互相给对方一种继续保持联系的形象，哪怕没有外交、经济、贸易的关系，只要能求同存异的交往，即达到了政府国际公共关系的目的。因为只要交往能继续，就能传达情感，就能了解对方的真诚所在。交往是公共关系的实现机制，而求同存异情感为重是政府国际公共关系的实现机制，并有利于双方沟通的进行、理解的加深，也有利于公共关系目标的最终实现。

（三）互利互惠　公信至上

在市场经济的条件下，人们在人格上都是平等的，在国际公共关系的交往中，一个国家、政府不论其大小、强弱、状况如何，它们的地位是平等的。同样，双方在利益上也应做到互利互惠。在交往中，只顾自己的利益而不顾或损害朋友的利益，友谊就不能建立和持久发展，在对方心目中的形象也不会令人喜爱。政府之间的交往也是如此。一国政府宣传自己的形象，要求他国政府提供帮助和便利，那么，也必须为他国政府的形象推广给以“最惠国”待遇，从发展政府国际公共关系战略的角度出发，甚至可以主动地征询对方的意见和首先提供可能的帮助。

另外，在政府国际公共关系的交往中讲究信义，张扬政府的公信力程度也是至关重要的。政府在国际公共关系中能充分考虑到对方的利益，言行一致，那么，该政府在国际公众心目中的可信度就高，政府形象也就良好。政府的公信力是政府形象的基本要素之一，它直接影响到政府形象的优劣。在一个说话算数、注重信誉、可以信赖的人面前，你会有一种安全的感觉，会产生一种进一步深入交往的愿望。诚信作为一种古老的品质，在市场经济体制的今天，它同样可以是一个人或一个组织赢得他人的信任和尊重，在照亮自己的时候也可光照他人。对一个在国际舞台上公信力程度高的政府来说，它必然会赢得国际公众的信任，获得更多的朋友，树立起良好的政府国际形象。反之，一个在国际交往中，只顾自身利益的政府，不讲信义、公信力极低的政府，其形象肯定是恶劣的，而且迟早会被国际公众所唾弃，被国际社会所抛弃。

（四）形象建设务实化

一个企业要树立良好的形象，它必然从顾客需要出发，提供优质的产品和优良的服务。一旦由于企业本身的原因而造成的责任，应该勇于承认错误并加以改正，以争取公众的谅解。一个政府在与国际公众打交道，开展国际公众关系活动时同样地必须从实际出发，与公众坦诚相见，如果在国际关系中曾经有过失误或者犯有错误甚至罪行，应该敢于承认错误，承担责任，毫不忌讳以往的历史，这样才有可能获得国际公众的谅解，改善政府形象，有利于政府新形象的树立。反之，如拒不承认以往的过失、错误、罪行，则会给国际公众留下一个不思悔改、文过饰非、不可信赖的恶劣形象。一般来说，在政府国际公共关系的形象建设务实化方面可以关注以下几点：

1. 立足于公众的客观状况

政府国际公共关系活动有时会借助人民的友好往来、领导人的访问来传递他国人民的情谊，而赠送礼品也是其中一个重要的内容。应该说，赠送礼品总是基于表达情感、增添友谊这样的目的，但如果不注意从实际出发，立足于公众的客观状况，则可能会适得其反。例如，当时的联邦德国总统吕布克到非洲的马达加斯加访问，期间受到了隆重热烈的欢迎。吕布克当场表示向马达加斯加赠送一台在当时较为昂贵的德国产彩色电视机以表示感谢和友好，但它的这一举动没有赢得公众的赞赏，却遭到了欢迎群众的愤怒谴责。原来，马达加斯加经济不发达，连电视台都未建立，彩色电视机对他们来说根本不能用。马达加斯加认为吕布克赠送彩电意味着嘲笑他们的落后。吕布克赠送彩电礼品，这一政府公共关系活动的失败，是因为没有从公众的客观状况出发，脱离了实际情况。

2. 坦诚相见，勇于承认过失

在国家与国家、政府与政府、人民与人民的交往中必须坦诚相见，这样才能在相互了解、理解的基础上相互信任，从而给对方留下良好的形象。政府与政府的交往中，由于种种原因有时可能会犯有过失，给对方造成一些伤害，但如果能坦诚相见，承认过失，还是能取得公众的谅解和信任的。党的十一届三中全会以后，中国的外交工作得以迅速地恢复和发展，其中与我国政府坦诚地承认在极"左"路线时期，特别是在"文化大革命"时期的失误，甚至有过的围攻外国使馆、火烧别国代办处的过激行为，以争取国际公众的谅解是分不开的。中国领导人在许多外交场合都以不同方式对这些失误表示歉意。中国政府承认自己的失误，同时也表明了中国希望与其他国家友好相处的愿望。1980年中国政府领导在会见某国领导人时说：过去，中国同其他一些国家关系上发生过一些不应有的事件，对此中国是负有责任的，但它不代表中国的外交政策，是由于"四人帮"极"左"路线的严重干扰，现在这个时期已经过去了。中国政府坦诚相见，勇于承认错误的行动改善了由于极"左"路线给国际公众留下的形象，并使中国的外交工作迅速地发展，以新的形象出现在国际公众的面前。

3. 正视以往的历史和敢于承担历史责任

在国家、政府、人民的交往历史上，由于种种原因，有过友谊和平，也有过摩擦纷争，甚至还有过战争。在距今不到一百年的历史中，人类曾经受了二次世界大战，特别是第二次世界大战给大多数国家带来了深重灾难，受过伤害的各国人民至今难以忘记。

日本侵略亚洲、太平洋各国，给这些国家人民造成的苦难无以名状。然而二战以后，日本政府一直没有认真地、正式地反省自己在历史上的罪行，而总是在闪烁其词地妄图抹杀其战争的罪行，一次次往受过严重伤害的各国人民的伤口上撒盐。近年来，日本政府不顾亚洲许多国家的强烈抗议，通过了由右翼分子编写的严重篡改二战历史的教科书。竞逐日本自民党总裁职位的4名首相候选人，为了争取党内保守派支持，竟纷纷扬言要参拜供奉有战争罪犯灵位的靖国神社。2001年8月13日，日本首相小泉纯一郎不顾中国、韩国等曾在二战中饱受日本侵略之苦的亚洲国家的强烈反对，冒天下之大不韪，参拜了靖国神社，引起了世界舆论特别是亚太各国的同声谴责。中国外交部当日即严正指出："日本领导人的这一错误举动，损害了中日关系的政治基础，伤害了中国人民亚洲广大受害国人民的感情。我们强烈谴责小泉首相的行为，他只是赢得了国内少数右翼分子的欢迎，但却失去了全世界的支持。”澳大利亚、马来西亚、新加坡、泰国等国政府和社会各界人士以及媒体都纷纷发表申明和谈话，谴责小泉这一严重损害亚太各国人民感情的举动。日本政府不能实事求是地正视客观存在的历史，一直拒绝“谢罪”，不愿意承担历史的责任，它错过了一次又一次获得亚洲邻国谅解与宽恕的机会，尽管它经济上取得了长足的发展，但在广大亚太地区国家公众的心目中留下了恶劣的印象，他们认为日本是一个不值得信赖和军国主义阴魂不散的国家。诚如曾获得诺贝尔文学奖的日本作家大江健三郎所言：“由于政府的恶劣形象，我们丧失了成为亚洲一部分的权利。”也许将来有一天，日本终将会与亚太地区的国家友好相处，但小泉纯一郎首相参拜靖国神社这一事件，毕竟对日本政府的形象造成了非常不良的影响。

三、政府国际公共关系的途径和渠道

（一）外交事务

政府是国际公共关系的主体，它可以运用政财所属的各个职能部门进行政府的国际公共关系活动来塑造政府的良好形象。外交部门是政府通过对外活动来展示形象的重要途径之一。例如，政府之间的友好往来，领导人的国事访问，驻外使馆举行招待会、介绍会等方式，这些都是政府开展国际公共关系的好时机。政府首脑在处理政府事务时的交往，有时也可以成为外交工作运用于国际公共关系的范例。

1955年，中美之间没有外交关系，当时的联合国秘书长哈马舍尔德，为谋求释放入侵中国领空后被俘的美国飞行员而来到中国进行斡旋。一次，周恩来在宴会结束送哈马舍尔德上车时，发现在哈马舍尔德车上有一个陌生人坐在司机旁边，经询问，才知此人是哈马舍尔德的贴身保镖。周恩来当即问身边的工作人员，为什么不请他一起进来？有人解释说，他是个美国人。那时朝鲜战争刚结束，美国是封锁中国的最主要的敌对国，美帝国主义是当时中国人民的头号敌人。但是，周恩来向工作人员解释说：是美国人怕什么?为什么不可以做美国人的工作呢，下次宴会一定邀请他参加。这样，在哈马舍尔德秘书长离开中国的前夕，周恩来设宴为他饯行，那个保镖不仅被邀请出席，而且周恩来还亲自向他敬酒致意，在座的人士都深为震动。哈马舍尔德在国际上被誉为“世界第一绅士”，他从北京回去后，大加赞扬周恩来优雅而崇高的人品，并说了这样一段话：“与周恩来相比，我们简直就像野蛮人！”周恩来在外交场合处处注意塑造大国总理平易近人的形象，同时也在塑造新中国的良好形象。在国际上，无论是朋友、对手、政治家、商人……凡是与周恩来有过交往的人，无不对他富有魅力的、无与伦比的、彬彬有礼的大国风范的印象给以高度的评价。在外交活动的场合，周恩来个人的优秀素养和国家政府的良好形象得以完美地结合和充分地张扬。一个西方记者曾写道："从周恩来和他的助手身上，可以看到中国人的自信、乐观和组织能力，他们具备没有大国架子的大国风度。"

（二）对外经济贸易

对外经济贸易活动是政府通过国与国之间的经济、贸易交往，能够获得本国经济建设所需的材料、设备、市场、资金……同时，也可以充分展示一个国家的经济实力，还可以借助对外经济贸易的活动形式，如经济贸易洽谈会、工业博览会、出口商品交易会等来展示本国经济建设成就和综合国力状况，以争取获得国际公众的了解、支持，从而获得人们的信任。2001 年 8 月，中国在德国举办了一个工业产品博览会，在展览会上，中国生产的先进家电产品令德国人大为惊讶，同时还对展览会上中国城市面貌的图片展产生了浓厚的兴趣，认为中国不仅是一个有着悠久传统文化的国家，而且还是一个有着漂亮城市和先进的工业产品的新形象的国家。

（三）文化体育活动

在现代社会中，各个国家之间的文化、体育的交往已成为人民之间相互了解、友好相处、增进友谊的重要形式。再加上世界各国都大力发展旅游业，使得人民在欣赏民族风情、风光地貌、文化艺术和体育比赛中对某个国家的经济、文化，甚至于政治、法律等有所了解，并形成对某个国家的综合印象。因此，通过文化、体育、旅游等途径来展示一个国家的良好国际形象是必要的和可能的。所以，世界上不少的国家政府都努力争办大型的运动会、展览会，举办电影节、文化节等等。例如，四年一届的奥运会、足球世界杯必须通过各国政府间的竞争才能取得主办权，而且这一申办过程本身就是经济实力、独特文化、国家形象的展示过程，一旦主办权到手，该国政府更把它视为向全世界展示政治、经济、体育的综合实力以及热爱和平和友谊整体形象的大好时机。中国北京市政府通过两次申办，最终赢得了 2008 年奥运会的主办权。中国政府庄严承诺，一定把北京 2008 年奥运会办成奥林匹克史上最好的一届运动会，同时让全世界人民能感受到中国人民的友好情谊和一个新奥运、新北京。人们有理由相信，2008 年，乘奥运会的东风，届时一个中国的新形象，必然会给世界各国的运动员和人民留下一个令人难忘的美好印象。

目前，我国的地方政府都十分重视在国际上的良好形象塑造，辽宁省大连市举办国际服装文化节，山东潍坊市举办国际风筝节，上海市的国际电影节，

1999 年昆明世界园艺博览会……这些都不仅向世界展示了各自城市的良好形象，提高该城市在全球的知名度，而且还为当地的经济发展带来了良好的时机。其可谓：政府用文化、体育搭台，让经济唱戏，名利双收。

（四）国际友好城市

改革开放以来，中国的许多城市与外国的城市结成了国际友好城市。国际友好城市之间官方或民间的交流和合作无疑将成为政府国际公共关系的又一条渠道，可以为政府的国际公共关系发展创造良好的条件。譬如，可以利用城市建市的周年纪念日在双方城市间举办庆祝活动，举行产品介绍会、文化节、电影节，双方互派访问团，以加强信息交流和增进友谊，互相推进城市良好形象的展示。

（五）华裔华商团体

在当今世界上，华裔、华商分布五大洲，他们与中华民族血脉相连。不少人在当地事业有成。在许多国家，华裔、华商建立了社团组织，这些在居住国有一定影响力的华裔、华商团体熟悉当地的政治、经济、风土人情、市场动向，有的还办起了华文的报刊杂志、电台、电视台、互联网等媒体。它们不仅可以为中国的经济发展牵线搭桥，还可以为扩大我国在国际上的影响和宣传形象创造良好的机会。

2001 年 9 月 16 日—18 日，150 多位来自世界五大洲、30 多个国家和地区、操着同一语言、干着同一份事业的华文媒体代表聚集南京，参加“首届世界华文传媒论坛”大会。据中国新闻社介绍，海外华文媒体至今已有 186 年的历史，共有 52 个国家和地区出现过华文报刊，累计总数达 4000 多种。目前仍在出版印刷的媒体有 500 多种，其中每天出版的日报有 100 多种，期刊 180 多种，刊物 230 多种；华语电台 70 多家，华语电视台几十家，网络媒体更是难以计数。其中在海外比较有影响力、发行量比较大的如新加坡的《联合早报》、美国的《世界日报》、香港的“凤凰卫视”，还有“阳光新浪网”等。这是一支不可小觑的重要的传媒集团军。

参见《环球时报》2001 年 9 月 21 日。

阅读材料

“水门事件与尼克松下台”——“这是公共关系的失策”

20年前，美国爆发令人瞠目的政治丑闻——水门事件，在强大的舆论压力下，尼克松总统被迫于1974年8月8日宣布辞职。尼克松下台后，在总结水门事件的教训时，意味深长地说道：“这是公共关系的失策！”

水门事件与公共关系有何瓜葛?一个政府的公共关系处理不好，竟然能导致总统的下台，这究竟是怎么回事?欲知原由，且让我们从头道来：

1971年6月，尼克松批准建立一个白宫监视组，它的任务是堵住机密情报失密的漏洞。同年9月3日，这个小组的成员闯进埃尔斯伯格的精神医生的办公室，想找到可以破坏埃尔斯伯格个人名誉的私人材料。因为他把“五角大楼文件”交给《纽约时报》发表了。翌年6月17日，这个小组的5名成员在华盛顿水门公寓民主党主席奥布赖恩的办公室安装窃听器，被警察当场逮捕。水门事件开始被《华盛顿邮报》的青年记者伍德沃德和伯恩斯坦披露于报端，美国国内舆论哗然，社会上关于尼克松政府采取了不道德作法的传闻广为传播。这时尼克松对此保持沉默，奉行“鸵鸟政策”，他对他的高级助手说：“我们对此少说为妙，传闻自会过去，不必为此顾虑。”尼克松还试图以控制政府方面的新闻发布来控制新闻界的消息来源，他对一位助手说：“我们得留神这件事，只能给他们提供其中的一些情况，而不能提供全面情况……”尼克松政府为采访调查设置的障碍以及“闭口不言，充耳不闻”的做法，并未能熄灭水门之火，反而使人们对水门事件的关注更强烈了。

新闻媒介拒绝停止调查。两位青年记者充分运用了“让事实权说话”的策略，把有关水门事件的信息由外向内一层层地报道给读者：一般没有评述，没有议论，立场似乎是超脱的，报道好像完全是纯客观的。水门事件的端倪渐露。这时尼克松命令他的助手开列一份记者和反政府人士中的“敌对分子名单”。他说：“我想要一份有关所有那些力图把我们牵扯进去的人的最为广泛的记录。”据尼克松的助手说，采取这一步骤，是为了使用“可应用的联邦机器去勒紧我们的政敌”。事态向激化的方向进一步发展。1973年初，参议院水门事件调查委员会请总统和他的助手出面接受调查，但他们以“行政特权”为由拒绝委员会的调查。这一做法更加愚蠢，因为这个调查委员会起着影响全国新闻报道的关键作用。总统与新闻媒介的关系越来越恶化。显然，这对尼克松是极为不利的。在水门事件中，“国家安全”一词也同“行政特权”一样得到广泛的解释。

1973 年 3 月，尼克松和他的两位助手商讨了如何解释在一年半前闯入埃尔斯伯格精神病医生的办公室这一问题。一位助手建议，可以用“国家安全”的理由为闯入行为辩护，尼克松表示同意，并说：“为了国家安全，我们不得不获取情报。我们不得不在机密的情况下做这件事。联邦调查局和中央情报局都不可信任。”用这种解释来应付舆论的谴责和有关部门的调查，使公众越发失去了对尼克松政府的信任。

1973 年 7 月，尼克松的一位总统助理证实，自 1970 年以来，尼克松把所有在他办公室里的谈话都秘密地录了音。7 月 24 日，最高法院表决迫使尼克松交出 64 盘秘密录音带，这些录音带上可能有关于水门事件的证据。尼克松拒绝。堡垒开始从内部被攻破了。这时已是 10 月，尼克松下令首席检察长理查森解除考克斯的职务，尽管考克斯是尼克松任命的对水门事件一案进行彻底调查的特别检察官，但考克斯坚持取回总统的秘密录音磁带。理查森拒绝执行总统的命令并辞去职务；副检察长拉克尔肖斯也拒绝这样做，被尼克松解除了职务；最后，副检察长博克解除了考克斯的职务。这就是被人称作尼克松的“周末夜的残杀”。继此之后，水门之火燃烧得更加炽烈了。

1973 年 11 月，尼克松当着几百名报纸编辑的面说：“在我从事公务活动的所有年代里，我从未妨碍过正义，我想，我可以这么说，在我从事公务活动的所有年代里，我欢迎这一类检查，因为人民必须知道，他们的总统是否是一个不正直的人。然而，我不是一个不正直的人。”过后，尼克松指示他的新闻秘书，在回答新闻媒介的实质性提问时，“你要避而不谈，但要做得像平常那样自信，要自我掩饰”。然而，所有这些努力都是徒劳的了，1974 年 7 月末，尼克松以“妨碍司法程序，滥用职权，以及因不肯交出录音带犯了蔑视国会罪”而受到弹劾。8 月 8 日，尼克松宣布辞职，第二天生效。

（参见曾琳智：《新编公关案例教程》，复旦大学出版社，2006 年，第 49 页。）

[材料分析]

这是一则失败的政府公共关系案例。水门事件本身并不是公共关系案例，但白宫在围绕水门丑闻所开展的各种“工作”，明显地暴露了尼克松政府在公共关系方面犯的错误。这些错误恰恰是开展政府公共关系工作的大忌。

（1）掩盖事实真相

西方的公共关系专家指出，尼克松和他的助手并不了解什么是正确的公共关系工作，实际上，他们忽视了公共关系的一条最基本的原则，那就是以客观事实为基础的真实原则。向公众通报的信息是否真实，直接关系到社会组织，如一个政府的形象和声誉。尼克松政府面对新闻媒介的指责，开始采取“闭口不言，充耳不闻”的鸵鸟政策，企图蒙混过关。岂不知这样做并不能很快平息水门事件。因为像水门事件这样的丑闻，一旦曝光后，当事人采取不置可否的态度本身就是一个不应放过的疑点。而这种疑点可能具有很高的新闻价值，记者和公众决不会就此罢休。自认为“我们少说为妙，传闻自会过去，不必为此顾虑”，着实为公共关系方面的失策。掩盖事实的第二手——封锁消息。尼克松试图以控制政府方面的新闻发布来限制新闻界消息的来源。例如，他对一位助手说:“我们得留神这件事，只能给他们提供其中的一些情况，而不能提供全面情况……”殊不知，尼克松政府越是为采访调查设置障碍，越能激起记者追根究底的斗志。等到真相大白，则无力补救。

（2）蔑视公众

公共关系中以公众利益为出发点的原则要求公共关系的主体必须尊重公众。“顾客第一”、“消费者至上”的口号是企业贯彻公共关系原则的具体体现。维护公众的各种合法权益则是政府公共关系极为重要的内容之一。然而，尼克松政府在软的一手不能得逞的情况下，拿出了硬的一手——开列“敌对分子名单”，企图用“联邦机器去勒紧我们的政敌”，这种做法只能进一步激化已经公开化的矛盾冲突，不但于事不利，反而使尼克松政府受到了更加猛烈的抨击。拒绝参议院水门事件调查委员会的调查，是一种错上加错的愚蠢行为。借助于“行政特权”处理公共关系问题，其结果却恶化了公共关系，并引起了新闻媒介对借助“行政特权”合法性的追究。以“国家安全”为由，为私闯精神病医生办公室辩解，不仅显得那样苍白，反而使广大公众更丧失了对尼克松政府的信任。因为公众会说，这个政府既然能在这个借口下对一位无辜公民做出侵权行为，那么他就可能以同样借口侵害其他任何公民的权利。如此蔑视公众、随意侵犯人权的总统怎能让他继续坐在总统的宝座之上？尼克松的下台自在情理之中。

思考题

一、简答题

1. 简述政府公共关系的涵义。
2. 简述政府公共关系的特征。
3. 简述政府公共关系的职能。
4. 简述政府公共关系的原则。
5. 简述政府与社会团体的关系。

二、论述题

1. 论述政府公共关系活动的外部公众及其协调?

2. 论述开展政府内部公共关系的必要性。

3. 试述政府内部公共关系的构成。

4. 论述政府外部公共关系的协调。

三、案例分析

大亚湾核电站的风波——政府公共关系的成功运作

当我国政府决定在深圳大亚湾修造一座核电站之际，正值世界核电业面临最严重的挑战的时候。继 1979 年美国三里岛事件后，1986 年 4 月 26 日前苏联又发生了切尔诺贝利核电站核泄漏事故。这一事件受到了世界各国人民的广泛关注。同时，我国在大亚湾建核电站之举也成为香港各界公众的热门话题。香港各报特地辟出版面，对此间议论作广泛报道，最后形成了一股反对在大亚湾修建核电站的社会舆论。香港公众还为此组织了专门机构，并发起香港各界 100 万人的签名活动。在为了“保障香港公众安全”的舆论调动下，实际有 125 万香港公众参加了签名活动。反核的机构又派出了请愿团赴京请愿。这时，有人主张不予理睬，理由是我们是在自已的领土上修建核电站，任何人无权干涉我国内政。但有关部门认为，产生不利舆论的根本原因在于我们对大亚湾核电站的修建缺乏宣传，致使香港公众产生误解。处理此事应采取全面的公共关系宣传，以“软处理”的方式化解矛盾。于是，有关当局采取了以下对策。

(1) 立即组建核电站公关处，由一位高级工程师任处长，以增强公关宣传的针对性。

(2) 通过新华社、中新社等新闻媒介如实报道前苏联切尔诺贝利核电站事故调查及援救工作开展情况，并及时详尽报道了调查结果：由于操作人员不慎所造成，并非技术问题。

(3)由具有权威的核科学家和核电专家在香港举办关于核电站知识的讲座，对于安全标准、压水堆的设计，以及核电站与香港的距离等敏感问题做出解释。这些针对性的公关宣传缓解了公众的核恐惧心理，成功地引导了公众舆论。在宣传中，他们针对香港公众所担心的问题，给予了耐心的解释和说明。

(4) 组织香港有关人士参观大亚湾核电站基地及设施，增加了工程决策、设计、施工、管理及技术等方面的透明度。

(5) 中央有关领导会见香港赴京请愿团，向香港公众做了认真的解释和说明工作，沟通了信息与情感，让香港公众代表感到我国政府对此是襟怀坦白的，从而增强了香港公众对我们的信任感，打消了对我国政府的误解。

（6）我国政府有关当局与香港一家有影响、有信誉的公共关系公司合作在日本的广岛举办了和平利用原子能的展览会，宣传核知识和我们对核的一贯态度。

通过以上一系列公共关系活动的开展，一场反对修建大亚湾核电站的轩然大波终于平息了。

（参见曾琳智:《新编公关案例教程》，复旦大学出版社，2006 年，第 54 页。）

案例思考：

1. 面对失实或部分失实的不利舆论时，社会组织应如何应对？

2. 我国政府有关当局面临大亚湾核电站风波对香港公众所开展的公关活动，作为一种补救措施是非常成功的，但是，在整个事件的处理过程中是否也暴露了我们在公关协调沟通中的不足呢？我们应如何引以为戒？

第十一章　公共关系专题活动

本章重点

1. 公共关系专题活动的作用与形式
2. 庆典活动、赞助活动、新闻发布会、展览会
3. 危机公关

第一节　公共关系专题活动概述

一、公共关系专题活动的涵义与特性

所谓专题活动，是指为引起公众的极大关注从而更为有效地协调公众关系，社会组织针对特定公众、围绕特定主题而有计划进行的各种特殊的公共关系活动。例如，庆典活动、纪念活动、对外开放参观活动、竞赛活动、展示及展览活动、赞助活动、奖励活动、招待会、联谊会等等。同其他任何传播、沟通方式或活动一样，公共关系专题活动也是公共关系的手段。所不同的是，公共关系专题活动是借助特定主题而开展的同公众共同交往的特殊活动，因而其效果显著且具有明显的共时性。社会组织之所以要不断开展公共关系专题活动，就是为了不断增进同公众之间的面对面共同交往和紧密联系，从而使双方关系的协调步入实质性的促进阶段。公共关系专题活动同人类社会生活中的任何其他种类的活动一样，以人们聚集起来一同活动为基本形式，借助活动形式，使人们的生活有了新鲜的情绪体验、良好的思想情感交流、饶有兴致的情趣欣赏、密切的关系促进和感染人的情感氛围激跃。所不同的是，公共关系专题活动是为协调社会组织与公众之间关系而组织筹划的，更有自己的特色和魅力。

公共关系专题活动是公共关系实务的重点，被许多社会组织广泛运用，成

为其开展公共关系活动的重要方式。其主要特点有：

1. 针对性强。公共关系专题活动是社会组织在审时度势后，根据某种特殊需要而举办的，也就是说，活动的目标很明确，能够较好地解决某一特殊问题。

2. 感染力强。公共关系专题活动使特定的公众对象或耳闻目睹组织的情况，或与组织直接交往沟通，这种亲身体验会使公众留下深刻的印象，再加上情境气氛的烘托，具有较强的感染力。

3. 不受时间限制。公共关系专题活动是组织根据需要而举办的，可不受时间限制。在举办的时间上可长可短，既可短小精悍，只用一二小时，也可周密策划，持续数周时间。举办时间也可选取在需要的任何时候。

4. 活动方式灵活。公共关系专题活动除了活动方式很多之外，活动内容、活动规模也可随需要而定，并且还可在活动举行的过程中随时做出一些调整，以求更好地达到活动的目的。

5. 弥补日常工作之不足，社会组织在制定公共关系计划和进行日常公共关系工作时难免有疏忽和遗漏。这些疏忽和遗漏在工作中或多或少会给组织造成一些麻烦，给公共关系工作带来不利影响。公共关系专题活动的开展则可以灵活地拾遗补缺，弥补日常工作之不足，使组织的整个公共关系活动更加完美。

二、公共关系专题活动的作用

（一）感召作用

社会组织往往围绕特定公众十分关注和感兴趣的主题来开展极有特色的公共关系专题活动，由于这是兴趣乃至利益需要使然，特定公众会主动、积极和热情地聚集于活动现场并饶有兴致地与社会组织互动。

（二）轰动效应

公共关系专题活动的种种类型，都在人们的社会生活中表现为突出的创新性或别出心裁的意蕴。这种令人耳目一新的活动、气势恢弘的场面和氛围，往往能在特定公众和一定范围的社会中造成轰动的反响。在日常较为平静、惯常的公共关系运作中，不时地推出公共关系专题活动形式，更会使公共关系开展得有声有色、高潮迭起。

（三）辐射作用和连锁反响

公共关系专题活动不仅直接影响现场受众，而且能辐射到一定范围的社会，从而引起其他社会公众的连锁反响。筹划和实施独具魅力的专题活动，可以构成社会一定时间的话题或街头巷尾人们交谈的中心，甚至可以打动新闻媒介从而成为再度宣传的较大范围、广泛影响的由头。其震荡效果不亚于专门的公共关系宣传活动，而对于公共关系促进的作用则更大于包括宣传在内的任何其他方式的公共关系活动。

（四）直接感染作用

公共关系专题活动是直接同公众交往的形式，因而其现场令人激跃的情境气氛及组织的情感和交流内容能直接感染公众。组织对公众利益需要的特别关爱，组织的慷慨的善义之举，组织真情的直接表露及组织政策、行为的可感效果等，常常能直接令现场公众为之功容。所以，公共关系专题活动属最具感染力的公共关系手段。

（五）直接的促进作用

公共关系包括各种各样的手段、方式或活动，但其他活动对公共关系的促进较为间接，唯有公共关系专题活动直接促进了社会组织与公众之间利益关系的协调和更加密切了彼此关系。所以，当其他方式的公共关系行为活动难以奏效时，启动公共关系专题活动会卓有成效地直接促进社会组织与公众关系的进展。

除了这五个方面的作用外，公共关系专题活动还在客观上对组织形象、产品的销售以及组织的管理工作带来良性的影响和促进。

神秘的铜牌

在一次规模宏大的食品展览会上，五七罐头食品公司不幸被排在会场最偏僻的阁楼上，参观的人大多懒得登楼，第一个星期内，该公司无人问津。

总经理汉斯急中生智，创出新招。第二个星期开始时，在展览会前厅的地毯上，不时出现一个个小小的铜牌，铜牌上写道：“谁拾到这块铜牌，可拿到阁楼上的五七摊位换领纪念品。”于是，阁楼从此挤得水泄不通。热闹带来了生意，这种情况一直维持到结束。结果五七公司的销售额比位于楼下最佳位置的摊位还高得多。

参见张荷英：《现代公共关系学》，首都经济贸易大学出版社，2001 年，第 194 页。

三、公共关系专题活动的目标与计划

目标是公共关系专题活动预期要实现的结果，也是公共关系专题活动的方向。任何一种公共关系专题活动的筹划，都必须实现确定或明确公共关系专题活动的目标。有了明确的目标，才能明确制定公共关系专题活动的主题、重点、范围、计划和具体方案，也才能确保整个公共关系专题活动过程统一的方向。

确定公共关系专题活动的目标，要依据公共关系的目的、政策和充分的调查研究。公共关系专题活动的组织策划者首先必须明确，公共关系专题活动目标是紧紧围绕和服务于公共关系的根本目的而确定的，目标是实现目的的一个环节，脱离开公共关系的根本目的去制定公共关系专题活动目标，不仅不会有益于公共关系改善，相反会给公共关系带来危害。公共关系专题活动目标还应是公共关系政策的具体体现，因而在确定公共关系专题活动目标时应紧紧围绕公共关系政策并使之很好地符合公共关系政策。公共关系政策是社会组织所制定的总的公共关系指导思想和行动根本指南，一切公共关系行为活动都应不折不扣地遵循它和体现它，公共关系专题活动也不例外，因而其目标不能超越它而确定。正确的公共关系专题活动目标，除了是对目的和政策的体现外，充分的调查研究结论是其直接的根据。只有当客观实践需要公共关系专题活动时，公共关系专题活动的目标才能被明确出来。公共关系专题活动的目标有很多，诸如为维系或稳固已有的公共关系、为建立新的公共关系或结交新朋友、为扩大社会影响、为消除公众误解、为强化公众认知了解、为形成新闻宣传由头、为促进某项主题活动、为密切社区关系，等等。

计划是实现公共关系专题活动目标的途径和具体安排，计划性是公共关系专题活动的重要特性和要求，周密的计划是实现公共关系专题活动目标的根本保证，同时也是确保公共关系专题活动成功的前提。周密的公共关系专题活动计划，需要详尽细致的思考和反复的修改、论证、优化工作。一个周密详尽的公共关系专题活动计划，主要围绕下述诸方面而展开：

（一）明确主题

公共关系专题活动首先要确定一个鲜明的、极具特色的主题，这是确保专题活动引起公众极大关注的首要因素。

（二）公众对象

公众对象即公共关系专题活动欲诉求的或拟邀请的参加者，包括公众类别选择，代表成份选择，数量及范围选择，规模的确定，公众的背景、兴趣和知识水准等因素的分析，等等。

（三）确定日期

公共关系专题活动日期的选择比较灵活，但计划中应尽早将时间确定下来，以便有足够的时间进行具体筹划安排。除此之外，还要注意，公共关系专题活动的日期不可与组织的其他重要活动相冲突，也不能同社会的主要活动相冲突，还要考虑到某些活动的公众面还会受到季节等因素的影响。

（四）制定时间程序表

在公共关系专题活动的目标、主题、对象确定之后，计划者即应着手制定出从现时到明确规定的公共关系专题活动日期间的一切筹划、准备工作的日程安排表。

（五）确定总协调人

任何公共关系专题活动都要有一位统筹全局，协调各个方面，指挥、监控活动进程的总负责人，这是确保活动有序、统一、高效进展的组织保障。有一位得力的总协调人，公共关系专题活动的组织、计划、准备、人员分工、经费及一切物资方面的利用就会合理地被组织起来，也会使各种因素随时得到优化和调整。

（六）确定活动场所和设施

包括室外场地、会议室、休息室、客房、餐厅、登记处，应根据规模事先确定好并事先做好预订工作。具体筹划时，计划者必须考虑公众分布情况、活动类别、经费、可行性等诸多因素。还必须亲自到预选场所去考察一番，看看其设施、服务是否能满足活动的需要。

（七）确定演说者和邀请演说者

很多公共关系专题活动都要安排演说者向公众作演讲或报告，他们或是政府官员、社会知名人士，或是组织的领导人、特别代表等。与演说者联系，需要提前发出邀请，有些重要人物甚至要提前半年乃至一年联系预约。邀请演说者，要向他们事先说明活动的主题、内容、日期，演讲的时间、地点，有哪些人参加，演讲的内容、时间多长，行车路线，是否录音录像，报酬等。除此之外，要了解演说者个人简况、演讲题目，与演说者保持联系的方法，活动前则要其提供讲演稿以便宣传或打印后发给与会者。

（八）邀请参加活动的客人

在对象、范围、规模和数量确定后，就要具体确定活动参加者。一般应在几周前发出邀请函或电话相邀，而路途较远的、中转时间较长的、较重大的活动则需要再提前一些时间邀请。如果活动涉及参加者是全社会成员，应通过新闻传播媒介广为宣传或其他方式邀请。

（九）经费预算

根据规模、性质、涉及项目难易程度、活动费用支出情况等来估算经费并分摊到各个具体项目或者事项上。

（十）工作人员责任及任务分配

要以书面方案形式向各类具体工作人员规定责任范围、任务内容。

（十一）安排交通及停车场秩序维持准备

对远途、重要客人需专车迎送，对一般公众应指示路线、设置导向标识，对自己带车来的客人则要事先安排停车场并指定维持秩序的专门人员。

（十二）宣传

活动前，应提前一至二个月通过新闻媒介进行宣传，或举办招待会向记者们说明活动的安排，也可以刊登广告或撰写文章向普通公众告示、通报活动筹备进展情况。

（十三）印刷工作

包括宣传资料印刷、节目单印刷、各种图文资料印刷、演讲稿印刷、各种证件印制、请柬及邀请函印刷、新闻宣传通稿印刷等等。这些印刷工作需根据印刷能力来提前作好安排。

（十四）接待工作

应设置一个专门的接待小组，负责欢迎所有客人、请客人签名、分发日程表及宣传资料，除此之外，为来客安排好休息室及其他服务事宜。

（十五）参观问题

若活动涉及参观，则应事先制订参观方案，包括适当路线选择、安全问题、标记、导游人员及训练等。

（十六）茶点和纪念品准备

会议暂休期间或参观结束时，需事先为客人准备一些方便茶点、果品等。纪念品则是任何专题活动都要事先备办好的，一方面作为纪念使客人留下美好记忆，另一方面也可能产生再度宣传效应。纪念品可以是精美的纪念册，也可以是生活用品等等不一。

（十七）加强与社区合作

作计划，涉及社区关系。与社区特定公众合作或请教，会有助于公共关系专题活动的计划和安排。

四、公共关系专题活动的形式

公共关系专题活动的内容很多，形式亦多种多样，主要有以下几种：

1. 新闻发布活动。是企业为向新闻媒体报告，或传播企业希望社会公众了解知晓的某些信息或新闻素材而举办的专题活动，如记者招待会、新闻发布会等。

2. 促销性活动。是紧密围绕企业营销，直接吸引、刺激消费而举办的专题活动。如展览会、展销会、博览会、新技术新产品介绍会、表演会等。在企业公共关系专题活动中，这类形式最为常用。

3. 信息交流性活动。是企业与社会、企业同行间开展的有关业务信息、技术交流性的专题活动。如研讨会、座谈会、交流会等。

4. 庆典、纪念性活动。是企业为庆祝某个节日、纪念日或某项成绩而举办的专题活动。如纪念会、庆功会、表彰会、奠基仪式、落成典礼、开业典礼、签字仪式、就职仪式等。

5. 沟通性活动。是为树立企业形象，提高信誉，达到企业与公关的双向沟通了解而举办的专题活动。如组织公众参观企业设施及工作现场等。

6. 社会福利性活动。是企业为搞好与政府或社会的关系，承担一定的社会责任与义务，提高社会声誉而举办的专题活动。如赞助、捐款、设立福利基金仪式、现场技术咨询、服务等。

7. 联谊娱乐性活动。是为加深企业内部、外部感情，为企业广纳良缘，建立广泛的社会关系网络，形成有利于公司发展的人际环境而举办的专题活动。如联欢会、文艺演出、聚餐会、宴会、舞会、体育竞赛等。

随着市场经济的发展，企业公共关系专题活动正不断以新的形式出现。这些不断出现的形式新颖、独特，令人耳目一新的专题活动，往往备受人们的关注，因而更容易获得成功。

第二节　庆典活动

一、庆典活动的公关意义

庆典，是社会组织围绕重要节日或自身重大值得纪念的事件而举行的庆祝活动，它是一种可迅速见效的、典型的公共关系专题活动。成功的庆典活动是突出组织形象，扩大组织知名度，提高美誉度的重要活动方式。其意义主要在于以下方面：

（一）提高组织的知名度

借庆典活动，可以再次掀起提高组织知名度的高潮。如，美国福特公司借75周年庆典，以新闻传播为主，辅以自办媒介，制作视听资料，如制作幻灯片、制作介绍公司的录像、拍摄名为《福特世界》的电影等，使福特公司的企业形象再次在全球范围内广泛传播。

（二）扩大组织的美誉度

借庆典活动，可以融洽与政府、社区、公众的关系。福特公司认为，社区的热情是达到全国参与的关键。为此，他们制定了许多社区级庆祝活动，遍邀政府官员、商界领袖、新闻媒介，包括由福特赞助的为当地市政领导举行的午餐聚会（午餐的安排，展示福特历史与发展的车上游行），以75周年厂庆为主题的与各类公众的座谈会，向有关大中学提供赞助等，从而建立了良好的社会形象。

（三）加强组织的凝聚力

组织借庆典活动，推出一些优惠措施、娱乐活动，让内部职工“以厂为荣”，从而让职工明天更好地为企业工作。福特公司在厂庆的一年中，经常组织特别午餐，提醒职工不忘厂庆，加强与职工的沟通。在庆祝当天，福特更是在全国65家工厂里举行开放式庆祝活动，45万名职工及家属在这一天可以随意参观工厂的设备与展览的产品，享受各种各样的娱乐活动。

（四）显示组织的综合实力

庆典活动，可以充分展示组织的实力，包括经济实力、社会实力，让广大公众知道组织的力量之强大。福特为厂庆特成立了厂庆指挥机构，还指定了一个由12人组成的工作班子，批准了14个需特别经费的项目和50个不需特别经费的项目，总经费为183.4万美元，可见福特公司实力之雄厚。

二、庆典活动的一般形式

（一）开业庆典

属于建设型公共关系范畴，指社会组织创立之初，举办一次隆重的庆典活动，提高组织知名度，迅速打开工作局面。目前，开业庆典在国内外都很普遍。成功的开业庆典，对于工商企业日后经营活动的开展，具有某种决定性意义。

（二）周年庆典

选择有意义的开业周年纪念日，如1周年、3周年、10周年、50周年等，举办多种形式的纪念庆祝活动，有助于巩固组织在公众心目中的形象，进一步提高知名度，可以成为组织未来发展的重要里程碑。周年庆典一般属于维系型公共关系，在某种意义上也可看做建设型或进攻型公共关系。

（三）乔迁庆典

社会组织常会因规模扩大等原因而搬入新址。在乔迁之际举办声势浩大的庆祝活动，可以将此信息传达给有关公众，以减少搬迁时组织运营的不利影响，同时，又可借此机会扩大组织宣传，可谓一举两得。

（四）竣工或奠基庆典

组织兴建重大工程项目，为引起公众注意或希望获得公众支持，也可以通过庆典活动达到目的。这种庆典活动，对于获得政府或有关部门的支持尤为重要。因此，应当尽量提高规格，办得庄严、隆重。同时，还要注意首尾相接，举办奠基庆典，最好不要舍掉竣工庆典，以免给公众造成有头无尾的印象。

（五）重大成果庆典

组织在运营过程中取得重大成就，为迅速传播这一信息，也不妨举办某种形式的活动庆贺一下。如企业产品销售额突破 xx 元大关，设备正常运转 xx 天，安全行车 xx 公里等，都是值得庆贺的成果。

（六）受到特殊嘉奖庆典

当企业参加某著名国际博览会获得金奖，或被有关政府部门授予 MM 称号，或收到公众表扬信件 xx 封，或被某国际组织命名为 MM 单位等，都可举办专门的庆祝活动。一方面使公众与组织分享成功的喜悦，另一方面也借此机会感谢公众的支持。公共关系效果可能会比召开新闻发布会好。

三、庆典活动的一般程序

作为一种比较热烈、隆重的公共关系活动，尽管具体内容与形式会有所不同，但以下程序通常是不可少的。

（一）典礼开始

典礼之前，采用灵活方式渲染现场的喜庆、热烈的气氛，然后由主持人在恰当时机宣布典礼开始。

（二）介绍来宾

由组织内地位较高的人员，逐一介绍特邀来宾规格。当然，也可以直接由主持人负责来宾介绍。

（三）祝词与答词

这是庆典活动的主要内容。通过来宾祝词与组织负责人的答词来传播有关组织信息。

（四）剪彩

由贵宾剪彩的高潮。

（五）余兴节目

正式庆典时间不宜过长，以求短时间的最佳效果，安排余兴节目可以相对延长活动时间，扩大组织与公众的直接交流，密切双方关系。余兴节目可以是安排文艺演出、放映电影、舞会、座谈会等。

四、庆典活动的组织工作要求

（一）筹备工作要十分周密

庆典活动一般时间较短而要求较高，因此，准备工作格外重要。为达到预期目的，必须在较长的提前期内即着手筹备，安排活动项目。做出经费预算，购置各项设备、物品等。准备工作不充分，活动气氛难以营造，效果也会大打折扣。

（二）搞好庆典过程的指挥

大规模庆典活动的内容非常丰富，除去一般的议程之外，通常还安排文艺活动、大型聚餐、游行检阅、参观展览等活动，参与人员与驻足观看的群众人数都非常多，因此，要成立专门班子负责现场组织工作，指挥、疏导要得当、有力。

（三）务必搞好宾客接待工作

为增强庆典活动的喜庆气氛，接待工作也非常重要。接待人员要礼貌、亲切，服务周到，要有专人负责重要宾客的迎送工作。座位安排要井然有序。签到程序要简单、方便。专项服务人员要坚守岗位。为此，要对接待服务人员进行必要的训练，以免发生混乱和纠纷。

（四）一定要与新闻媒介密切配合

庆典活动是大规模的信息传播活动，时效性非常强，因此，一定要将活动计划及早通知各新闻机构，盛情邀请记者参加，为记者采访提供各种便利条件，以便利用大众传播媒介造成轰动的效果。

五、庆典活动需注意的细节

（一）宾客邀请

为烘托气氛，体现层次、规格，同时为从一开始就造成与各类公众友好相处的印象，组织一方面要力争各界公众邀请的全面性，切不可有任何疏漏，如上级、社区公众、社会名流、社团代表、新闻界、合作伙伴、同业代表、员工代表及其他公众代表等；另一方面要力争政界要员出席，如国家领导、政府职能部门领导、地方政府首脑、地方各部门官员，他们在庆典活动亮相，剪彩（或揭幕、奠基），讲话会给公众造成很大的影响力。

（二）宏大、隆重、壮丽、喜庆的场面

为体现庆典活动的热烈隆重气氛，其场地及设施的选择要能适应庆典活动

需要，其现场布置则要体现宏大、隆重、壮丽和喜庆的场面。如悬挂横幅、条幅，现场的彩旗、鲜花，礼仪人员服饰及大型队列，放气球、鸽子活动，大型气球、航模，大型立体显示屏、独特造型等。

（三）表演活动

热烈喜庆的庆典活功必须安排丰富多彩的表演节目。如军乐队演奏，传统舞狮、舞龙表演，传统鼓乐表演如秧歌舞、高跷队表演，合唱，马戏小丑表演，杂技表演，戏曲表演，魔术表演，相声，小品等形式。

（四）娱乐活动

包括游戏、猜谜等，使庆典活动参加者饶有兴致。

（五）剪彩

这是庆典活动独有的节目。通常由上级领导、政府官员或社会知名人士与组织领导人共同充当剪彩人。不过，如今各社会组织正探求更新的剪彩人和剪彩方式，如请第一位莅临的顾客剪彩，请劳模剪彩或其他普通市民、员工剪彩等。

（六）主持人

庆典活动主持人需要有驾驭大型隆重活动场面的、富有经验的专业主持人来担当，通常选择中央及地方电视台知名节目主持人。有此类人才的社会组织则自己出面，这更有利于调整、协调工作。主持人是现场及进程的核心，也是调节情趣的应变的中心。因此，主持人要了解全部活动，对全部活动的主持，应在事先有足够的准备和训练。

（七）细节

庆典活动通常由社会组织倾全力进行，所以为了热烈隆重，常常聚集众多的人，为此更应注意许多细节问题。这包括：安排好观众以免出乱，务必使演讲人做充分准备和演练，一应物品要提前备齐，组织参观活动应准备充分，宣传材料务必及早到达记者手中，诸如前述的公共关系专题活动计划和细节要反复检核，要有与众不同的创新策划提案，等等。

（八）宴请，分发礼品、纪念品

对这些细节的准备应有序且准确无误。包括宴请座次问题、祝酒、礼品和纪念品保管与分发技巧等。

（九）程序

庆典活动程序不多，一般是由：宣布典礼开始；奏乐、鸣放礼炮、放飞气球或鸽子；挂牌、揭幕：主持人宣读重要来宾名单；来宾致词；本单位领导讲话；剪彩或奠基、签字仪式开始等环节构成。

第三节 赞助活动

赞助活动特指社会组织以不计报酬的捐赠方式，出资或出力支持某一项社会活动或某一种社会事业的公共关系传播活动。社会组织赞助往往是针对一些公益性、慈善性、服务性、娱乐性、大众性的项目。

一、赞助的主要作用

赞助活动由于其独特的效果被越来越多的社会组织所认可并被广泛应用。其主要作用有：

（一）完善社会组织的道德人格形象

社会组织在发展过程中，除了盈利及其他目标外，还必须自觉履行一定的社会责任和社会义务，以表明自己是社会的细胞，要为社会贡献一份力量。同时，也可以借此得到政府和社区的支持，获得生存和发展的可靠保障，从而有效地树立社会组织关心社会公益慈善事业的良好形象。例如，社会组织赞助有关部门共同修建一所敬老院，照顾孤寡老人，并派员工定期看望他们，节假日组织慰问活动，那么公众就容易为社会组织热心公益事业的行为所打动，从而扩大社会组织在公众中的影响。

（二）沟通与培养同目标公众的情感关系

社会组织举办主题内容一致、与目标公众密切相关的赞助活动，能够有效地培养社会组织同目标公众的情感，增进彼此之间的友谊，加强双方的联系，使公众在内心深处认同社会组织，自觉地成为社会组织的顺意公众。如，浙江某市东港公司专门设立“资助博士生基金”，和青年知识分子培养了良好的感情，吸引了许多高层次的人才前来就职和献计出力，使东港公司获得了很大的经济效益。

（三）展示社会组织的实力

社会组织在赞助中，往往需要投资大笔经费，尤其是一些重大社会事业，动辄上百万，这对显示社会组织的雄厚资金、展示社会组织的实力形象是极其有益的。

（四）增强广告的说服力和影响力

通过赞助活动来做广告，一方面可以通过赞助活动作为广告宣传的载体，在公众获益的过程中产生对组织的好感和心理倾向；另一方面可以通过赞助所获得的“冠名权”和优先宣传提高广告的效果。例如，健力宝集团的成功就是与其赞助活动分不开的，1984 年健力宝抓住洛杉矶奥运会的时机展开攻势，以实物赞助的形式，使健力宝成为中国重返奥运大家庭后首次参加国际最大规模体育盛会的中国体育代表团的首选运动饮料。十五枚金牌的巨大成功，使健力宝随中国体育走向世界，并确立了其“中国魔水”的地位和美誉。1987 年广州第六届全运会，健力宝赞助 250 万元人民币，取得了全运会运动饮料专用权。1990 年北京亚运会，健力宝以 600 万元的赞助又一次获得指定饮料专用权，同时还以 260 万元赞助亚运会火炬接力运动。三次大型体育盛会的成功赞助，带动企业经济效益的增长，使健力宝集团从原本只有几百万产值的小酒厂发展成为现代化的大企业。

二、开展赞助的基本原则

社会组织的公益赞助活动，作为一种投资行为和宣传方式，具有较强的政策性与技巧性，在实际操作中必须遵循以下基本原则：

（一）社会效益原则

社会组织开展赞助活动的目的是树立道德人格服务形象，表明社会组织积极承担社会责任和义务。因此，开展赞助活动必须着眼于社会效益，以获得公众的普遍好感。一般地说，社会组织要优先赞助社会慈善事业、福利事业、公共市政建设以及文化教育活动。

（二）合法原则

合法原则是开展赞助活动的基本要求。主要有两方面涵义：第一，赞助的对象要合法，即遵守法律道德要求，符合社会利益和公众利益。否则，就会给公众以“助纣为虐”之感，不仅不利于实现赞助活动的目的，反而会损害组织形象。第二，赞助的方式要合法，即严格遵守政策法规。违背政策法规，利用赞助搞不正之风，也会破坏社会组织的形象。

（三）实力原则

社会组织开展赞助活动应当量力而行，根据社会组织的经济实力和利润额，支出合理的赞助经费。赞助经费的数额，必须在社会组织能够承受的范围之内。

（四）相关原则

一般地说，社会组织赞助的活动对象应当与公众生活或社会组织的经营内容相关联，以获得直接的公共关系宣传效果。

三、公益赞助的类型

（一）赞助体育运动

由于体育比赛活动拥有众多的观众，而且往往是新闻媒介热衷报道的对象，对公众的吸引力大，因此，社会组织常常赞助体育运动，以增强对公众施加影响的广度和深度。赞助体育运动常见的形式有：赞助体育训练经费或物品，赞助体育竞赛活动、设立体育竞赛奖励项目等。

（二）赞助文化生活

文化生活是公众社会生活的主要内容之一。社会组织积极赞助文化生活，丰富公众的生活内容，不仅可以增进社会组织与公众的深厚感情，而且可以提高社会组织的文化品位和知名度。赞助文化生活的方式主要有：赞助拍摄与社会组织有关的影视片，资助文艺演出队伍，赞助文化演出活动等。

（三）赞助教育事业

教育是立国之本，发展文化教育事业是一个国家的基本战略方针。社会组织自觉地赞助文化教育事业，如捐资建立图书馆与实验室，设立某项奖学金、资助贫困学生，捐资希望工程，设立某项奖教金等，既可以促进学校教育事业的发展，又可以为社会组织树立一种关心社会教育事业的良好形象。

（四）赞助社会福利事业

为各种需要社会照料与温暖的人如孤寡老人、残疾病人、福利院儿童等提供物质、经费帮助，开展服务活动，既是社会组织向社会表明履行社会义务的重要手段，也是社会组织改善社区公众关系、政府公众关系的重要途径。

（五）赞助社会公益事业

社会组织出资参加市政公共建设，如修建马路、天桥、公园、候车棚、路标等，一方面可以为政府减轻建设压力，赢得政府公众的信赖；另一方面又能为广大市民公众带来方便，赢得市民公众的称赞。

（六）赞助学术理论活动

社会组织赞助学术理论活动，如提供开会地点、资助会议的经费，设立学术研究基金等，既可以利用学术理论活动在公众中的影响提高社会组织的知名度，又能直接得到理论工作者的科学诊断和积极建议，从而改进社会组织的生产与管理工作。

（七）赞助公共节日庆典活动

社会组织利用自己的产品或服务项目赞助公共节日庆典活动，增加节日气氛，让公众在心情舒畅的气氛中享受社会组织的祝贺与便利，也能收到良好的公共关系效果。

（八）赞助建立职业性奖励基金

有经济实力的企业组织，可资助或者组办某种职业奖励基金，通过冠名或者参与能获得很好的社会效益。如国内一些地区有一些名目不同的奖励基金，如某某教育基金等，用于奖励在相应领域中有成绩者。

此外，还有公共宣传用品的制作、社会竞赛活动的开展等，公关人员都应认真研究，不断开发，以增强赞助活动的效果。

四、赞助活动的步骤

赞助活动是一种技术性很强的公共关系专题活动，一次完整的、成功的赞助活动，需要做好以下工作：

（一）做好赞助研究

组织要开展赞助活动，进行赞助研究是非常重要的一步。组织应从经营活动政策入手，分析组织公共关系目标，确定赞助目的，并据此考核需要赞助的项目是否对社会、对公众有益，是否能对本组织产生有利影响，还应进行成本核算和效益分析，保证社会和组织都能获益。

（二）制定赞助计划

组织要在赞助研究基础上制订赞助计划。赞助计划的内容应该具体、详实，对赞助的目的、赞助的对象、赞助的形式、赞助的费用预算、赞助的具体实施方案等都有所计划，并控制范围，防止赞助规模超过组织的承受能力，节制浪费现象，做到有的放矢。

（三）审核评定赞助项目

组织每进行一次具体赞助活动，都应由组织的高层领导或赞助委员会对其提案和计划进行逐项的审核评定，确定其可行性、具体赞助方式、款额和时机。

（四）实施赞助方案

组织要派出专门的公共关系人员，去实施赞助方案。在实施过程中，公关人员要充分利用有效的公共关系技巧，尽可能扩大赞助活动的社会影响；同时，应采用广告和新闻传播等手段，辅助赞助活动，使赞助活动的效益达到最佳峰值。此外，公关人员的形象应与组织形象一体化、谋求公众的好感，争取赞助的成功。

（五）测定赞助效果

赞助活动结束后，组织应该对照计划，测定实际效果。检测过程包括检查、收集各个方面（如公众、新闻媒介、受赞助组织）对此次赞助的看法、评论，看是否达到预定目的，还有哪些差距，原因是什么，并把这些写成总结报告，归档储存，为以后的赞助活动提供参考。

总之，公益赞助活动是组织重要的公关活动之一，组织在操作时，必须注意其科学性。但目前的赞助活动还存在以下问题：主体意识强，但盲目性大；赞助活动多，但科学性差；活动形式多，但创造性差。这一方面是因为组织对公关理论以及赞助技巧的掌握不够；另一方面同企业的现实环境有关。赞助存在赞助方和征募方，作为赞助方的组织公关人员既要努力学习，灵活掌握赞助技巧，提高赞助创意能力，又要坚决抵制赞助上的人情风，不为威胁、利诱所屈服，坦率而诚恳地说服征募者，只有这样，才能增强赞助活动的科学性和有效性，实现组织公益赞助的目的。

五、赞助技巧的运用

一次成功的赞助活动往往体现在：社会组织对赞助对象、赞助时机以及赞助手段的正确选择三个方面。为此，组织开展赞助活动，要在赞助对象、时机、方式上加以认真研究，综合运用各种技巧。

（一）对象选择技巧

1. 选择与组织经营内容相关的项目。
2. 选择规模大、影响大的项目，如奥运会、希望工程等。
3. 选择公众关切的项目，如支援灾区建设、环境保护、路桥建设等。

（二）时机选择技巧

时机的选择是赞助活动取得成功非常关键的一环。时机的选择是首先要善于捕捉时机，在别人看来再普通不过的一件事情、一次活动中发现契机。其次还要善于抓住时机。如，20 世纪 50 年代法国白兰地在美国精彩的“亮相”，就是一个成功的例证。其选择的时机是美国总统艾森豪威尔的 67 岁寿辰，在寿辰之日，厂家向总统赠送两桶极为名贵的窖藏长达 67 年之久的白兰地。一时间，法国白兰地成了新闻报刊、街谈巷议的热门话题。

（三）方式选择技巧

赞助中是出钱、出物还是出人是开展赞助活动时值得研究的问题。根据实际需要可以选择一种项目，也可以综合运用多种手段。如，李宁牌运动服赞助中国健儿在第十一届亚运会上的比赛，当中国运动员身着印上“李宁”两个字的名牌运动服装，高高站在领奖台上时，数亿双眼睛盯着电视屏幕，这种赞助方式比出钱宣传“李宁”牌运动服更为直观，印象更为深刻。

第四节　展览会

展览会是社会组织通过实物的展示和文字、图表等的示范表演来配合宣传组织形象和推广产品的专题活动。展览会所运用的实物、图表、动人的解说、优美的音乐和造型艺术相结合的方式，比一般的文字和口头宣传更有效，更引人入胜，更能产生吸引力，不仅能加深公众的印象，而且能提高组织和产品在公众心目中的可信度。

一、展览会的特点

由于展览会往往集展示、交流、交易等功能于一体，具有表现直观、形象，方便组织与公众沟通，降低交易成本等优点，因而使其成为现代工商企业塑造形象的一种有用方式。其特点主要表现在以下几个方面：

（一）传播方式的复合性

展览会通常要同时使用多种媒介进行交叉混合传播，包括：实物媒介，如展品、模型、实物演示、展台及展厅布置。文字媒介，如印刷宣传材料、组织或产品介绍材料、展品的文字注释等。声音媒介，如讲解、交换、广播录音或现场广播。图像媒介，如各种幻灯、照片、录像等。人体媒介，如主持展览的各种服务人员、礼仪人员等。

（二）传播效果的直观性

展览会一般以展出实物为主，并以专人讲演和示范产品的使用方法等方式进行现场的示范表演。这种形象记忆能起到强化效果的作用。如雕塑作品展览会上，艺术家当场雕刻作品，民间艺人现捏泥塑品等。展览会这种直观形象、声情并茂的传播方式，能吸引大批公众前来参观，使参观者对展品留下较深刻的印象。

（三）与公众沟通的双向性。

展览会为组织与公众提供了直接接触、相互交流的机会，通过听取意见、相互交流、深入讨论，参展单位在让公众了解自己的同时，也在了解公众对展品、组织形象的意见反应，并根据公众反馈的信息及时改进工作。这种直接双向沟通的交流性、针对性强，收效较大。

（四）沟通方式的高度集中性

展览会可以集中许多行业的不同展品，也可以集中全国甚至全世界各种品牌的同类产品，这就为参观者提供了更多的方便和选择余地，节省了时间和费用，提高了选购效率，使采购人员不会错过与自己业务有关的展览会，同时也给新企业和新产品提供了一个脱颖而出的好机会，许多参展者也正是通过展览会而建立了自己的良好形象并打开了销路。

（五）活动的新闻性

展览会是一种大型活动，往往成为新闻媒介追踪的对象，是新闻报道的好题材。展览会一般都预先做广告，搞宣传，开幕时，还要请政府官员、知名人士前来庆贺。参展单位可以利用展览会制造新闻，扩大影响，并利用这一机会搞好与新闻界的关系。

二、展览会的类型

根据划分依据的不同，展览会可划分出几种不同的类型。

（一）按展览的性质可分为贸易展览会与宣传展览会

贸易展览会的特点是“展”且“销”，展出实物产品，目的是打开产品的营销局面，提高产品的市场占有率，促进商品的销售，如“迎春节吃穿用商品大展销”。宣传展览会是只展不销，目的是宣传一种观念、思想、成就等，通常通过展出照片、资料、图表和有关实物达到宣传的效果，如北京的中国国际展览中心举办的国际图书博览会。

（二）按展览的内容范围可分为综合性展览会和专题性展览会

综合性的展览会全面介绍一个国家、一个地区或一个组织的情况，要求纵览全局，内容全面，有一定的整体性和概括性，既要突出重点，又要照顾一般，力求给观众以完整的印象，如每年春秋两季在广州举行的“广交会”等。专题性展览会是围绕某一专题、某一专业或某类产品举办的展览会，要求主题突出，内容集中，有一定的深度，如“摩托车展览会”，“科技图书展览会”等。

（三）按展览举办场地可分为室内展览会和露天展览会

多数展览会在室内举行，显得较为隆重且不受天气影响，举办时间较灵活，长短皆宜。但室内展览会的设计布置较为复杂，花费较大，宜安排高档次展品展览。露天展览会的最大特点是布置工作较为简单，所花费用较少，但受天气条件影响大，因此，宜安排大型机械展览、农副产品展览和花卉展览。

（四）按展览的规模可分为大型展览会、小型展览会及袖珍展览

大型展览会一般由专门的单位举办，规模大，参展项目多，需要较复杂的程序和较高的布展技巧。如“世界博览会”、“全国糖业烟酒订货会”。小型展览会规模较小，多由组织独家举办，展出自己的商品，展览会的地点常常选择在各类建筑的门厅、图书馆、旅馆房间、候车室或专辟陈列室、样品室等。袖珍展览主要指橱窗里展览和流动展览。橱窗展览是通过创意和艺术设计，对商店橱窗里展示的商品或模型进行组合设计来吸引消费者注意，促进商品销售、塑造商店形象。流动展览是发挥人们的创造才能，利用各种交通运输车辆来进行的展览。

（五）按展览的时间可分为长期固定展览、定期更换内容的展览、一次性展览

长期固定展览，如北京的故宫博物院、自然博物馆等；定期更换内容的展览会，如北京的工业展览馆、农业展览馆等；一次性展览会，如食品展销会、服装展示会等。

此外，还有巡回展出，如“自贡灯会”、“盆景展览”等；特殊展品，在现场展示样品，让人反复试用证明其性能，如在铁路站台及机场铺设地毯，以便证明经受了成千上万旅客的踩踏，引起顾客的兴趣及有价值的询问；名城街，指具有重点历史文物价值的历史城街，是重要的旅游地点，也是开放的城街博览，如北京的“大观园”，天津的“食品街”等。

三、展览会的策划和组织

策划展览会的基本原则是：展览主题明确，布局结构合理，陈设美观大方，解说精炼流畅，给人以深刻的印象。基本组织方法有：

（一）明确展览会的主题和目的

举办任何一个展览，都必须首先明确这一展览的主题和目的，并在此指导下去精心确定内容，制作展览的实物、图表、照片、文字等，使之更有针对性。主题要围绕展览的目的而定，并写进展览计划，成为日后评价展览效果的依据。

（二）确定参展单位、参展项目和展览类型

大型展览会，主办单位或承办单位可以通过广告、新闻发布或者邀请等形式联系可能的参展单位，并将参展时间、地点、项目、类型、收费标准要求和举办条件等情况告知联系的单位，一方面通过采取各种公关技能吸引参展单位，另一方面为可能的参展单位提供决策所需的资料。

（三）明确参观的类型

展览会在策划阶段必须考虑所针对的公众，参观者的类型将影响到信息传播手段的复杂性和多样性。如果参观者对展出项目有较深的了解和研究，就需要展览会的讲解人也是这方面的专家，介绍的资料要较为专业化和详细、深入；如果参观者只是一般消费者，则应采用通俗易懂的语言进行直观的普及性宣传。

（四）选择展览时间、地点

展览会时间的选择一般按组织需要而定，有些展览则要顾及到季节性，如花卉展览等。在地点的选择上，首先要考虑的是方便参观者因素，如交通要方便，易寻找等；其次，要考虑展览会地点周围环境是否与展览主题相得益彰；第三，要考虑辅助设施是否容易配备和安置等。

（五）培训工作人员

展览会工作人员的素质、展览技能和公关技能的掌握，对整个展览效果有重要影响。必须对展览会工作人员包括讲解员、接待员和服务员进行良好的训练。同时对展览会相关内容如接待、介绍、服务、礼仪等公关技能进行专门培训。

（六）确定展览会的管理机构，提供相关服务

大型的展览会，要设立文书、邮政、运输、保险等专业服务部门。国际性展览会，还应设立处理对外商检贸易的业务部门。一般的展览会应设置：大会领导组、大会办公室、样品办公室、询问室、广播室、卫生保健室、贵宾接待室、保安处、会议室、谈判或签字室、停车场等。

（七）成立专门对外发布新闻的机构

展览会中会产生很多具有新闻价值的信息，需要展览会负责公共关系事务的人员挖掘，写成新闻稿发表，扩大展览会的影响范围和效果。专门的机构要负责制定新闻发布的计划和组织实施计划，并负责与新闻界进行联系的一切事务。

（八）准备展览会所需的各种书面宣传材料

从主办方和承办方来看，展览会的宣传材料主要有展览会背景资料、前言及结束语、参展品名目录、展览会平面图、展览会组织机构、日程安排和其他要求等。参展单位应提前做好准备。

（九）编制展览会费用预算

具体列出展览会各项费用加以核算，有计划地分配展览所需的各项资金，防止超支和浪费。展览会的费用通常包括：场地费用、设计费用、工作人员费用、联络及交际费用、宣传费用、运输费用等，要根据展览所要达到的效果来考虑这些费用的标准。

（十）选用展览方法和技巧

为了使展览会办得生动活泼、新颖别致，还需要适当选用展览方法和技巧，如邀请有关知名人士出席，举行别开生面的开幕式，邀请有关文艺团队助兴，等等，以活跃展览会的气氛，吸引更多公众前往参观。

四、展览会的效果检测

展览会后，要对展览会的效果进行检测，了解公众对产品的反映，以及对组织形象的认识和对整个展览会兴办形式的看法等，检测是否达到展览的预期效果。检测方法主要有：

（一）举办有奖测验活动

组织可根据展览内容，有重点、有选择地确定试题，答题方式以填空、选择、判断为主，当场解答，当场发奖。参观者踊跃应试，不仅能增强、活跃展览会气氛，而且能为测定展览效果提供统计的依据。

（二）设置公众留言簿

组织在展览厅的出口处可设置公众留言簿，主动征求公众的意见，将其作为日后测定效果的依据。

（三）召开公众座谈会

组织还可以召开公众座谈会，随机地找一些公众进行座谈，了解他们对展览会的观后感，讨论一些主要问题，并提出自己的看法。

（四）借助记者采访

在展览会期间，组织可邀请一些新闻记者参加，让他们对公众进行采访，并做好录音或记录，以备组织测定效果之用。

（五）开展问卷调查

展览会结束之后，组织可根据签到簿上掌握的公众名单邮寄出问卷调查表，或登门访问使其填写问卷调查表，以了解展览的实际效果。

五、组织展览会应注意的问题

组织举办展览会，一方面可以开展促销活动，宣传产品；另一方面可以开展公关活动，宣传组织、塑造形象。为提高展览效果，应注意以下问题：

1. 保持组织信息网络渠道的畅通，及时了解展览信息和其他相关信息，正确决策、充分准备、利用好展览会时机宣传组织和产品。

2. 一旦展台场地的合同签订，马上同展览会的新闻发布机构或人员取得联系，预先提供组织关于展览的详细情况，至少也应提供有关该组织的情况和展出的主要内容。借助展览的组织方对组织及产品进行宣传。

3. 提早了解清楚官方揭幕者或剪彩者的身份，预先直接同其接洽，争取在正式开幕仪式举行时参观组织展台。这对于提高组织声望极为重要。

4. 参展者应利用“CI”企业形象设计原理，使用系统的视觉识别材料。有可能的话在展台或布展上搞特殊装修或对样品进行特殊安排，以增加其独特性和新鲜感。

5. 展览期间，组织重要人物出席或邀请知名度极高的社会名流来展台。参展者既可以直接邀请新闻记者，在展台旁组织记者招待会；也可以通过展览会新闻发布机构的新闻报道或信息发布进行宣传。

6. 展览会上，如果有大宗买卖成交或接待了一位重要的参观者，或者是一种很有潜在价值的新产品将要展出等，都是新闻媒介注意的重要题材。参展方公关人员应注意挖掘这种素材甚至可以制造独特新闻，来引起新闻界和社会公众的注意。

7. 参展者应审时度势，在展览期间抓住或制造任何一种机会，如借助公益赞助等其他公关活动来促进产品销售和塑造组织形象等。

8. 展览会结束后，应争取记者给予报道，或者通过努力使本组织的展览成为有关的广播和电视节目构思的内容。

六、举办展览会的其他技巧

（一）编写组织或组织产品简介

组织简介或组织产品简介不仅是展览会参展者重要的文字宣传材料，而且在组织的对外交往或者其他活动中也很有意义。因而组织公关人员应掌握编写“简介”的有关技巧。

1. “简介”应以照片为主，所用照片必须是从最理想的角度拍摄的组织最漂亮的地方，封面的设计特别要注意它应是“简介”中最精彩的一页。

2. 文字内容包括对本组织历史和现状的介绍、组织的经营宗旨、经营特色的描述，组织提供的产品和服务项目、特色、供应时间和价格等的介绍。文字力求简明扼要、优美流畅。旅游业的“简介”还应印上导游图。

3. 在扉页或其他醒目的地方可写些问候语或祝福语，合适的位置上注明组织的地址、联络处、联系人及电话号码，以方便公众随时联络，组织及时提供产品或服务。

4. “简介”要考虑到组织的经济负担，因此不能编得太厚太繁琐。

5. 对于已导入“CIS”现代企业形象设计的组织应注意“简介”对视觉识别标志的应用。

6. “简介”的附页可以为公众提供各种有用的信息，如旅馆简介印上飞机、火车的车次和时间等内容。

7. “简介”没有固定模式，设计者应根据组织特点和公众的心理及需要，使其独具特色。

8. “简介”应经常更新，不断补充新的内容和新的信息，使公众产生新鲜感。

（二）组织会议

展览会期间的重要会议，应注意以下事项：

1. 根据会议的内容，确定好会议的程序，准备好各种文件材料。

2. 根据会议的规模，确定会议的地址、安排好主会场和分组讨论的地点，分配好会议代表的房间，落实食堂就餐问题，安排代表接车、报到、接待等工作。

3. 根据会议时间的安排，做好会议的通知。

4. 布置好会场。会标要醒目、准确；会场的扩音设备、桌椅、水壶、水杯、台签、台布等用品都要一一落实，还要根据情况安排好会议主席台的设置和座位。

5. 会议期间，要及时掌握会议的动态，作好会间记录，有可能的话，可安排摄影或录相。

6. 会议结束之前，要落实代表的返程机票、船票或车票，尽早结算住宿费和伙食费。

7. 会议结束后，要对会议的各类文件材料做善后处理，需发简报或文件的应从速拟发，各类记录、发言稿及原始材料，要立案存档。

8. 会议上注意合理安排日程，适当安排一些娱乐活动。以调节与会者情绪，也可考虑全体代表合影等事宜。

第五节　新闻发布会

新闻发布会又称记者招待会，是指特定的社会组织或个人把有关新闻单位的记者邀请到一起，宣布有关消息或介绍情况，让记者就此提问，由专人回答问题的一种特殊会议形式。它是传播信息、谋求新闻界对某一事件客观报道的行之有效的手段，也是社会组织搞好与新闻界关系的最重要方式之一。

一、新闻发布会的特点

新闻发布会是组织与新闻界保持联系的一种重要的活动方式，也是组织向公众广泛传播各类信息的重要工具之一。一个组织在发展过程中难免会遇到许多错综复杂的问题，会发生许多重大的事件，如受到了公众的批评，同其他社会组织发生了难以澄清的法律纠纷，组织做出了一项重要决策，等等。这就需要通过新闻发布会来与公众沟通信息，以取得公众的谅解与支持。

一般说来，新闻发布会的主体可以是任何社会组织或个人；新闻发布会的客体，主要是代表公众舆论的报纸、杂志、电台、电视台、通讯社等新闻媒介和代表公众采访新闻的记者们，不排除也可以就某种特殊原因聘请一些对公众具有重要影响力的民意领袖或舆论先导；传播形式是利用新闻发布会使新闻记者了解组织信息，并产生兴趣，通过新闻媒介，以新闻报道、新闻特写等形式将这些重要信息传播出去。

举行新闻发布会必须有恰当的新闻由头，即该信息应具有专门召集记者前来予以报道的新闻价值，并选择好举行新闻发布会的最佳时机。重要人物的来访，发生重大事件，新发明、新产品试制成功，新的重大发展规划，新工厂建成投产，企业开张、合并转产，出现先进典型人物，重大庆祝日或纪念日等，都可能是促成新闻记者进行报道的恰当由来。举办新闻发布会的目的是迅速及时地把组织重要信息传播给社会公众，因而，新闻发布会具有以下特点：

1. 宣传性。即新闻发布会是组织的一项重要信息传播和宣传活动。

2. 正式性。即采用新闻发布会来传递信息，形式正规、隆重，而且能增加信息传递的深度和广度。

3. 耗费较高。即召开新闻发布会要占用记者和组织者较多的时间，需要动用一定的人、财、物，有较高的成本。

二、新闻发布会的策划

社会组织是否能通过新闻发布会将组织的有关信息成功地传递出去，并借此树立自己的形象，提高自身的知名度、美誉度，关键在于新闻发布会的策划。新闻发布会的策划应立足于规范性，重点在于活动的严密、紧凑、主题突出，并在规范性的基础上体现其独特性。具体来讲，新闻发布会的策划应注意以下几方面：

（一）确保新闻发布会的必要性

举行新闻发布会必须有充分的理由和明确的目的。也就是说，在新闻发布会举行前，社会组织必须对所发布的消息是否重要、是否具有广泛传播的新闻价值以及新闻发布的紧迫性和最佳时机进行研究和分析。只有在确认举办新闻发布会的必要性和可能性后，方可决定举办新闻发布会。具有举办新闻发布会价值的事件一般有：组织遇到紧急事件，如起火、爆炸等严重事故；组织受到公众和新闻界的公开批评；对社会产生重大影响的新技术、新产品的开发和投产；组织对社会所做的重大益事；组织的重大庆祝日或纪念日，等等。

（二）活动要严密、规范、富有新意

新闻发布会的举办要涉及到组织者、公众，尤其是媒体等多方面的人士，因而活动的策划要严密、规范，并富有新意。既要有规可循，又要不拘于以往的形式，在活动的设计安排上要适当创意，以增强活动的效果。

（三）把握时机，提高组织形象

举办新闻发布会是组织向社会公众展示自身实力、提高组织形象的最佳时机，会议的工作人员要注重个体形象，充分利用自己的人格力量增强信息的可信度，支配公众的顺向心理，使公众对组织产生较好的整体印象。

三、新闻发布会的举办

（一）会前的筹备

1. 确定新闻发布会的主题

主题是新闻发布会的中心议题。组织要从新闻媒介和社会公众的角度出发，确定会议的主题和信息发布的最佳时机。再进一步考虑这个主题是否非常重要，是否具有新闻价值，能否对公众产生重大影响，此时召开新闻发布会是否适宜等。

2. 选择会议地点和举办时间

举办新闻发布会，在地点选择上主要考虑要给记者创造各种方便采访的条件。可安排在某一饭店或会议室、公关俱乐部机构等，会场要具备必要的照明设备、视听设备和通讯设备等，并且要安静，不受电话干扰，交通要方便，要有舒适的座椅以便记录就座。会议的时间要尽量避免节假日、重大社会活动和其他重大新闻发布的日子，以免记者不能参加。会议时间一般宜控制在一小时以内，对无关或过长的提问应有礼貌地予以制止，会议应有正式结尾。

3. 选择会议主持人和发言人

由于记者的职业习惯，提问大都尖锐深刻，有时甚至很棘手，这对主持人和发言人提出了很高的要求。主持人和发言人必须对提问头脑清醒，反应机敏，有较高的文化修养和口头表达能力。在组织中，会议的主持人一般由有较高专业技巧的公关人员担任，会议的发言人由组织或部门的高级领导担任，因为他们清楚组织的整体情况、方针、政策和计划等问题，又具有权威性。

4. 准备发言稿和报道提纲

公关人员在会议召开前，应在组织内部统一口径，组织专门小组负责起草发言稿，全面认真收集有关资料，写出准确、生动的发言稿；并写出新闻报道提纲，在会上发给记者作为采访报道的参考。

5. 准备宣传辅助材料

宣传辅助材料要围绕主题准备，尽量做到全面、详细、具体和形象。形式应多样，有口头的、文字的、实物的、照片和模型等。这些材料的准备要根据会议主题和内容的具体要求而定，在会议举行时现场摆放或分发，以增强发言人的讲话效果。

6. 择定邀请记者的范围

邀请的记者覆盖面要广，各方新闻机构都要照顾到，不仅要有报刊杂志记者，还要有电台、电视台的记者，不仅要有文字记者，还应有摄影记者。特别注意对记者要 视同仁，不能厚此薄彼。发邀请信时，认识的记者可以发给本人，不认识的可以发到新闻机构，并且在会议举行前要及时用电话联系落实记者出席情况。

7. 组织参观和宴请的准备

发布会前后，可配合主题组织记者进行参观活动，请记者作进一步的深入采访，这样常常会导致具有重大价值的新闻报道。有关参观活动事宜应在会前就安排好，并派专人接待，介绍情况。会后，如有必要可邀请记者共进工作餐，利用非正式交谈，相互沟通，融洽与新闻界的关系，解决有关发布会没有解决的问题。

8. 制作会议费用预算

应根据所举行新闻发布会的规格和规模制订费用预算，并留有余地，以备急用。费用项目一般有：场租费、会议布置费、印刷品、邮电费、交通费、住宿费、音像器材、相片费、茶点或餐费、礼品、文具用品等。

9. 做好接待工作

组织人员要提前布置好会场，横标、发言人席、记者座位、周围环境要精心设计、安排，营造一种轻松、自然、和谐的会场气氛。培训接待人员和服务人员，要求他们穿戴整洁、适宜，精神饱满、愉快，体现出组织的风格；安排会议的记录、摄影、摄像工作，以备将来的宣传和纪念之用。

（二）会议程序

举办新闻发布会，会议程序要安排得详细、紧凑，避免出现冷场和混乱局面。一般来说，新闻发布会应包括以下程序：

1. 签到

应安排足够的工作人员，设立签到处，并派专人引导记者前往会场。参加会议的人要在签到簿上签上自己的姓名、单位、职业、联系电话等。

2. 发资料

会议工作人员应将写有姓名和新闻机构名称的标牌发给与会记者，并将会前准备的资料，有礼貌地发给到会的每一位。

3. 介绍会议内容

会议开始时要由会议主持人说明举办新闻发布会的原因，所要公布的信息或事件发生的简单经过。

4. 主持人讲话

主持人要充分发挥主持和组织作用，以庄重的言谈和感染力，活跃整个会场气氛，并引导记者踊跃提问。当记者的提问离会议主题太远时，要善于巧妙地将话题引向主题。会议出现紧张空气时，能够及时调节缓和，不要随便延长预定会议时间。

5. 回答记者提问

要准确、流利自如地回答记者提出的各种问题，不要随便打断记者的提问，也不要以各种动作、表情和语言对记者表示不满。对于保密的东西或不好回答的东西不要回避，而要婉转、幽默地进行反问或回答，以确保所发布的消息必须准确无误。

6. 参观和其他安排

会议结束后还应由专人陪同记者参观考察，给记者创造实地采访、摄影、录像等机会，增加记者对会议主题的感性认识。如果有条件，社会组织还可举行茶会和酒会，以便个别记者能够单独提问，并能融洽和新闻界的关系。

（三）会议效果检测

新闻发布会结束后，社会组织要检验会议的效果是否达到了预期目的。要求做好以下工作：

1. 尽快整理出新闻发布会的记录材料，对会议的组织、布置、主持和回答问题等方面的工作做一总结，从中认真汲取经验和不足，并将总结材料归档备查。

2. 搜集到会记者在报刊、电台上的报道，进行归类分析，检查是否达到了会议的预定目标，是否有由于失误而造成的谬误。对检查出的问题，要分析原因，设法弥补失误。

3. 对照会议签到簿，看与会记者是否都发了稿件，并对记者所发稿件的内容及倾向做一分析，以此作为以后举办新闻发布会邀请记者范围的参考依据。

4. 收集与会记者以及其他与会代表对招待会的反应，检查招待会接待、安排、提供方便等方面的工作是否有欠妥之处，以便改进今后工作。

5. 若出现不利本企业的报道，应做出良好的应对策略。若是不正确或歪曲事实的报道，应立即采取行动，说明真相，向报道机构提出更正要求；若报道的虽然是正确事实，但不利于本企业，这种情况完全是企业内部错误造成的，对此应通过该报道机构表示虚心接受并致歉意，以挽回企业声誉。

第六节　危机公关

所谓危机事件是指那些意想不到的突然发生的事件或问题。这类事件处理是否恰当，往往关系到组织的信誉与形象、生存与发展。因此，如何预测和处理危机事件，成了公共关系专题活动中的一项重要内容。特别是现代社会中，在信息知识“爆炸”、社会变动复杂、企业竞争激烈的条件下，更增加了组织危机事件出现的可能性和严重性。及时控制、降低或清除危机事件的不良影响，是每一个组织公关人员需要认真加以对待的重大问题。

一、危机事件的特点与类型

（一）危机事件的特点

1. 突发性。几乎所有的危机事件都是在人们无法预料的情况下突然发生的，它往往会使组织措手不及。

2. 紧迫性。危机一旦发生，就有飞速扩张之态势，它就会像一颗突然爆炸的“炸弹”，在社会中迅速扩散开来，对社会造成严重的冲击。

3. 危害性。任何危机事件不仅会给组织的经济利益和声誉造成不利的影响，破坏组织的正常运转或生产经营秩序，带来严重的形象危机和巨大的经济损失，而且给社会也会造成严重的危害，给社会公众带来恐慌，甚至造成直接的损失。

4. 可变性。危机事件是可变的，可以发生，也可以消除。在现代市场经济条件下，处于动态环境系统中的组织，面临多变复杂的局面，处在顺境中的组织发生危机事件也是可能的。

（二）危机事件的基本类型

1. 由不可抗拒的外部力量所引起的事件。包括天然性的自然灾害和突发性的全国或世界商业危机、经济萧条、社会政治大变革、战乱等。

2. 非组织成员有意或无意造成的事件。

3. 公众的误解所引发的事件。

4. 组织管理方面的责任所引起的事件。

二、危机事件的预防

危机事件虽然具有突发性，但许多事件在发生之前往往表现出一些征兆和迹象。因此，如何发现这些征兆和迹象，预防危机发生是主动出击战胜危机的有效手段。

（一）危机的预测分析

预测分析的内容主要有：组织有可能发生哪些危机或哪些危机对组织造成影响，各种危机事件的性质和规模，危机发生后所造成的影响范围大小等。可将各种危机按轻重缓急分类，并制定出相应的预防和处理措施。

（二）制定应急计划

由于危机发生的原因特别复杂，影响又广，处理相当困难，因此，对各种可能发生的危机事件要分别制定出相应的应急计划，安排好合适的处理人。同时让这些人员事先了解处理不同危机时他们的责任和应采取的措施。这项工作涉及到其他部门（如医院、消防、交通、公安等相关组织），往往公关部难以独立完成。公关部应制定出计划，上报组织决策层，决策层统一协调，做出安排。

（三）搞好内部培训

要防止危机发生，必须动员组织全体成员防患于未然。首先，将危机预测分析结果和应急措施印成小册子，发给全体员工，向他们介绍对付各种危机的办法，让全体员工对出现危机的可能性和处理措施有足够的了解。其次，组织专门处理危机培训班。培训内容包括：模拟危机，让受训人员做出迅速反应，以培养其处理危机的能力，向他们提供处理危机的案例，以使他们从中吸取经验和教训，帮助他们在心理上战胜危机。

（四）建立处理危机事件的关系网络

根据预测的组织有可能遇到的危机，与有关协助处理单位建立合作网络。如医院、消防队、公安、邻近驻军、科研单位、保险公司、银行、兄弟单位、新闻单位等。平时互相沟通，使他们了解组织情况，以便在危机到来时能得到最急需的及时的援助。

> 危机事件的八种类型：
> - 自然灾害：如地震、洪水、暴雨、大雪、火灾等；
> - 交通事故：如飞机失事、火车脱轨相撞、轮船沉没等；

- 环境污染：如废气、废水、废渣的排放、核电站泄露等；
- 生产失误：如重大工伤事故、质量事故、房屋倒塌等；
- 商业危机：如竞争对手冲击市场、股票交易危机、产品信誉危机等；
- 人为灾害：如重大盗窃案、凶杀事故、自杀事件、他人对组织的陷害、破坏、公众对组织的误解等；
- 劳资纠纷：如罢工停产、游行示威等；
- 其他的突然事件。

参见熊卫平：《公共关系学》，高等教育出版社，2006年，第184页。

三、危机处理的一般程序

危机中进行公共关系，这是公共关系的一种特殊表现形态，是组织的公共关系水平的综合显示。有效的危机公关工作不仅有助于避免组织不期望的事情发生，而且也是组织自我保护、维护形象的客观要求，它对于防止组织形象的下降，保卫已有的公共关系工作成果有着不可替代的效用。同时有效地开展危机公关活动有助于在广大公众心目中树立一种特殊的"危机公关形象"，以及有助于提高组织的公关水平，提高组织成员的公关意识。因此，不能把危机事件完全看成坏事，它是可以转化为好事的坏事。正因为如此，必须制定出一个反应迅速、正确有效的危机公关程序，以避免急迫过程中的盲目性和随意性，防止公关危机中的重复和空位现象。

（一）采取紧急措施，防止事态发展

组织遭受突发性的公共关系危机，往往是猝不及防的，然而在此关键时刻，需要的是冷静，并采取紧急措施，防止事态的发展、蔓延、扩大。因为，现代社会信息传播高度发达，任何组织的公关危机事件都有可能被迅速传播，如不加以紧急控制，就可能使组织陷入灭顶之灾，或者损失惨重。而采取紧急措施，一方面可以使组织形象与声誉损失降到最低点；另一方面则赢得了宝贵的时间，以便组织能了解危机事件真相，并妥善地处理危机。

（二）坦诚告知，表明诚意

组织一旦发生危机，便会受到社会与公众的关注，人们急于了解危机发生的真相，作为舆论代表的新闻界必然要来进行采访。此时，组织只有两种态度：一种是掩盖问题，隐藏真相；另一种是坦诚告知，表明诚意。事实证明，隐瞒事情真相，往往助长了公众的怀疑，扩大了危机的波及面，其结果势必无法处理危机；而坦诚告知，表明诚意，才是最佳的选择。

（三）调查情况，收集信息

对于突发性公关危机的处理，最终是建立在针对事件真相，采取相应、得体的公关措施的基础之上，因此，调查危机事件的真相就显得非常重要。也就是说，在灾难得到遏制、危机得到初步控制后，就要立即展开对危机的范围、原因和后果的全面调查，查明原因是为危机处理决策提供依据，也是成功处理危机的关键所在。

（四）针对对象，确定对策

在对危机事件真相调查分析的基础上，就可以针对不同的对象确定相应的对策。这些对策大体上包括以下五个方面：第一，组织内部对策。第二，受害者的对策。包括认真了解受害者的情况，实事求是地承担相应的责任，并诚恳地道歉；冷静地倾听受害者的意见，及时了解和满足有关赔偿损失的要求；给受害者尽可能多的安慰和同情，并尽可能提供他们所需要的服务；专人负责与受害者接触，在整个事件处理过程中，不随意更换处理工作的人员。第三，上级主管部门的对策。第四，业务往来单位的对策。第五，对其他公众的对策。

康泰克危机中的传播管理

美国一项研究表明，PPA（即苯丙醇胺）会增加病人患血性中风的危险。中国国家医药监督管理局于 2000 年 11 月 6 日发出通告，暂停使用和销售含 PPA 的药品。其中包含了中美史克天津制药公司生产的康泰克产品。该产品在国内上市 11 年来，作为中国感冒药市场的第一品牌，康泰克品牌形象早已深入人心。政府通告顿时引起社会极大关注，媒体争相报道，经销商纷纷来电，康泰克在消费者心目中的地位陷入危机之中。

中美史克公司从消费者健康利益出发，坚决支持中国国家药监局的决定，同时又研制出不含 PPA 的新康泰克推向市场。新康泰克不含 PPA 有害成分，又保住了康泰克品牌地位。为此，中国环球公共关系公司成功地策划了康泰克危机管理方案，变康泰克的“危机”为新康泰克推向市场的“商机”。

参见巴文华：《企业公共关系新编》，中山大学出版社，2006 年，第 115 页。

（五）评价总结，改进工作

组织在平息危机事件后一方面要注意从社会效应、经济效应、心理效应和形象效应等方面，评估消除危机的有关措施的合理性和有效性，并实事求是地写出处理报告，为以后处理类似事件提供依据；另一方面要认真分析事件发生的深刻原因，收集公众对组织的看法、意见和议论，总结经验教训，以便改进组织工作，从根本上杜绝类似事件再度发生。

阅读材料

“泰莱诺尔”药物中毒事件

作为美国最大的生产保健品及幼儿药品的医药公司，强生公司在全美享有盛誉。特别是1982年强生联营公司通过统一运营管理、市场营销和公共关系等手段，成功地处理了危及公司命运的泰莱诺尔药物中毒这一危机事件，使其成为美国企业公关史上的一个经典案例。

一、祸从天降

泰莱诺尔于1975年问世，广告即宣称将代替阿司匹林，7年内就赢得了止痛药市场37%的份额。它是强生联营公司总销售额的8%，利润的5%。

1982年9月30日早晨，有消息报道说，芝加哥地区有7人因使用强生联营公司的一个子公司麦克尼尔日用品公司生产的泰莱诺尔牌解痛胶囊死于氰中毒，据说还有50人生病或死亡。这一消息顷刻间引起了全美1亿多使用泰莱诺尔解痛药的消费者的极大恐慌，该公司的形象一落千丈，名誉扫地。面对新闻界的群起围攻和别有用心者的大肆渲染，一次巨大的企业危机呈现在了强生公司决策者的眼前。于是，泰莱诺尔全部被从货架上撤了下来，有的人甚至要求停止整个生产线。

二、果断决策

这种情况发生后不久，强生公司立即做出了一个至关重要的决策：向新闻界敞开大门，公布事实真相。强生公司向新闻界宣布：本公司是坦诚的、愧疚的、富有同情心的，决心解决中毒事件并保护公众。同时，公司立即采取了行动：

1. 以高达1亿美元的代价撤回了市场上所有的泰莱诺尔胶囊药品。

2. 对800万瓶泰莱诺尔药品进行试验，查看其是否还受过其他污染。

3. 电告全国的医院、医生和销售商，提请他们注意。

4. 在药物中毒事件发生后的数天里，坦诚、圆满地答复了从新闻界打来的2000多个询问电话。

5. 停止报刊广告，尽可能地撤掉广播电视中所出现的泰莱诺尔药品广告。

面对公众和新闻界，公司公关部坦率地面对公众，承认生产过程中使用过氰化物，反驳了销售部负责人对此的否认，令人觉得该公司光明磊落。他们竭力做到：让人们了解问题只是出现在国内的一个地区，而且只是少数的药瓶受到污染。

最后，通过详细调查及医学界的权威人士证实：7 位中毒者的死亡，并非泰莱诺尔镇痛药所致，而是一位疯子将氰化物倒入瓶内造成的；另外 50 人的生病或死亡与泰莱诺尔药物并无关系。

三、协同作战

在整个泰莱诺尔事件的处理过程中，强生联营公司广泛利用自己的社会地位和影响力，避免了孤军奋战所带来的弱势，得到了许多社会机构的支持。下面我们摘录一段美国食品与医药管理局新闻办公室在发生泰莱诺尔事件后一周的工作情况，看一下该机构与强生联营公司协同作战的情况。

9 月 30 日（星期四），时间：17 点 16 分，对外发布泰莱诺尔紧急通报，宣布强生联营公司撤出一批 8 月份生产的 93000 瓶泰莱诺尔牌解痛胶囊。

10 月 1 日（星期五），时间：10 点 47 分，对外发布泰莱诺尔最新消息，宣布强生联营公司撤回第二批 17100 瓶泰莱诺尔牌解痛胶囊；食品与医药管理局在全国范围内对泰莱诺尔牌解痛胶囊进行抽查。

10 月 4 日（星期一），时间：9 点 58 分，对外发布泰莱诺尔消息，宣布食品与医药管理局抽检了 100 多万瓶泰莱诺尔牌解痛胶囊，发现芝加哥以外地区无受污染的现象。

10 月 5 日（星期二），时间：15 点 47 分，通报加州奥罗维尔地区撤回泰莱诺尔胶囊的情况，宣布强生联营公司在全国范围内撤回泰莱诺尔胶囊。

10 月 6 日（星期三），时间：10 点 45 分，向所有有关机构发布食品与医药管理局局长海斯和专卖部副主任科普的声明。

10 月 6 日（星期三），时间：23 点 42 分，对外发布消息，麦克尼尔日用品公司有奖收回泰莱诺尔胶囊。

10 月 7 日（星期四），时间：8 点 43 分，对外发表泰莱诺尔最新消息，一位装运泰莱诺尔胶囊的卡车司机自杀，车上的药品无氰化物污染现象。

四、重返市场

为了消除人们的疑虑，强生公司决定推出更加坚实的三层密封包装的新型泰莱诺尔解痛胶囊。三个星期后，公司便把这种抗污染包装的泰莱诺尔重新推上市场，配合优惠赠销的攻势，让公众再接受这种新产品。他们走访了上百万次的医务人员，不惜花费 5000 万美元向消费者赠送这种重新包装的药品，求得他们对泰莱诺尔的支持。为了使强生公司以一个曾经失败，后来又更新站起来的企业形象出现在广大公众而前以博得同情和信赖，他们开展了广泛的公共关系活动。尤其是他们的广告语更是使人感到谦虚谨慎：我们正从悲剧中接受教训，卷土重来。因此，我们不能骑在大象身上吹吹打打，宣布我们的到来。

1982年1月11日，强生公司召开了规模盛大的电视记者招待会，有30多个城市参加，通过卫星向全国播送实况。由1928年以来一直担任泰莱诺尔解痛药宣传工作的博雅公司提出了这一创新的危机公关方案。

会上，面对500多位记者的提问，强生公司播放了新式包装药瓶录像。虽然当天发生了勃列日涅夫逝世和航天飞机升空两件大事，招待会还是获得了巨大成功。美国各大电台、电视台、报纸都做了报道。强生公司这些做法得到了社会各界的赞赏。

一年以后，强生公司的产品重新获得了广大公众的信任，泰莱诺尔又重新占有了95%的市场份额。而且强生公司首开抗污染日用品包装的先例，各大公司纷纷效仿。就这样，强生公司走出了危机，摆脱了困境。

对于像强生这样的大公司能在短时间内迅速返回市场，被许多人认为是一个奇迹。尤其是他们在企业危机时所表现出的镇定自若，被企业界和新闻界传为佳话。《华尔街日报》以《迅速复原，“泰莱诺尔”重新赢得市场上的率先地位，使厄运断言者们惊诧不已》为题的文章，《时代周刊》1983年10月17日以《泰莱诺尔神奇般地重返市场》为标题的文章等，都成为其重获新生的标志。

（参见张岩松：《公共关系案例精选精析》，中国社会科学出版社，2006年，第168页。）

[材料分析]

强生联营公司得以摆脱“泰莱诺尔”危机的原因固然是多方面的，但及时、准确的公关决策是妥善处理危机的关键。首先是鉴于消费者的安全，不顾巨额损失回收药品，尊重新闻界，主动提供信息，这就赢得了消费者和新闻界的谅解；接着，与新闻界通力合作，开展高透明化的宣传活动，从而树立起公司的良好形象。

当企业遇到各种各样甚至是毁灭性的危机时，积极地开展公关活动是摆脱危机的有力武器，它不但可以使企业脱离险境，而且还可以获得更多公众的支持。而最好的公关决策总是同本企业的正确经营实践以及对公众利益认真负责的精神联系在一起的。“泰莱诺尔”药物中毒事件就充分证明了这一道理。

思考题

一、名词解释

1. 庆典活动
2. 赞助活动
3. 新闻发布会
4. 展览会
5. 危机公关

二、简答题

1. 公共关系专题活动的作用有哪些?
2. 公共关系专题活动的形式有哪些?
3. 展览会的类型有哪些?
4. 简述危机事件的特点。
5. 简述展览会的效果检测方法。
6. 简述开展赞助的基本原则。

三、案例分析

难忘的“中萃之夜”——杭州中萃食品有限公司三周年庆典活动

一、调查与策划

策划一个成功的公关活动要考虑许多因素。中萃公司三周年庆典活动是这样策划实施的。

1. 创 新

有新意的活动才有好的效果。在构思公司三周年庆典活动方案时，我们设计的大致构架是：以公司全体员工上街拜访公司的所有客户和广大消费者为开头，晚上在西湖上施放烟火，感谢全体市民。为了使施放烟火成为可能，我们先后设计了三套方案。

2.时 机

时机往往会影响到活动的效果，时机选择得不好，活动就达不到预期的效果，如果抓住了适当的时机，活动就会显得有声势。我们把活动时间定在10月8日。一方面10月8日是公司的成立纪念日，如果这个庆典活动办好了，既可以利用这个时机来提高员工的士气，树立公司的良好形象，又可以加深公众对公司及其产品的良好印象，他们会逐渐地把10月8日看成是一个特别的日子；

另一方面，10月份是可口可乐公司的全球拜访周，我们把公司庆典活动与客户拜访周结合起来，使我们的客户和广大消费者与我们共同分享欢乐，这是一个很好的感情融和手段。

3. 地 点

室内活动的地点比较容易确定，比较困难的是确定室外活动的地点。在确定室外活动地点的时候要考虑诸多方面的问题，如交通、安全、观赏性、场内设施、人数与场内空间的比例、气象、通讯、电力、照明等等。对活动地点几经选择，最后确定在靠近西湖的一个公园内，这个公园地处风景区的繁华地带，可以吸引公众来观赏。

4. 内 容

活动是手段，目的是让公众接受活动中所包含的意图。这样就要精心设计活动的内容，使活动既能充分包含设计意图，又容易让大众接受。活动内容是这样设计的。

（1）10月8、9日两天，公司组成80多对拜访小组，分别拜访全市3400家客户，征求他们的意见，感谢他们一年来对公司业务的大力支持；

（2）10月8日一天，派出四辆广告送货车，分别慰问全市的交警，感谢他们长期对公司的支持和为全市交通所做出的贡献；

（3）10月9日，在全市20个点开展现场赠饮活动，并向广大消费者发放感谢信，以感谢广大消费者对公司的厚爱；

（4）10月9日晚，举办庆祝活动，进行员工卡拉OK比赛，并评出优秀员工家属，公司领导感谢广大员工和员工家属为公司发展所做出的努力。晚会结束后，施放烟火，与全市人民同乐。

5. 媒 介

举办一个大型的活动一定要考虑到媒介的作用，通过媒介可以扩大活动的影响范围。利用媒介的关键是要为活动找一个好的新闻开头，就是说自己在写新闻稿时，要站在记者的角度看问题，三周年庆典活动的媒介工作是这样进行的：

（1）找一个好的新闻由头。活动前刚好接到一个喜讯，公司的产品在1992年全国质量可靠饮料消费者评比中，获金杯奖第二名、碳酸饮料第一名，就以这个为新闻由头，马上写了新闻稿，10月6日在当地的各大报纸上都发布了这一消息；

（2）充分利用广告。10月8日在当地主要报纸上刊登整版祝贺广告，把自己想对广大消费者说的话都写在上面，尽量以文化的形象出现；

（3）精心组织活动。10月8日那天，全体员工挂上绶带，上面写着“杭州中萃食品有限公司向全市广大消费者问好”，拜访客户和消费者；

（4）利用各种媒介手段。除了10月8日的报纸广告和之前的报纸新闻以外，还邀请当地的电台和电视台进行现场采访，把中萃的活动内容和公司的成就宣传出去。这些采访分别于10月8日中午和晚上的新闻节目中播出。

二、方案与实施

1. 感谢客户

◆ 时间：10月8日—9日下午。

◆ 参加部门：市外销售部、行政部、财务部、生产部、品控部组成2人一组。80对拜访队伍拜访对象：市内3400家客户。

◆ 任务：感谢客户、收集意见，每组拜访45家客户；随身携带：绶带、感谢信、拜访登记表，A、B类客户送可口可乐古典画；拜访要求：统一服装配带绶带，主动热情谦虚礼貌，衷心感谢，以情动人，倾听意见认真记录，不做承诺，反馈消息。

2. 客户赠饮

◆ 时间：10月9日下午13：30-15：30

◆ 赠饮地点：市内繁华地带20个现调机点，每点4人，限赠800杯，赠完为止，赠饮总量9盎司1600杯（40桶）

3. 交警赠饮

◆ 时间：10月8日9：00-15：30

◆ 地点：市内全部60个岗亭执班交警

◆ 总量：每人500ml二瓶，合计70箱

4. 中萃之夜晚会

◆ 时间：10月8日晚18：00-22：00

◆ 地点：阮公墩

◆ 内容：祝词、表扬模范家属、自助餐、卡拉OK比赛、烟火

◆ 程　序：

16：00-18：00 准备

18：00 晚会开始 主持人：郑副总

18：00-18：10 陈总讲话

18：10-18：20 陈董事长讲话

18：20-18：40 宣布模范家属并授奖

18: 40 自助餐开始

19: 00-20: 30 卡拉 OK 比赛

20: 30-21: 00 施放烟火

21: 00-21: 30 宣布卡拉 OK 获奖者并授奖

21: 30-22: 00 员工离场

三、活动评估

1. 对于政府

这次活动，我们以慰问全市交警的方式来感谢社会各界和当地政府三年来的大力支持。我们慰问全市交警也是对市政府工作的支持，我们所到之处交警们都说："你们自己过节的时候还来慰问我们，真是感谢。"杭州市交警副支队长王国亮说："交警们的工作确实很辛苦，你们来慰问，我代表全市交警向你们表示感谢。"当我们的慰问车队来到武林广场岗亭时，一位正在采访途中的记者得知这是中萃公司开业三周年的特别行动时，他认为很有社会意义，并且拍了照，登在了第二天的报上。另外，晚上的联欢晚会，我们邀请了一些市政府领导和港台商界的朋友。他们一致认为这次活动是他们所参加过的活动中最好的一次。

2. 对于消费者

消费者是我们的"上帝"，感谢广大消费者三年来的厚爱是我们这次活动的重要目的之一。全市 20 个点同时开展现调机赠饮活动，同时还发放了《致全市消费者的感谢信》。消费者一边喝着饮料，一边看着感谢信，心里一定是一种愉快的感觉。晚上的烟火晚会更是精彩，为了让更多的人与我们一起分享这种欢庆的快乐，我们在感谢信上标明了放烟火的时间和地点，又在杭州电视台上作了预告。由于杭州已有多年没放过烟火了，我们这一放确实热闹，第二天《杭州日报》第一版上又刊登了我们放烟火的场面，这样议论的人就更多了。事后，又有不少单位打电话来询问我们放烟火的情况，打算效仿。

3. 对于员工及其家属

人是企业的最大资源，企业的共同价值观需要获得员工的认同，企业的经营决策需要员工去执行。所以，重视人的因素是我们这次活动贯彻的主导思想。

在员工联欢晚会上，公司发出了《致员工家属的一封信》，把所有的员工家属邀请来一起参加联欢。公司对家属们的感谢，使家属们也感到自己是公司的一分子。家属们对这次晚会都很满意，既增进了对公司的了解，又感受到了大家庭的温暖。

杭州市副市长华丽珍女士说:“杭州中萃食品有限公司为繁荣杭州市的饮料市场、促进饮料工业的发展做出了积极的贡献，这是公司全体人员共同努力的结果。在短短的三年时间里取得了如此优异的成绩，我代表市政府向你们表示祝贺。希望大家继续努力，为推动杭州市经济改革和建设做出更大贡献。”这番讲话极大地激励了员工的士气，深深体会到了成功的喜悦。在这之后，公司的各项工作，都上了一个新台阶，员工的工作热情格外高涨。1992 年度我们获得了可口可乐公司颁发的中国区“最佳发展中国家装瓶厂奖”，这是企业管理、厂区卫生、产品质量、市场布置、消费者服务等诸方面的综合评比，评比范围包括大陆的 13 家厂和香港、台湾、澳门的装瓶厂，我们成为唯一获此殊荣的厂家。

(参见方光罗主编:《公共关系案例》，中国商业出版社，2000 年，第 194-199 页。)

案例思考:

1. 该专题活动涉及哪几类公众？如政府公众、媒介公众等。
2. 分析该专题活动的特点。

参考文献

1. [美]艾伦·森特等，《公共关系案例》，熊源伟等编译，湖南文艺出版社，1989年。

2. [美]弗兰克林·杰弗金斯，《最新公共关系技巧》，夏晓斌等译，北京大学出版社，1992年。

3. [美]斯科特·卡特李普等，《有效公共关系》，汤滨等译，中国财政经济出版社，1988年。

4. 单振运：《新编公共关系学》，中国审计出版社，2001年。

5. 丁军强：《公共关系原理与实务》，北方交通大学出版社，2002年。

6. 丁乐飞、翟年祥：《公共关系教程》，安徽大学出版社，2004年。

7. 段淳林：《公共关系学》，华南理工大学出版社，2001年。

8. 方光罗：《公共关系案例》，中国商业出版社，2000年。

9. 方宏进：《公共关系实务》，湖南文艺出版社，1988年。

10. 方世南：《公共关系案例分析》，中国商业出版社，1999年。

11. 付晓蓉：《公共关系学》，西南财经大学出版社，2004年。

12. 耿义成、车广吉：《公共关系学基础教程》，东北师范大学出版社，2003年。

13. 郭芳芳：《公共关系实务》，上海财经大学出版社，2002年。

14. 郭惠民：《中国优秀公关案例选评（之五）》，复旦大学出版社，2003年。

15. 郭文臣、姜园华：《公共关系原理与实务》，大连理工大学出版社，2002年。

16. 国英：《公共关系与现代礼仪案例》，机械工业出版社，2004年。

17. 胡锐：《现代公共关系原理》，浙江大学出版社，2003年。

18. 黄昌年、赵步阳：《公共关系学》，上海交通大学出版社，2003年。

19. 黄顺力、朱仁显：《现代公共关系学》，厦门大学出版社，1993年。

20. 蒋春堂：《公共关系教程》，武汉大学出版社，2003 年。
21. 蒋春堂：《政府形象探索》，中国国际广播出版社，2001 年。
22. 金实青、来惠民主编：《公共关系学》，北京工业大学出版社，2004 年。
23. 居延安：《公共关系学》，复旦大学出版社，2005 年。
24. 李道魁：《现代公共关系学》，中国对外经济贸易出版社，2003 年。
25. 李道平：《公共关系学》，经济科学出版社，2000 年。
26. 李洪基、黄正泉：《公共关系导论》，湖南师范大学出版社，2000 年。
27. 李占才：《公共关系学概论》，上海交通大学出版社，2005 年。
28. 梁敬贤：《公共关系》，机械工业出版社，2002 年。
29. 廖为建：《公共关系学》，高等教育出版社，2000 年。
30. 吕维霞：《案说公共关系》，对外经济贸易大学出版社，2002 年。
31. 罗伯特·哈特利：《商业伦理》，胡敏译，北京中信出版社，2000 年。
32. 邱大燮、姜元军主编：《公共关系概论》，中国劳动社会保障出版社，2000 年。
33. 史有春：《公共关系学：形象设计、信息传播和社会交往》，南京大学出版社，2002 年。
34. 粟玉香：《公共关系教程》，经济科学出版社，2002 年。
35. 陶海洋：《公共关系基础理论与实务》，华东理工大学出版社，2005 年。
36. 王乐夫、廖为建：《公共关系学》，辽宁人民出版社，1986 年。
37. 王培才：《公共关系》，中国科学技术出版社，2003 年。
38. 王维平、李映洲：《公共关系原理与应用》，兰州大学出版社，1992 年。
39. 王兴富、王中蝶：《公共关系实务》，中国经济出版社，2002 年。
40. 温孝卿、吴晓云：《公共关系学》，天津大学出版社，2004 年。
41. 吴建勋：《公共关系案例与分析教程》，中国物资出版社 2002 年。
42. 吴勤堂：《公共关系学》，武汉大学出版社，2004 年。
43. 肖辉：《实用公共关系学》，北京大学出版社，2001 年。
44. 谢俊贵：《公共关系学》，工商出版社，2002 年。
45. 谢玉华：《公共部门公共关系学》，湖南人民出版社，2003 年。
46. 徐美恒、李明华：《公共关系管理学》，中国人民公安大学出版社，2002 年。
47. 许春珍：《公共关系学》，南海出版公司，2002 年。
48. 杨加陆：《公共关系学教程》，复旦大学出版社，2005 年。
49. 于然、周明生：《公共关系理论与实务》，中国人口出版社，2004 年。

50. 曾琳智：《新编公关案例教程》，复旦大学出版社，2006 年。
51. 张克非：《公共关系学》，高等教育出版社，2001 年。
52. 张岩松：《公共关系案例精选》，中国社会科学出版社，2006 年。
53. 赵传蕙：《公共关系学通论》，中国经济出版社，1992 年。
54. 赵晓兰、赵咏梅：《最新公共关系学教程》，经济管理出版社，2003 年。
55. 钟文先、林美玉：《公共关系原理与实务》，山东大学出版社，2004 年。
56. 朱传贤：《中国优秀公关案例选评》，上海复旦大学出版社，1996 年。
57. 朱同丹：《公共关系原理与实务》，重庆大学出版社，2000 年。
58. 朱光磊：《现代政府过程理论》，高等教育出版社，2006 年。

后　记

本书是论述公共关系学的教材，是高等学校行政管理专业系列教材中的一种。本书以管理学作为视点，以实际操作为原则，吸收国内外同类教材的优点，全面地阐述了公共关系的基本理论和实务案例，具有较强的可读性和可教性。本书从公共关系的起源对公共关系这门学科做了简要而精炼的叙述，内容精，观点新；同时，本书特别重视理论与实践的结合，不仅要通过教材来学习公共关系理论，而且要运用从实践中提炼出来的案例认真领会和品悟公共关系的艺术；再次，本书特别强调案例教学，每章都配有案例请学生运用所学知识分析思考，使学生举一反三，学以致用。本书适宜于高等院校行政管理专业及其他专业的本专科生公共关系学选修课教材，也适宜于对公共关系学有兴趣的读者自学阅读。

本书由吴光芸拟定编写大纲，主编为吴光芸。本书是集体合作的结晶，全书共十一章，各章撰写者如下：

第一章、第二章、第十一章，南昌大学公共管理学系吴光芸；

第八章、第九章、第十章，南昌大学公共管理学系唐兵；

第三章，南昌大学法学院艾春菲；

第四章、第五章、第六章、第七章，湖北大学人文学院新闻系胡德慧。

在本书的编写过程中，我们参考和引用了专家、学者的部分著述以及网上的相关资料，在此向他们表示衷心的感谢。本书得到了丛书总主编王骚教授及南开大学出版社的大力支持和帮助，在此一并致谢。

公共关系学学科发展很快，要编写一本好的教材，对于我们来说难度较大，加之水平有限，缺点和不足在所难免。恳切希望能够得到专家、学者、同行和广大读者批评指正，我们表示衷心的感谢!

编　者

2008 年 2 月